Heibonsha Library

日本奥地紀行

Unbeaten Tracks in Japan

平凡社ライブラリー

Heibonsha Library

日本奥地紀行

Unbeaten Tracks in Japan

イザベラ・バード著
高梨健吉訳

平凡社

凡例

一、本書は、イザベラ・バード（Isabella L. Bird）の*Unbeaten Tracks in Japan*（『日本の未踏の地』）の普及版（一八八五年）の全訳であり、一九七三年十月、東洋文庫として平凡社より刊行された。

二、本書は、明治十一年六月から九月にかけて約三カ月間、東京から北海道までの旅行の記録で、著者が妹へ送った手紙をもとにして書かれている。

三、原文に出てくる日本地名の読み方は、そのまま片仮名のルビで示した。ただ原文では当時の欧米人の呼称にしたがって江戸《エド》や蝦夷《エゾ》と呼んでいるが、本書では東京や北海道とするというように、頻出する例外地名もある。また外国人による発音のため、必ずしも日本の正しい呼称とは一致しないものもあるが、それらも原文の表記どおり片仮名ルビで示しておいた。（例　室蘭《モロラン》）

四、原著者による注は、＊または《　》を用いて示した。（　）で示したものは訳者による意味や年号の補いである。

五、原本には四十枚のスケッチが入っているが、本書ではそのうち原文にかかわりのあるものだけを選んだ。

目次

●晩年の著者

はしがき

一八七八年（明治十一年）四月に、以前にも健康回復の手段として効き目のあった外国旅行をすることを勧められたので、私は日本を訪れてみようと思った。それは、日本の気候がすばらしく良いという評判に魅かれたからではなく、日本には新奇な興味をいつまでも感じさせるものが特に多くて、健康になりたいと願う孤独な旅人の心を慰め、身体をいやすのに役立つものがきっとあるだろうと考えたからである。日本に行って、その気候には失望したが、しかし私は、日本の国土が、夢のように美しいものではなく、ただ研究調査に値するものであることを悟ったものの、日本に対する興味は私の期待を大きく上まわるものであった。

本書は、日本研究書ではなく、単に日本旅行記にすぎないものであるが、日本の現状に関する知識を少しでも増進するのに役立てたいと思って書いたものである。私が数カ月にわたって本州の奥地とエゾ（北海道）を旅行した結果、ここに提供する材料は目新しいものであり、かならずや日本の理解に貢献するところがあろうと信ずる。私の旅行コースで、日光から北の方は、全くのいなかで、その全行程を踏破したヨーロッパ人は、これまでに一人もいなかった。西欧の影響を少しも受けていない地方で、私は、日本人とともに暮らし、日本人の生活様式を見てきた。女性の一人旅であり、私の旅行した地方には、初めて西欧の婦人が訪れたというところもあり、私の得た経験は、今までの旅行者のものとはかなり大きく異なるものがあった。私はまた、エゾの原住民を親しく知る機会をもったから、今まで以上に詳細に彼らの事情を説明できると思う。主として以上のような理由から、本書を公刊するに至ったのである。

本書は、私が旅先から、私の妹や、私の親しい友人たちに宛てた手紙が主体となっているが、このような体裁をとるようにしたのは、いささか気の進まぬことであった。というのは、この形式で本を書くと、芸術的に体裁を整えたり、文学的に材料を取り扱うことが不可能となり、ある程度まで自己中心的な書きぶりとならざるをえないからである。しかし一方では、読者も旅行者の立場に立つことができるし、旅の珍しさや楽しみはもちろんのこと、旅行中のいろいろの苦難や退屈まで、筆者とともに味わうことができるというものである。西洋人のよく出かけるところは、日光を例外として、詳しくは述べなかった。しかし東京《江戸》の場合のように、最近数年間で大きく変わったところは、多少なりとも説明を加えてある。重要な話題でも、やむをえず言及しなかったところが多い。

北部日本では、他に情報を得る資料がないために、通訳を通じて、地方の住民から直接に、なんでも聞かなければならなかった。雑多な情報から、一つずつ事実を探り出すことは、骨の折れる仕事であった。アイヌ人からは、その風俗習慣、宗教について知識を得ることができた。しかし私は、オーストリア公使館のハインリッヒ・フォン・シーボルト氏が同時期に得た情報と比較検討する機会に恵まれた。その結果は、あらゆる点で満足すべき意見の一致を見た。

本書の中には、農民の生活状態を一般に考えられているよりも悲惨に描いているところがあって、読者の中には、そんなに生なましく描かない方がよかったのではないかと思う人がいるかもしれない。しかし私は、見たことをありのままに書いたのであり、そういうことは、私が作り出したものでもなく、わざわざ探しに出かけたのでもない。私は、真相を伝えんがために述べただけである。農村こそは、日本政府が建設しようとしている新文明の主要な材料とせねばならぬものであり、本書は、その農村の真の姿を描くことになると思うからである。

正確さこそ、私の第一の目標ではあるが、誤りの個所も多かろうと思う。もし私が、細心の注意にもかかわらず誤りを犯したとするならば、日本を深く研究し日本研究の難しさをよく知っている人々から、もっとも深い同情を寄せられることであろうと思う。

英文の『日本アジア協会誌』、『ドイツアジア協会誌』、そのほかに「日本雑録」など『ジャパン・メール』や『トーキョー・タイムス』に掲載された日本の特殊題目に関する論文が、私のために非常に役に立った。サー・ハリー・S・パークス《バス勲爵士》、イギリス公使館のサトウ氏、ダイエル校長（工部大学校教頭）、海軍兵学校のチェンバレン氏、F・V・ディキンズ氏、その他の方々に対し、種々の方面で私に与えられた御援助を深く感謝する。この人たちは、私の仕事を暖かい眼で見てくださり、未熟ゆえに、ともすれば挫けがちな私を、励ましてくれた。しかしながら、これらの人々や他の親切な友人たちに対し公正を期するため、本書に述べられた意見は、すべて私が全責任を負うべきものであることを表明したい。本書の意見は、すべて私自身のものだからである。

挿絵の中で三枚（本書では一枚）だけは、一日本人の画家の手になるものであり、その他はすべて私自身のスケッチや、日本人のとった写真から版にしたものである。

本書が不充分な著作であることは、よく承知しているつもりであるが、あえてここに公刊することにしたのは、いくたの欠陥があるにもかかわらず、一四〇〇マイル以上にわたる陸上の旅行において、私が見たままの日本の姿を描きたいという、誠実な試みとして本書を受けとっていただきたいからである。

本書の原稿を印刷に渡してから、私の愛する唯一人の妹がこの世を去った。本書は、まず最初に、妹に宛てて書かれた手紙集であり、妹の有能でしかもきめの細かい批評に負うところが多い。妹が私の旅行に対して愛情と興味をもってくれたことは、私が旅行を続け旅行記録を綴るときの大きな励ましであった。

イサベラ・L・バード

第一信

横浜　オリエンタル・ホテル　五月二十一日

荒涼たる海原を航海し続けること十八日間で、シティ・オブ・トーキョー号は、昨日の朝早くキング岬（野島崎）に到着し、正午には海岸の間近に沿って江戸湾（東京湾）を北進していた。穏やかな日和で、うす青く空がかすんでいた。日本の海岸線は実に魅力的だということだが、この日の海岸は、色彩も形状も、少しも眼を驚かすものがなかった。そりの深い山の背が樹木におおわれて断続的に続き、水際から聳え立って見える。山間の入口には、薄墨色の屋根の深い家屋が部落をなしており、米作の段々畑は緑色に輝いてイギリスの田園の芝生を思わせ、非常に高いところまで延びて、山の暗い森の中に消えてゆく。海岸に人家の多いことは印象的であった。どの入江にも漁船が多く、私たちは五時間のうちに何百、いや何千という漁船に出会った。岸辺も海も、そして漁船も、みなねずみ色にかすんで見えた。その船体はペンキが塗ってなく、帆は真っ白い綿布であった。ときどき船尾の高い帆船が幽霊船のように傍を通って行った。四角の白帆をつけた三角形の漁船の群れと接触しないように、私たちの船は速度をゆ

●富士山（初版による）

るめた。こんなふうにして、何時間も静かなねずみ色の海上を進んで行った。

　甲板では、しきりに富士山を賛美する声がするので、富士山はどこかと長い間さがしてみたが、どこにも見えなかった。地上ではなく、ふと天上を見上げると、思いもかけぬ遠くの空高く、巨大な円錐形の山を見た。海抜一三、〇八〇フィート、白雪をいただき、すばらしい曲線を描いて聳えていた。その青白い姿は、うっすらと青い空の中に浮かび、その麓や周囲の丘は、薄ねずみ色の霞につつまれていた。＊それはすばらしい眺めであったが、まもなく幻のように消えた。トリスタン・ダクーナ山（南米最南端の火山）――これも円錐形の雪山だが――を除いては、これほど荘厳で孤高の山を見たことがない。近くにも遠くにも、その高さと雄大さを減殺するものが何物もないのである。富士山は神聖な山であり、日本人にとっては実になつかしいものであるから、日本の芸術はそれを描いて飽くことがない。私が初めてその姿を見たのは、五〇マイルほど離れたところであった。

＊原注――これは全く例外的な富士山の姿で、例外的な天候状態によるものである。ふだんの富士は、もっとがっしりと低く見えて、扇をさかさまにした形によく譬《たと》えられる。

空気も水も同じように動かず、霧はうす青く静かであった。白い雲が青ずんだ空にもの憂く浮かんでおり、漁船の白帆の影も、ほとんど揺れなかった。すべてが気味の悪くなるほど青白く、ぼんやりとかすんでいたので、私たちの船がガタガタと騒がしく音を立てながら進み、背後にもみくちゃの泡をかきたててゆくのは、眠っている東洋の中に荒々しく侵入するように思えた。

湾は狭まり、森林でおおわれた山々、段々畑の谷間、美しい灰色の村落、静かな浜辺の生活状態、青白くかすんだ背後の山脈が、だんだんはっきりと見えてきた。夏中は壮大な姿を現わしているという富士も、霞の中に消えてしまった。私たちの船は、リセプション湾、ペリー島、ウェブスター島、サラトガ岬（富津崎）、ミシシッピー湾（根岸湾）――いずれもアメリカ外交の成功を永く記念するアメリカ人の命名である――を通過した。トリーティ・ポイント（本牧岬）から遠くないところで、赤い灯台船に出会った。その船には大きな文字でトリーティ・ポイントと書いてあった。いかなる外国船も、この外には停泊できないのである。

同船の人々は、忙しそうに動きまわっていた。私だけが一人取り残されて、ぼんやりと、初めて見る横浜の出迎えを受けるはずであった。大部分の人々は帰国中であり、すべてが友人の味気ない風景や眼前に横たわる灰色の陸地を眺めながら、まだ友人もいない未知の土地に上陸して、どんな運命が待ち受けているのやら、物さびしく考えていた。船が停泊すると、外国人からサンパンと呼ばれる日本船がどっと群がるようにやってきて、船をとり巻いた。私のヒロ（ハワイ）の友人の近親であるギューリック博士が、彼の娘を迎えるために上船し、暖かく私を歓迎してくれて、下船の世話を万事やってくれた。これらのサンパン船はとても不格好なものであったが、船頭たちは非常に巧みに船を操り、船と船とが何度突き当たっても、お互いに嫌な顔もせず、船頭同士がよくやる悪口罵声は一つも聞かれなかった。

部分的に三角形の姿をした船は、イギリスの河川で用いられる平底の鮭漁船と似た姿であった。床がつけてあるために全く平底の姿に見えたが、しかしこれらの船は、容易に傾くが全く安全である。頑丈に造られており、木ねじと少数の銅の綱止めとで珍しく精密に装備されているからである。船は櫓で漕ぐというものではなく、櫂で水をかく。舷側に取りつけた鉄棒にクラッチをさしこみ、それを軸として、二本の重い木製のオールを、二人か四人の男が動かすのである。男たちは、立ったまま水をかき、腿を櫂の支えとしている。彼らはみな単衣《ひとえ》の袖のゆったりした紺の短い木綿着をまとい、腰のところは帯で締めていない。草履をはいているが、親指と他の指との間に紐を通してある。頭のかぶりものといえば、青い木綿の束（手拭い）を額のまわりに結んでいるだけである。その一枚の着物も、ほんの申しわけにすぎない着物で、やせ凹んだ胸と、やせた手足の筋肉をあらわに見せている。皮膚はとても黄色で、べったりと怪獣の入れ墨をしている者が多い。サンパン船の料金は運賃表で定まっているから、旅行者が上陸する際に法外な賃銀を請求されて気持ちをいら立たされるということはない。

上陸して最初に私の受けた印象は、浮浪者が一人もいないことであった。街頭には、小柄で、醜くしなびて、がにまたで、猫背で、胸は凹み、貧相だが優しそうな顔をした連中がいたが、いずれもみな自分の仕事をもっていた。桟橋の上に屋台が出ていた。これは、こぎれいで、こぢんまりとした簡易食堂で、火鉢があり、料理道具や食器類がそろっていた。それは人形が人形のために作ったという感じのもので、店をやっている男も五フィートたらずの一寸法師であった。

税関では、西洋式の青い制服をつけ革靴を履いたちっぽけな役人たちが、私たちの応対に出た。たいそう丁寧な人たちで、私たちのトランクを開けて調べてから、紐で再び縛ってくれた。ニューヨークで同じ仕事をする、あの横柄で強引な税関吏と、おもしろい対照であった。

●屋台店

外には、今では有名になっている人力車が、五十台ほど並んでいた。五十人の口が、わけの分からぬ言葉をやつぎばやにまくし立てており、あたりは騒音に満ちていた。この乗り物は、ご存じのように、日本の特色となっており、日々に重要性を増しているものである。発明されたのはたった七年前なのに、今では一都市に二万三千台近くもある。人力車を引く方が、ほとんどいかなる熟練労働よりもずっとお金になるので、何千となく屈強な若者たちが、農村の仕事を棄てて都会に集まり、牛馬となって車を引くのである。しかし、車夫稼業に入ってからの平均寿命は、たった五年であるという。車夫の大部分の者は、重い心臓病や肺病にかかって倒れるといわれている。かなり平坦な地面を、うまい車夫ならば一日四〇マイル、すなわち時速約四マイルの割合で走ることができる。彼らは登録されており、二人を乗せて走る者は年に八シリング、一人だけしか乗せない者は四シリングの税金がある。時間や距離についても料金が定められている。

クルマすなわち人力車は、乳母車式の軽い車体に調節できる油紙の幌《ほろ》をつけ、ビロードや木綿で裏張りをした座蒲団が敷いてあり、座席の下には小荷物を入れる空所があり、高くてほっそりとした車輪が二つある。一対の梶棒《かじぼう》は、横棒の両端で連結してある。ふつう車体は漆で塗られており、持ち主の好みに従って装飾されている。真鍮を光らせているだけで他に何も飾り立てないものもあれば、ヴィーナスの耳として知られている貝ですっかりちりばめられているものもある。また、あるものは、竜の曲がりくねった姿とか、牡丹、あじさい、菊の花、あるいは伝説的人物とかをけばけばしく描いている。車の値段は、二ポンド以上いろいろある。車に乗るときは梶棒を地面に下ろすが、ぐっと傾斜しているから、楽に乗ったり堂々と乗り込めるようになるには、かなりの場数を経なければならない。車夫は、梶棒を上げ、中に入り、車体をぐっと後ろにそらす。そして軽快に走り出す。乗る人が要求する速度に応じて、一人引き、二人引き、三人引きがある。雨が降ってくると、車夫は幌をかけ油紙の覆いの中に包んでくれるから、外から姿は見えなくなる。夜になると、走っているときも、止まっているときも、長さ一八インチの美しく彩られた円い提灯《ちょうちん》を下げる。まことに滑稽な光景は、肥って血色がよく

●人力車

がっしりした顔の貿易商人や、男女の宣教師、バッグで身を固めた流行の服装の貴婦人、中国人の雇われ商人、日本の百姓女や男が、繁華街を飛ぶようにして行く車上の姿である。日本の大通りは、イギリスの忘れられた田舎町によく見られる上品で立派な大通りと変わりはないのだが、彼らはそれに似合わぬ自分たちのおかしな姿に、少しも気がついていない。車は疾駆し、追いかけ、互いに交叉する。車夫は、どんぶり鉢を逆さにしたような大きな帽子をかぶり、青い妙な股引をはき、短い紺の半纏《はんてん》には、しるしや文字を白く染めぬいてある。この愉快な車夫たちは、身体はやせているが、物腰は柔らかである。彼らは、町の中を突進し、その黄色い顔には汗が流れ、笑い、怒鳴り、間一髪で衝突を避ける。

領事館を訪ねてから、私は車に乗った。さらに二台に二人の貴婦人が乗り、一寸法師のような車夫は、笑いながら繁華街を猛烈なスピードで進んだ。街路は狭いが、しっかりと舗装されており、よくできている歩道には縁石《へりいし》、溝がついている。ガス灯と外国商店がずらっと立ち並ぶ大通りを過ぎて、この静かなホテルにやってきた。この宿は、同じ船の乗客たちのあの鼻声のおしゃべりから逃れるため、サー・ワイヴィル・トムソンの推薦してくれたものである。あの人たちはみな、海岸通りの大旅館に行った。ここの主人はフランス人であるが、中国人に一切を任せている。召使いは着物を着た日本人ボーイたちである。給仕頭は日本人で、りっぱにイギリスの服装をこなしており、その念には念を入れる態度の丁重さにはまったく驚いてしまう。

私は、着いたかと思うとすぐに外人居留地にあるフレーザー氏の事務所を探しに出かけなければならなかった。私が「探しに」と言ったのは、街頭に名前が出ていないからである。しかも番地があっても連続番号ではなく、困っている私を案内してくれるようなヨーロッパ人には出会わなかった。横浜は、いくら知ってもますます分からなくなる町だ。ここは活気のない様子をしている。万事が不揃いで、美しさが欠けている。灰色の空、灰色の海、灰色の家並み、灰色の屋根、すべてが一様に単調である。

メキシコ・ドル以外は、いかなる外国貨幣も日本では通用しない。フレーザー氏のところで雇われている中国商人が、私の英国金貨を日本貨幣に取り換えてくれた。日本の札《サツ》《紙幣》で、今ちょうどドルとほとんど同価の一円紙幣一束、五十銭、二十銭、十銭紙幣の包み、たいそうきれいな銅貨を巻封したものを幾つか受け取った。少しでも慣れた者ならば、紙幣を一目見ただけで、ちがった色や大きさから金額の相違が分かるであろうが、今のところ、私には少しも見当がつかなかった。紙幣は堅い紙片で、四隅に漢字が記してあり、すばらしく良い眼か顕微鏡があれば、漢字のそばに英語で金額が記してあるのが見えるであろう。とてもきれいに印刷してあり、菊の紋章と竜の組み合わせで飾ってある。

私は、ほんとうの日本の姿を見るために出かけたい。英国代理領事のウィルキンソン氏が昨日訪ねてきたが、とても親切だった。彼は、私の日本奥地旅行の計画を聞いて、「それはたいへん大きすぎる望みだが、英国婦人が一人旅をしても絶対に大丈夫だろう」と語った。「日本旅行で大きな障害になるのは、蚤《のみ》の大群と乗る馬の貧弱なことだ」という点では、彼も他のすべての人と同じ意見であった。

第二信

横浜　五月二十二日

今日は、新しい知り合いができたり、召使いや馬を探し始めたり、質問をしても異なった人人から全くくいちがう返事をもらったりして、一日が過ぎてしまった。ここでは、仕事をやる時刻が早い。正午までに十三人の人々が訪れてきた。婦人たちは小さな馬車に乗って町を走り回る。馬車は馬が引き、ベットー（別当）と呼ばれる馬丁が走りながらお伴をする。外国商人はクルマ（人力車）を持っていて、いつも玄関先に置いておき、忠実で利口そうな車夫をつけておく。この方が、なまけもので気まぐれな小さい日本の馬よりも、ずっと役に立つ。私は今日拝見したのだが、「特命大使兼全権公使」の威厳をもってしても、このように卑しい乗り物を用いざるをえない。今日最後に私を訪れた客はサー・ハリー・パークス夫妻で、部屋に陽気と温情をもたらし、それを残して去った。サー・ハリーは若々しい顔の人で、まだ中年に達していない。やさ形で敏活であり、色白く青い眼をした生粋のアングロ・サクソン人である。明るい髪と明るい微笑、態度も明るい温情がこもっている。この人が、三十年間も東洋で活躍し、

●荷車

かつては北京の牢獄に苦しみ、日本では多くの危ない目にあってきた人だとは、その様子からは片鱗さえもうかがうことはできない。公使夫妻は、私にとても親切にしてくれて、奥地旅行という私の最大の計画を心から励ましてくれるので、私は召使いを手に入れたら、すぐにでも出発したいと思う。夫妻は私にいとまを告げて、クルマにとび乗った。英国を代表する人物が、車夫を二人縦に並ばせ、乳母車のようなものに乗って街路を急いで去って行く姿は、とても面白いものであった。

窓の外を眺めると、重い二輪車を四人の車引きが引いたり押したりしているのが見える。車には、建築材料の石などほとんどあらゆる品物が、載せて運ばれる。ひっぱる二人の男は、車の重いながえの端の横木に、両手と腿を押しつける。車を押す二人は、後ろに突き出ている柄に肩を押しつける。重い荷物を積んで坂を登るときには、きれいに剃った厚ぼったい頭を動力に用いる。彼らの叫び声は、物さびしく印象的である。彼らは信じ難いほどの荷物を運ぶ。一息ごとに呻いたり喘いだりしても思うようにゆかない重荷のときには、彼らは絶え間なく粗っぽい声を喉からうなり出す。「ハーフイダ、ホーフイダ、ワーホー、ハーフイダ」と叫んでいるようだ。

第三信

江戸　英国公使館にて　五月二十四日

私は英国公使館の慣習に従って手紙には江戸《エド》と書いてきたが、一般には東京《トーキョー》《東の都》という新しい名が用いられている。ミカドが以前に住んでいた京都は西京《西の都》という名をつけられたが、今では都として認められる権利は少しもない。江戸という名は旧体制の幕府に属するものであり、東京という名は新政権の維新政府に属するもので、その歴史はまだ十年間である。鉄道で「江戸」へ旅をするといえば不条理に思えるだろうが、目的地が東京であれば、いっこうに差し支えはあるまい。

東京と横浜の間は、汽車で一時間の旅行である。すばらしい鉄道で、砂利をよく敷きつめた複線となっている。長さは一八マイル。鉄橋あり、こぎれいな停車場があり、終着駅はしっかりとできており、広々としている。この鉄道は、英国人技師たちの建設になるもので、一八七二年（明治五年）の開通式には、ミカドが臨幸された。工事にどれほど費用がかかったのか、政府だけしか知っていない。横浜駅は、りっぱで格好の石造建築である。玄関は広々としており、切符売場は英国式である。等級別の広い待合室があるが、日本人が下駄をはくことを考慮して、絨氈を敷いていない。そこには日刊新聞を備えてある。手荷物の目方をはかったり荷札をつける手荷物扱い所がある。どちらの終着駅にも、広くて天井がつき石を敷きつめたプラットホームがあって、回り木戸をつけた関所を設けてある。ここは、特典のある者でない限り、切符がない者はだれも通れない。切符切り《これは中国人》、車掌と機関手《これは英国人》、その他の駅員は、洋服を着た日本人である。停車場の外には、辻馬車ではなくて人力車《クルマ》が待っている。これは人間ばかりでなくて、手荷物も運ぶ。手に持つ荷物だけが無料である。その他の荷物は、目方をはかり、番号をつけ、料金を請求される。持ち主は番号札をもらって、目的地に着いたら呈示すればよい。料金は、三等が一分《ぶ》《約一シリング》、二等が六十銭《約二シリング四ペンス》、一等が一円《約三シリング八ペンス》。乗客が旅行を終わって改札口を出るときに、切符が回収される。英国製の車両は、英国にあるものとちがっていて、左右の両側に沿って座席がある。両端にドアがあってプラットホームに対して開くようになっている。全体的にいえば、仕組みは英国式というよりもむしろヨーロッパ大陸式である。一等車は、深々としたクッション付きの赤いモロッコ皮の座席を備えたぜいたくなものだが、ほとんど乗客はいない。二等車の居心地のよい座席も、りっぱなマットが敷いてあるが、腰を下ろしているのは実にまばらである。しかし三等車は日本人で混雑している。彼らは、人力車《クルマ》と同じように鉄道も好きになったのである。この路線は、一年に約八百万ドルの収入がある。

日本人は、西洋の服装をすると、とても小さく見える。どの服も合わない。日本人のみじめな体格、凹んだ胸部、がにまた足という国民的欠陥をいっそうひどくさせるだけである。顔に色つやがなく、髭を生やしていないので、男の年齢を判断することはほとんど不可能である。鉄道員はみな十七歳か十八歳の若者かと想像したが、実際は二十五歳から四十歳の人たちであった。

うららかな日で、英国の六月に似ていたが、少し暑かった。日本の春の誇りであるサクラ《野生のチェリー》やその同類は花を終わったが、すべてが新緑で、豊かに生長する美しさにあふれていた。横浜のすぐ近辺の景色は美しい。切り立った森の岡があり、眺めのよい小さな谷間がある。しかし神奈川を過ぎると、広大な江戸平野（関東平野）に入る。これは北から南まで九〇マイルあるといわれる。平野が北と西に果てるところ、非常に高い山々が青い霞の中に、青くかすんで夢のように浮かんでいた。東の涯の岸辺には、何マイルにもわたって江戸湾のきれいな青い海がさざなみを立て、数かぎりない漁船の白帆を明るく反映していた。この肥沃な平野には、百万の人口をもつ都があるばかりでなく、多くの賑やかな都会があり、数百の豊かな農村がある。汽車から見渡す限り、寸尺の土地も鍬を用いて熱心に耕されている。その大部分は米作のため灌漑されており、水流も豊富である。いたるところに村が散在し、灰色の草屋根におおわれた灰色の木造の家屋や、ふしぎな曲線を描いた屋根のある灰色の寺が姿を見せている。そのすべてが家庭的で、生活に適しており、美しい。勤勉な国民の国土である。雑草は一本も見えない。どこでも人間が多いという点を除けば、一見したところ何も変わったところはなく、それほど目立つ特色もない。

切符は東京行きではなく、品川か新橋まで買う。品川も新橋も、もとは村であったが、大きくなって都に編入されたものである。品川に着くまでは、江戸はほとんど見えない。というのは、江戸には長い煙突がなく、煙を出すこともない。寺院も公共建築物も、めったに高いことはない。寺院は深い木立ちの中に隠れていることが多く、ふつうの家屋は、二〇フィートの高さに達することは稀である。右手には青い海があり、台場を築いた島がある。大きな築山に囲まれた林の庭園もある。何百隻という漁船が入江に浮かんでいるのもあれば、浜辺に引き上げられているのもある。左手には広い街道があり、人力車《クルマ》の往来がはげしい。道傍には、低い灰色の家屋が立ち並ぶ。その大部分は茶屋や商店である。「江戸はどこにあるか」と私が尋ねているとき、汽車は終点の新橋駅に入り、とまると、二百人の日本人乗客を吐き出した。

合わせて四百の下駄の音は、私にとって初めて聞く音であった。この人たちは下駄を履いているから三インチ背丈がのびるのだが、それでも五フィート七インチに達する男性や、五フィート二インチに達する女性は少なかった。しかし、和服を着ているので、ずっと大きく見える。

和服はまた、彼らの容姿の欠陥を隠している。やせて、黄色く、それでいて楽しそうな顔付きである。色彩に乏しく、くっきり目立たせる点もない。女性はとても小柄で、よちよち歩いている。子どもたちは、かしこまった顔をしていて、堂々たる大人をそのまま小型にした姿である。私は、彼らすべてを以前に見たことがあるような気がする。お盆や扇子や茶瓶に描かれている彼らの姿にそっくりだからである。女性の髪は、すべて額のところから後ろに梳いて、束髪の髷《まげ》を作っている。男たちは、前髪を剃り、後ろ髪を束ねて奇妙な髷を作り、前方の剃った跡の上にひきよせている場合（ちょんまげ）のほかは、三インチほどのびた粗い髪が、がんこにも左右に分けもせずもじゃもじゃ髪となっている。

公使館からデイヴィスという護衛兵が私を迎えに来た。彼は、一八六八年（慶応四年）三月にサー・H・パークスが初めて天皇《ミカド》に謁見するために参内する途中、京都の街路で襲撃を受けた際に、斬りつけられて重傷を負った護衛隊の一人である。何百台という人力車《クルマ》や幌馬車が、駅の外で待っていた。馬車は、一頭の哀れな馬が引くもので、東京のある区域では乗合馬車となっている。それから、私のために一頭立て四輪箱馬車《ブルーム》が、一緒に走る馬丁《ベットー》とともに待っていた。公使館は麹町にあって、そこは歴史的な「江戸城」の内濠の上の高台となっている。

しかし、そこへ行く途中で私が見たものは、詳細にお話ができない。ただ何マイルも暗くて沈まりかえった兵営のような建物が続き、それには非常に装飾を施した門構えがあり、長く並んでいる突き出し窓には葦で編んだ簾《すだれ》がかけてあった。――これは江戸の封建時代の屋敷である。それから何マイルも濠があり、高い草の土手や、五〇フィートも高さのある大きな石垣、キオスク（トルコ風あずまや）のような塔が、あちらこちらの隅に立って見えた。珍しい屋根つきの門、多くの橋、何エーカーも続く蓮があった。内濠を回って急な坂を登ると、右手に深い緑の水を湛えた濠があり、その大きな草の土手の上に、うす暗い石垣が聳え立ち、松の木の枝がおおいかぶさっている。これがかつて将軍の宮殿を囲んでいたのである。左手にはいくつかの屋敷《ヤシキ》《大名《ダイミョー》の邸宅はヤシキと呼ばれていた》があるが、今ではこの地域は大部分が病院、兵営、官庁になっている。いちだんと目立つ高台に、屋敷の大きな赤い門がある。これは今ではフランス軍事使節団が入っているが、もとは、日本の近代の歴史の中で最も重要な役割を演じた人物の一人で、ここからほど遠くないお城の桜田門外で暗殺された井伊《イイ》掃部頭《カモンノカミ》の屋敷であった。これらのほかに、兵舎、練兵場、警官、人力車《クルマ》、車引きが押したりひいたりする荷車、草鞋《わらじ》をはいた駄馬、洋服を着ているが小びとのようでだらしない格好の兵士たち――これらが、新橋から公使館へ行くまで私の見た東京のすべてであった。

英国公使館は良い場所にあって、外務省や幾つかの政府の省、大臣たちの公舎の近くである。これら公共建物は、英国の郊外邸宅の様式をとって煉瓦造りが多い。公使館の入口には煉瓦のアーチ型正門があり、英国王室の紋章をつけている。構内には公使官邸、大法官庁《チャンサリー》、公使館の二名の書記官のための二つの官舎、護衛隊の宿舎がある。

それは英国人の家屋であり、英国人の家庭である。しかし、一人のりっぱな乳母を除いては、英国人の召使いはいない。召使い頭と従僕は、背の高い中国人で、長い弁髪をさげ、繻子《しゅす》の黒い帽子をかぶり、青色の長い衣服をつけている。料理人は中国人で、その他の召使いたちはすべて日本人である。その中には一人の女中がいる。やさしくて親切な女の子で、丈は四フィート五インチばかり、下男頭の妻である。召使いは誰もが、全くしゃくにさわる波止場英語《ピジン・イングリッシュ》しかしゃべれないが、利口で忠実に仕えてくれるので、そのめちゃくちゃな英語を補って余りあるものだ。彼らは、玄関の近辺から姿の見えぬことはめったにないし、来客名簿の受付や、すべての伝言や書信を引き受ける。二人の英国人の子どもがいる。六歳と七歳で、子供部屋や庭園の中で子どもらしい遊びを充分に楽しんでいる。その他に邸内に住んでいるのは、美しくてかわいらしいテリア犬である。これは、名をラッグズといって、スカイ種であり、家庭のふところに抱かれるとうちとけるが、ふだんは堂々たる態度で、大英帝国の威厳を代表しているのは彼の主人ではなく彼自身であるかのようである。

公使館の日本書記官は、アーネスト・サトウ氏である。この人の学識に関する評判は、特に歴史部門において、日本における最高権威であると日本人自身も言っておるほどである。* これは英国人にとって輝かしい栄誉であり、十五年間にわたる彼の飽くなき勤勉努力の賜物である。しかし、日本に来ている英国の外交官や文官たちの学識は、サトウ氏に限られたわけではない。領事勤務の数人の紳士方は、通訳生としての種々の段階を経て、今では口語日本語を自由に操る能力にすぐれているばかりでなく、日本の歴史、神話、考古学、文学など多くの分野で傑出している。実に日本の若い世代の人々は、自分たちの古代文学の知識のみならず、今世紀前半の風俗習慣に関する知識を絶やさぬようにしてくれたことで、彼ら英国文官の人たちの努力やその他の少数の英国人やドイツ人の努力に対して、恩恵を感ずるであろう。

＊原注——私が日本に滞在して何カ月か後に、教育ある日本人に、彼らの歴史、宗教、古代慣習などについて質問をすると、次のような返事をして私の質問をはぐらかされることが多かった。「サトウ氏におたずねになるがよいでしょう。あの方なら、あなたに教えてくれますよ」。

第四信

江戸　英国公使館　六月七日

私は横浜へ出かけて、山の手のヘボン博士夫妻を訪ねて一週間滞在した。香港《ホンコン》のバードン監督夫妻も客となっていたので、たいそう楽しかった。

横浜に一日でも滞在すれば、小柄で薄着のいつも貧相の日本人とは全くちがった種類の東洋人を見ずにはいられない。日本に居住する二千五百人の中国人の中で、千百人以上が横浜にいる。もし突然彼らを追い払うようなことがあれば、横浜の商業活動はただちに停止するであろう。どこでも同じだが、ここでも中国人は必要欠くべからざるものとなっている。彼は威勢のよい足取りで、すっかり自分に満足している様子をしながら街頭を歩いている。あたかも自分が支配階級に属しているかのようである。彼は背が高く、大柄である。多くの衣服を身につけ、りっぱな錦織の外衣を上にかけている。繻子のズボンは、あまり外に現われないが、踵のところで締めてある。その黒い繻子製の高い靴は爪先のところを少し折り曲げてあるので、中国人は実際よりもずっと背が高く大きく見える。頭は大部分を剃っているが、後頭部の髪は束ねてすぼめるようにねじり、ふさふさとした弁髪として後ろに垂らしている。これは膝までとどく。頭には堅くて黒い繻子の頭巾《ずきん》をぴったりとかぶっている。この頭巾なしでいる姿は見られない。彼の顔はたいそう黄色で、その長くて黒い眼と眉毛は、こめかみの方につり上がっている。髭らしきものは少しもなく、皮膚はなめらかに光っている。彼はまったく裕福そうに見える。人に不愉快な感じを与える顔つきではないが、「おれは中国人だぞ」と人を見下している感じを与える。商館で何かたずねたり、金貨を札《サツ》に換えたり、汽車や汽船の切符を買ったり、店で釣銭をもらったりするときには、中国人がかならず姿を見せる。街頭では、何か用事のある顔つきで元気よく人のそばを通りすぎる。人力車《クルマ》に乗って急いで通るときは、商売に熱中しているときである。彼は生真面目《きまじめ》で信頼できる。彼は雇い主からお金を盗み取るのではなく、お金を絞り取ることで満足する。人生の唯一の目的が金銭なのである。このために中国人は勤勉であり忠実であり克己心が強い。だから当然の報酬を受ける。

数人の新しく知り合いになった人々が、召使い兼通訳という《私にとって》重大な問題について、親切にも心配をしてくれた。多くの日本人が、その職を求めてやってきた。英語をよく話せることが、必須条件である。応募者たちが、発音が下手で、さらに単語をでたらめにつなぎあわせて、それでも充分な資格があると考えているのには恐れ入った。「英語が話せますか」。「イエス」。「給料はどれほど欲しいのですか」。「一月に一二ドル」。これはいつもぺらぺらにしゃべるので、どの人の場合も希望がもてそうな気がした。「どんな人の家に住んだことがありますか」。すると当然ながら、まったく何のことか聞きとれぬような外国人の名前が出てくる。「今まで旅行したところはどこですか」。この質問は、いつも日本語に訳してやらなければならなかった。返事はいつもきまっていた。「東海道、中山道、京都、日光」。いずれも多くの旅行者がよく出かけるところである。「北部日本や北海道について何か知っていますか」。「ノー」と気の抜けた顔をして答える。いつもこの段階まで来ると、ヘボン博士が同情して通訳をかって出る。彼らの英語力は底をついてしまうからである。

三人だけ有望に思えた。一人は元気のよい青年で、明るい色のツイード地で仕立てのよい洋服を着てやってきた。カラーは折襟で、ネクタイにはダイヤ《?》のピンをつけ、白いシャツは糊のよくきいた固いもので、ヨーロッパ風の浅いお辞儀すら身をかがめてできそうもなかった。金めっきの時計鎖にはロケットをつけ、胸のポケットからは真っ白な上質カナキンのハンカチをのぞかせ、手にステッキとソフト帽をもつといういでたち。この第一級の日本のダンディを見て、私はぞっとした。私にとって糊のきいたカラーなどは、これから三カ月間の旅行中にとても味わえないぜいたくとなるであろう。こんなりっぱな洋服を着て奥地へ出かけたら、いたるところで物価を高くされるであろう。さらに、このような見栄坊に下男の仕事を頼もうとすると、いつも難儀をするにちがいない。そこで私は、この男が第二の質問を受けて、はたと英語が口から出なくなったとき、まったくほっとした。

次はたいそうりっぱな顔つきの男で、年齢は三十一歳、良い和服を着ていた。彼はしっかりした推薦状をもっており、彼の話す英語は、初めのうちは期待がもてた。しかし彼は、金持ちの英国人の官吏に仕えて料理人をやっていたが、この英国人は、大勢のお伴を連れて旅行し、旅先には前もって召使いを派遣して準備をさせていた。彼は、実際には英語をほんの少ししか知らなかった。私の旅には男主人《マスター》がいないこと、女中もいないだろうと聞いて、彼は非常にびっくりし、彼が私を断ったのか私が彼を断ったのか分からぬほどであった。

三番目はウィルキンソン氏がよこした男で、質素な和服を着ており、率直で知的な顔をしていた。ヘボン博士が日本語で彼と話をしたが、彼は他の連中よりも英語を知っていると信じており、「こんなにあがらなければ、知っていることも口から出るのだが」と語っていた。明らかに彼は私の言うことを理解しており、「後で彼が男主人《マスター》になってしまうのではないか」という疑念はあったが、非常に好感のもてる気がしたので、もう少しで彼を雇うところであった。他の連中は、一人として語る値打ちはない。

しかしながら、私が彼に決めかけていたとき、ヘボン博士の召使いの一人と知り合いだという、なんの推薦状も持たない男がやってきた。彼は、年はただの十八だったが、これは、私たちの二十三か二十四に相当する。背の高さは四フィート一〇インチにすぎなかったが、がにまたでも均整がよくとれて、強壮に見えた。顔はまるくて異常に平べったく、歯は良いが、眼はぐっと長く、瞼が重くたれていて、日本人の一般的特徴を滑稽化しているほどに思えた。私は、これほど愚鈍に見える日本人を見たことがない。しかし、ときどきすばやく盗み見するところから考えると、彼が鈍感であるというのは、こちらの勝手な想像かもしれない。彼の言うところでは、米国公使館にいたことがあり、大阪鉄道で事務員をやったという。東のコースを通って北部日本を旅行し、北海道《エゾ》では植物採集家のマリーズ氏のお伴をしたという。植物の乾燥法も知っており、少しは料理もできるし、英語も書ける。一日に二五マイル歩ける。奥地旅行なら何でも知っているという。この模範的人物を気どった男は、推薦状を持っていないのを、「父の家に最近火事があって、焼いてしまった」と弁解した。マリーズ氏は手近にいないので、聞くわけにもいかなかった。それよりもまず、私はこの男が信用できず、嫌いになった。しかし、彼は私の英語を理解し、私には彼の英語が分かった。私は、旅行を早く始めたいと思っていたので、月給一二ドルで彼を雇うことにした。まもなく彼は契約書を持って戻ってきた。その書類には、約束の給料に対して神仏に誓って必ず忠実に仕える、と書いてあった。彼はそれに印を押し、私は署名した。次の日に彼が一カ月の給料の前払いをしてくれというので私は払ってやったが、ヘボン博士は、「あの男は、二度と姿を見せないかもしれないね」と私を慰めるようにして言った。

契約書に厳粛に署名をした夜から、ずうっと心配でたまらなかったが、昨日彼が約束の時間かっきりに姿を見せたので、シンドバッドの背中にとりついて幾日も離れなかったというあの「海の老人」が私の背中にほんとにとりついたのではないかと感ずるようになった。彼は猫のように音もなく階段を上ったり廊下を走ったりする。私の身のまわりの品物がどこに置いてあるか、彼はちゃんと知っている。何を見ても、驚きもしなければ当惑もしない。彼は、サー・ハリー・パークス夫妻に会うと深々と頭を下げる。明らかに彼は、公使館がわが家であるかのように慣れている。ただ私の願いをきき入れて、メキシコ式の鞍《くら》と英国式の馬勒《ばろく》のつけ方を護衛兵の一人に教えてもらっただけである。彼はなかなか抜け目がなく、すでに私の旅行の最初の三日間の準備を整えてしまった。彼の名は伊藤《イトー》という。これからは彼について書くことが多いであろう。このさき三カ月間、彼は守り神として、またあるときは悪魔として、私につきまとうであろうから。

英国婦人で奥地を一人旅した人はまだ誰もいないので、私の計画に対して友人たちは心から心配してくれる。思い止まらせようとしたり、警告したりするものが多いが、激励してくれるものは少ない。ヘボン博士の反対は、最も知性的なものであるだけに、最も強力な反対であった。この旅行を私がやるべきではないし、やったところで決して津軽海峡まで到達することはできないだろう、というのであった。もし、私が忠告をいちいち聞いていたら、缶詰の肉やスープ、赤葡萄酒、日本人の女中も一人連れてゆくことになり、少なくとも六頭の駄馬で編成する行列を必要とするであろう。蚤《のみ》は、特に日本の夏の旅行の際の大敵であるという点で、残念ながらすべての人の意見が一致した。寝るときにはスリーピング・バッグに入って、喉のまわりをしっかり結んでおくがよい、とすすめる人もあれば、寝床に除虫粉をたっぷり撒けばよいというのもあり、皮膚をすっかり石炭酸油で塗るのがよいという人や、乾燥させた蚤除け草の粉を充分に活用すればよいという人もいる。しかし、これらの予防も単なる気休め程度のものにすぎないということは、すべてが認めるところである。残念ながら、ハンモックは日本の家の中で用いることはできない。

食物の問題は、いかなる旅行者にとっても最も重要な問題であるといわれる。私の旅行についてのみならず、この食物の問題について、驚くべき熱心さで議論が続けられた。他の話題に対しては冷淡な人も、この話題をちょっと口にしただけで興味をわきたたせるのである。これには誰もが悩まされた経験があり、これからも悩まされるであろう。だから、誰もが自分の経験談を人に伝えようと思い、他人の話を熱心に聞くのである。外国人の牧師、教授、宣教師、商人――すべてが真剣にこれを論ずる。食物の問題は生きるか死ぬかの重要問題である、と考えている人が多い。実際に日本では、多くの人が出かける保養地の外人用の少数のホテルを除いては、パン、バター、ミルク、肉、鶏肉、コーヒー、葡萄酒、ビールが手に入らない。新鮮な魚も珍しい。だから、米飯や、茶、卵を常食とし、ときどき味のない新鮮な野菜類をつけ加えて食べる人でもなければ、食糧を携行しなければならぬ。「日本食」というのはぞっとするような魚と野菜の料理で、少数の人だけがこれを呑みこんで消化できるのである。これも長く練習をつまなければできない。*

*原注――奥地の最も困難な地方を数カ月の間旅行した経験から、私はふつうの健康体の人――その他の人は日本を旅行すべきでないが――に対して忠告したい。リービッヒ肉エキスは別として、缶詰の肉やスープ、赤葡萄酒、その他の食物や飲物をわざわざ持参する必要はない、と。

話題になったもう一つの困ったことがある。これはずっとくだらぬ問題だが、日本人の召使いがよくやることで、道中で金銭の取引きがあると、その度毎に分け前をはねるのである。したがって、旅行の費用が倍になることが多く、召使いの腕前と能力によっては三倍になることがある。広く旅行してきたという三人の紳士が、道中で支払うべき値段表を私にくれた。各地でまちまちであったが、旅行者のよく行くところでは値段が大きく増していた。これをウィルキンソン氏が伊藤に読んできかせたが、伊藤はときどき抗議をした。氏は伊藤と日本語で会話をしてから、お金の問題ではよく用心をなさるがよかろう、と私に言った。私は、今まで他の人間をうまく扱ってきたことはないから、前途は暗いものである。このように器用で狡猾《こうかつ》な日本の青年をうまく扱うなどは、とてもできぬことであろう。彼はなんでも自分の好きなように私をごまかすことができるだろう。

当地へ帰ってみたら、パークス夫人が私のために必要な準備をやってくれていた。その中には、油紙でつつんだ二個の軽い籠、旅行用ベッド《畳み込み寝台》、折り畳み式椅子、ゴム製の浴槽があった。このように長い期間にわたる旅行では、か弱い人には以上の品物全部が必需品であると、彼女は考えてのことである。今週は東京でいろんな知り合いができたり、特色ある名所を見物したり、私の旅行に役立てようと人に物をたずねたりして過ごした。しかし外国人は北部日本に関してほとんど何も知っていないようだ。政府にも照会してみたが、「情報不足」という理由で、私が踏破しようとしているコースのうち一四〇〇マイルを空白にして、旅程表を返してよこした。サー・ハリーは愉快そうに言った。「あなたは旅行しながら情報を手に入れるんですね。その方がかえっておもしろいじゃありませんか」。ああ！　しかし、どんなふうにして手に入れるか。

第五信

江戸　英国公使館　六月九日

一度だけ仏教寺院のことを書いてみることにする。これは一年中祭礼をやっている有名な浅草寺《せんそうじ》で、慈悲の女神である千手観音《カンノン》を祀ったものである。一般的に言って、日本の仏教寺院は、設計、屋根、外見において、いずれも似ていると言ってよい。神聖な建造物を造ろうとするときは、常にほとんど同じ様式によって表現される。一つ屋根か二重の屋根の門があり、両側には壁龕が設けてあり、極彩色の像を安置している。石を敷きつめた寺院の中庭があり、石灯籠や青銅の灯籠が多く、あるいは少し置いてある。石台の上に石造のアマイヌ《天の犬》がいる。神聖な水を湛えた石棺（手水舎《ちょうずや》）があり、屋根がついていることもあり、つかぬこともある。階段を上れば、柱廊があり、お堂のまわりに縁側が続いている。すごく不釣り合いの大きさと重さの屋根があり、独特の曲線を描く。四角、あるいは長方形の広間があり、内陣と手すりによって分けられている。内陣には高い祭壇があり、仏陀あるいはその寺で祀る神の像を安置している。香炉が一つ、その他に少数の宗教的装飾品がある。象徴、偶像、装飾品は、その寺の属する宗派、あるいは信者の富によって、あるいは僧侶の好みによって異なる。仏像、祭壇、青銅や真鍮の器具、位牌、装飾品などが満堂にあふれている寺院もあり、門徒宗の寺院のように、きわめて簡素なもので、ほとんど改変しなくても明日にはキリスト教徒の礼拝に用いられるような寺院もある。

土台は四角の石からなり、その上に柱が立っている。柱は楡《にれ》材で、間隔を置いて縦の木材と結合されている。屋根が非常に大きくて重みがあるのは、桁構《けたがま》えの構造によるものである。これは一つの重い枠組《わくぐみ》からできており、頂上まで面積をだんだん少なくして築き上げたものである。主要な梁《はり》は非常に大きな木材で、自然状態のままにして上げてある。屋根は非常に重くて装飾的な瓦が敷いてあるか、あるいは金で飾った板銅でおおわれている。ときには、りっぱな屋根板か樹皮で、一フィートから二フィートの深さまで葺《ふ》いてあることもある。壁の外側は、ふつう厚い楡材で板張りがしてあり、漆が塗られているか、あるいは何も塗っていない。壁の内側は、美しい松材に薄く精巧にかんなをかけ、斜めに切った板張りである。天井は平らな羽目板が張ってあり、柱で支えられているところは、一様に円形で、松材の木目の細かい柾目《まさめ》板である。屋根の梁が軒下に出ばっている先端は、精巧に彫刻がしてあり、にぶい赤色の漆が塗ってあるか、あるいは、梁の接ぎ目と同じように銅板で包んである。釘はほとんど使用されていない。材木は蟻枘《ありほぞ》で美しく接合されており、その他の接ぎ方は知られていない。

チェンバレン氏と私は人力車《クルマ》に乗り、お仕着せを着た三人の車夫がそれを引いて、公使館から浅草まで三マイル、雑踏する町の通りを急いだ。浅草は昔、村であったが、今ではこの巨大な都市に統合されている。クルマは吾妻橋《あづまばし》に向かって広い通りを進んだ。吾妻橋は東京の数少ない石橋の一つで、東京の東西を結ぶ。東の東京は興味のない地域で、多くの掘割があり、倉庫や材木置場や、下屋敷《ヤシキ》が多い。浅草のこの通りは、ものすごく歩行者や人力車があふれており、多くの乗合馬車の路線の終点であるから、二十台も貧弱な幌馬車が、さらに貧弱な馬に引かせて、乗客を待って道路のまん中に勢揃いをしている。この浅草においてこそ、東京のほんとうの生活が見られる。というのは、多くの人々の参詣する寺院の近くには、いつも数多くの遊び場所――罪のないものや悪いもの――がある。この寺の近辺には、食堂や茶屋、芝居小屋が立ち並び、踊ったり歌ったりする芸妓のいる遊里もある。

大通りから寺の大きな入口まで、歩行者専用の広く石を敷いた参道がある。入口は二階建て二重の屋根の巨大な門《モン》があり、美しい赤色で塗ってある。この参道の両側には店が立ち並び、美しく豊富に品物を並べてある。おもちゃ屋、煙草道具屋など。髪を飾るかんざしを売る店が圧倒的に多い。門の近くには各種の仏具の売店があり、数珠《じゅず》、小箱に入った真鍮製や木造の偶像で袖や懐《ふところ》に入れるもの、お守り袋、日本の家庭の神で最も人気のある富貴の神大黒《ダイコク》がニコニコしている像、仏壇、位牌、安物の奉納物、祈禱用の鈴、燭台、香炉、その他に仏教信心の公私にわたる数限りない種々の品物を売っている。浅草では毎日が祭日である。この寺は偉大な諸仏の中でも最も人気のある仏を祀ったもので、最も人気のある霊場である。仏教信者でも、神道信者でも、あるいはキリスト教信者でも、この都を初めて訪れる者は、かならずこのお寺に参詣し、その魅力的な売店で品物を買うのである。私もその例外ではなく、花火の束を数個買った。五十本で二銭《一ペンス》である。花火は、ゆっくり燃えてゆくと、とても美しい雪白水晶の形をした閃光を放つ。私はまた一個二銭の小箱に興味をそそられた。その中には花のしぼんだ小片のようなものが入っていて、それを水に浸すと、ふくれあがって木や花となるのである。

右手の舗装された通路を下りてゆくと、人工の川がある。それには弓形をした石橋がかかっており、そこから階段を上ると小さな寺に来る。ここには壮大な青銅の鐘がある。入口では数人の女性が祈っていた。同じ方向に二つのりっぱな青銅の仏像がある。これは坐像で、片方は手を組んでおり、もう一方は蓮をもっている。両方とも額《ひたい》には、「この世を照らす光」(智恵を象徴する黒子《ほくろ》、白毫)がある。これは極めて堂々たる印象を与える。実際の寺の中庭に入るところに雄大な赤い山門が立っている。そこで思い出したのは、買い手も売り手も共に混雑している中庭のある別の異教の寺院のことで、そこでは神が、手に「小さな紐が何本もついている鞭《むち》」を持って、寺院も中庭も「父なる神の家」なるぞ、と怒っている姿があった。それにも劣らぬ正義の憤怒をもって、仏教の創始者である柔和な仏陀が、浅草の不浄の中庭を清めることであろう。何百人という男女、子どもが、絶えない流れとなって山門を出たり入ったりしていた。このように彼らは一年中毎日、日中はこの山門を出入りしている。大祭のときには、何千どころか何万人もの雑踏となる。このときミコシと呼ばれる神聖なかごが出る。この中には祭神の象徴が入っている。神聖な身ぶり芝居や踊りが演ぜられてから、すばらしくて古風な行列を作って、ミコシは海岸まで運ばれ、またもどってくる。山門の下の両側には仁王《ニオウ》すなわち二人の王がいる。これは巨大な像で、ゆるやかな長い服をつけている。一方は赤色で口を開けており、中国哲学の男性原理である陽《ヨウ》を象徴している。もう一方は緑色で、口を固く閉じており、女性原理である陰《イン》を象徴する。ものすごい形相をして眼は突き出し、顔や姿はねじ曲がり、極度に誇張された激動の身ぶりを示している。たいていの大寺院では仁王像が山門を守護している。仁王像を印刷した小紙片は家々の門口に貼られて泥棒除けとなっている。前面の格子《こうし》にはたくさんの草鞋《わらじ》が結びつけてある。これは自分の手足が仁王の筋骨のように逞しくあってほしい、と願う人々が下げたものである。

この山門を通ると寺の本庭に入り、寺院そのものの前面に出る。建物は堂々たる高さと大きさのもので、にぶい赤色をしており、その壮大な屋根には重い灰黒色の瓦が敷いてある。その流れるような曲線は、雄大さのみならず優美な感じを与える。梁《はり》や柱は堅固で大きい。しかし日本の神社にも仏閣にも共通することだが、建物はすべて木造である。間隔が狭くて急な真鍮張りの幅広い階段を上ると本堂の入口に至る。ここには多くの円柱が立っていて、非常に高い天井を支えている。そして天井から、一〇フィートも長さのある提灯《ちょうちん》が多くさげられている。ひさしにおおわれた回廊が、ここから本堂をめぐっている。外側の御堂には畳が敷いていないが、格子の後ろには内側の御堂があり、そこには、料金を払って特に一人で祈らせてもらうとか、僧侶にお願いして祈禱してもらう人だけが入ることを許される。

外側の御堂では、騒音やら混雑で、人の波が絶えず動き、目の回るほどである。人の群れが、下駄の音を鳴らしながら出たり入ったりする。入口に住んでいる何百という鳩は、頭上を飛来し、そのバタバタという羽根の音が、鈴の音や太鼓、どらの音とまじり、僧侶の読経の高声や、低くつぶやきながら祈る人々の声、娘たちの笑いさざめく声、男たちのかん高い話し声がまじりあって、あたり一面が騒音にうずまいている。初めて見るものには、まことに異様な光景が多い。床の上にあぐらをかいて、お守り、数珠、お札《ふだ》、線香、その他の品物を売っている男たちがいる。壁や大円柱にはあらゆる種類の奉納物がかけてある。その大部分は素朴な日本の絵である。ある画題は百人の死者を出した品川沖の汽船爆発で、このとき観音の御利益で命を助けられた人が寄贈したものである。多くの記念物は、ここで祈願して健康や財産をとりもどした人々が寄進したもので、命拾いをした船乗りのものもある。身内の病人の快癒を願って誓願したり祈願するため寄進した男の髻《たぶさ》や女の長い髪が幾十となくある。そのほか左手には、大きな鏡があって、きらびやかな金縁の中に郵便船チャイナ号の絵が収められている。これら各種の不調和な奉納物の上には、すばらしい仏の木彫りや壁画があって、鳩たちの安住の地となっている。

入口近くには、大きな香炉がある。古い青銅作りで堂々たるもので、後脚で立ち上がった怪獣の彫物があり、その周囲には、浮き彫りとなって日本の十二支――鼠《ね》、牛《うし》、虎《とら》、兎《う》、竜《たつ》、蛇《み》、馬《うま》、山羊《ひつじ》、猿《さる》、鶏《とり》、犬《いぬ》、猪《い》――が描かれている。香の煙が絶えず両端の穴からあがり、それを燃やし続けている黒い歯の女が、次々と参詣人から小銭を受け取る。参詣人は、お金を出すと祭壇の前に進んで祈願する。高い祭壇――これが、私にはお堂の本体だと思われるのだが――は、粗い鉄網の仕切りで守られている。この最も神聖なる場所には、神々を安置した宮や、巨大な燭台、壮大な銀製の蓮、供物、洋灯、漆器、連禱《れんとう》書、木魚、太鼓、鈴、そのほか卍《まんじ》など神秘的な宗教記号に満ちている。この宗教は、教育のある者や、この道に入った者にとっては、道徳と哲学の体系をなすものだが、一般大衆にとっては偶像崇拝である。お堂の内部は明かりが暗く、灯火も弱く燃えていた。あたりに香の匂いがたちこめて、その煙の中を、頭を剃った僧侶たちが、祭服をつけ、肩から膝まで法衣《ころも》をたらして、観音を祀ってある高い祭壇のまわりの柔らかな畳の上を音もなく動きまわり、蠟燭をつけたり、鈴を鳴らしたり、祈禱を唱えていた。仕切りの前には賽銭箱《さいせんばこ》がある。木製の大箱で、長さ一四フィート、幅一〇フィート、深い溝がほってあって、参拝人たちはその中に銅貨を投げこむ。それが絶え間なくチャリンチャリンと音を立てている。

そこでもまた彼らはお祈りをする――もし（ナンマイダという）わけも分からぬ外国語の文句をただ繰り返すだけでお祈りと呼ばれてよいものならば。彼らは頭を下げ、両手を上げてこすりあわせ、言葉をつぶやきながら数珠をつまぐり、両手を叩き、また頭を下げる。それが終わると外に出るか、あるいは別の仏の前に行って同じことを繰り返す。絹織の着物を着た商人たち、フランス式のみすぼらしい軍服を着た軍人たち、百姓たち、卑しい衣類をつけた人夫たち、母や娘たち、洋服を着たおしゃれな人たち、武士《サムライ》のような警官たちも、この慈悲の女神（観音）の前に頭を下げる。たいていお祈りは急いでなされる。つまらなくて長いおしゃべりの間にはさまれた単なる瞬間的間奏曲《インタールード》にすぎず、敬虔《けいけん》の素振りすらない。しかし明らかに中には、ほんとうに悩み事をこの簡単な信心で解決しようという祈願者もいる。

ある堂の中には大きな偶像が納められていて、紙つぶてが一面についている。彼を保護している網にも、何百となく紙つぶてがくっついている。参詣人は、願い事を紙片に書くか、あるいは上等の部類では、坊さんに書いてもらって、その紙片を嚙んで丸め、神様に向かって吐きつけるのである。もし狙いがうまくいって網格子の中を通過すれば、それは吉兆である。もし網にひっかかれば、願い事はたぶん聞きとどけられなかったことになる。これと同じように、本堂の外にある仁王像やその他の神々も、紙つぶてで汚されている。左手には仕切りのある聖堂があり、横木には無数の願い事が紙に書かれて結びつけられている。右手にはビンズルという仏陀の十六人の本弟子の一人が坐っている。ここは誰でも傍まで近づくことができる。彼の顔と姿は、もの静かで愛嬌があった。ジョージ三世の御代の年配の田舎貴族のもつ静かな威厳といったようなものがあった。しかし今では、彼の顔はやつれて形相も変わり、スフィンクスのように、眼も鼻も口も、あまり形をとどめていない。彼の手や足からは、光沢のある赤い漆も、すでに消えている。これもビンズルが病気を治す偉大な神であって、過去何百年ものあいだ、病人たちが彼の顔や手足をこすってから自分の顔や手足をこすってきたからである。一人の若い女が彼のところに近より、彼の頭の後ろをこすり、それから自分のをこすった。次に、おとなしそうな娘がお婆さんの手をひいてきた。お婆さんは、瞼がひどくはれ、手足も不自由であった。娘は彼の瞼をこすり、それからお婆さんの閉じた瞼を静かになでた。それから、一人の人夫がやってきた。膝がはれていたが、ビンズルの膝を強くこすり、こんどは自分の膝を静かになでた。忘れてならぬことは、これは民衆のための大寺院であるということである。金持ちも、貴族も、権力者も、この薄暗くて汚く、雑踏する寺院に入るものは少ない。*

*原注——この後に、私は一人で何度もこの寺を訪れたが、そのたびに私の第一印象の興味を深め

るばかりであった。いつも変化と新奇さとがあって、私の興味を減少させなかった。穏やかではあるが深く迷信的な偶像崇拝は、日本に広くゆきわたっているが、この浅草ほどよく見られるところはない。

しかし観音を祀る本堂だけが浅草の名所というわけではない。本堂の外には数限りないお堂があり、天然の石塊の上に巨大な石造の天犬《アマイヌ》がいる。石と青銅で造られている水槽は、天蓋のついているのもあり、ついてないのもあり、参拝者の口や身体を浄めるための水が入っている。切り石の台座にのっている鋳物の天犬は、最近の寄進物である。青銅の灯籠や石灯籠、石柱につけてある石造の後生車《ごしょうぐるま》がある。仕事を終えて休息している人のように穏やかで静かな顔をした仏の像もある。石の偶像には、信奉者が祈願を記した紙のつぶてを貼りつけてあり、その前には、何百となく線香の残りが煙っている上に新たに線香が立っている。漢字や梵語が刻んである石碑が並び、八角堂には、仏陀の五百人の弟子（五百羅漢）の像がある。屋根と壁の上部が極彩色のお堂があり、円い神道の鏡が内部の祠《ほこら》に納めてある。外には鈴のついた賽銭箱があり、神の注意をひくために鈴を鳴らすのである。真っ赤な漆で塗られた五重の塔が目立つ。その屋根の梁の先端は思いきった彫刻がなされており、その重い軒には風鈴（風鐸）がつけてある。屋根の上端は、非常な高さの優美な銅製のらせん塔となっており、先端の装飾は、火焔につつまれた宝珠となっている。その近くには、たいていの寺の傍でも同じだが、白木造りの枠が立っており、書き板が並ぶ。それには寄進者の名前と金額が書きこまれてある。

本堂の南東に、きれいな石の床のお堂がある。そこを訪れたのは、そのとき私たちだけであった。そこは高くて非常にりっぱに装飾されていた。中央には八角形の回転室、というよりむしろ回転堂というべきものがあり、赤漆で豪華に装飾されていた。それは彫刻を施した黒漆の枠にのっており、漆塗りの回廊がその上をまわる。上には幾つかのりっぱに装飾した入口が開いている。この回廊を何度か肩で押せば、このお堂が回転する。これは事実、仏の経典の回転書庫(転輪蔵《てんりんぞう》)で、一回まわせばそれらを一回通読したと同じ功徳《くどく》がある。それは、むかしの装飾漆器の極めて美しい作品である。お堂の裏側には、衣類をつけた仏陀の真鍮像がある。これは片手をあげた姿で、堂々とした鋳造物である。すべての仏像はヒンズー的な顔形をしており、その優美な衣服と東洋的な休息の姿は、インドから渡来したものであって、日本の土着思想による途方もない怪奇さと奇妙な対照をなす。この同じ寺の中に、四つのものすごく途方もない姿をした木彫の像(四天王)がある。実物大の像で、足指に鉤爪があり、それぞれの口には、歯のほかに二つの大きな牙がある。いずれも頭は火焔につつまれ、背面には金の飾り輪がある。途方もない衣服を着ており、あたかも暴風に吹かれているかのように見える。かぶとをかぶり、一部に鎧《よろい》をつけ、右手には、君主の笏《しゃく》と僧侶の錫杖《しゃくじょう》とに似たものを持っている。彼らは眼をむき、口を開け、顔は怒りにゆがみ、大げさな身振りをしている。一つは真っ赤に塗られており、もも色に塗られた鬼がもがいているのを足で踏みつけている。もう一つは鮮緑色に塗られ、海緑色の鬼を踏みつけている。また藍色の怪物は青色の鬼を踏みつけ、もも色の怪物は、鉤爪の足で肉色の鬼を踏みつけている。彼らの形相のものすごさを少しでも理解できるように描写することは難しい。いじめられている鬼どもの方が、かえって無邪気な顔をしているので、そちらに同情したいほどである。彼らの姿は、寺院にしばしば見かける。彼らは地獄の王である閻魔《えんま》の助手として罪人を苦しめるのだという人もあれば、彼らは「四方を守る神」(四天王)だという人もある。

寺院の境内は、まことに特異な光景である。英国の市《いち》が全盛時代であったときでも、このように人をひきつけるものが並べられていることはなかったであろう。寺院の裏に矢場がたくさんある。そこの娘たちは、いつものような淑《しと》やかさはなく、微笑したり、にやにやしたりして、きれいな茶碗に淡黄色のお茶を入れ、味のない

●僧侶

お菓子を漆の盆に載せてもってくる。彼らはちっちゃなパイプ（煙管《きせる》）を吸う。竹を二フィートほど細く削った弓と、矢を載せる台、小さな桜材の矢《先端が骨材で、赤や青や白の羽根がついている》をさし出して微笑し、遠慮がちに、腕試しをなさいませんか、という。的は四角の太鼓の前にあって、左右を赤い座蒲団で囲んである。かちっ、ぶーん、そして耳にほとんど聞こえないドサッという音が、結果を示す。弓を射る人はほとんどがおとなの男性で、その多くは一時に何時間も費やしてこの子どもっぽいスポーツに興ずるのである。

境内のいたるところに茶店があり、例の炭火で銅の釜の湯をわかし、奇妙な作りの鉄瓶や小さな茶碗、香りのよいお茶を出し、愛嬌のある優しい少女が、休んでお茶を飲みませんかと手招く。もっと腹ごたえのある、しかしそれほど食欲の出ないお菓子類も食べられる。どの出店も美しい紙提灯の列で飾られている。それから写真館があり、茶店のある庭園まがいのものや、たくさん実物大の像が並んでいて、適当な背景があり、大きな輪をギーギーと回すと人物が動き出すという仕掛けの人形舞台もある。畳を敷いた休息所や、お皿に米、豆、えんどう豆を盛って売っている店もある。これは神々に供えたり、鳩や馬に与えるためのものである。馬は二頭の神馬で、白子の馬である。もも色の眼と鼻をしており、不愉快になるほど貪欲な動物である。一日中食べていながら、まだもっと欲しがる。歌や踊りの小屋もある。ある小屋では職業的な話家《はなしか》が、ぎっしりつまった聴衆を前にして、昔の人気のある犯罪談を語っていた。ある小屋では数厘を払えば、非常に醜くて欲深い猿に食物を喰わせることもできるし、日本式に平伏することを教わった不潔な猿を観察することもできる。

この手紙はたいそう長くなってしまったが、印象がまだ新鮮なうちに、浅草のいろいろと珍しいことを省略したら、日本の最も興味深い名所の一つを見過ごしたことになるであろう。帰り道にロンドンにあると同じような赤い郵便車の傍を通った。またヨーロッパ式の制服や鞍をつけた騎兵隊、海軍卿の馬車。これは英国式の馬具をつけた二頭立ての箱馬車で、六人の騎馬兵が護衛していた――これは三週間前に大久保(利通)内務卿が政治的暗殺をされてから採用された悲しい予防措置である。こんなわけで、この大都市では古いものと新しいものが、互いに対照し、互いに摩擦している。天皇《ミカド》と大臣たち、陸海軍の将兵たち、文官や警官のすべてが洋服を着ている。「若い日本」を代表しようと熱望する放蕩的様相を帯びた若者たちも同じく洋服である。馬車や家屋も、絨毯、椅子、テーブルのある英国式が非常に多くなってきている。外国製の家具類を購入するときの悪趣味も目立つが、純粋の日本式で家屋を飾るときの趣味の良さも目に立つ。幸運なことには、このように高価で似合わぬ新式の品物は、女性の服装にほとんど影響を与えなかった。洋式を採用した婦人たちの中にも、これを捨てたものがいる。洋服は着心地が悪く、いろいろ複雑な困難があるという理由からである。

皇后は、国家的行事の場合には、真紅の繻子の袴、流れるような長い衣服《ローブ》をつけて現われる。

しかしいつもは、皇后も女官たちも、和服を着ている。私は洋装の女性を二人だけしか見ていない。それは当地の晩餐会のときで、進取的な外務次官森（有礼）氏夫人と、日本の香港領事の夫人だけだった。二人とも長く海外に居住したから、楽に洋装できるのである。ある日、西郷（従道）文部卿夫人が美しい和服を着て訪ねてきた。それは淡紅灰色の絹の縮緬《ちりめん》で、淡紅色の下着も同じ材料のもので、頭のところと袖のところで、ちらりとそれをのぞかせていた。彼女の帯は、鮮やかな淡紅灰色の絹で、あちらこちらに淡紅色の花模様がうっすらと浮かんでいた。彼女は束髪の髷に一本のピンを挿しただけで、縁飾りや他の装飾は格別になかった。彼女は美しくて魅力的な顔をしており、和服の姿は優美で威厳があった。洋装であったら、まったくその逆に見えたであろう。和装は洋装よりも大きな利点がある。すなわち、一つの着物と一つの帯をつければ完全に着物を着たことになり、重ね着すれば、服装は完璧なものとなる。高貴の生まれの女性と、中流や下層階級の女性とでは、顔の特色や表情に相違がある――しかし、日本の画家はこの点を大きく誇張している。私は太った顔、団子鼻、厚い唇、眼尻のつり上がった長い眼、白粉《おしろい》を塗った顔色などを賞めたいとは思わない。唇に赤黄色の顔料を塗ったり、顔や喉《のど》に白粉を厚く塗りたてる習慣は、私をぞっとさせる。しかし、あのように優しい立居振舞いをする女性に対して、好ましくない批評をすることは難しい。

第六信

粕壁　六月十日

日付を見ればわかるように、私は長い旅行を始めた。しかしまだ「未踏の地」に至ってはいない。それは、日光を出発してから入るつもりである。私の旅の第一夜を、ただ一人で、このアジアの人のこみあっている生活の中で過ごすことは、奇妙でもあり、恐ろしくさえもある。私は心配のために一日中いらいらしてきた。びっくりさせられるのではないかという心配、群集から乱暴に襲われるのではないか《アイレー島（スコットランド）出身のキャンベル氏がおどかされたように》、日本人の礼儀作法を破って怒らせることになりはしまいか、等々の心配である。伊藤だけが頼りである。しかし彼も「折れた葦《ブロークン・リード》」（頼りにならぬ人）となるかもしれない。私は計画を断念したいと何度思ったかしれない。しかし私はそのたびに自分の臆病を恥じた。最も確かな筋から、旅行の安全を保証してもらったではないか。*

*原注――私の装備表は、これから先の旅行者、特に日本の奥地を遠距離旅行したいと思う女性旅行者の参考になれば、と思って出した。後で分かったことだが、柳行李《やなぎこうり》が一つあれば充

分である。

準備は昨日終わった。私の支度は、重さ一一〇ポンドで、伊藤の重さ九〇ポンドをあわせると、ふつうの日本の馬一頭がやっと運べる重量である。私の二個の塗った柳行李の箱は、紙で裏張りをし、表は防水のカバーをつけてあって、駄馬の両側につけるのに便利である。私には折り畳み式椅子がある――日本の家屋には、床《ゆか》しか腰を下ろすところがなく、寄りかかるべき堅固な壁もないからだ。それから人力車《クルマ》旅行のための空気枕、ゴム製の浴槽、敷布、毛布、そして最後に最も大切な寝台。これは軽い柱をつけた画布《キャンバス》台で、二分間で組み立てることができる。高さは二フィート半だから、蚤を安全に避けることができるだろう。食物の問題では、すべての人々の忠告をあまり受け入れないことにした。私が持参したのは、ただ少量のリービッヒ肉エキス、四ポンドの乾葡萄、少しのチョコレート――これらは、食べたり飲んだりするためのもの。いざという場合のためブランデーを少量。自分で使うためのメキシコ風の鞍《くら》と馬勒《ろく》、相当な量の衣服。その中には晩に着る緩やかな部屋着もある。蠟燭少量、ブラントン氏日本大地図、『英国アジア協会誌』数冊、サトウ氏の英和辞典。私の旅行服は鈍いとび色の縞のツイード地の短い服で、黒くしてない革の丈夫な編み上げ靴をはく。私のかぶる日本の笠は、大きな鉢を逆にした形をしており、軽い竹を編んだもので、白い木綿のカバーがついており、内側にたいへん軽い枠組がしてある。これが額のまわりをしっかり押さえて、空気がよく通れるように笠と頭の間に一インチ半の空間をとってある。この重さは、ただの二オンス半で、重いヘルメット帽よりもどれほどよいか分からない。軽いけれども、笠は頭部をすっかり保護してくれるので、今日は一日中、日が照っていて温度も八六度（華氏）だったが、他に頭部を守るものは必要なかった。私のお金は、五十円札、五十銭札、二十銭札、十銭札を束にしたものと、他に銅貨を巻封したものがある。旅券を入れた袋は腰に下げている。私の手荷物の中で鞍だけは足載せ台として使用し、他はすべて一台の人力車《クルマ》に積む。伊藤は一二ポンドに制限を受けているが、自分の手荷物を自分で持つ。

私は三台の人力車《クルマ》を雇った。九〇マイル離れた日光まで、車夫を代えずに三日間で、一台一一シリングほどで行くことになっている。

ふつう旅券には、その外国人の旅行する路筋を明記することになっている。しかしこの場合は、サー・H・パークスが事実上は無制限ともいうべき旅券を手に入れてくれた。路筋を明記しないで、東京以北の全日本と北海道《エゾ》の旅行を許可しているのである。この貴重な書類がなければ、私は逮捕されて領事館へ送り戻されるかもしれない。もちろん旅券は日本語で書いてあるが、表紙には英語で発行の場合の規約が書いてある。旅券の申請は、「健康、植物の調査、あるいは科学的研究調査」の理由による。所持者は森林の中で火を燃やしたり、馬上に火を持ち込んだり、畑や囲い、あるいは禁猟地の中に侵入してはならない。寺院、神社、あるいは塀に落書きをしたり、狭い道路で馬を速く走らせたり、「通行止」の掲示を無視してはならない。日本の当局および国民に対しては、順法的で物柔らかな態度で振舞わなければならない。また、要求のあった場合には、いかなる役人にも旅券を呈示せねばならない。これに反すれば逮捕される。日本の奥地にあっては、狩猟や交易を行なったり、日本人と商取引きをきめたり、あるいは必要な旅行期限を越えて家屋や部屋を賃借してはならない。

日光、六月十三日――ここは日本の天国の一つである！「日光を見ないで結構と言うな」という諺《ことわざ》がある。しかしこのことについては後にもっと書きたい。粕壁から手紙を書いて出そうと思ったが駄目であった。蚤の大群が襲来したために、私は携帯用の寝台に退却しなければならなかった。この二晩は、そんなことや他の理由で、とても手紙を書くどころではなかった。

私は月曜日の午前十一時に公使館を出発し、午後五時に粕壁に着いた。二三マイルの全行程を車夫たちが軽やかな足どりで走り続けてくれた。しかし煙草や食事のための休憩はしばしばであった。

これらの車夫たちは、青い木綿の短い股引をはき、帯に煙草入れと煙管《きせる》をさしこみ、袖の広いシャツは青い木綿で短く、胸のところを開けており、腰まで達していた。青い木綿の手拭いを頭のまわりにしばりつけていた。日がとても暑いときには、平らで円盤状の笠をかぶる。これはいつも車の後ろに下げており、照りつけるときも、雨のときにも用いられ、それを頭に結びつけるのである。彼らは草鞋《わらじ》をはいていたが、道中で二度取りかえなければならなかった。青と白の手拭いが、梶棒に下げてあった。やせた褐色の肉体からどんどん流れ出る汗を拭うためのものである。上着は、いつもひらひらと後ろに流れ、竜や魚が念入りに入れ墨されている背中や胸をあらわに見せていた。入れ墨は最近禁止されたのであるが、装飾として好まれたばかりでなく、破れやすい着物の代用品でもあった。

下層階級の男性の多くは、非常に醜いやり方で髪を結《ゆ》う。頭の前部と上部を剃り、後ろと両側から長い髪を引きあげて結ぶ。油をつけて結び直し、短く切り、固い髷《まげ》を前につき出し、もとどりの後部に沿って前方にまげてある。このちょん髷は短い粘土パイプによく似た形をしている。こんなわけで、髪を剃ったり結うことは、職業的な理髪師の熟練を必要とする。昔、武士がこのような方法で髪を結ったのは、かぶとが気持ちよく頭にかぶれるようにするためであったが、しかし今では、決して全部というわけではないが、たいていの下層階級の人たちの髪型となっている。

公使館の玄関に立ち並ぶ親切な人々を後にして、車夫たちは私たちを乗せて、楽しげに、軽い足どりで走った。内濠を横切り、お城の内部の車道を走り、大門を通り、巨大な石造の今なお残る垣根を過ぎ、第二の濠を横切る。何マイルも続く街路に家屋や商店が並ぶ。みな灰色で、歩行者や人力車《クルマ》で混雑していた。駄馬は自分の背に二フィートも三フィートもある荷物を積んでいた。その弓形の鞍には、赤と金色の漆が塗られており、額飾りは赤い革紐で、その「靴」は草鞋《わらじ》であり、その頭は両側の鞍帯にしっかりと結びつけてあった。その胴体の下には、青く怪獣の姿を染めた大きな白い布が、ゆるやかに下がっていた。車夫たちは、ハイ、フイダー！と声をからしながら、頭をひどい格好に剃った子どもたちと一緒に、重い荷物をひいている。このぐるぐる回る実景《ジオラマ》のまっただ中で、あたかも教訓をたれるかのように、ときどき葬式が人混みの間を通った。華麗な衣服をつけた僧侶、口の中でもぐもぐ祈りを唱えている人たち、死体を入れた棺桶は布でおおわれ、（棺を運ぶ）青い着物の人たちと、両翼に白衣の会葬者が行列をつくっていた。やがて私たちは東京《エド》のはずれに来た。ここまで来ると、家並みはもはや続いてはいない。しかしその日は一日中、家と家との間隔はほとんどなかった。どの家も前が開けてあるから、住んでいる人の職業、家庭生活が実際すっかりまる見えであった。これらの家の大半は路傍の茶屋で、売っているのはたいていお菓子、干魚、漬物、餅、干柿、雨笠、人馬の草鞋であった。道路は馬車が二台通れるほど《私たちは馬車にはお目にかからなかったが》広かったが、よくはなかった。両側の溝はきれいでもなく、臭いもよくないことが多かった。こんなことは書いてよいものかどうか分からないが、家々はみすぼらしく貧弱で、ごみごみし

●路傍の茶屋

て汚いものが多かった。悪臭が漂い、人々は醜く、汚らしく貧しい姿であったが、何かみな仕事にはげんでいた。

この地方は、まったくの平坦地で、人工的な泥地か低地である。この肥沃な湿地帯には、いろいろの水鳥がとまっていた。何百人という男女の姿も、膝まで泥につかっていた。というのは、この関東《エド》平野は主として大きな水田地帯からなり、今が田植えの最盛期なのである。彼らは、私たちの理解する意味（えびで鯛《たい》を釣る）で、「パンを水の上に投げる」（「伝道の書」一一—一のではない。日本で栽培される主要な稲の種類は、八種か九種ある。陸稲を除いて、そのいずれも泥と水を必要とし、多く泥をかき回したり、厄介な仕事が多い。米は主要食糧で、日本の財産である。日本の収入は米で評価された。

灌漑の可能なところではほとんどどこでも稲が栽培されている。

田はふつう非常に小さくて、あらゆる形をなしている。四分の一エーカーが相当の大きさの田である。稲は六月に植えられて十一月まで刈られない。しかしその間に三回だけ田の泥をかき回す必要がある。すなわち、すべての人々が田に入って、あらゆる雑草を取り除き、稲の房から房へからみついている水草を取って、泥をかき回し、稲の根元をきれいにする。稲は成熟するまで水中で生長し、熟したときに田を乾かす。一エーカーの良田は毎年約五四ブッシェルの米を、悪い田は約三〇ブッシェルの米を産出する。

関東《エド》平野には、土手道となっている街道に沿ってほとんど絶え間なく村落が続いているほかに、樹木に囲まれた村落が島というべきように散在し、何百という楽しげな緑の土地がオアシスのように存在する。そこでは刈り入れるばかりの小麦や、玉葱、黍、豆、えんどうがよく栽培されていた。蓮の池もあった。そこでは、あの壮麗な花の蓮が、食用《!》というけしからぬ目的のために栽培されている。そのすばらしい典雅な葉は、すでに水面上に一フィート出ている。

私の車夫たちは数マイル元気よく走ってから、ある茶屋の中に車を乗り入れた。私がその庭園で腰を下ろしている間に、彼らは茶屋で食べたり煙草を吸っていた。庭は、陶器類、なめらかな飛び石、金魚が泳いでいる小さな池、奇形の松、そして石灯籠から成り立っていた。外国人は、人を接待する日本の家のことを無差別に「茶屋」と呼ぶことはまちがいであることに注意したい。茶屋というのは、お茶や茶菓をとったり、それをいただく部屋を貸してもらったり、給仕をしてもらう家のことである。ある程度までホテルに相当するものは「宿屋《ヤドヤ》」である。許可証が違う。茶屋にはいろいろの程度のものがある。三階建てで、旗や提灯をにぎやかに飾るのは大都会や行楽地に見られる。下って路傍の茶屋になると、よく版画に見られるように、軒下に黒ずんだ木の長い腰掛けが三つ四つあって、ふつう裸の人夫たちがいろんな気楽な格好をして休息している。床《ゆか》は地面より約一八インチ高くしてある。これらの茶屋には、しばしば畳を敷いた壇があり、その中央には、土間《ドマ》と呼ばれる引っこんだ場所がある。そのまわりには、板間《イタマ》と呼ばれる磨いた木の棚が出ている。旅人は、これに腰を下ろし、茶屋に入ると直ちに出される水で彼らの汚れた足をすすぐのである。というのは、汚れた足や外国の靴をはいたままでは、一歩でも、畳の床《ゆか》に上がることはできないからである。土間の片側に台所があり、炭火が一つか二つある。車夫たちは、畳の上で身体を楽にして食事をとったり煙草を吸う。向こう側では家の人々が仕事に忙しい。もっとも小さな茶屋でも、たいてい奥の方に一つか二つ部屋がある。しかし、活気と興味にあふれているのは開け放してある前の方である。小さな茶屋には、囲炉裏《イロリ》が一つしかない。床に入っている四角形の穴で、砂か白い灰がつまっており、その上に料理用の炭火がおこしてある。また、食物や食事道具をかけておく小さな棚がある。しかし大きな茶屋では、壁は天井まで棚で装飾されており、漆塗りの食卓や漆器や陶器がお客の使用のために置いてある。大きな茶屋では、床や天井の中の溝や大梁《おおばり》に沿って、襖《フスマ》と呼ばれる紙のすべり戸を用いると、即席に多くの部屋をつくることができる。

私たちが路傍の茶屋で休んでいる間に、車夫たちは足を洗い、口をゆすぎ、御飯、漬物、塩魚、そして「ぞっとするほどいやなもののスープ」（味噌汁）の食事をとった。それから彼らは小さな煙管《きせる》で煙草を吸った。煙草は、一度詰めるごとに三回ぷうっと吸うのである。私が一本の煙管に手を出したら、一人の少女が煙草盆《タバコボン》をもってきてくれた。煙草盆は木か漆の四角の盆で、陶器か竹製の炭入れと灰入れが上についている。もう一人の少女は、膳《ゼン》をさし出した。膳というのは、約六インチの高さの小さな漆塗りの食卓で、小さな茶瓶をつけてあった。茶瓶は、直角に中空の柄がついてあり、飲み口がある。これには英国のティーカップ一杯ほどの分量が入っている。それから、茶碗が二つ。これには柄やお皿はついていない。それぞれ十口《くち》から二十口分ぐらいの少量のものを容れる。お湯はお茶の葉の上にちょっとの間だけ浸すのでよい。浸液は透明の淡黄色液体で、すばらしくいい香りがする。いつ飲んでも、気持ちよくさわやかである。日本茶は、湯の中によどませておくと、不快な苦味と健康によくない収斂《しゆうれん》性を帯びてくる。牛乳や砂糖は用いられない。どの茶屋にも清潔な感じのする木製か漆器の蓋つき飯櫃がある。熱い御飯は、注文の場合を除いて、毎日三度しか用意されない。お櫃にはいつも冷や飯が入っており、車夫たちはその飯に熱いお茶を注いで熱くして食べる。食事のときには、茶屋の女中がこの飯櫃を傍に置き、お客の前に坐って、「もう充分です」と言うまで、飯碗にお代わりを盛ってくれる。この街道では、一時間か二時間休息してお茶を飲めば、三銭か四銭を茶盆に置いてゆくことになっている。

私たちはよく人の往来する街道に沿って粕壁まで水田の間を一日中旅をした。粕壁はかなりの大きさの町ではあるが、みじめな様子をしている。その大通りも、東京の最も貧弱な街路に似ている。私たちは大きな宿屋《ヤドヤ》でその晩を泊まることにした。この宿屋は、階下にも二階にも部屋があり、大勢の旅人がおり、多くの悪臭があった。宿屋に入ると、宿の亭主《テイシュ》が、両手を組みながら平伏し、床に三度、額をすりつけた。それは大きくて老朽の建物で、少なくも三十人の召使いが大きな台所《ダイドコロ》で忙しそうに働いていた。私は黒く磨かれた木のけわしい階段を上って階上の部屋に入った。部屋には深い軒下の縁側がついていた。この家の二階正面は、一つの長い部屋で、横と正面しかないが、不透明の壁紙が貼ってある襖を敷居の溝にはめれば、直ちに四つの部屋に分けることができる。背面も即席で作られる。しかしこれは、私たちのティッシユーペーパーに似た半透明の紙を貼った障子で、ところどころに穴や裂け目があった。この仕事が終わると、私は約一六フィート平方の一部屋をあてがわれた。部屋には、かぎ、棚、手摺など何か物をかけるものが、一つとしてなかった。部屋は要するに空っぽで、畳《マット》しか敷いてなかった。マットという言葉を使ったが、誤解されると困る。日本の家のマットは、タタミと呼ばれて、最もりっぱなアックスミンスター絨氈と同じほど、清潔で優雅で柔らかい、床の敷物である。畳は、長さが五フィート九インチ、幅が三フィート、厚さが二インチ半である。枠組は粗い藁で堅固に作られており、非常に織り目の細かい畳表《たたみおもて》に包まれていて、ほとんど真っ白である。どの畳も、紺色の布で縁をつけてあるのがふつうである。寺院や部屋はふつう、その中にある畳の数によって大きさが測られる。部屋に合わせて畳を裁断するのではないから、畳数に合わせて部屋を作らねばならない。部屋は、常に平坦で、床のまわりに磨かれた敷居や、つき出た棚がある。畳は柔らかで弾力性があり、質の良いものはとても美しい。畳は最上のブラッセル絨氈ほど高価であり、日本人は畳を非常に誇りにしている。だから心ない外人たちが汚れた靴で畳の上に踏みこむようなことがあればたいそう困ってしまうのである。不幸なことだが、畳には無数の蚤がついている。

私の部屋の外側には開け放たれた縁側が走っている。縁側は多くの似たような部屋に接続し、傾きかけた板葺き屋根や天水桶のわびしいたたずまいの軒下をめぐっている。どの部屋も満員であった。伊藤は、このときだけ私の指示を受けて、黴臭い緑色の麻の粗布で作った大きな蚊《か》帳《や》の下に私の携帯用ベッドを広げ、私の浴槽にお湯を満たし、お茶や御飯や卵をもってきたり、私の旅券を宿の亭主のところに持っていって写させた。それが終わると、どこか知らぬところに去った。手紙を書こうとするのだが、蚤や蚊がうるさかった。その上さらに、しばしば襖が音もなく開けられて、幾人かの黒く細長い眼が、隙間から私をじっと覗いた。というのは、右隣の部屋には日本人の家族が二組、左隣の部屋には五人いたからである。私は、障子と呼ばれる半透明の紙の窓を閉めてベッドに入った。しかし、私的生活《プライバシー》の欠如は恐ろしいほどで、私は、今もって、錠や壁やドアがなくても気持ちよく休めるほど他人を信用することができない。隣人たちの眼は、絶えず私の部屋の側面につけてあった。一人の少女は、部屋と廊下の間の障子を二度も開けた。一人の男が——後で、按摩をやっている盲目の人だと分かったのだが——入ってきて、何やら《もちろん》わけの分からぬ言葉を言った。その新しい雑音は、まったく私を当惑させるものであった。片方ではかん高い音調で仏の祈りを唱える男があり、他方ではサミセン《一種のギター》を奏でる少女がいた。家中がおしゃべりの音、ばちゃばちゃという水の音で、外ではドンドンと太鼓の音がしていた。街頭からは、無数の叫び声が聞こえ、盲目の按摩の笛を吹く音、日本の夜の町をかならず巡回している夜番の、よく響き渡る拍子木の音がした。これは警戒のしるしとして二つの拍子木を叩くもので、聞くにたえないものだった。それは私の少しも知らない生活であった。その神秘は、魅力的というよりもむしろ不安をかきたてた。私のお金はその辺にころがっていたから、襖から手をそっとすべりこませて、そのお金を盗んでしまうことほど容易なことはないように思われた。井戸はひどく汚れているし、ひどい悪臭だ、と伊藤が私に言った。盗難ばかりでなく、病気まで心配せねばならない！　私はそんなことをわけもなく考えていた。*

＊原注——私の心配は、女性の一人旅としては、まったく当然のことではあったが、実際は、少しも正当な理由がなかった。私はそれから奥地や北海道《エゾ》を一二〇〇マイルにわたって旅をしたが、まったく安全で、しかも心配もなかった。世界中で日本ほど、婦人が危険にも不作法な目にもあわず、まったく安全に旅行できる国はないと私は信じている。

私のベッドは、二本の横木に釘づけした一片の麻の粗布にすぎない。私が横になると、その粗布は下方の釘の列から裂け目を作りながら破れてしまい、だんだん身体が沈んで、ついには二組の架台を結びつけている棒の鋭い背中に横たわって、蚤や蚊の犠牲者となり、全くお手あげの状態となった。私は三時間の間、身動きもせずにじっと横になっていた。動けばベッドが全部崩れてしまう、と思ったからである。そして一瞬間ごとに不安の気持ちが強くなった。そのとき障子の外の伊藤が声をかけた。「バードさん、お目にかかってお話ししたいことがあります」。こんどはどんな恐怖だろうか、と私は思った。彼はつけ加えて「公使館から使いの者が来ました。それから二名の警官があなたにお話ししたいそうです」と言ったが、私の不安はおさまらなかった。私は到着したときに正しい手続きをとっていた。宿の亭主に旅券を渡し、彼は規則に従ってそれを宿帳に書き写し、その写しを警察署に送ったはずであった。だから、このように真夜中近くになって部屋に侵入されることは、不当であると同時に理解しがたいものであった。それにもかかわらず、制服を着た二人の警官が現われたとき、すぐに私はほっとした。彼らは例の警棒と目玉ランプをもち、態度は丁寧であったが、ペコペコしなかった。私は彼らが二十人やってきても歓迎したであろう。というのは、彼らの出現によって、私の名が登録されて彼らに知られているという事実を確認できたからである。それから日本政府も、特別な理由により、外国人に政府の全知全能ぶりを印象づけたいと思っているから、私の安全に対して責任があるのである。

彼らが彼らの暗いランプの光で私の旅券を書き写す間に、私が東京《エド》からの小包みを開けると、中にレモン砂糖漬一缶、サー・ハリー・パークスからのたいそう親切な手紙、それからあなた(妹)からの手紙一束が入っていた。手紙を開けようとしていると、伊藤と警官たちとランプが、私の部屋から静かに出ていった。それから私は、夜明けまで、まんじりともせずベッドに横になっていた。私が六週間も待ちこがれていた手紙や電報を開けもせずに!

今では私は、そのときの恐怖や不幸なことを笑いとばすことができる。旅行者というものは、自分の経験を贖わなければならない。成功するのも失敗するのも、主として個人的特性によるものである。多くの問題も、旅を重ねるにつれて経験を積むことにより改善されるであろう。

そして安心して旅行をする習慣が身につくことであろう。しかし私的生活《プライバシー》の欠如、悪臭、蚤や蚊に苦しめられることは、これから先も直らない弊害ではないかと思われる。

第六信（続き）

翌朝、七時までに御飯を食べ終わり、部屋は、今までだれも泊まっていなかったように空っぽになった。八十銭の宿料を払った。宿の主人や召使いたちが、何度もサヨーナラを言って平伏していた。私たちは人力車《クルマ》に乗り、速いスピードで去った。最初の休憩所で私の車夫は《親切でやさしい男だが見るも恐ろしい》痛みと吐き気に襲われた。粕壁で悪い水を飲んだためだという。そこで後に残しておくことにした。彼は契約を厳重に守って代わりの者を出し、病気だからといってチップを請求することはなかった。その正直で独自のやり方が私にはたいへん嬉しかった。彼はとても親切で役に立つ男であったから、病気のまま彼をそこに残して去るのは私にとって実に悲しかった。なるほど彼はただの車夫であり、日本帝国三千四百万人中の一人にすぎないけれども、やはり天におられる父なる神から見れば、他のなんぴとにも劣らず大切な人間なのである。その日はよく照る日で、木蔭で八六度もあったが、むし暑くはなかった。正午に利根川に着いた。私は車夫の入れ墨をした肩の上につかまって浅瀬を渡った。それから人力車、たちの悪い駄馬、数人の旅行者とともに平底船に乗って川を渡った。船頭も、旅行者も、耕作者も、ほとんど着物をつけていなかったが、田畑で働いている裕福な百姓たちは、雨傘のように大きな竹製のとがった笠をかぶり、大きな袖のある着物を帯で締めることもなく、大きな団扇《うちわ》を腰ひもにつけていた。私たちの会った旅人の多くは笠をかぶっていなかったが、扇子《せんす》を頭の前にかざして日光を避けていた。労働者にとって和服が不便であるというのが一つの原因となって、彼らは着物を着ないという一般的習慣ができたのであろう。和服は歩いているときでさえも非常な邪魔になるから、たいていの歩行者は、着物の裾の縁の真ん中をつまみ、帯の下にそれを端折《はしょ》って腰にまとうのである。この結果、多くの場合に、ぴったり穿いた弾力的な白木綿のズボンが踝《くるぶし》のところまで達している姿が見られる。東京まで汽船が通っている村のところで、また別な川を渡し船で越えると、あたりの景色はずっと眼を楽しませてくれるようになった。水田は少なくなり、樹木や家屋や納屋が大きくなり、遠方に高い山々が霞の中にかすんで浮かんで見えた。彼らは、小麦でパンを作るのではなく、うどんを作るのだが、その小麦の大部分はすでに運搬中である。一〇フィートも高さのある小麦を積んだ山がゆっくり動くのが見える。どうしたことかと思っていると、その下方で四本の足が動いているのに気がつく。穀物はすべて人間の背中に載せないときには馬の背に載せて運ぶのである。私はいくつかの脱穀場を見に行った。そこは納屋《なや》の外側の清潔で広々とした場所であった。莚《むしろ》の上に穀物が置かれ、二人か四人の男が重い回転からざおで脱穀していた。もう一つの方法は、縦に置いた割り竹の架台上で女性たちが麦をたたくのである。また、次の方法が田畑や納屋庭で行なわれているのを見た。それは、女たちが手にいっぱいの麦束を持ち、鋭い鉄の歯を斜めにはめこんだ一種のすきぐし器械の中を通すと、麦の穂が切断されて茎が損なわれずに残る。これは、おそらく『イザヤ書』に出ている「鋭い歯のある打穀機」（四一—一五）であろう。次に両手で穂をこする。この地方では、麦は手だけであおぎわけ、風で籾殻を吹きとばすと、穀粒を蓆の上に置いて乾燥させる。鎌は用いない。しかし刈り手は、一にぎりの麦束を手にとり、短くて真っ直ぐな小刀を柄と直角にはめこんだもので、地面近く麦を刈りとるのである。麦は間隔を広くとって何列も種をまく。間の地面は大豆やその他の穀類のために利用される。それをとってしまうと、大根、きゅうり、その他の野菜が代わりに植えられる。畑は注意深く耕され、豊富に肥料を与えるから一年に二回、あるいは三回も穀物を栽培できる。稲作の場合を除き、他のすべての穀類の場合のように、麦を作るときも、畑の土を掘り起こす。雑草は少しも見られない。この地方全体が、手入れのよく届いた庭園のように見える。この地方の納屋はとてもきれいであり、その大きな屋根は、五重の塔ですでにおなじみになっているあの凹んだ曲がりを見せているものが多い。軒はしばしば八フィートも深く、草屋根は三フィートの厚さがある。農家の庭にはすてきな門構えのあるものがあり、英国の教会の墓地の入口に見られる古い屋根つき門をぐっと大きくしたものに似ている。牛乳用にも運搬用（?）にも食用にも、動物を用いるということはなく、牧草地もないから、田園も農園もふしぎなほど静かで、活気のない様子を呈している。みすぼらしい犬と何羽かの鶏だけが家畜動物の代表者となっている。私には牛や羊の鳴き声が恋しい。

六時に栃木《トチギ》という大きな町に着いた。ここは以前に大名《ダイミョー》の城下町であった。その特産は多種類の縄紐類で、この近辺では多量の麻が栽培されている。多くの屋根は瓦葺きで、町は、私たちが今まで通過してきた町々よりも、どっしりして美しい姿をしていた。しかし、粕壁から栃木に来ると、事態はさらに悪化した。私は日本旅行をすっかりやめてしまおうと思った。もし昨夜になっても大きな改善がなかったら、私は、不面目にも東京に帰ったことであろう。宿屋《ヤドヤ》は非常に大きいものだった。すでに六十人の客が着いていたので、私には部屋を選ぶこともできず、襖ではなく障子《ショージ》で四方が囲まれている部屋で満足しなければならなかった。黴臭い緑の蚊帳の下には私のベッドも、浴槽も、椅子を置く余地もやっとしかなかった。その蚊帳はまったく蚤の巣であった。部屋の一方は人のよく通る廊下に面し、もう一方は小さな庭に面していた。庭に向かって他に三部屋があったが、そこに泊まっている客は、礼儀正しく酒も飲まないという種類の人たちではなかった。障子は穴だらけで、しばしば、どの穴にも人間の眼があるのを見た。私的生活《プライバシー》は思い起こすことさえできないぜいたく品であった。絶えず眼を障子に押しつけているだけではない、召使いたちも非常に騒々しく粗暴で、何の弁解もせずに私の部屋をのぞきに来た。宿の主人も、快活で楽しそうな顔をした男であったが、召使いと同じことをした。手品師、三味線ひき、盲人の按摩、そして芸者たち、すべてが障子を押し開けた。キャンベル氏が言った通り、日本では、婦人の一人旅をしてはならない、と考え始めた。伊藤は私の隣の部屋にいたが、盗難がきっとあるかもしれないから、私の持ち金をあずかりたい、と言った。しかし彼は、夜のうちにそのお金を持ち逃げするようなことはしなかった。私は八時前に、私の危なっかしいベッドの上に横になった。しかし、夜がふけるにつれて、家中のうるさい音がはげしくなり、真に悪魔的となって、一時過ぎまで止まなかった。太鼓や鼓《つづみ》やシンバル(鐃鈸《にようはち》)が打たれた。琴《コト》や三味線《サミセン》がキーキーと音をかき鳴らしていた。芸者《ゲイシャ》《踊り、歌い、演奏する技芸をもつ職業的女性》たちは、歌に合わせて踊った。歌声の耳ざわりな不協和音は実に滑稽であった。話家《はなしか》は高い声で物語をうなり、私の部屋のすぐ傍で走りまわったり水を飛ばす音がいつまでもなくならなかった。夜おそく、私の部屋の危なっかしい障子が偶然に倒れ、浮かれ騒ぎの場面が眼前に展開した。たくさんの人々が温浴しており、お互いに湯を投げかけていた。

出発の騒音は夜明けに始まった。私は七時に宿を出ることになり嬉しかった。出かける前に襖がとりはずされ、自分の部屋だったものも、大きな広々とした畳座敷の一部分となる。このやり方によって、黴臭くなるのを効果的に防ぐことになる。道路は少し上り坂となり、車夫たちは疲れて駆けることはできなかったが、九時間で三〇マイル進んだ。車夫たちが私に対して、またお互いに、親切で礼儀正しいことは、私にとっていつも喜びの源泉となった。笠とマロ（ふんどし）だけしか身につけない男たちがばか丁寧な挨拶をするのを見るのは、実におもしろい。お互いに話しかけるときにはいつも笠をとり、三度深く頭を下げることを、決して欠かさない。

宿屋を出てまもなく、私たちは幅広い街道を通った。両側には私が今まで見たこともないような大きくてりっぱな家が並んでいた。家はみな正面が開いていた。そのよく磨かれた床や廊下は、動かない水面のように見えた。掛物《カケモノ》《壁にかけた絵画》が横壁にかけてあり、実に美しかった。その畳も、きめが細かく白かった。裏側には大きな庭園があり、泉があり花が咲き、ときには渓流が流れ、石橋がかかっていた。看板から察して、それらは宿屋《ヤドヤ》だろうと思った。しかし伊藤にたずねてみると、それらはすべてカシツケヤといっていかがわしい茶屋であると答えた。これはたいへん悲しい事実であった。*

*原注――私の北国旅行中に、私はしばしば粗末で汚い宿に泊まらなければならなかった。それは良い宿屋はこの種類のものだったからである。旅行者が見てぞっとするものは少ししかないとしても、日本の男性を堕落させ、とりこにする悪徳を示すものは、表面上にさえ

も多くあらわれている。

旅をしてゆくにつれて、景色はますます美しくなった。うねうねと続く平野は、険しい森林の丘陵となり、背後には山脈が雲にかかっていた。村落はこんもりと樹林に囲まれ、裕福な百姓たちは、短く刈りこんだ生垣の奥に自分の住宅を引っこませている。生垣は障壁ともいうべきもので、幅は二フィート、しばしば二〇フィートの高さもある。どの家の近くにも茶が栽培されており、その葉は摘まれて、蓆の上で乾かされていた。桑畑が現われてきたので、養蚕業のあることが分かる。白色や黄緑色をした蚕《かいこ》の繭《まゆ》が、平らな盆に入って、道路に沿って日向に出してあった。たくさんの女性が家の正面に坐って一五インチ幅の木綿布を織っていた。木綿糸は、大部分が英国から輸入され、どの村でも染めていた。用いられている染料は国産の藍《あい》である。年とった女たちは糸を紡ぎ、年寄りも若い人たちも仕事に精を出し、背中の着物に入れて負われている利口そうな赤ん坊は、その肩先から、ずるそうな眼つきでのぞいていた。七歳か八歳の小さな女の子でさえも、赤ちゃんを背中におんぶして子ども遊びに興じていた。まだ小さくてほんとうの赤ん坊を背に負えない子どもたちは、大きな人形を背中に結んで同じような格好をしていた。村が無数にあること、人家が立て混んでいること、中でも赤ん坊が多いことで、たいそう人の多く住んでいる地方だという印象を受ける。

すばらしく天気の良い一日が経過するにつれて、景色はますます変化に富み美しくなってきた。残雪の高い山々がふもとの丘陵を見渡していた。その険しい山腹には、暗青緑色の松林や杉林が落葉樹の春緑に照り映えていた。小さな丘には杉の森があり、高い石段を上ると頂上に神社があった。刈り入れ時の田畑の赤い金色は、麻畑の一面の新緑と好対照をなしていた。ばら色や白色のつつじは、雑木林を明るくしていた。やがて広い道路が巨大な杉の並木道に入ると、日光の神聖な神社（東照宮）に至る街道は木蔭になり、ちらちら洩れてくる日光と木蔭が草葉をまだらにすると、私は日本が美しいと思い、今まで通ってきた関東平野が醜い夢にすぎないように感じられた。

日光に通ずる街道は二つある。私は宇都宮《ウツノミヤ》から行くふつうのコースを避けた。その結果、奥《オー》州街道《シュウカイドー》と呼ばれる大きな街道沿いに約五〇マイル続いている最もすばらしい街道を見ることができなかった。私のとったコースの例幣使《レイヘイシ》街道は三〇マイル続く。この二つの街道は、途中で幾つかの村を経て、日光から八マイルの今市《イマイチ》という村で合流する。街道は日光の町の入口でようやく終点となる。並木道の杉の木は、貧乏なために将軍家の霊廟に青銅の灯籠を奉納できない男が、その代わりに植えたのだといわれている。これほど壮大な記念碑は、考え出すことはできなかったであろう。たぶんこれは、同種のものでは世界で最も壮大なものであろう。例幣使街道の並木道はりっぱな馬車道路で、草や羊歯《しだ》でおおわれた土手が八フィートの高さから傾斜していた。土手の上に杉の木がそびえ、それから草のはえている二本の歩道がある。これらと耕作地の間には、若木や茂みが目隠し役をしていた。多くの木は、地面から四フィートのところで二股に分かれる。たいていの幹は周囲が二七フィートある。それは五〇－六〇フィートの高さに達するまで細くなったり枝に分かれることはない。赤味がかった樹皮が縦長に裂けて約二インチ幅の細長い切れとなっているので、ますます樹木が高く見える。木はピラミッド型で、少し離れたところから見るとシーダー（ヒマラヤ杉）に似ている。このすばらしい並木道は、広い木蔭に光がちらちら洩れ、並木の間から高い山々がまれに見えて、深い荘厳さを覚える。この並木道と同じように壮大で美しいところに道が通じているにちがいない、と人間の本能だけが知らせてくれるであろう。街道は途中でいくつかの小さな村を過ぎた。村には、二重の柱（火の見櫓）の間に大きな鐘がぶら下がっていた。道端の神社には、ぼろ切れや花のお供《そな》えがあった。仏陀とその弟子たちの石像があり、たいてい擦《す》りへったり倒れたりしていたが、その石像の表情は、いずれも同じで、祝福を受けた安心と、俗世間のことには達観している顔つきであった。寺院は漆塗りの材木が朽ちて倒れ落ちそうになっていたが、寺の鐘は遠く夕空にすばらしく美しい音を響かせていた。

今市は二つのりっぱな街道の合するところで、長い坂道になっている町である。そこでは、山の澄んだ水流が石造の水路に囲われ、切って作った石板が渡してあり、町の真ん中を流れていた。水流の上に建てられ、街路をずうっと見晴らすことができる家の部屋には二人の警官が坐って書きものをしていた。町にはあまり人馬も通らず、退屈なところのように見える。あたかも、下方の並木道と、上方の神社の堂々たる姿に圧倒されたかのようであった。しかし静かな宿屋があって、私はそこで一晩ぐっすり休息することができた。もっとも、私のベッドはほとんど床まで落ちそうになったが――。私たちは、今朝早く、小雨降る中を出発した。そして八マイル続く杉の並木の下の坂道を、まっすぐ登っていった。草木はよく繁茂していた。これは暑くて湿気の多い夏の気候と、山岳地方に豊富な降雨量があることから容易に察することができよう。どの石も苔《こけ》でおおわれており、路傍は藻類や数種の銭苔《ぜにごけ》で緑色であった。私たちは男体山《ナンタイザン》の前山に入っていた。高さは一〇〇〇フィートであった。山の姿は険しく、頂上まで森林が続き、たくさんの奔流が騒がしく音を立てていた。鉢石《ハチイシ》の長い街路は、急な屋根と深い軒のある家が並び、暖かい色彩の町であった。その険しい道路には、ところどころに階段があり、スイスに見るような美しさがある。町へ入るときは、車から降りて歩かなければならない。人《ク》力《ル》車《マ》は引きずって階段を上げるのである。急な屋根、松林、針葉樹の点在する山々によって見られたスイスとの類似性は、急な町の通りを登っていっても全く消え去るわけではない。町には、木彫りや草木で編んだ奇妙な籠が、いたるところで売り物に出ているのが見られる。実に単調で奇妙な街路である。人々は外に出てきて外国人をじっと見つめる。外国人を見るのは珍しいことだと思っているようである。実は一八七〇年（明治三年）サー・ハリー・パークス夫妻は、西洋人として初めて日光を訪れることを許可されて、その御本坊《ホンボー》に宿泊したのであった。それは人形の町である。低くて小さな家にはりっぱな畳が敷いてあり、すばらしく清潔で、凝りすぎるほどきちんとしており、軽くてきゃしゃなものだから、靴を脱いで家の中に入ったのだが、「陶器店に入った牡牛」（はた迷惑の乱暴者）のような気持ちであった。私の身体の重みだけですべてが壊れてなくなってしまうのではないかと思った。街路はひどく清潔になっているので、応接間の絨氈を泥靴で踏みたくないと同じように、この通りを泥靴で歩きたいとは思わぬであろう。そこには、山の静かな雰囲気が漂っている。たいていの店で売られているのは、特産品、漆器、黒豆と砂糖で作った菓子の箱詰め、あらゆる種類の箱、盆、茶碗、磨いた白木作りの小卓、その他に木の根から作ったグロテスクな品物などである。

私が鉢石《ハチイシ》で外国人を接待できるような美しい宿屋《ヤドヤ》に滞在することは、もともと、計画の中にはなかった。そこで私は、伊藤に日本語の手紙を持たせて、半マイル先の、今私がいる家の主人に使いに出した。その間、私は、街路を登っていって、はずれにある岩の突き出たところに腰を下ろし、だれにも邪魔されずに、最も偉大な二人の将軍（家康、家光）が「栄光に眠る」山の荘厳な森を見渡していた。下方では大谷川《ダイヤガワ》の奔流が、夜の雨で水かさを増し、狭い谷間を雷のような音を立てて流れていた。その向こうには、巨大な石段がのびていて、杉の森の中に消えてゆく。その上に日光山が聳えている。急流がその激しい勢いを二つの石の壁でとめられているところに、橋がかけられている。長さ八四フィート、幅一八フィート、にぶい赤色の漆が塗られて、両側の二つの石の橋脚に支えられ、二本の石の横梁《よこはり》によって結ばれている。あたり一面が濃い緑色とやわらかい灰色に囲まれている中に、橋の明るい色はうれしい。しかし、橋の建築は少しも堂々たるものではなく、その興味はただそれが御橋《ミハシ》《神聖な橋》であるということにある。一六三六年の建造で、むかしは将軍や、天皇の使節、一年に二回だけ巡礼者のためにのみ開放されていた。橋の門は二つとも錠がかけられている。雨と霧がよく降る日光は、壮大で、しかも淋しそうである。人力車の道は、ここで終わる。もしこれから先に行きたいと思うならば、歩いてゆくか、馬に乗るか、あるいは駕籠《かご》で行かなければならない。

伊藤は久しく姿を見せず、車夫たちはいつも私に日本語で話しかけるので、私は頼りない孤独な気持ちにさせられた。とうとう車夫たちは私の手荷物を肩に負った。階段を下りた私たちが一般用の橋を渡ると、まもなく金谷《カナヤ》さんという私の宿の主人が迎えてくれた。彼はたいそう快活で愉快な人で、地面に届くほど深く頭を下げた。四方に段々の道路があり、杉の並木を通って神社に通ずる。こちらの道路は多くの堂々たる囲いを通過するが、寺院から離れてゆく。それは多くの人の巡礼地である中禅寺《チュウゼンジ》や湯治場の湯元《ユモト》、その他いくつかの村へ通ずる街道である。しかし道はごつごつしており、ところどころに石段があるから、馬や歩行者だけしか通れない。

宿が見えてくると、私はうれしくなった。ここで残念ながら、今まで私に親切で忠実に仕えてくれた車夫たちと別れることになった。彼らは私に、細々と多くの世話をしてくれたのであった。いつも私の衣服から塵《ちり》をたたいてとってくれたり、私の空気枕をふくらませたり、私に花をもってきてくれたり、あるいは山を歩いて登るときには、いつも感謝したものだった。そしてちょうど今、彼らは山に遊びに行ってきて、つつじの枝をもって帰り、私にさようならを言うためにやってきたところである。

●私の車夫

第七信

日光　金谷家にて　六月十五日

私が今滞在している家について、どう書いてよいものか私には分からない。これは、美しい日本の田園風景である。家の内も外も、人の眼を楽しませてくれぬものは一つもない。宿屋《ヤドヤ》の騒音で苦い目にあった後で、この静寂の中に、音楽的な水の音、鳥の鳴き声を聞くことは、ほんとうに心をすがすがしくさせる。家は簡素ながらも一風変わった二階建てで、石垣を巡らした段庭上に建っており、人は石段を上って来るのである。庭園はよく設計されており、牡丹、あやめ、つつじが今花盛りで、庭はとてもあざやかな色をしていた。ちょうど後ろにそびえている山は、すその方が赤いつつじでおおわれていた。山から流れ落ちてくる渓流は、この家に冷たくてきれいな水を供給し、もう一つの流れは、小さな滝となり、家の下を通り、岩石の小島のある養魚池を通り、下方の川に入る。入町《イリミチ》という灰色の村は、道路の反対側にあって、激しく流れる大谷川《ダイヤガワ》に囲まれている。そのかなたには高い山があちこちにそびえ、鬱蒼とした樹林におおわれ、峡谷や瀑布がある。

●金谷家

金谷さんの妹は、たいそうやさしくて、上品な感じの女性である。彼女は玄関で私を迎え、私の靴をとってくれた。二つの縁側はよく磨かれている。玄関も、私の部屋に通ずる階段も同じである。畳はあまりにきめが細かく白いので、靴下をはいていても、その上を歩くのが心配なくらいである。磨かれた階段を上ると、光沢のあるきれいな広い縁側に出る。ここから美しい眺めが見られる。縁側から大きな部屋に入る。ここは大きすぎたので、早速二つの部屋に分けられた。ここからきれいな踏み段を四段ゆくと奥にすばらしい部屋がある。そこに伊藤が泊まっている。別のきれいな階段を行くと浴室と庭園がある。私の部屋の正面はすべて障子になっている。日中には障子は開けておく。天井は軽い板張りで、黒ずんだ横木が渡してある。天井を支えている柱はうす黒く光沢のある木である。鏡板は空色の縮み紙に金粉をふりまいたものである。一方の隅には床ノ間《トコノマ》と呼ばれる二つの奥まったところがあり、光沢のある木の床《ゆか》がついている。一つの床の間には掛物《カケモノ》《壁にかけた絵》がかけてある。咲いた桜の枝を白絹の上に描いた絵で、すばらしい美術品である。これだけで部屋中が生彩と美しさに満ちてくる。それを描いた画家は、桜の花しか描かなかったが、革命（維新）の戦いで死んだという。もう一つの床の間には棚があり、引き戸のついた非常に貴重な飾り棚がのっている。それには金地に牡丹が描かれている。光沢のある柱の一つには、真っ白の花瓶がかけてあり、ばら色のつつじが一筆描いてある。もう一つの柱の花瓶には菖蒲が一本描いてある。花瓶の装飾はそれだけである。畳はとても編み目が細かく白いが、部屋の調度品といえばただ屏風《びょうぶ》だけで、何か山水画らしきものが墨で描いてあった。私は部屋がこんなに美しいものでなければよいのにと思うほどである。というのは、インクをこぼしたり、畳をざらざらにしたり、障子を破ったりはしまいかと、いつも気になるからである。階下にも、同じように美しい部屋があり、すべての家事が行なわれている大きな場所がある。家の右手には、瓦屋根の蔵《クラ》と呼ばれる防火倉庫がある。

金谷さんは神社での不協和音（雅楽）演奏の指揮者である。しかし彼のやる仕事はほとんどないので、自分の家と庭園を絶えず美しくするのが主な仕事となっている。彼の母は尊敬すべき老婦人で、彼の妹は、私が今まで会った日本の婦人のうちで二番目に最もやさしくて上品な人であるが、兄と一緒に住んでいる。彼女が家の中を歩きまわる姿は、妖精のように軽快優雅であり、彼女の声は音楽のような調べがある。下男と、彼女の男の子と女の子を入れて一家全員となる。金谷さんは村の重要人物で、たいへん知性的な人である。充分な教育を受けた人らしい。彼は妻を離婚しており、彼の妹は事実上夫と別れている。近ごろ彼は、収入を補うために、これらの美しい部屋を紹介状持参の外国人に貸している。彼は外国人の好みに応じたいとは思うが、趣味が良いから、自分の美しい家をヨーロッパ風に変えようとはしない。

夕食は膳《ゼン》にのって来た。膳というのは高さ六インチの小さな食卓で、金の蒔絵がしてある。御飯は金蒔絵の鉢に入れてある。茶瓶と茶碗はりっぱな加賀の磁器（九谷焼）であった。私は御飯とお茶つきで二部屋借りて一日に二シリング払う。伊藤は私のために食糧を探し、ときには一羽一〇ペンスで鶏を手に入れる。鱒の一皿が六ペンスで、卵はいつも一個一ペンスで手に入れることができる。個人の家に住んで、日本の中流階級の家庭生活の少なくとも外面を見ることは、きわめて興味深いことである。

第八信

日光　金谷家にて　六月二十一日

私はすでに日光に九日も滞在したのだから、「結構《ケッコー》！」という言葉を使う資格がある。日光は「日の当たる光輝」を意味する。その美しさは全日本の詩歌や芸術に有名である。男体山《ナンタイザン》を主峰とする山々は、一年の大半を雪におおわれ、あるいは残雪を点在させているが、人人に神として尊崇されている。すばらしい樹木の森林。人がほとんど足を踏み入れない峡谷や山道。永遠の静寂の中に眠る暗緑色の湖水。二五〇フィートの高さから中禅寺湖の水が落ちる華厳《ケゴン》の滝の深い滝つぼ。霧降《キリフリ》の滝の明るい美しさ。大日堂《ダイニチドー》の庭園の魅力。大谷川《ダイヤガワ》が上流から奔り流れ出てくるうす暗い山間の壮大さ。つつじ、木蓮《もくれん》の華麗な花。おそらく日本に並ぶものがない豪華な草木も、二人の偉大な将軍の社をとりまく魅力の数々のほんの一部分にすぎない。

勝道上人《ショードーショーニン》と呼ばれる仏教の聖者が七六七年に仏岩《ホトケイワ》を訪れて、この山の昔からの神道の神は仏陀の顕現にほかならぬ、としたが、この山頂の光栄ある安息の地に、徳川二代将軍秀忠は、一六一七年に父の家康の遺骸を移した。それはすばらしい埋葬であった。葬儀に参加したのは、皇族の僧侶である勅使、京都からの公卿《くげ》たち、何百人という大名たち、武将と武士たちであった。はなやかな衣服をつけた大勢の僧侶たちが三日間にわたって経典を一万回詠唱した。家康は、勅命によって神として祀られ、「東方の光、仏陀の偉大なる権現」を意味する東照大権現の名を賜った。家康ほど重要でない徳川家の他の将軍たちは、江戸の上野と芝に葬られている。王政復古となり、いわゆる廃仏毀釈の後には、東照宮はその栄光ある儀式や、その壮大な仏教設備が取り去られてしまった。その光輝を担っていた二百人の僧侶は四散し、六人の神官たちが勤めており、僧侶の仕事と入場券を売る仕事をしている。

ここではあらゆる道路、橋、並木道がこれらの神社に通ずる。しかし赤橋（御橋《みはし》）を通るのが壮大な参道である。これは広い道を登ってゆくもので、ところどころに階段があり、両側に石垣の土手があり、その一番上に杉の並木がある。この坂の頂上にりっぱな花崗岩《かこうがん》の鳥居《トリイ》がある。高さが二七フィート六インチ。柱は直径三フィート六インチ。一六一八年に筑前侯が自分の国の採石場からとって献上したものである。この後には百十八個のすばらしい青銅の灯籠が並ぶ。これらは大きな石の台座の上に据えつけられ、そのおのおのに家康の諡《おくりな》（東照大権現）とともに寄贈者の名が刻まれている。すべてが大名の寄進で、奉納の銘がある。堅固な花崗岩で造られた神聖な水槽があり、二十の四角な花崗岩柱の上を屋根でおおっている。朝鮮王と琉球王が献上した青銅の鐘、灯籠、枝付き燭台はすばらしい作品である。左手には五重の塔があり、高さが一〇四フィート、はなやかな木彫りがあり、同じくはなやかに金色に塗られ、絵画が施されている。

壮大な入口の門（仁王門）は、鳥居から四〇ヤード、堂々たる石段を上ったところにある。黒地に皇室の紋章をつけた輪形の白い幕が、門にかけてある。門の内側は美しいのだが、人はとどまってよく見ようとはしない。最初に見る内庭がすばらしく美しいのに圧倒されるからである。門の軒下の奥まったところに金塗りの天犬《アマイヌ》がある。これは威勢のよい虎の彫刻である。建物の全様式、配置、あらゆる種類の芸術、全体に浸透している思想は、日本独自のものであり、仁王門から一目のぞいただけで、今まで夢にも見ない美しい形と色彩を見せてくれる。

小石をきれいに敷きつめた中庭は、真っ赤な木の塀に囲われているが、そのまわりに三つの豪華な建物がある。そこには寺の宝物が入っている。それから豪奢な厩があり、神の使用のために三頭の神聖な白馬が飼われている。神聖な水を入れる堂々たる花崗岩の水槽（御手水舎《おんちょうずや》）は素麵滝《ソーメンダキ》から水を引いている。非常に装飾を施した建物は、仏教聖典の全集を所蔵している。ここから石段を上ると、もっと小さな中庭に出る。そこにはすばらしい細工と装飾の鐘楼《しょうろう》がある。それに劣らず美しい太鼓の楼があり、社、枝付き燭台、鐘、すでに述べた灯籠のほかに非常に大きな青銅の灯籠がある。

この庭から別の階段を上ると陽明門《ヨーメイもん》に出る。毎日そのすばらしさを考えるたびに驚きが増し

●日光の陽明門

てくる。それを支える白い円柱には、架空の動物麒麟《キリン》の大きな赤い喉《のど》をもつ頭からできている柱頭がある。台輪の上の方に張り出した露台があり、門のまわりをめぐり、その手摺は竜の頭が背負っている。中央には二匹の白竜が永久に戦っている。下方には子どもたちが遊んでいる高い浮き彫りがあり、次にはなやかな色彩の横木の網細工があり、中国の七賢人がいる。高い屋根は、真紅の喉をもつ金色の竜頭に支えられている。門の内部には、白く塗られた側壁龕があって牡丹《ぼたん》の上に上品な唐草模様で縁どられている。回廊が左右に走っている。その外壁は二十一の仕切りがあり、鳥、花、木のすばらしい彫刻で飾られている。回廊は三方から別の中庭を囲み、第四辺は最端の石塀となって山腹に接している。右手には装飾を施した建物が二つある。一つは神聖な舞踏（神楽《かぐら》）をする舞台があり、もう一つは杉の木の香をたくための祭壇（護摩堂《ごまどう》）がある。左手には、祭りのときに用いられる三台の神聖な車を入れるための建物（御《み》輿堂《こしどう》）がある。中庭から中庭へ進んでゆくと、次々とすばらしい眺めに入るように感ぜられる。これが最後の中庭だと思うとほっとして嬉しくなるほどである。これ以上心を張りつめて嘆賞する能力が尽きはてようとしているから。

中央に神聖な囲いをしてある。それは金色の格子細工で、上も下もはなやかな色彩の縁どりがしてある。正方形をなしていて、一辺が一五〇フィート。中には拝殿《ハイデン》（礼拝堂）がある。格子細工の下方には草を背景として小鳥の群れがくっきりと木彫りになっており、金箔と色彩があざやかである。堂々たる入口から、二つの杉並木を通り、中庭、門、寺、社、五重の塔、巨大な青銅の鐘、金象眼の灯籠の間を抜けて、すばらしさにとまどいながら、この最後の中庭を通り抜ける。黄金の門を通って、うす暗い黄金の寺院の中に入ると、そこには——ただ黒い漆の机だけがあり、その上に円い金属の鏡がのっている。

内部にはきれいに畳を敷いた広間がある。幅四二フィート、前後が二七フィート。両側に高い部屋がある。一つは将軍のため、もう一つは「住職さま」のためのものだが、もちろん二つとも中には何もない。広間の天井は鏡板になっており、あざやかな壁画がある。将軍の部屋には非常にりっぱな襖《フスマ》があり、麒麟《伝説的怪物》が、純金の地に描かれている。四枚の樫《かし》の鏡板は横八フィート、縦六フィートで、鳳凰《ホーオー》を低い浮き彫りにしたものがあり、いろいろ工夫を凝らしたりっぱな彫刻である。住職の部屋にも同じような鏡板があり、威勢よく仕上げられた鷹《たか》で飾られている。このうす暗い拝殿の中のすばらしいものの中で唯一の宗教的な装飾は、飾りのない金の御幣《ゴヘイ》である。後ろの階段を上ると、石を敷いた礼拝堂に入る。そのりっぱな鏡板の天井には、紺地に竜が描いてある。この部屋のさきに幾つか金色に塗られたドアがあり、主要な礼拝堂に至る。そこには四つの部屋があるが、中に入ることはできない。しかし外側が非常に光沢のある墨塗りに金を盛り上げているので、おそらく内部もきわめて荘厳なものにちがいない。

しかし、これらの豪華な社殿の中に自分の遺骸を安置するように家康が命じたのではない。ふたたび最後の中庭にもどり、囲いから出て、東の回廊の中の屋根つきの門口を通り抜けて、石の回廊に入らなければならない。ここは苔や雪割草《ゆきわりそう》で緑色である。内には富と芸術が黄金と彩色で仙境を作り出しており、外には雄大な大自然が偉大な将軍の墓を華麗な悲しみの中に包んでいる。二百四十の石段を上ると、丘の頂上に出る。そこには家康の遺骸が眠っている。彼のために建てられた堂々たる社殿の背後の高いところ、青銅の墓碑を上にのせ、飾りはないが巨大な石と青銅の墓があり、その中に安置されている。前には石机があり、青銅の香炉が飾りつけてある。真鍮の蓮の花と葉が彫られている花瓶、口に青銅の燭台をくわえた青銅の鶴がある。上に欄干をつけた高い石垣が、簡素ながらも堂々たる囲いをかこんでいる。後ろの丘にそびえる杉の大木は、墓のまわりを昼なおうす暗くしている。日光が木の間を斜めに洩れて入るだけである。花も咲かず、鳥も鳴かず、日本で最も有能で偉大であった人物の墓のまわりには、ただ静けさと悲しみが漂っている。

私は木、青銅、漆のすばらしい細工に深い感銘を受けたが、それに劣らず石造建築にも感嘆した。広大な石垣、石廊、階段や手摺、そのすべてが、漆喰もセメントも使わずに組み立てられ、ぴったりと接着しているので、二百六十年間も雨や湿気や、草木がはびこっても、その接ぎ目はびくともしない。階段の石畳は、りっぱな一枚石である。両側のどっしりした手摺、その笠石、頂上にある重い手摺は、長さ一〇―一八フィートの堅固な石材を切ったものである。大きな御手水舎《おんちょうずや》の建築も、これらに劣らずすばらしい。それは床の上に周到に据えつけられているから、近くの滝から引き入れている水は、まったく均一の水柱となって、どの端からもほとばしり出る。サトウ氏も言う通り「それは一個の石というよりはむしろ堅固な水の塊のように思われる」。

家光の社殿は家康の社殿に近い。壮大さの点で少し劣るが、今なお僧侶の管理下にあるので、さらに心を戸惑わせるものがある。仏教の諸神や仏教信仰の豪華な道具があふれていて、黄金と彩色の輝く中に神道の鏡がひっそりと簡素であるのと強い対照をなしている。大きな入口の門には巨大な仁王がある。真紅に彩られ、花模様の絹をまねて着衣が彩色されている。もう一対の仁王は、門の内部の奥まったところにある。これは家康の社殿から移したもので、赤と緑に彩色されている。階段を上ると別の門に出る。その豪華な壁龕には、恐ろしい怪物が立っている。人間の形をとっており、風と雷の神々をあらわしている。風神は水晶の眼をもち、半ば陽気な、半ば悪魔的な表情をたたえている。彼は緑色に塗られ、背に風袋を負っている。これは長い袋で、両端を結んである。その両端を肩から両手で握っている。雷神は赤く塗られ、紫色の髪をさか立て、手に雷電をもって雲の上に立っている。さらに階段を上り、四天王《四方の神》のある別の門を通る。四天王は烈しい動きを示すあざやかな彫物で、長い犬歯を出している。そしてついに主要な社殿に到達する。私が初めて訪れたとき案内してくれた老僧は、風神と雷神のそばを通ったときに語った。「昔はこれらのものを信仰したのですが、今では信じません」。他の神々のことを話すときの態度は、さも軽蔑しているふうであった。しかし、私が社殿に入るとき、靴と帽子をとるように、と言った。内部には豪華な社があり、小僧が黄金の布の幕をひくと、同じく堂々たる内部には、仏陀と他に二つの仏像が金色の真鍮でできており、蓮の花の上にあぐらをかいて坐っていた。蓮華の花びらは幾重にも並んでおり、彼らの顔には、路傍の仏像によく見られるような、あの永遠の安息の表情があった。社殿の前に幾つかの蠟燭がともっていた。祈願をする人が寄進したものである。弱く燃えている二つの洋灯があたりを明るくしていた。祭壇の一段に、身体をたいそう曲げた鬼があぶない格好で蹲っていた。彼は屈従の身だからである。彼は皮肉な運命によって、肩に大きな香炉を背負わされていた。この寺院には百以上の偶像が並んでいた。その多くは等身大で、あるものは足もとに鬼を踏みつけている。すべてが恐ろしい像である。あざやかな緑色や、朱色、青色で塗られているためかもしれない。筋肉がすべて盛り上がっているのが目立つ。その姿も顔形も、何らかの荒々しい行動を示しており、一般にひどく誇張されている。

私たちが中庭を通っているとき、地震を二回感じた。軒端についている黄金の風鈴が、静かに鳴った。多くの僧侶が寺院の中に駆けてゆき、半時間ばかり各種の太鼓を打った。家光の墓は、拝殿の右手から石段を上ったところにある。それは家康の墓と同じ様式であるが、前門は青銅製で、大きな梵語《サンスクリット》文字をあざやかな真鍮に刻んである。寺院の最も上の門から眺める景色は非常に美しい。私が二回目に訪れたとき、よく晴れていて、仏岩《ホトケイワ》の樹木の新緑を明るくしていた。それは周囲の暗い杉の森によって美しくぼかされていた。

建物には銅板で屋根を葺いたものもあるが、大部分は瓦葺きである。しかし、瓦葺きは、日本ではりっぱな美術の地位にまでのぼっている。瓦それ自身は銅灰色で、金属的な光沢がある。瓦は少し凹面で、その接ぎ目は全く凸面の他の瓦におおわれている。その瓦は、大きな管のようになって棟柱から下がってきて、軒のところで終わる。その先端の円盤（瓦当）には、徳川家の紋章が金で飾られている。日光の社殿では、紋章を飾るにふさわしいところはどこでも見られる。屋根は非常に重いので、下方の彫刻のある重い柱がすべての力を出さねばならない。それらの柱は、他のすべてと同じように、金や、金に似たもので輝いている。

これらの社殿は、日本におけるこの種のものでは最もすばらしい作品である。堂々たる背景をなしている杉の並木は、地上三フィートのところで幹の周囲が二〇フィートに満たない木はほとんどない。社殿の美しさは、西洋美術のあらゆる規則を度外視したもので、人を美のとりこにする。そして今まで知られていない形態と色彩の配合の美しさを認めないわけにはゆかない。漆を塗った木は、美術の非常に高い思想を表現するのに役立っているのである。豊富に金色が用いられており、黒色、にぶい赤色、白色は、全く独自な雄大さと豊富さをもって用いられている。青銅の雷文細工だけでも研究する価値がある。木彫は、その思想と細部をよく理解するためには何週間も熱心に調査する必要がある。襖、手摺の一つでも、六十枚の鏡板があり、各々が四フィートの長さで、くっきりと深い透《すか》し細工がなされている。描かれているものは、孔雀、雉、鶴、蓮、牡丹、竹、草葉である。鳥の姿や色彩を忠実に写し、美しい動きを再現しているが、何ものもこれにまさるものはないであろう。

しかし、花の方が私をずっと楽しませてくれる。たしかにこの芸術家は、自分の仕事に喜びを感じ、楽しげに彫ったり描いたりしている。蓮の葉には露をふくむ花があり、牡丹にはクリーム色の白さがある。竹の葉は、優美な茎に今なお揺れていて、固い松の葉と対照している。数かぎりない花冠は、その情熱的な生命のあふれる色彩を見せて、豪華な網目細工の葉の間に姿を現わしている。これらの彫刻は深さ一〇―一五インチで、雉の尾の一枚の羽根が、ほとんど同じ深さの牡丹の前に六インチもつき出ている。

社殿から離れてしまうと、日毎に私の記憶から細部が消えてなくなる。その代わりに思い出されるのは、黒漆や赤漆、金色に塗られた美しい建物である。音もなく開く金色の戸口、柔らかくて足音もしない畳の敷いてある広間である。広間のうす明かりの中を、日光が斜めにさしこむ。あざやかな唐草模様の壁に、鳥や花を彫刻してある鏡板に、精巧に作られた天井の羽目板に日光がこぼれる。金色の内陣や、六フィートも高い金色の百合の花、錦織のカーテン、香の煙、巨大な鐘、金色の棟柱が思い起こされる。伝説的な動物の麒麟《キリン》、竜、鳳凰《ホーオー》、あるいは象や猿、虎が、花と樹木とふしぎにまじっている姿、金色の網目細工、金地に寄せ木模様、漆塗りの幕、五重の塔、青銅の灯籠の列、金襴の衣を着た剃髪の僧侶たち、黒漆塗りの帽子をかぶった神官たち、あちらこちらで日光に映える金色、簡素な墓碑、杉の森におおわれた山腹、赤いつつじがそのうす暗い木蔭を明るくしているのが思い出される。

第九信

日光山　湯元　屋島屋　六月二十二日

今日、私は、実験的に馬上旅行をしてみた。続けて乗って、八時間で一五マイルであった。私は初めて日本の駄馬を見た。この動物については多くの不愉快な話がある。今まで私にとっては麒麟《キリン》や竜のように伝説的な動物であった。しかし私は、蹴られも嚙まれもしなかったし、投げ出されもしなかった。というのは、この地方では雌馬だけしか使用されないからである。雌馬は約一四手尺《ハンド》の高さで、おとなしい動物である。臀部《でんぶ》が弱く、頭部は毛深いたてがみと前髪でほとんど隠れるほどである。馬は、鼻のまわりに縄をつけてひく。石の多い地面のときのほかは裸足で歩く。石だらけの道では、馬子《マゴ》《馬をひく人》が馬の足に草鞋《わらじ》をはかせる。荷鞍《にぐら》は八インチの厚さの藁の包み二つからなり、腹部の赤い布と向かいあい、前後は、漆塗りかはでな彩色の、強い弓形の樫の木で連結されている。腹帯として一本の縄がゆるく胴体の下を結ぶ。積み荷の安全さは、しりがい次第である。これは通常一片の竹で、鞍につけてあり、縄で前胸部の木と結んである。頸のまわりに別の縄がまわしてある。それに足を入れて馬に乗る

●駄馬

のである。積み荷は用心してバランスを保つようにしなければならない。さもないと困った事態になる。最初に馬子《マゴ》が、それを全部処理する。もし正確に重さを配分できないときには、どちらかの側に石を一つ加える。ここでは、大きな雨笠をかぶり、ぴったりした青いズボンの上に着物を帯でしめた女性たちが、馬に積み荷をし、馬をひく。私は石垣の上から、荷物を積んだ私の馬の上にとび乗った。鞍の背や横木、金具、こぶのある索具は、たたんだ蒲団《フトン》で坐りやすくした。その結果、馬の背より一四インチ高いところに坐ることになり、私の足は、馬の頸のところから下にさげた。身体のバランスをよくとらないと、身体をまっすぐに立てることができなくなる。しかし、バランスをとるのも、やがて慣れてくる。もし馬が躓かないならば、平坦の地面では荷鞍で我慢できる。しかし坂を登るときには、背骨にひどくこたえる。坂を下るときには、とても我慢できぬほどで、私が馬の頸からすべり落ちて泥の中にとびこんだとき、実はほっとしたほどである。たとえ手綱があっても、馬は手綱を知らないから役に立たない。馬は六フィート前をとぼとぼ歩く馬子の綱に盲目的について行くだけである。

つらい一日の旅行を終わって、美しい宿屋《ヤドヤ》に着いた。この宿屋は、内も外も美しい。旅行でよごれた人間よりも、美しい妖精が泊まるにふさわしい。襖《フスマ》はなめらかに削った軽い板で、いい香りがする。畳はほとんど真っ白で、縁側は光沢のある松材である。少女が部屋に入ってきて、微笑しながらお茶をもってきた。すももの花が入ったお茶で、アーモンドのようないい香りがした。お菓子は豆と砂糖から作ったものであった。茶碗は雪のように白かった。かなり古い鶏の肉の料理をようやく食べてから、戸外で夕方を過ごした。日本の湯治場は私にとって目新しいものだからである。

この美しい村は、湖と山の間に挟まれて、ほとんど余地がないほどである。ここは小ぎれいな家が次々と上下に続き、削ったばかりの赤みがかった杉材で造られている。ここでは冬に一〇フィートも雪が積もり、十月十日になると、人々はその美しい家を粗い蓆《むしろ》で包む。そして屋根までも包んでしまう。それから五月十日まで、低い地方に下りている。留守番を一人残す。彼は週に一度交替となる。この家が私のものであったら、雨の日には、いつも家をすっかり包

●茶屋の女

んでしまいたくなるであろう。ここまで馬に乗ってきたのは、まったく間違いであった。駕籠《カゴ》《覆いのある籠》に乗ってくるのがよい。

村は二つの短い街路から成り立つ。八フィート幅で、いろいろな程度の宿屋ばかりで、深い軒下の美しい正面があり、優美な縁側や、提灯《ちょうちん》が並び、低い玄関が開いている。ここは人がいっぱいで、四つの浴場は人ごみであった。元気のよい病人は一日に十二回も入湯する！　歩いている人はみな腕に青い手拭いをもっている。縁側の手摺には、青い手拭いが、乾かすためにぎっしりかけてある。ここには、娯楽はほとんどありそうもない。山は村のすぐはずれから聳え立ち、深い草木でおおわれているから、人々は短い町通りを歩くか、私がやってきた街道沿いに歩くほかない。湖には屋形船が一隻あり、数人の芸者《ゲイシャ》が三味線《サミセン》をひいていた。しかし賭けごとは禁止されているから、浴場以外に人々の出かけるところはない。だから湯に入り、眠り、煙草を吸い、食べることで、ほとんど一日を過ごす。湯の出るところは村の先で、塚の中の四角な槽の中である。非常に勢いよく沸騰し、悪臭の煙を出している。それにはところどころに広い板が渡してあり、リューマチに悩む人々は、何時間もその上に横になり、硫黄の蒸気を身体にあてる。この湯の温度は華氏一三〇度であるが、湯が村まで蓋のない木の樋《とい》に沿ってゆくと、ただの八四度となる。湯元は四千フィート以上の高さにあり、非常に寒い。

入町《イリミチ》（日光）にて――湯元を出る前に、私は「上前《うわまえ》をはねる」やり方を観察した。私が勘定を頼むと、宿の亭主は、私にそれを渡さずに階段を上ってゆき、伊藤にどれほどにしたらよいかと相談した。そして、二人で上前を分配した。召使いは、何を買うにも上前をはねる。ホテルの費用についても同じである。それは非常に巧妙になされるから、それを防止することはできない。それが妥当な限度を保っている限りは、それについて心をわずらわさないのがいちばんよい。

第十信

日光　入町　六月二十三日

当地における私の静かで単調な生活も、終わりになろうとしている。人々はたいそう静かで優しい。ほとんど動きがなさすぎるほどである。私は村の生活の外面を少しばかり知ることができるようになった。私はこの土地が全く好きになった。

入町《イリミチ》村は、今の私にとっては日本の村の生活を要約しているのだが、約三百戸から成り、三つの道路に沿って家が建てられている。道路には、四段や三段の階段がところどころに設けてある。その各々の真ん中の下に、速い流れが石の水路を通って走っている。これが子どもたち、特に男の子たちに限りない楽しみを与えている。彼らは多くの巧妙な模型や機械玩具を案出して、水車でそれらを走らせる。しかし午前七時に太鼓が鳴って子どもたちを学校に呼び出す。学校の建物は、故国（英国）の教育委員会を辱しめないほどのものである。これは、あまりに洋式化していると私には思われた。子どもたちは日本式に坐らないで、机の前の高い腰掛けに腰を下ろしているので、とても居心地が悪そうであった。学校の器具はたいそうよい。壁には、りっぱな地図がかけてある。先生は、二十五歳ばかりの男で、黒板を自由自在に使用しながら、非常にすばやく生徒たちに質問していた。英国の場合と同じように、最良の答えを出したものがクラスの首席となる。従順は日本の社会秩序の基礎である。子どもたちは家庭において黙って従うことに慣れているから、教師は苦労をしないで、生徒を、静かに、よく聞く、おとなしい子にしておくことができる。教科書をじっと見つめている生徒たちの古風な顔には、痛々しいほどの熱心さがある。外国人が入ってくるという稀な出来事があっても、これらあどけない生徒たちの注意をそらすことはなかった。幼い生徒は主として実物教育によって教えられていた。上級の生徒たちは地理や歴史の本を声を出して読まされていた。漢字と仮名《かな》を非常にかん高い声で発音するので、たいそう不愉快な調子に聞こえた。算術や自然科学の数部門の初歩も教えられる。子どもたちは、ある歌の文句を暗誦したが、それは五十音のすべてを入れたものであることが分かった。それは次のように訳される。

色や香りは消え去ってしまう。
この世で永く続くものは何があろうか。
今日という日は無の深い淵の中に消える。
それはつかの間の夢の姿にすぎない。

そしてほんの少しの悩みをつくるだけだ。

(色は匂《にほ》へど　散りぬるを
我が世誰《たれ》ぞ　常ならむ
有為《うゐ》の奥山　今日《けふ》越えて
浅き夢見じ　酔《ゑ》ひもせず)

これはあの疲れた好色家の「空《くう》の空なるかな、すべて空なり」(「伝道の書」)という叫び声と同趣旨のものであり、東洋独自の人生嫌悪を示す。しかし幼い子どもたちに覚えこませるのには、憂鬱な歌である。中国の古典は、昔の日本教育の基本であったが、今では主として漢字の知識を伝達する手段として教えられている。それを適度に覚えこむために、子どもたちは多くの無駄な労力を費やすのである。

悪い行ないをすれば処罰として鞭《むち》で膝を数回殴られるか、あるいは人差指にモクサ(もぐさ)をつけて軽くお灸《きゆう》をすえられる。これは今も行なわれる家庭内の懲罰である。しかし教師の説明によると、学校に居残りをさせることだけが現在用いられている処罰であるという。彼は、私たち英国人が余分の仕事を課すというやり方に大いに不賛成である、と言った。十二時になると子どもたちは、男子と女子がそれぞれ一団となって整然と行進して校庭を出て、静かに解散した。

子どもたちは家へ帰ると食事をする。夕方になると、ほとんどどの家からも、予習をして本を読んでいる単調な声が聞こえてくる。食事が終わると、彼らは解放されて遊びに出る。しかし女の子は赤ん坊を背に負って人形を抱きながら午後いっぱい家のあたりをぶらぶらしていることが多い。ある夕方のこと、私は六十人の少年少女の行列に会った。みんな黒い球のついた白い旗をもっていた。先頭の者だけは金の球のついた白い旗をもっていた。彼らは歩きながら歌っていた。というよりも、むしろどなっていた。しかし他の遊びは、坐ってする遊びであった。水流の水車で動かす機械玩具がもっとも魅力がある。

公式の子どものパーティが、この家で開かれた。そのため、十二歳の少女である子どもの名前で、正式な招待状が出された。午後三時に客が到着する。しばしば召使いがお伴をしてくる。ハル（春）という名のこの子は、石段の上でお客を迎える。そしてお客を接待室へ案内する。部屋では、よく知られている席順の規則に従って席につく。ハルの髪は前部を上げ、後部に引いて、束ねて二重の輪につくり、その中に真紅の縮緬《ちりめん》がひねって結びつけてある。彼女の顔も喉《のど》も、ぐっと白くなっている。白粉《おしろい》は、襟足の三つの先端まで塗られる。そこからすべての短い髪が念入りに毛抜きで抜きとってある。彼女の唇にはほんのり口紅がつけてあり、彼女の顔は安っぽい人形の顔に似ている。彼女は、青い、花模様の絹の着物を着ている。袖は地面まで届き、青い帯は真紅の裏打ちがしてある。真っ赤な縮緬の半襟が、白粉を塗った頸と着物との間にかけてある。小さな足に白足袋《タビ》《木綿布の靴下》をはいている。足袋が親指のところだけ別になっているのは、りっぱな漆塗りの下駄の真紅の布でつつまれている革紐を指の間に通すためである。彼女は、下駄をはいて石段に立ち、客を迎える。他のすべての小さな令嬢たちも同じ姿の服装をしていた。すべてが下手くそに作られた人形のように見えた。彼女は、非常に儀礼的だが優美なお辞儀をしながら客を迎えた。

お客が全部集まると、彼女と非常に優雅な母は、一人ひとりの前に坐りながら、漆器のお盆にのせたお茶と菓子を出した。子どもたちは、暗くなるまで、非常に静かで礼儀正しい遊戯をして遊んだ。彼らはお互いの名を呼ぶときに「オ」という敬語をつけて呼ぶ。これは女子の場合だけである。それから語尾に「サン」という敬意を示す言葉をそえる。それでハルはオハルサンとなる。これは英語の「ミス」に相当する。家の女主人はオカミサンと呼ぶ。オクサマは英語の「マイ・レイディ」に相当し、結婚した婦人に対して用いられる。女性には姓はない。だから「佐口夫人《ミセズ・サグチ》」とは言わずに「佐口さんの奥さん」という。彼女に呼びかけるときは「奥《オク》様《サマ》」という。子どもたちの名にはハル《春》、ユキ《雪》、ハナ《花》、キク《菊》、ギン《銀》などがある。

子どもの遊戯の一つは非常におもしろいもので、元気よく、しかも非常にもったいぶって行なわれる。それは一人の子どもが病気の真似をし、他の子どもが医者の真似をするのである。医者のように気どって重々しく、病人のように弱々しく、さも困っている様子は、まことにうまく真似したものであった。不幸にも、医者は患者を死なしてしまう。患者は、青白い顔をして、うまく死んだように眠ったふりをする。それから嘆き悲しみ葬式となる。こんなふうにして結婚式や宴会、その他多くの行事を芝居にする。この子どもたちの威厳と沈着ぶりは、驚くべきものである。事実は、やっとしゃべり始めるころから日本礼法の手ほどきを受けるのである。だから、十歳になるときまでには、あらゆる場合に応じて、何をしたらよいか、何をしてはいけないのか、正確に知っている。子どもたちが去る前に、ふたたびお茶と菓子が出された。それを受け取らないのは礼法に反するし、また、いったん受け取ったものを残してゆくのも礼法に合わないので、何人かの幼い令嬢たちは、残り物を自分の広い袖の中へそっと入れた。別れを告げるときは、到着したときと同じように、儀礼的な挨拶がかわされた。

ハルの母のユキは、魅力的なほど優美に話し、行動し、動きまわる。夜とか、よくあることだが友人が午後のお茶に立ち寄るとかする場合を除いては、彼女はいつも家庭の仕事をしている。掃除、縫い物、料理、畑に野菜を植えたり、雑草をとったりする。日本の女子はすべて自分の着物を縫ったり作ったりする方法を覚える。しかし私たち英国婦人にとって、縫い物の勉強はむずかしくて分からぬことがあって恐怖の種とされているのだが、日本の場合にはそれがない。着物《キモノ》、羽織《ハオリ》、帯、あるいは長い袖でさえも、平行する縫い目があるだけである。これらは仮縫いにしてあるだけで、衣服は、洗うときには、ばらばらにほどいて、ほんの少し糊《ノリ》で固くしてから板の上に伸ばして乾かすのである。バンド、へり飾り、衽《おくみ》、ボタン穴などがついている下着はない。貧乏な家庭の女性は何もつけないが、貧乏でない家庭では、ユキのように、上に着るものと同じように簡素に作られた泡模様の縮緬の下着をつけている。たいていの村の場合と同様に、ここにも貸出し図書館がある。晩になると、ユキもハルも、恋愛小説や昔の英雄女傑の物語を読む。これらは大衆の趣向に合うように書かれてあり、最も読みやすい文体で綴られている。伊藤は十冊ほど小説を自分の部屋にもっていて、それらを読みながら夜の大半を過ごす。

ユキの息子は十三歳の少年で、しばしば私の部屋に来て、漢字を書く腕前を見せる。彼はたいへん頭のよい子で、筆でかく能力は相当なものである。実際のところ、書くことと描くことは差異がわずかである。ジョットー（十四世紀イタリアの画家）が円形を描いても、これらの文字ほど筆力の力強さと雄大さがなかったであろう。文字はペンではなくて、らくだ毛の筆を用い、墨にひたしてから書かれる。この少年は、二筆か三筆、力強く書くと、一フィートも長い文字を書きあげる。いろいろな店先に看板としてかけてあるような大きいものである。ユキは三味線《サミセン》を弾く。これは日本女性の国民的楽器と見なされている。ハルはそれを習いに毎日先生のところに通っている。

生け花の技術は、手引き書によって教えられる。生け花の勉強は女子教育の一部分となっている。私の部屋が新しい花で飾られない日はないほどである。それは私にとって一つの教育となった。飾られている花の孤独の美しさが、私に分かりかけている。床の間には、きわめて美しい掛物《カケモノ》がかかっている。桜の花一輪である。襖の羽目板には、一輪のあやめがある。光沢のある柱に優美にかけてある花瓶には、一本の牡丹、一本のあやめ、一本のつつじが、茎や葉や花冠とともにそれぞれ挿してある。(それに較べれば)私たちの花屋さんの花束ほど奇怪で野蛮なものがあるだろうか。あれは種々の色の花を一束の花輪にまとめたもので、羊歯類《しだ》でかこみ、レース紙でつつんである。中の花は、茎も葉も花びらさえも、ひどくつぶされている。それぞれの花の優美さも個性も、故意に破壊されている。

金谷《カナヤ》さんはこの村の村長で、神社音楽であるキーキーという不協和音を演奏する指揮者でもある。彼はまた、どこか人の分からない裏の場所で薬を調合し、それを売っている。私がここへ来てからは、庭園をきれいにするのが彼の主な仕事である。彼は、堂々たる滝を作り、流れる川を作り、小さな池や、竹で丸木橋をこしらえたり、草の堤をいくつか作り、大きな木を何本か移植した。彼は親切にも私と一緒によく出かけてくれる。彼はとても知的であるし、伊藤も優秀な通訳であり、私に忠実らしいと思われてきたので、当地に滞在するのはとても愉快である。

彼らは夜明けに起きて、自分が寝た蒲団《フトン》をたたむ。それと木枕《きまくら》を、襖のついている押入れにしまう。木枕は形が立体鏡に似ていて、上に小さな巻紙か詰め綿がしてある。それから彼らは注意深く畳を掃除し、部屋の木造部や縁側のほこりをとり、雨戸《アマド》を開ける。雨戸は、夜になると縁側の縁に沿った溝の中をすべらして、家全体の分を箱の中に閉じこめるのである。それから彼らは障子を広く開ける。次に朝食となり、それから家の中の仕事がある。昼食は午後一時で、縫い物や庭の手入れ、訪問などが六時まであって、そして夕食をとる。

ふつう訪問客は、それから間もなくやってきて、十一時か十二時までとどまる。晩の早いころは、将棋や昔話や三味線などを楽しむ。しかしその後に、彼らが「歌う」（謡）と称する苦悶の叫び声の演技が始まる。それは、蛮風の精髄ともいうべき響きがあり、主として「ノー」という音を長く振動させるだけのものである。私はその声を聞くと、野蛮人の間に入っているような気分になる。客が去る前に、必ずお酒が一巡する。小さな酒杯《さかずき》の底には、福の神が描かれてある。酒を熱くしたときには、すぐに頭にのぼせる。小さな酒杯で一杯飲んだだけで軽薄そうな召使いは興奮して、何かたいそうばかばかしい歌や踊りを演ずる。書くことは忍びないのだが、主人も女主人も彼がばかなまねをするのを見て非常におもしろがる。伊藤は主義としてお酒をまったく飲まないが、それを見ると腹をかかえて笑う。

ある晩、私は家族の仲間に入るように誘われた。彼らは私に絵本や案内書を見せて楽しませてくれた。日本ではたいていの地方に案内書がある。名所の木版挿絵があり、旅程や宿屋の名前、その地方についての知識などがのっている。ある絵本は縮緬でりっぱに作られてあり一世紀以上も古いものであった。古い蒔絵《まきえ》や磁器、古風な錦織などを、私のために出して見せてくれた。非常に美しい楽器も見たが、二世紀以上も昔のものだという。これらの宝物は、家の中に置いてあるのではなく、すぐ傍の蔵《クラ》という防火倉庫にしまっておくのである。部屋をごたごたと装飾品で飾るということはなく、一枚の掛物《カケモノ》、りっぱな漆器や陶磁器が数日出ていたかと思うと、こんどは別の品物がとって代わる。だから簡素さはもちろんのこと、変化に富む。他に気を散らすことなく、美術品を代わるがわる楽しむことができるのである。

金谷さんとその妹は、しばしば晩に私を訪れる。そこで私は、ブラントンの地図を床の上にひろげて、新潟へ向かう驚くべき道筋を計画する。しかし、途中に山脈があって通り越す道がないことが分かると、急に計画を断念するのが常である。これらの人々はきわめて安楽に暮らしているように思われるのだが、金谷さんは、お金がないと言って嘆く。彼は金持ちになって、外人用のホテルを建設したいと思っている。

彼の家で宗教の片鱗を示すものは、ただ神棚《カミダナ》（仏壇？）である。神棚には、神社のお宮に似たものが立っており、亡くなった身内のものの位牌が入っている。毎朝その前に常緑樹の小枝と御飯と酒が置かれ、夕方になると、その前に灯火がともされる。

第十信（続き）

日本人が早起きするのもふしぎではない。晩は灯火が暗くて楽しみがないからである。この家でも他の家でも、ランプといえば四角や円形の漆器のスタンドのことで、二フィート半の高さの四本の直立材に白い紙を枠にはめたものである。平らな鉄皿が、油をいっぱい入れてこの中に吊るされている。中心に重みをつけた灯心草《とうしんそう》の芯《しん》がその中に置かれ、出ている先端に灯火をともす。この哀れな器具は、行灯《アンドン》と呼ばれる。このみじめな「見える暗やみ」のまわりに、家族一同が集まる。子どもたちは遊戯や学校の勉強をするし、女たちは縫い物をする。というのは、日本の日中は時間が短く、家の中は暗いからである。もっと嘆かわしいものは、行灯《アンドン》と同じ高さの燭台である。上部に釘が出ており、木蠟製の小蠟燭の底の穴に挿しこんである。この蠟燭は、太い灯芯が巻いた紙でできており、絶えず芯を切らなければならず、しかも、暗くてちらちらする光をしばらく出して、悪臭を残して消える。国産や外国産の石油を燃やすランプは大規模に生産されているが、それに伴う危険は別としても、田舎の地方に石油を運ぶのはたいそう費用がかかる。自分の部屋に行灯を置かずに夜を過ごす生活などは、とても日本人に考えられないことであろう。

これらの村は、商店にあふれている。何か売っていない家はほとんどない。買い手がどこから来るのか、どのようにして利益をあげるのか、私には謎である。たいていの品物は食物である。例えば、長さ一インチ半で串刺しの干魚、米や小麦粉と少量の砂糖で作られた菓子類、餅《モチ》と呼ばれる米粉をこねた丸い団子、塩水で煮た大根、豆から作った白いゼリー（豆腐）、縄ひも、人間や馬のはく草鞋《わらじ》、蓑《みの》、雨傘、油紙、ヘヤピン、爪楊枝《つまようじ》、煙管《きせる》、紙ハンカチ（ちり紙）、そのほか、竹や藁《わら》、草や木で作ったこまごまとした多くの品物である。これらの品物が、屋台に並べてあり、街路に向かって開いている後ろの部屋では、家庭の仕事がすべて行なわれている。ふつう主婦が湯をわかしたり、赤ん坊を背中の着物の中にくるんで縫い物をしている姿が見られる。最近マッチ工場が建てられて、多くの店先ではマッチの長さに木を切っている男の姿が見られる。また稲の籾殻をとっている人もいる。これはたいそう骨の折れる作業である。これは床に据えつけた臼《うす》に穀粒を入れて搗《つ》くのである。これに用いる擂粉木《すりこぎ》は先端が平らになっており、長い水平のてこにつけてある。てこを動かすのは人間の足で、いつも裸足《はだし》であり、その人間は反対側の先端に立っている。

女が機《はた》で織っている家もあれば、木綿を紡いでいる家もある。ふつう、三人か四人が一緒に仕事をしている。母、長男の妻、一人か二人の未婚の娘である。娘たちは十六歳で結婚し、まもなく、これらのきれいでばら色をした健康そうな女性が、瘦せこけて空《うつ》ろな顔をした中年の女になってしまうが、これは、歯を黒く染め、眉を剃ってしまうことが原因であろう。そういうことは、婚約してからすぐやるのではないが、最初の子が生まれると実行されるのである。また別のある家で化粧している女は、畳の上の折り畳みの台（鏡台）に仕つけてある丸い金属の鏡の前で歯を染めていたり、あるいは腰まで着物を脱いで身体を洗っている。子どもたちが学校に行っている朝のうちは村も静かである。子どもたちが帰ってくると、少しにぎやかになる。しかし彼らは遊んでいるときでも静かである。夕暮れになると大人たちは帰ってくる。そこであたりがいっそう活気づいてくる。風呂に入って水をはねる音が多く聞こえてくる。それが終わると、幼い子どもたちを抱いたり、一緒に遊んだりする。年長の子どもたちは、高い単調な鼻声で明日の学校の予習をしている。暗くなると、窓や雨戸《アマド》が閉められ、神棚の前に灯火がともされ、夕食を食べる。子どもたちは行灯《アンドン》のまわりで静かに遊戯をする。十時ごろに、蒲団や木枕が押入れから取り出されて、一家は一つの部屋に横になって眠る。寝ている大人の手のとどくところに、いつも食物の入った小さな盆や煙草盆《タバコボン》が置かれ、人々は、夜中にときどき煙管の灰をたたき落とす音が聞こえてくるのにも、全く慣れてしまう。子どもたちは両親と同じようにおそくまで起きていて、親たちのすべての話の仲間に入っている。

私は、これほど自分の子どもをかわいがる人々を見たことがない。子どもを抱いたり、背負ったり、歩くときには手をとり、子どもの遊戯をじっと見ていたり、参加したり、いつも新しい玩具をくれてやり、遠足や祭りに連れて行き、子どもがいないといつもつまらなそうである。他人の子どもに対しても、適度に愛情をもって世話をしてやる。父も母も、自分の子に誇りをもっている。見て非常におもしろいのは、毎朝六時ごろ、十二人か十四人の男たちが低い塀の下に集まって腰を下ろしているが、みな自分の腕の中に二歳にもならぬ子どもを抱いて、かわいがったり、一緒に遊んだり、自分の子どもの体格と知恵を見せびらかしていることである。その様子から判断すると、この朝の集会では、子どものことが主要な話題となっているらしい。夜になり、家を閉めてから、引き戸をかくしている縄や籐《とう》の長い暖簾《のれん》の間から見えるのは、一家団欒《だんらん》の中にかこまれてマロ（ふんどし）だけしかつけてない父親が、その醜いが優しい顔をおとなしそうな赤ん坊の上に寄せている姿である。母親は、しばしば肩から着物《キモノ》を落とした姿で、着物をつけていない二人の子どもを両腕に抱いている。いくつかの理由から、彼らは男の子の方を好むが、それと同じほど女の子もかわいがり愛していることは確かである。子どもたちは、私たちの考えからすれば、あまりにもおとなしく、儀礼的にすぎるが、その顔つきや振舞いは、人に大きな好感をいだかせる。彼らはとてもおとなしくて従順であり、喜んで親の手助けをやり、幼い子どもに親切である。私は彼らが遊んでいるのを何時間もじっと見ていたが、彼らが怒った言葉を吐いたり、いやな眼つきをしたり、意地悪いことをしたりするのを見たことがない。しかし彼らは子どもというよりはむしろ小さな大人というべきであろう。すでに述べたように、彼らの服装は大人の服装と同じだから、彼らが大人くさく古風な感じを与えるのも、その服装によるところが大きい。

しかし、少女の髪を結《ゆ》う型にはいろいろある。その髪の形によって、結婚するまでの女子の年齢をかなり正確に推定することができる。結婚すると髪の結い方ははっきりした変化をする。男の子はみな頭でっかちに見える。頭が異常に大きく見えるのは、一つは生まれてから三年間は頭をすっかり剃っておくというひどい慣習によるものである。三年経てば、髪を伸ばして三つの房（髷《まげ》）をつくることができるようになる。おのおの耳の上に一房ずつ、もう一房は頸の後ろに束ねる。しかし、しばしば後頭部の上に一房はやすこともある。十歳になると、頭のてっぺんだけを剃り、前髪をつけておく。十五歳になって、男の子が大人として責任をとるようになると、彼の髪は大人と同じように伸ばすことができる。これらの少年たちが、その大きな頭に奇怪な形の髪をのせて、重々しい威厳を保つさまは、まことにおもしろい。

この大半を剃った頭が、常になめらかで清潔であればよいのだが！　見るも痛々しいのは、疥癬《かいせん》、しらくも頭、たむし、ただれ目、不健康そうな発疹《はっしん》など嫌な病気が蔓延していることである。村人たちの三〇パーセントは、天然痘のひどい痕を残している。

第十信（完）

旅行の準備のため鉢石（日光）で少しばかり買い物をしなければならなかった。ご承知のように店先はすべて開いており、地面から約二フィートの床と同じ高さに、光沢のある木の広い縁側が出ており、その上に客は腰を下ろす。女の人が青銅の火鉢《ヒバチ》の上で絶えず湯をわかし、真鍮の火箸をうまく使っておき火を動かす。赤ん坊が肩の上から静かに眺めている。これが女店員である。しかし彼女は、客がはっきりと買い物をする意志があると考えるまでは、じっと無頓着な様子をしている。それと分かれば、彼女は前に出てきて頭をすりつける。私もうやうやしく立ち上がって頭を下げる。それから私か伊藤が品物の値段をきき、彼女はそれに答える。たぶん六ペンスで売るべきものを四シリングにもふっかけてくるだろう。三シリングでどうだ、と言うと、彼女は笑って、三シリング六ペンスだ、と言う。二シリングでどうだ、と言うと、彼女はまた笑って、三シリングだ、と言う。そして煙草盆《タバコボン》を出す。結局は彼女に一シリング払って、この問題は妥協してけりとなる。それに対して彼女は大いに喜んでいるように見える。

お互いに頭を何度もさげ、サヨーナラを言う。そして勤勉な女性に、彼女が考えている値段の二倍も払ったこと、自分の考えている値段よりも安かったことに満足を覚えながら、そこを去るのである。

床屋が何軒かある。彼らにとって夕方は忙しいときらしい。村における私的生活の一般的欠如は理髪にも及び、一段上がった開放された店先で髪が刈られる。石鹸が用いられないから、剃られるのは苦痛である。この犠牲者は、着物を腰まで落とし、切った髪の毛を受けとるための漆器の盆を左手にもつ。このとき醜い日本人の顔は奇怪な表情をあらわし、床屋が顔に手をかけて、ひっぱりまわし、自分があげている成果をよく見ようとして、四方八方にひねりまわすとき、客は無神経にあきらめている。すべすべと光るまで顔を剃り、髪を刈り、びんつけ油をぬり、紙撚《こよ》りで髷《まげ》を結ぶのは、日光の夕景色の一つである。

漆器や珍しい木彫りは店頭で大いに人をひきつける品物であるが、日本人が日常生活で使う実用品の方が私にはずっと興味がある。それには工夫の巧妙さと完璧なまでの適応性と細工が見られる。種子店は、毎日私をひきつける。そこでは種子が真に理想化されているからである。三十変種が売り物に出ている。それらは色彩も形態もいろいろある。そして屋台の上に実に芸術的に並べられている。また根や葉や花が原物そっくりの水彩画で装飾してある包みの中に入れてあるのも出ている。ふつう少年が背後の畳の上に横になって、これらの実に見事な絵を描いている。その筆使いはあざやかで、見たところ屈託なくさらりと描く。彼は屏風に貼る断片としての牡丹の絵を、三銭で私に喜んで売ってくれた。これを別として、私の買い物は必需品ばかりであった。——油紙の外套は円形のもので、外側は黒く、内側は黄色で、四角な油紙を接合したものである。それから荷物をつつむために同じ油紙の大きなものを幾枚か買った。私は伊藤を説得して、彼の不愉快な黒い広縁の中折帽をやめさせて、私のかぶっているような鉢形の帽子をかぶらせることに成功した。私は彼を醜い男だと思っているのだが、彼は虚栄心が強く、歯を白くみがいたり、鏡の前で念入りに顔に白粉をぬったり、日に焼けるのをたいそう恐れている。彼は手にも白粉をつける。爪をみがき、手袋なしでは決して外出しない。

明日には私は、ぜいたくな生活に別れを告げて、奥地へ旅立つ。なんとかして日本海に出たいと思っている。ここでは、新潟へ行くコースについて以外は何の情報も得られない。その新潟コースはとらないことに決めたので、ブラントンの地図をじっくり研究してから、一カ所に決めて、「私は田島《タジマ》へ行く」とはっきり言った。そこに着けば、その先に行くことができるだろう。しかし私に分かっていることは、ただ「道がたいそう悪く、しかも山の中ばかりだ」ということである。伊藤は安楽な生活を重んじる男だから、なんとか私にやめさせようとして「そんなことをしたらあなたは苦しい目にあいますよ」と言う。しかし、これらの親切な人々は、私のベッドをうまく修繕してくれて、帆布《ズック》を二つに折り、側柱の穴に紐で結んでくれた。*

私はまたこの三日間は、米と卵と、みみずのような太さと色をした粗い蕎麦《そば》を食べて生活してきているから、そんな予想を聞いても驚かない！　日本には陸運会社《リクウンカイシャ》と呼ばれる陸地運送会社がある。本店が東京に、各地の町村に支店がある。それは旅行者や商品を一定の値段で駄馬や人夫によって運送する仕事をやり、正式に受領証をくれる。農家から馬を借りて、その取引きで適度に利益をあげるが、旅行者が難儀をしたり、遅延したり、法外な値段を吹っかけられたりすることがなくてすむ。値段は地方によって相当にちがっている。まぐさの値段、道路の状態、借りられる馬の数によって調節される。一里《約二マイル半》に対して一頭の馬と馬方で六銭から十銭を請求する。同じ距離を一台の人力車に一人の車夫がついて四銭から九銭である。手荷物の場合もほぼ同じである《この陸運会社はすばらしくよく運営されている。私は一二〇〇マイルの旅行でそれを利用したが、いつも能率的で信頼できるものであった》。私はいつもそれを利用したいと思う。伊藤はそれにはだいぶ反対の意向である。彼は農民との取引きで上前をはねる機会の多いことを期待していたのである。

＊原注――私は日本の奥地を旅行する人に忠告したいが、同じような携帯ベッドと、良い蚊帳をもってゆくがよい。これさえあれば、ふつうの不自由な思いをしないですむ。

いよいよ私の旅行は、「未踏の地」だけとなるであろう。そして、いわゆる「古い日本」の中を通ってゆくことになる。金銭や距離については、それに相当する英語がないから、日本語を使うのが自然であろう。列挙すれば、一円《エン》は一ドル、あるいは私たちのお金の約三シリング七ペンスに相当する紙幣である。一銭《セン》は半ペニーよりやや少額で、一厘《リン》は鉄か青銅の薄くて円い硬貨で、まん中に四角の穴があり、十枚で一銭、千枚で一円となる。天保銭《テンポー》はきれいな卵形の青銅貨で、中心に穴があり、五枚で四銭である。距離は里《リ》、町《チョー》、間《ケン》ではかられる。六フィートで一間《ケン》、六十間で一町《チョー》、三十六町で一里《リ》、すなわち英国の約二マイル半である。私が道路《ロウド》として書くときは、四フィートから八フィート幅の乗馬道を意味し、クルマ道路はそれとして明記する。

第十一信

藤原にて　六月二十四日

伊藤に知らせてくれた人の言う通りだった。安楽な生活は日光で終わりであった。

今朝六時に、一人の小柄な女が二頭の元気のない雌馬を連れてきた。私の鞍と勒《ろく》をその一頭につけ、伊藤と荷物をもう一頭にのせた。宿の女主人と私は、「どうぞお元気で」と挨拶を交わしてお辞儀をし、女の人たちは、私の哀れな馬を、鼻のまわりを結んだ縄で引いてくれた。私たちは日光のすばらしい社殿や荘厳な杉の森を後にして、長くて清潔な街路を下っていった。そして日光街道の杉の茂みがもっとも深いところで左に曲がり、小川の川床のような道に入った。この道はやがてひどい悪路となり、大谷川《ダイヤガワ》の粗い丸石の間をうねうねと通り、木の枝と土でおおわれた一時的な木の橋をしばしば渡るのである。日光山の末端の低い山を一つ越えてから、峡谷の中の曲がり道を進んだ。険しい両側は、楓、樫、木蓮、楡、松、そして杉におおわれていた。それらには多くの藤が花綱となって絡みつき、つつじや、ばいかうつぎの花房で明るく輝いていた。どちらを見ても壮大な山が前方に立ちはだかり、滝は雷鳴のようにとどろき、渓流は樹木の間できらきら光りながら流れていた。六月のすばらしい陽光の中で、あたりの景色はとても美しかった。

私たちは毎時一里以上は進めなかった。石の間や深い泥の中をのたうつようにして行くだけだったからである。着物を帯で締め、草鞋《わらじ》をはいた女の馬方は、健気《けなげ》にもてくてくと歩いて行ったが、突然、手綱を投げ大声で叫んだかと思うと後ろに逃げた。大きな茶色の蛇にすっかり仰天したのであった。それは赤い斑点のある蛇で、大きな蛙を銜《くわ》えて離そうともせず、しかし蛇にはよくあることだが、人間が近づいてきたのでびっくりして、必死となって餌食を呑みこんではやく藪の中に逃げこもうと、たいそうまごついていた。三時間ほどのろのろ進んでいってから、小百《コヒヤク》という田んぼの谷間の端にある山村で馬から下りた。女は荷物を数えて、その無事であることを確かめ、待って心づけをもらうこともなく、馬を連れて帰ってしまった。子だくさんの百姓が住んでいる数軒の貧しい農家の近くで、ある家の縁側に私の椅子を出した。この家屋は、ある金持ちの酒造家の庭先にあった。私は、一時間待ったが、空腹になったので、少しばかりの薄茶と麦かゆをとり、さらに一時間、その上また一時間待った。馬はみな山へ行って草を食べていた。少しざわめきがあったと思うと、人々が大麦の束を背負って帰ってきて、それを軒下に積んだ。ほとんど着物らしいものを身につけていない子どもたちは、何時間も傍に立って私をじっと見ていた。大人も、恥ずかしいとも思わずその仲間に加わった。彼らはそれまで外国婦人やフォークやスプーンを見たことがなかったからである。あなたはマッグレガー博士の最後の説教の言葉を記憶しておられるだろうか。「あなた方はきっと妙な光景を見るだろう！」。上品そうな中年の男が、縁側で腹ばいになり、肘をつき、身につけているのは眼鏡だけで、本を熱心に読んでいる――こんな妙な光景が他にあろうか。この奇妙な静物画のほかに、女たちがしばしば井戸から水を汲む姿が見られる。この井戸は原始的な装置で、直立材に梁《はり》が渡してあり、片側には水桶、反対側には石がついている。

馬が着くと、人々は、馬勒《ばろく》をつけることができないという。しかし、だいぶ言いきかせて、やっとのことで二人が馬の口をむりに開け、もう一人が好機をつかまえて、銜《はみ》を馬の口の中へすべりこませた。次に馬を交替したところでは、馬勒という言葉はまだ耳にもしたことがないものであった。銜を馬の歯にぴったり押しつけると、馬は自分から口を開けるものだと説明したが、傍に立っている人たちは、「どんな馬だって、食べるときと噛みつくとき以外は口を決して開けませんよ」とあざけるように言った。私が自分で馬に銜をつけて、はじめて彼らは納得したのであった。新しい馬は、駱駝のように横に揺れる足どりであった。それで私はキサゴイ（小佐越《こさごえ》）という小さな山村で馬を交替したときは、ほっとした。ここはたいそう貧しいところで、みじめな家屋があり、子どもたちはとても汚く、ひどい皮膚病にかかっていた。女たちは顔色もすぐれず、酷い労働と焚火のひどい煙のために顔もゆがんで全く醜くなっていた。

その姿は彫像そのもののように見えた。

　私は見たままの真実を書いている。もし私の書いていることが東海道や中山道、琵琶湖や箱根などについて書く旅行者の記述と違っていても、どちらかが不正確ということにはならない。しかしこれが本当に私にとって新しい日本であり、それについてはどんな本も私に教えてくれなかった。日本はおとぎ話の国ではない。男たちは何も着ていないと言ってもよいだろう。女たちはほとんどが短い下スカートを腰のまわりにしっかり結びつけているか、あるいは青い木綿のズボンをはいている。それは脚にぴったりしたもので、上部はだぶだぶである。青い木綿の着物を腰まで開けっぴろげて帯に端折り、青い木綿の手拭いを頭のまわりに結んでいる。着ている着物からは、男か女か分からない。顔も、剃った眉毛とお歯黒がなければ見分けがつかないであろう。短い下スカートは本当に野蛮に見える。女が裸の赤ん坊を抱いたり背負ったりして、外国人をぽかんと眺めながら立っていると、私はとても「文明化した」日本にいるとは思えない。自分の頭を持ち上げられるほど大きくなった子は、母の肩越しに楽しげにあたりを眺めている。しかし六歳か七歳の小さい子どもが軟らかい赤ん坊を背中に引きずっている姿を見るのは、いつも私にはつらい。赤ん坊の頭は丸坊主で、日光を浴びて髪が縮れて見える。ぐらぐらして今にも落っこちそうである。しかし子守たちは、よく言われるように、後ろに眼があるのである。この地方では、たくさんの蚕《かいこ》を飼っている。広い納屋では、多くの男たちは裸のままで、女たちは腰まで肌脱ぎとなり、忙しそうに桑の葉をとっていた。家屋はいずれも貧弱で、人々は着物も身体も汚れていた。若い女の中には、石鹼や水を豊富に使って顔を洗えば美しくなるものがいたかもしれないが、石鹼を使うこともなく、着物の洗濯といっても、砂を使って流水でこするだけである。人がばかばかしい間違いをしやすい一つの面白い例をあげよう。駄馬は、癖が悪くて、人をよく嚙んだり蹴ったりすることについては、私はいろいろ話を聞いている。馬に口輪をはめるのは、仲間の馬の尻にくらいついたり、人間に嚙みついたりしないようにするためだと聞かされたものである。ところが、轡《くつわ》は、旅行中に馬にものを食べさせないようにするだけのものであることが分かった。この地方では雌馬だけが使用されている。これはきわめておとなしい馬である。もし荷物の重量が駄馬一頭分と勘定されてしまうと、たとえそれが弱い馬が運べないほど重くても、運送会社はその荷物を二頭か、あるいは三頭にも分けてくれるが、一頭分だけ払えばよい。私たちの一行が小佐越《キサゴイ》を出発したとき、駄馬は四頭の小さな雌馬であった。馬はもじゃもじゃ頭で、そのふさふさした前髪のため何も見えないほどであった。元気のよい子馬を三匹つれていた。一人の女と三人の少女が駄馬をひいて行った。駄馬は四頭であったが、私は一里七銭の割合で二頭分だけ支払えばよかった。

私の馬子《マゴ》はまったく人の良さそうな顔をしていたが、労働で強ばった顔がお歯黒のために気味悪く見えた。彼女は草鞋《わらじ》をはき、とても貧弱でよれよれの青い木綿のズボンに肌着を押しこみ、青い木綿の手拭いで鉢巻きをしていた。空模様が怪しかったので、彼女は蓑《みの》をつけていた。これは藁で作った雨具で、連結した二つの肩マントを一つは頸のところで、もう一つは腰のところで結びつけたものである。それから直径二フィート半の平べったい笠を楯のように背中に下げていた。登ったり、下ったり、石の上を越え、深い泥道を通り、彼女はしっかりした足どりで進んだ。ときどきそのやさしいが醜い顔をふりかえって、少女たちが無事に後をついてきているかどうかを確かめた。このように見苦しい服装ながらしっかりと頑健な足どりをする方が、きついスカートとハイヒールのために文明社会の婦人たちが痛そうに足をひきずって歩くよりも、私は好きである。

小百《コヒヤク》から道路は深い森の山あいの不規則な草深い谷間を通っていた。谷間そのものも、大公園のように松やヨーロッパ栗の林におおわれていた。しかし小佐越《キサゴイ》を離れると、景色が変わってきた。険しい岩だらけの道を行くと鬼怒川《キヌガワ》に出た。清らかな奔流で、色とりどりの岩石の間を深く切りながら走っていた。かなりの高所に橋がかけてあり、こわいほど急な曲線を描いていた。そこからは高い山々の景色がすばらしい。その中には二荒山《フタラヤマ》があり、大昔の神々の伝説が残っている。私たちは鬼怒川の流れる音を聞きながら、しばらく馬に乗って進んだ。しばしば川のすばらしい景色をちらと見ることができたが、流れは斑岩の壁に堰きとめられて荒れ狂い、あるいは静かな藍緑色の水を湛えて、桃色や緑色の大きな石板の上にひろがっていた。日光をあびてきらきら輝き、あるいは川の上に虹がかかり、あるいは深い木蔭の淵となって静かに澱《よど》むさまは、いずれも常に美しかった。流れが烈しく反対側に突き当たって進むあたりは、岸も絶壁となり、山頂まで針葉樹が生い茂っている。こちら側はそれほど崖も急でなく、山道が通り、道は曲がって下り坂となり、緑の小山に入る。ちらほら見える大きな西洋栗の木はまだ花をつけず、楓の木は秋と同じく春にも帯びる紅色をまだ失ってはいない。花を咲かせている樹木や灌木も多くは私にとって目新しいものであった。赤いつつじ、ばいかうつぎ、青色《まったく空のように青い色》のあじさい、黄色の木苺、羊歯、仙人草、白や黄色の百合、青いあやめの茂みや、その他に五十種類もの樹木や灌木に藤がからまり、花綱で飾っていた。その美しい茂みは、英国における黒苺の茂みと同じように、日本ではありふれたものである。草木が繁茂している有様は、実に熱帯的であった。輝くばかりの変化に富む新緑は、最近の雨にまだ濡れており、午後の太陽の斜めに来る日射しでいっそう生きいきとしていた。

私たちの通り過ぎた少数の部落は、いずれも農家だけで、軒の深い一つ屋根の下に住居も、納屋も、馬小屋も入っていた。どの納屋でも、人々は裸身となって種々の仕事に励んでいた。駄馬が頭から尻尾まで綱で結びつけられて米と酒を積んで進む行列や、桑の葉をいっぱい入れた大きな籠を男や女が運ぶ姿に会った。峡谷はますます美しくなってきた。真っ直ぐに伸びている杉の暗い森を登ってゆくと、すばらしい場所にあるこの村に着いた。ここには多くの小さな峡谷があり、底辺を流れる鬼怒川の深い割れ目まで、稲田の段々畑が勤勉にも作られている。十一時間を旅して、ようやく一八マイルやってきたのだ！

五十里《イカリ》にて　六月二十五日――藤原には四十六軒の農家と一軒の宿屋《ヤドヤ》がある。いずれもうす暗く、湿っぽく、汚くて、すきま風の入る家で、住宅と納屋と馬小屋を一緒にしたものである。宿屋は台所《ダイドコロ》、すなわち開けっぴろげの調理場と、下手に馬小屋、上に小さな二階があり、部屋を仕切ることができる。私が散歩から帰ってみると、私が通らなければならない場所に、六人の日本人がまったくの部屋着でたむろしていた。そこをどいてもらって、私は部屋に落ちつき書きものを始めたが、まもなく無数の蚤が出てきたので、軒下の縁側に逃げ出した。ちょうどハマトビムシが砂浜からとび出てくるように、蚤は畳からとび出てくるのであった。ところが縁側でも、蚤は私の手紙の上にとび上がってきた。土から藁が出ている外壁が二つあって、その割れ目には虫が入っていた。はだかの垂木《たるき》にはくもの巣がかかっており、古くなった畳は汚かった。御飯は黴臭くて、米をちょっと洗っただけのものであった。卵は日数をよほど経たしろものであり、お茶も黴臭かった。

私は伊藤と一緒に家の外をくまなく見た。人々は辛抱強く働いており、村は絶好の場所にあった。人々は晩にも仕事があり、村にはもの静かな単調さが漂っていた。私はその様子を縁側からじっと観察し、私にこの旅行を思いたつにいたらせた《『アジア協会誌』の一論文の》一節を読んでみた。――「鬼怒川の流れに沿って進むコースは、まことに絵のように美しいが、また困難な道である。この道は外国人にとって、また日本人にとってもほとんど知られていないように思われる」。上にはきれいな淡黄色の空があり、下には一フィートも深いぬかるみがある。この時期の道路は泥沼のようで、急流が横切り、板を渡してあるところが多い。道路は村を通っているが、この水流は村人にとって洗面所でもあり、同時に水飲み場でもある。村人たちは仕事から帰ってくると、渡し板に腰を下ろし、泥だらけの着物を脱ぎ、それをすすぎ、足を流れで洗う。両側には農家があり、その前にはだいぶ腐った堆肥の山がある。女の人たちはそれを崩して、その裸足で踏みながらそれをどろどろにする作業に従事していた。仕事中はみな胴着とズボンをつけているが、家にいるときは短い下スカートをつけているだけである。何人かりっぱな家のお母さん方が、この服装だけで少しも恥ずかしいとも思わずに、道路を横ぎり他の家を訪問している姿を私は見た。幼い子どもたちは、首から紐でお守り袋をかけたままの裸姿である。彼らの身体や着物、家屋には害虫がたかっている。独立勤勉の人たちに対して汚くてむさくるしいという言葉を用いてよいものならば、彼らはまさにそれである。暗くなると、甲虫《かぶと》、くも、わらじ虫が私の部屋に出てきてばか騒ぎをやるのであった。同じ家の中に馬がいるので、たくさんの馬蠅がいた。私は携帯用ベッドに虫とり粉をまいたが、毛布を床の上に一分間も置くと、蚤がたかってきて眠ることができなかった。その夜はたいそう長かった。

行灯《アンドン》が消えると、油の強い悪臭が残った。原始的な日本の犬はクリーム色をして狼のように見える動物で、コリー犬ほどの大きさだが、とても騒々しく、喧嘩好きであるが、弱い者いじめと同じように臆病でもある。この犬が藤原には大勢いて、これらの役にも立たぬ野良犬が吠えたりうなったり喧嘩をしたりするのが、夜明けまで間をおいては続くのであった。彼らは喧嘩をしていないときには遠吠えをしていた。

雨が滝のように降ってきたので、雨漏りの水を避けるために、ベッドをあちらこちらへ移しかえなければならなかった。五時になると伊藤がやってきて、どうか出発してくれと私に頼んだ。「ちっとも眠れませんでした。何千何万という蚤がいるものですから!」と泣き言をならべた。彼は別のコースで内陸を通り津軽海峡へ行ったことがあるが、こんなところが日本にあるとは思わなかった、と言い、この村のことや女の人たちの服装のことを横浜の人たちに話しても信じてはくれぬだろう、と言った。「こんな場所を外国人に見せるのは恥ずかしい」とも言った。彼は利口で、旅行中はよく気がつき、異常な知能をもっているので、毎日私を驚かせる。彼は「ふつうの」英語とはちがって「りっぱな」英語を話したがっており、新語を覚えようとしているが、正しい発音と綴りも身につけることを切望している。毎日彼は、私が用いるが彼にはよく分からない単語を全部ノートに書きつけて、晩になると私のところにもってきて、その意味と綴りを習い、日本語訳をつける。彼はすでに多くの本職の通訳よりもずっとうまく英語を話す。しかし彼がアメリカ人の使用する俗語や不遠慮な癖を真似しなかったら、もっと好感がもてるのだが。りっぱな通訳をもつことは、私にとってとても大切なことだ。そうでなければ、こんなに若くて未経験の召使いを雇わなかったであろう。しかし彼は器用な男で、今では料理もできるし洗濯もやるし、通訳や旅行の従者の役目はもちろん、お伴として雑用を何でもやってくれる。年配の人よりも、年若い彼の方がずっと私には気楽に思われる。私は彼をうまく使いこなそうと努力している。なぜなら、彼は特に「上前《うわまえ》をはねる」点で私をうまくごまかそうとしているのが分かったからである。彼はきわめて日本人的であり、彼の愛国心は人間のもつ虚栄心のあらゆる短所と長所をもっている。彼は外国のものはなんでも日本のものより劣ると思っている。私たちの行儀作法、眼、食べ方は、彼にとってはとても我慢できぬしろものらしい。彼は英国人の不作法については喜んで話をひろめる。英国人は「道路上で誰にでもオハヨーとどなりちらす」という。彼らは茶屋の女たちをびっくりさせ、車夫を蹴ったり、殴ったりする。泥だらけの靴をはいて真っ白な畳の上にあがる。みな育ちの悪いサチルス（酒と女が大好きという半人半獣の森の神）のような振舞いをする。その結果は、素朴な田舎の人人にむき出しの憎悪心をかきたてることになり、英国人や英国が日本人から軽蔑され嘲笑されることになるだけだ、と彼は話したてるのである。* 彼は、私がりっぱな振舞いをするように非常に心を配っている。私も同じように、どこへ行っても日本式に礼儀正しくしようと努めており、日本人の作法を破らぬように注意しているから、こうした方がよいとか、そうしない方がよいという彼の意見には、大体従うことにしている。私のお辞儀も、日ごとに頭を深く下げるようになった！　人々はたいそう親切で礼儀正しいから、外国人も彼らに対して親切で礼儀正しくなければ人でなしということになろう。私がすっかり伊藤を頼りにしていることは、推察できることと思う。旅行の準備のみならず、人に質問をしたり、情報を得たり、お粗末ではあるが私の旅の道連れの役目もする。私たちが困難で危険な旅行に一緒に出かけたことが、やがてお互いに思いやりをもち親切にさせるだろうと思う。彼は、名目上は神道の信者であるが、実は何でもないのである。日光で私は『ルカ伝福音書』のはじめの方の何章かを、彼に読んできかせたことがある。私が放蕩《ほうとう》息子（第十五章）の話のところに来ると、彼はいくぶんか軽蔑的な笑い声を立てて、「ああ、その話なら私たちの仏教の話の繰り返しですよ」と言った。

＊原注――このことは、横浜などの条約港から出かけてくる最低の遊山客にのみ当てはまる言葉である。

今日の旅行は、非常に困難ではあったが、たいへん愉快であった。昼ごろには、雨も小降りとなり、私は徒歩で藤原を出発した。私はアメリカ「山岳服」とウェリントン靴をはいたが、この国で婦人が徒歩旅行や駄馬による旅行をするには、この服装に限るのである。それから軽い笠《この地方では防水になっている》を肩にかぶさるほど深くかぶり、二頭の馬に荷物を積んで、踝《くるぶし》までぬかる泥道をとぼとぼと歩いた。やがて、雨も晴れ上がり、霧の中から山々が見えてきた。水かさを増した鬼怒川は下の方で大きな音を立てていた。空腹ではあったが、ようやく景色を楽しむ余裕が心に出てきた。とうとう私は駄馬に乗り、高田山《タカダヤマ》の突出部を越えた。峠は二一〇〇フィートの高さで、よく工夫されたジグザグ道が通っていた。上からは、八重の山道が曲がりくねっているのを一望のもとに見下ろすことができた。そこの森林は、いつもほど密生してはいない。下方の山腹にはりっぱな西洋栗の木が散在している。下り道は急な坂で、すべりやすかった。馬の足は弱かったので、ひどく躓くと、とうとう倒れてしまった。私は馬の頭から投げ出されたので、やさしい女の馬子《マゴ》はたいそうあわてた。馬のはく藁沓《わらぐつ》は、かかとのまわりを藁紐で結んであるのだが、たいそう厄介なものである。「沓紐《くつひも》」は結び目がいつも解けかけてくるし、この藁沓は柔らかい地面を歩けば約二里しかもたないが、固い地面では一里もはけないのである。馬はいつも藁沓をはくから、足は柔らかく、ふわふわとなっている。だから、藁沓なしでは歩けなくなっている。藁沓をはいても、すりきれてくると馬は躓き始める。馬子《マゴ》は心配でたまらなくなり、やがて馬を停止させることになる。そして鞍から下げてある四個の藁沓を水に浸し、地面からたっぷり一インチも馬の足をあげて、なだめたりすかしたりしながら藁沓をはかせる。これほど一時の間にあわせで、しかも不体裁なものは考案できまい。馬の通る道は、捨てた藁沓が散乱し、子どもたちは、これらを拾い集め、積み重ねて腐らせ堆肥とする。藁沓は、一組が三銭か四銭で、どの村でも人々はひまな時間に藁沓作りをしている。

高原《タカハラ》という次の宿場で、荷物を運ぶために馬を一頭やとった。川を渡り、峡谷を越えて、険しい山道を登り、一軒の淋しい宿屋《ヤドヤ》に着いた。そこは例の如く間口が開いており、囲炉裏《イロリ》があって、老若の多くの人が腰を下ろしていた。私が到着すると、きれいな顔をした娘たちの群れはすべて逃げ出したが、彼らの年長者に伊藤から話をして、まもなく呼びもどして来た。乗馬服をつけて片鞍（婦人用鞍）に乗ったパークス夫人は、人々が彼女の髪を見るまでは男性とまちがえられたというし、たいそうきれいで美しい肌色をした私の若い友人も、先ごろ夫と共に旅行したとき、鬚《ひげ》を剃った男性だと思われたそうである。私は、婦人たちが畑で働くとき日光や雨を避けるためにかぶる帽子をつけているのだが、眉毛も剃らず歯を黒く染めてもいないので、この娘たちは私を外国の男だと思ったのである。伊藤は、次のように説明した。「彼女たちはまだ外国人を見たことがないのです。しかし、ひとから外国人が少女たちに対していかに不作法であるかという話を聞いて、とてもこわがっているのです」。ここでは食べるものは御飯と卵だけである。そこで私は、十八対の黒い眼がじっと私を見つめているところで、御飯と卵を食べた。ここは温泉で、傷や腫《は》れ物に苦しむ人々が大勢湯治に来るところである。湯は川の傍にあり、粗末な階段を下りていった底にある。露天風呂で、たくさんの男女が湯に入っていたので、温泉の温度を確かめることはできなかった。彼らは一日に四回入浴し、一回に一時間入っている。

私たちはそこを出発した。五十里《イカリ》まで歩いて五マイルである。どしゃ降りの雨にうたれながら、新しくできた道を進んだ。道は、滝になって落ちてゆく鬼怒川にすっかり閉じ込められて、あるときは高く、あるときは低く、岩の面から突き出した支柱にささえられて進んだ。私は、日本でこれ以上に美しい場所を見ることはできないだろうと思う。

川は、どこも水晶のように青色や緑色が透明で、雨で水量を増し、明るい色の岩の狭間《はざま》を奔り流れる。水流はしばしば岩石にさえぎられるが、しばしもとどまることなく、きらきら光りながら駆け下りる。両岸は高い山が壁のようにそそり立っている。山はすばらしい樹木におおわれ、暗い峡谷がその間を深く割っている。奔流は大きな泡をたてながら、すさまじい響きを立てて、ころがるように流れてゆく。とどろく音響は多くの山彦によってさらに倍加する。峡谷に出るたびに、はるか背後には重畳の山あり、断崖あり、滝の落ちる眺めがある。あまりにも草木が豊富なので、灰色の絶壁を見ても、露出している岩を見ても嬉しくなるほどであった。山路に沿って、暖かくじめじめしたところに繁茂する小さな植物の多種多様なのに心をひかれるものがあった。羊歯類、苔類、緑色藻類、きのこ、蔓草。細糸のように流れる水は、美しい羊歯類が羽毛のようについている岩穴に落ちこみ、あるいは山の小路にしたたり落ち、渓流に懸かっている。頭上には、数種の紅葉《もみじ》が一面におおっており、その鋭い歯形をした軽やかな葉の茂みから洩れ落ちる光は、淡い緑の霧のようである。春の山色はまだ消えず、夏の濃い草色に至っていない。杉の林は深い木蔭をつくっているが、つつじはまだ山腹を美しく彩っている。この山峡の景色は美しいにはちがいないのだが、熱帯地方のココ椰子《やし》やバナナの樹木の眼を見はらせる個性味や優美な姿を望むものには、何かものたりぬものを感じさせる。羽毛のように軽やかな楓《かえで》の葉、矢のように真っ直ぐにのびてピラミッドのような姿をしている杉の木、これらは他のいかなるものよりも私の眼を楽しませてくれるのに、どうして批判したりするのであろうか。日光が十分間もふりそそぐと、あたりの景色は美しい仙境に変わってしまう。

あたりには人家もなく、人の姿も見えなかった。この美しい渓流を離れて、山の端を越えた。樹木にはすべて非常に香りのよい白いすいかずらが纏れあっていた。広い谷間に下ってゆくと、静かな渓流は物さわがしく流れる鬼怒川《キヌガワ》と合流する。さらに一マイル進めば、この山あいの美しい部落に出る。戸数は二十五軒で、男鹿川《オカワ》という谷川の傍にある。日本の河川の名前は、上流から下流まで一貫して同じ名であることはないから、名前を見ただけでは、地理的知識を得ることはむずかしい。河川は、その通過する地域に従って、三〇マイルから四〇マイルのうちに幾度か名前を変える。この川は、私が二日間も遡ってきた旧友の鬼怒川のことである。広々としていないと、かえって美観を増す。五十里《イカリ》の部落は山の傾斜地に集まっており、その街路は短く原始的に見えるが、雨が晴れて明るく輝くときには、その暖かい茶色と灰色の風景は、実に魅力的である。私の泊まった場所はこの宿駅の本陣で、丘の上にある。大きな納屋《なや》のような家で、片側の端が馬小屋で、反対側が居間になっている。中央には多量の産物が輸送されるばかりになっており、一団の人々が、桑の枝から葉をむしりとっている。昔、近くの大名《ダイミョー》は江戸へ行く途中にここで泊まるのが常であったから、大名の間と呼ばれる客座敷が二つある。一五フィートの高さで、天井はりっぱな黒材で、障子《ショージ》は格子細工の名にふさわしいりっぱな造作である。襖《フスマ》には芸術的な装飾が施してあり、畳は清潔でりっぱである。床の間には金の蒔絵の古い刀掛けが置いてある。私は奥の部屋で、伊藤と四人の旅客は入口のところの部屋に入っている。部屋は非常に暗いが、昨夜からにくらべると豪華である。家の中の他の部分は蚕を飼う場所となっている。ここの主人も、藤原の主人と同じように、旅券というものを知らない。そこで伊藤は、町で育った若者らしく振舞い、私の言う通りに説明をしてやった。村人たちはみな集まって、旅券に書いてあることを読んでもらった。伊藤は、scientific investigation（科学的調査）に相当する日本語を知らなかったが、自分の偉さを誇示しようとして、このお方は学者《ガクシャ》です《学問が深い！》、と誇張して言い聞かせているのが私の耳に入った。ここには警察署がないが、警官は毎月このへんぴなところの宿屋を検査にやって来て、宿帳を調べるのである。

ここは昨夜の宿屋とくらべてずっと清潔なところである。しかし人は愚鈍で無感動のように見え、私は、いったいこの人々は、大名《ダイミョー》の制度を廃し封建体制を倒した人々のことを何と思っているのだろうか、貧しい民衆にも市民権を与え大急ぎで西洋文明に追いつこうとしている帝国政府のことをどう考えているのだろうか、と思ったりした。

板葺き屋根に換わって茅葺き屋根になっているので、村の姿もだいぶ良くなった。急な屋根、深い軒端と縁側がある。屋根や壁は暖かそうなあずき色である。ごたごた混雑している農家の風景も、奇妙で面白い。椿やざくろの生垣があり、竹藪や柿の畑がある。《汚くて臭《にお》いが悪いが》一般に百姓たちは不満のなさそうな顔をしている。

ここでは米と卵のほかは食糧が手に入らない。私の眼前には、日光の鶏肉と魚肉の思い出がちらついてくる。公使館で食べたご馳走は言うまでもない。

悲しみに沈めるときに楽し日を
思い出すほど悲しきはなし

（テニソン——ダンテ『地獄篇』）

という詩人の言葉を思い起こす。

夜になると温度は七〇度に下がる。ふつう私は午前三時に寒くて眼をさます。私の掛けている毛布は夏用のものばかりだからである。しかし私は敷蒲団や掛蒲団をつけ加えようとは思わない。その中に蚤が入っているからである。私はいつも七時半ごろには床につく。夕方は早く暮れてしまうし、暗い蠟燭や行灯《アンドン》をつけて起きている気にもなれない。馬はのろのろと進み、身体をぐらぐらさせ、よく躓くので、騎馬旅行は近ごろの私にはとてもつらくなってきた。私が少しでも歩ける性質《たち》であるならば、きっと徒歩旅行を選ぶのだが。

第十二信

車峠にて　六月三十日

つらかった六日間の旅行を終えて、山の静かな場所で安息の日を迎えることができるとは、なんと楽しいことであろうか。山と峠、谷間と水田、次に森林と水田、こんどは村落と水田。貧困、勤勉、不潔、こわれた寺、倒れている仏像、藁沓をはいた駄馬の列。長い灰色の単調な町並み、静かにじっと見つめている群衆――これらが、私の思い出の中に奇妙なごったまぜとなって浮かび上がってきた。好天気に恵まれて、五十里《イカリ》から横川《ヨコカワ》まで、美しい景色の中を進んで行った。そして横川の街路の中で昼食をとった。茶屋では無数の蚤が出てくるので、それを避けたかったからである。すると、私のまわりに村の人たちのほとんど全部が集まってきた。はじめのうち子どもたちは、大きい子も小さい子も、びっくりして逃げだしたが、やがて少しずつ、親の裾《すそ》につかまりながら《裾といっても、この場合は譬喩的表現だが》、おずおずと戻ってきた。しかし私が顔を向けるたびに、またも逃げだすのであった。群衆は言いようもないほど不潔でむさくるしかった。ここに群がる子どもたちは、きびしい労働の運命をうけついで世に生まれ、親たちと同じように、虫に喰われ、税金のために貧窮の生活を送るであろう。彼らのおとなしい、裸で時代おくれの姿を見ていると、どうして貧乏人の子どもが、かくも多くあふれるのか、と疑問が出てくる。馬は腹帯を締めないうちに私の鞍を蹴とばしたので、群集は四方に散ってしまった。それで彼らは、それまで仕事をやめて二時間も外国人を眺めていたのが、また仕事にとりかかることになったのである。

長い山路を登ると、高さ二五〇〇フィートの峠の頂上に出た。そこは三〇フィートも幅のない突き出た山の端で、山々や峡谷のすばらしい眺めがあった。入り組んだ谷川の流れは、一つとなって烈しい奔流となっていた。その流れに沿って数時間ほど進むと、川は広くなって静かな流れとなり、かなり大きい水田の中をのろのろと流れていた。地図を見ると、この地方は空白になっているが、私の考えでは、さきに越えた峠は分水界であって、それから先の川は、太平洋に向かうのではなく、日本海に注ぐのであると思われた。この推量は当たっていた。糸沢《イトサワ》では、借り出した馬がひどく躓くので、最後の宿場間を歩いて川島《カヤシマ》に着いた。ここは五十七戸のみじめな村であった。私は疲れきって、それ以上は進めなかったので、やむなく藤原のときよりもずっとひどい設備の宿に泊まることになった。苦労に立ち向かう気力も、前ほどはなかった。

宿屋《ヤドヤ》はまったくひどかった。台所《ダイドコロ》では、土を深く掘った溝に大きな薪を入れて燃やしていたが、ひりひりする煙があたり一面に充満していた。私の部屋はがたぴしの障子《ショージ》で仕切ってあるだけだったから、その煙から免れることはできなかった。垂木は、煤と湿気で黒光りしていた。宿の亭主は、私の部屋の床に跪いて、家が汚いことをしきりに弁解していたが、あまりくどく言うので伊藤が追い返した。弁解するのも当然なことだ。息のつまるほど暗くて煙っぽかったが、街路に群集が集まってきたので、窓の障子を閉めざるをえなかった。米もなければ醤油もなかった。伊藤は、自分自身の安楽な生活を大切なものと考えている男であるから、亭主と召使いたちを呼びつけて声高くどなり始め、私の持ち物まで投げだして叫ぶありさまとなった。私はこのような振舞いを早速やめさせた。召使いが乱暴に人をいじめるのは、外国人にとってまったく耐えられないことであり、土地の人に対してもこれ以上に不人情な仕打ちはないからである。亭主はとても礼儀正しく、私の方に近づくときは必ず膝をついたままであった。習慣に従って、彼に私の旅券を渡すと、彼はそれを額に押しいただき、こんどは額を地にすりつけた。

私が食べられるものは、黒豆ときゅうりの煮たものだけであった。部屋は暗く汚く、やかましく、下水の悪臭が漂って胸がむかむかした。不幸にも、宿の部屋はそういうものが多い。田植えが終わると二日間の休日がある。そのときには、米作り農家の神である稲荷《いなり》に多くの供物があげられる。人々はお祭り騒ぎをして、一晩中飲んで浮かれていた。社の太鼓の音や、太鼓をたたきながら歩きまわる音が続いて、私は眠ることができなかった。

宿の亭主の小さな男の子は、とてもひどい咳《せき》で苦しんでいた。そこで私はクロロダインを数粒この子に飲ませたら、すべて苦しみが和らいだ。治療の話が翌朝早くから近所に広まり、五時ごろまでには、ほとんど村中の人たちが、私の部屋の外に集まってきた。ささやく音、はだしの足を引きずる音がだんだん大きくなり、窓の障子の多くの穴に眼をあてていた。私は障子を開けてみて、眼前に現われた痛ましいばかりの光景にどぎまぎしてしまった。人々は押しあいへしあいしていた。父親や母親たちは、いっぱい皮膚病にかかっている子、やけど頭の子、たむしのできている子を裸のまま抱きかかえており、娘たちはほとんど眼の見えなくなった母親の手をひき、男たちはひどい腫れ物を露出させていた。子どもたちは、虫に刺され、眼炎で半ば閉じている眼をしばたいていた。病気の者も、健康な者も、すべてがむさくるしい着物を着ていた。それも、嘆かわしいほど汚くて、しらみがたかっている。病人は薬を求め、健康なものは、病人を連れてくるか、あるいは冷淡に好奇心を満足させるためであった。私は、悲しい気持ちになって、私には、彼らの数多くの病気や苦しみを治してあげる力がないこと、たとえあったとしても、薬の貯えがないこと、私の国では絶えず着物を洗濯すること、絶えず皮膚を水で洗って、清潔な布で摩擦すること、これらは同じような皮膚病を治療したり予防したりするときに医者のすすめる方法である、と彼らに話してやった。そして彼らの気持ちをなだめるために、ある人の貯蔵品からやっともらってきた動物性脂肪や硫黄華を、少し塗りつけてやった。それから、重症の場合にはどう手当てをするかを話してやった。馬は腹帯をつけるのに慣れていないので、鞍をつけると落ち着かなくなり、群集に囲まれると驚いて走りだした。そして馬子《マゴ》は二度と手を触れようとしなかった。彼らはやさしい雌馬を黒豹のように恐れているのだ。ぜんぶの子どもたちが、かなりのところまで私の後について来た。かなりの数の大人たちも、同じ方角に行くのだから、と言いわけをしながら後について来た。

この人たちはリンネル製品を着ない。彼らはめったに着物を洗濯することはなく、着物がどうやらもつまで、夜となく昼となく同じものをいつも着ている。夜になると彼らは、世捨て人のように自分の家をぴったりと閉めきってしまう。家族はみな寄りかたまって、一つの寝室に休む。部屋の空気は、まず木炭や煙草の煙で汚れている。彼らは汚い着物を着たままで、綿を詰めた掛け蒲団にくるまる。蒲団は日中には風通しの悪い押入れの中にしまっておく。これは年末から翌年の年末まで、洗濯されることはめったにない。畳《タタミ》は外面がかなりきれいであるが、その中には虫がいっぱい巣くっており、塵や生物の溜まり場となっている。髪には油や香油がむやみに塗りこまれており、この地方では髪を整えるのは週に一回か、あるいはそれより少ない場合が多い。このような生活の結果として、どんな悲惨な状態に陥っているか、ここで詳しく述べる必要はあるまい。その他は想像にまかせた方がよいであろう。この土地の住民、特に

●夏と冬の服装

子どもたちには、蚤やしらみがたかっている。皮膚にただれや腫れ物ができるのは、そのため痒みができて掻くからである。家屋の床は、畳に隠れて見えないので、ぞんざいに敷かれているから、板の間に隙間ができている。しかも湿った地面が床下から一八インチか二フィートしか離れていないので、あらゆる臭気が畳を滲み通り、部屋の中に入ってくるのである。

　この地方の家屋は《どの地方でも同じだと思われるが》、夏も冬も、夜には外界からぴったり閉めきってしまう。雨戸《アマド》には換気装置がないので、文字通り彼らを箱の中に閉じ込めてしまう。だから、雨戸が壊れてくずれ落ちない限り《そんなことはめったにないが》、部屋の空気は、多くの人の吐く息で汚れ、じめじめした床下からの毒気や、火鉢《ヒバチ》から出る炭火のガスのために汚されても、空気を換えることはできない。人々は、自分から進んで身体の運動をすることは稀である。女の人たちは、畑に出て働くときのほかは、一年のうちの五カ月間を朝から晩まで、炭火で暖をとりながら火鉢にかがみこみ、はてしない料理の仕事を続ける。農民の食物の多くは、生魚《なまざかな》か半分生《なま》の塩魚と、野菜の漬物である。これは簡単に漬けてあるから不消化である。人々はみな食物をものすごい速さで飲みこむ。できるだけ短い時間で食事を片づけるのが人生の目的であるかのようである。既婚女性は青春を知らなかったような顔をしている。その肌は、なめし皮のように見えるときが多い。川島《カヤシマ》で私は、五十歳ぐらいに見える宿の奥さんに、彼女が幾歳になるか、質問をした《これは日本では礼儀正しい質問となっている》。彼女は、二十二歳です、と答えた。これは私にとって驚きであった。私はこれと似た驚きを多く経験している。彼女の男の子は、五歳だというのに、まだ乳離れしていないのである。

以上の余談は、住民の一面を採り上げて述べてみたのである。*

*原注——細部にわたる多くの不愉快なことは、やむをえず省略した。もし読者が、私がここや他の個所で述べたことに対して陳謝を要求したいと思われることがあっても、私が、北日本で見たままの農民の生活を忠実に描写することによってこの国に対する一般的知識の向上に役立てたいと希望しており、同時に、この地方の場合と同じように、文明化するのにまず必要な諸条件に欠けている国民大衆の水準をあげようと努力している政府のために、その遭遇すると思われる多くの困難な事柄のいくつかを説明するのに役立てたい、というのが私の望みであることを知れば、了解してもらえるに違いない。

第十二信（完）

私たちは田島《タジマ》で馬をかえた。ここは、昔、大名《ダイミョー》が住んでいたところで、日本の町としてはたいそう美しい。この町は下駄、素焼《すやき》、粗製の漆器や籠を生産し、輸出する。

私たちは、広さが三〇ヤード平方から四分の一エーカーまで大小さまざまの水田の間を旅していった。水田の土手の上部は利用されて、小豆《あずき》が植えてあった。水田を通りすぎると、荒海川《アラカイ》という大きな川に出た。私たちはその支流に沿って二日間とぼとぼ歩いてきたのであった。そして汚いが勤勉な住民のあふれている汚い村をいくつか通りすぎて、平底船で川を渡った。川の両岸には、また木がしっかりと打ちこんであり、藤蔓を何本も結びあわせた太綱を支えている。一人は両手を使って綱をたぐり、一人は船尾で棹をさす。あとは流れの速い川がやってくれる。これから先も、こんなふうにして私たちは多くの川を渡ってきた。どの渡し場にも料金表が貼り出してある。料金をとる橋の場合と同様である。事務所には男が坐っていてお金を受けとる。

この地方はまことに美しかった。日を経るごとに景色は良くなり、見晴らしは広々となった。山頂まで森林におおわれた尖った山々が遠くまで連なって見えた。山王《サンノー》峠の頂上から眺めると、連山は夕日の金色の霞につつまれて光り輝き、この世のものとも思えぬ美しさであった。私は大内《オーウチ》村の農家に泊まった。この家は蚕部屋と郵便局、運送所と大名《ダイミョー》の宿所を一緒にした屋敷であった。村は山にかこまれた美しい谷間の中にあった。私は翌朝早く出発し、噴火口状の凹地の中にある追分《おいわけ》という小さな美しい湖の傍を通り、それから雄大な市川《イチカワ》峠を登った。すばらしい騎馬旅行であった。道は、ご丁寧にも本街道と呼ばれるものであったが、私たちはその道をわきにそれて、ひどい山路に入った。これは幅が約一フィートの道で、側面に波形が続いていた。その凹みは一フィート以上も深さがあり、駄馬がいつも前の馬の足跡を踏みならしたためにできたものである。どの穴も泥沼のように泥がねばりついた。二四〇〇フィートの上り坂は険しかった。馬子《マゴ》は、絶えず「ハイ！　ハイ！　ハイ！」と馬をはげましていた。この言葉は、馬に対して、よくよく用心が肝心だと、言いきかせているように思われる。馬の藁沓はいつも紐がとけてくるし、四マイルを歩くと二足を磨り減らしてしまう。峠の頂上は、他の多くの場合と同じく、狭い尾根になっている。山路は、山の反対側に下ると、ものすごい峡谷の中に急に下りてゆく。私たちはその峡谷に沿って一マイルほど下って行った。傍を流れる川は雷のような音を轟かせて、私たちが何を話そうとしても、かき消されてしまう。それはすばらしい景色であった。樹木の茂った断崖の間から、うねうねと林の続く平野を見下ろすと、森林におおわれた連山が周囲にそばだち、平野は深い藍色の中に包まれている。高くそびえる峰々は深雪を戴いていた。草木は今までよりも温暖な風土を示していた。木蓮や竹はふたたび姿を見せ、熱帯性の羊歯は、美しい青色のあじさいや、黄色の日本百合、大きな青色の釣鐘草とまじっていた。美しい蔓草がからまっている樹木の海があった。蔓草は白い葉を豊富につけているので、遠くから見ると、白い花の大きな房のように見える。しかしこの地方の森林に繁茂している藪は魅力的ではない。その構成部分の多くは雑草ともいうべきものである。ぶざまで、ぼうぼうと生えている芹《せり》や、粗野なすかんぽ、繁茂するいらくさ、その他に私の知らない草が多くあったが、二度と見たいとは思わない。山を下る終わり近くで、私の雌馬は反抗して手に負えなくなり、私を乗せたまま、見苦しい姿で早駆けをして、市川《イチカワ》という村に入った。ここは美しい場所にあるが、傍は切り立った崖となっている。村の中央に、すばらしい飛瀑があり、そのしぶきで村中がまったく湿気に浸されている。樹木や路傍は藻類で青々としている。そこの駅馬係は女性であった。女性が宿屋《ヤドヤ》や商店を経営し、農業栽培をするのは男性と同じく自由である。男女の住民の数や、馬や牛の数を記した掲示板がどの村にも立てられている。これまでどこでもそうであったが、市川でも男性が優位を占めているのに気がついた。*

*原注——首都では、男性は女性よりも三万六千人も多い。帝国全土では約五十万人多い。

第十三信

車峠にて　六月三十日

市川から馬に乗って、まもなく平野に出た。幅が約一一マイル、長さが一八マイルの平野である。若松《ワカマツ》という大きな町がその南端に位置し、町や村々が散在している。大きな猪苗代湖《イナワシロ》は遠くはない。この平野は肥沃である。遠くには、森のある村々の切りたった屋根が見えて、絵のように美しい。いつものことだが、垣根や門は見られない。富裕な百姓の住宅の目かくしとして用いられる高い生垣のほかは、いかなる生垣も見ることができない。

道路が悪く、さらに馬が悪いために、興味がそがれた。良い馬であったら、一時間もすればこの平野を横断できたであろうが、実際はそうゆかず、七時間もかかり、疲れる旅であった。天候は悪くなり、静かな暖かい雨となった。空気は重苦しく、鞍は大きすぎるので、いつもずれ落ちそうになった。沓はいつもより厄介物になり、馬蠅がたかってきて、人間も馬も這うようにして進んだ。水田は二番目の除草が始まっていた。その仕事をしている男たちの大部分は、頭に笠をかぶり、腰帯に団扇《うちわ》をさしていた。

杉の並木道となり、金色のりっぱな仏寺が二つ見えてきたので、かなり重要な町に近づいてきたことが分かった。高田《タカタ》はまさにそのような町である。絹や縄や人参《にんじん》の相当大きな取引きをしている大きな町で、県《ケン》の高官たちの一人の邸宅がある。街路は一マイルも続き、どの家も商店となっている。町の概観はみすぼらしく、わびしい。外国人がほとんど訪れることもないこの地方では、町のはずれで初めて人に出会うと、その男は必ず町の中に駆けもどり、「外人が来た！」と大声で叫ぶ。すると間もなく、老人も若者も、着物を着た者も裸の者も、目の見えない人までも集まってくる。宿屋《ヤドヤ》に着くと、群集がものすごい勢いで集まってきたので、宿屋の亭主は、私を庭園の中の美しい部屋へ移してくれた。ところが、大人たちは家の屋根に登って庭園を見下ろし、子どもたちは端の柵《さく》にのぼってその重みで柵を倒し、その結果、みながどっと殺到してきた。そこで私はやむなく障子《ショージ》を閉めたが、家の外に押しかけてきている群集のことを考えると、名ばかりの休息時間中は少しも心安まる暇はなかった。黒いアルパカのフロックコートに白いズボンをはいた五人の警官が、ずかずかと部屋に入ってきて、そうでなくても心もとない私の私的生活《プライバシー》を侵した。私の旅券を見せてくれ、という。夜泊まるところ以外では、今までに要求されることがなかったものである。彼らは洋服を着ているので、日本式に堅苦しくお辞儀をすることはできなかったが、非常に丁寧に挨拶をして、群集が大勢きてたいへん困ります、と言って群集を追い払った。しかし、警官たちが去ってしまうと、また人が大勢集まってきた。私は宿を出ると、千人も人々が集まっているのを見た。昔、ガリラヤから奇蹟を行なう人（キリスト）が着いたとき、ユダヤの町々から群集が出てきた様子が、私には理解できるような気がする。そのときも、この町の人々のような服装の群集であったであろう。しかし、一日中も説教をし、奇蹟を行なってきたキリストが、群集と喧騒の中でどれほど疲労を感じたかは、私には想像できない。これら日本の群集は静かで、おとなしく、決して押しあいへしあいをやらないからである。あなたに向かって以外は、彼らに対する苦情を言う気にはとてもなれそうもない。警官の中の四人が戻ってきて、私に町の郊外まで付き添ってきてくれた。一千の人々が下駄をはいて歩いてくるときの騒音は、雹がばらばら降ってくる音に似ている。

これから後は、水田の間を五時間もとぼとぼと進む憂鬱な旅であった。湿気の多い気候や、このようなやり方による旅行の疲労は、私の健康にさわるので、私の背骨の痛みは、日毎に増してきて、とてもひどくなり、一時に二十分以上は馬に乗ることも歩くこともできないほどであった。あまり進みがのろかったので、坂下《バンゲ》に着いたのは六時であった。ここは人口五千の商業の町である。まさに水田湿地帯の中にあって、みすぼらしく、汚く、じめじめと湿っぽい。黒い泥のどぶから来る悪臭が鼻をつく。温度は八四度で、暖かい雨が、重苦しい空気の中を烈しく降ってきた。私たちは馬を下りて、干魚をつめた俵がいっぱい入っている小屋に入った。干魚から出る臭いは強烈であった。雨に濡れた汚い人々がどっと入りこんできて、外人をじろじろと眺めるので、あたりの空気までが息苦しく感じられた。

しかしこの地方にも改善の兆候が出てきた。三日間にわたる教員会議が開かれており、空席の人事のために候補者を検討中であった。学校教育において特に漢文がどれほど価値があるか、という問題について、長時間の論議が続けられていた。どの宿屋も満員であった。

坂下《バンゲ》には沼沢地の毒気があった。あまりマラリア熱が多いので、政府は医療援助をさらに送ってきていたほどである。山までは一里だけしか離れていなかったから、どうしても旅行を続ける必要があると思われたのだが、午後十時まで馬は一頭も手に入らなかった。道路は今まで旅をしてきたものよりもひどいものであった。私の痛みもひどくなり、疲れもはげしくなったので、ここに留まらざるをえなかった。それから一時間ほど、疲れて待っていると、その間に駅馬係から五人の使いの者が出て、宿を探しに行ってくれた。だいぶ暗くなってから、私はようやく超満員の古ぼけた宿屋にありつくことができた。私の部屋は、よどんだ水の上に丸太を組み合わせたような建物であった。蚊があまり出てくるので、空気もうっとうしかった。病熱が出て、みじめな夜を過ごしたが、朝早く起き、ようやくここを出発することができた。

二千人をくだらぬ人々が集まっていた。私が馬に乗り鞍の横にかけてある箱から望遠鏡を取り出そうとしたときであった。群集の大逃走が始まって、老人も若者も命がけで走り出し、子どもたちは慌てて逃げる大人たちに押し倒された。伊藤が言うのには、私がピストルを取り出して彼らをびっくりさせようとしたと考えたからだという。そこで私は、その品物が実際にはどんなものであるかを彼に説明させた。優しくて悪意のないこれらの人たちに、少しでも迷惑をかけたら、心からすまないと思う。ヨーロッパの多くの国々や、わがイギリスでも地方によっては、外国の服装をした女性の一人旅は、実際の危害を受けるまではゆかなくとも、無礼や侮辱の仕打ちにあったり、お金をゆすりとられるのであるが、ここでは私は、一度も失礼な目にあったこともなければ、真に過当な料金をとられた例もない。群集にとり囲まれても、失礼なことをされることはない。馬子《マゴ》は、私が雨に濡れたり、びっくり驚くことのないように絶えず気をつかい、革帯や結んでいない品物が旅の終わるまで無事であるように、細心の注意を払う。旅が終わると、心づけを欲しがってうろうろしていたり、仕事をほうり出して酒を飲んだり雑談をしたりすることもなく、彼らは直ちに馬から荷物を下ろし、駅馬係から伝票をもらって、家へ帰るのである。ほんの昨日のことであったが、革帯が一つ紛失していた。もう暗くなっていたが、その馬子はそれを探しに一里も戻った。彼にその骨折り賃として何銭《セン》かをあげようとしたが、彼は、旅の終わりまで無事届けるのが当然の責任だ、と言って、どうしてもお金を受けとらなかった。彼らはお互いに親切であり、礼儀正しい。それは見ていてもたいへん気持ちがよい。伊藤の私に対する態度は、気持ちよいものでもなければ丁寧でもない。しかし同じ日本人に向かって話しかけたりするときには、日本人同士の礼儀作法の束縛から脱けきることができず、他の日本人に劣らず深々とお辞儀をして、丁寧な言葉使いをするのである。ようやく一時間してこの不健康な沼沢地を通り越し、それからは山また山の旅である。道路はひどいもので、辷りやすく、私の馬は数回も辷って倒れた。手荷物を載せた馬には伊藤が乗っていたが、まっ逆さまに転んで、彼のいろいろな荷物は散乱してしまう有様であった。りっぱな道路こそは、今の日本でもっとも必要なものである。政府は、イギリスから装甲軍艦を買ったり、西洋の高価なぜいたく品に夢中になって国を疲弊させるよりも、国内の品物輸送のために役立つ道路を作るというような実利のある支出をすることによって国を富ました方が、ずっと良いことであろう。

私たちは阿賀野川《アガノ》という大きな川にかけてある橋をわたったが、こんなひどい道路にこんなりっぱな橋があるとは驚くべきことである。これは十二隻の大きな平底船からなる橋で、どの船も編んだ藤蔓の丈夫な綱に結んである。だからそれが支えている平底船と板の橋は、水量が一二フィートの増減の差ができても、自由に上下できるようになっている。

伊藤は落馬したために一時間おくれたので、私はその間、片門《カタカド》という部落で、米俵の上に腰を下ろしていた。この部落は、阿賀野川の上流の山手で、急な屋根の家々がごたごたと集まったところである。二百頭以上の駄馬が集まっていて、嚙んだり悲鳴をあげたり蹴ったりして騒いでいた。まだ私が馬から下りないうちに、一頭の性悪な馬が私に烈しくぶつかってこようとしたが、大きな木製の鐙《あぶみ》に当たっただけですんだ。私は、馬に蹴られたり噛まれたりせずにすむ場所を見つけることができないほどである。私の荷物を積んでいた馬は、荷物を下ろすと大暴れし、歯をむきだして左右の人々に襲いかかり、前脚で乱暴に打ちかかり、後脚で烈しく蹴り上げようとするので、馬子は壁に追いつめられる有様であった。

この手に負えない場所を去ると、こんどは山岳地帯にぶつかった。その連山は果てしなく続き、山を越えるたびに視界は壮大なものとなってきた。今や会津《アイヅ》山塊の高峰に近づいており、二つの峰をもつ磐梯山《バンダイサン》、険しくそそり立つ糸谷山《イトヤサン》、西南にそびえる明神岳《ミヨジンタケ》の壮大な山塊が、広大な雪原と雪の積もっている峡谷をもつ姿を、一望のうちに見せている。これらの峰は、岩石を露出させているものもあり、白雪を輝かせているものもあり、緑色におおわれている低い山山の上に立って、美しい青色の大空の中にそびえている。これこそ、私が考えるところでは、ふつうの日本の自然風景の中に欠けている個性味を力強く出しているものであった。私が先頭になって騎馬旅行を続け、ただ一人野沢《ノザワ》という小さな町に着くと、人々は好奇心をもって集まってきた。ここで休息をしてから、私たちは山腹に沿って三マイルほど歩いたが、たいそう愉快であった。下を流れる急流の向かい側には、すばらしい灰色の断崖がそそり立ち、金色の夕陽の中に紫色に染まっている会津の巨峰の眺めは雄大であった。

日暮れ時に野尻《ノジリ》という美しい村に到着した。この村は、水田の谷間のはずれにあった。夕方ではあったが、私は穴の中のような宿で日曜日を過ごしたくはなかった。一五〇〇フィートほど高い山の端に一軒家が見えたので、聞いてみると茶屋であることが分かったから、そこまで行くことにした。うねうねと続く山路を登るのに四十五分もかかった。この道によって難所の峠を越えるのである。暗闇となり、さらに雷鳴が稲妻を伴ってやってきた。ちょうど私たちが着いたとき、青い巨大な稲妻が宿屋の内部まで明るく照らした。焚火のまわりに大勢の人々が集まって腰を下ろしている光景が現われたかと思うと、次の瞬間にはあたり一面がまた真っ暗闇となった。それは、実にぞっとするような気持ちであった。この宿屋は、車峠《クルマとうげ》の刀のように鋭い山の端にほとんど突き出るばかりという、すばらしい場所に立っている。私が今まで泊まった宿屋の中で、宿屋から眺めらしいものができたのは、この宿屋だけである。村はほとんどきまって谷間の中にあり、しかも最上の部屋は奥の方にあるので、眺望といえば垣根をめぐらした因習的な庭園に限られるのである。ここには蚤が大群をなしているが、蚤さえいなければ私はここにもっと滞在したいと思うだろう。会津《アイヅ》の山々の雪景色はすばらしいし、ここには他に二軒しかないから、群集にわずらわされることなく自由に散歩できるからである。

昨晩、隣の家で二歳半の子どもが魚の骨を呑みこんでしまい、一日中泣きながら苦しんでいた。母親の嘆きを見て伊藤はすっかり気の毒がり、私を連れていって子どもをみせた。母親は十八時間もうろうろしているばかりで、子どもの喉の中を調べることに少しも思いが及ばなかったという。私が喉の中を調べることを、たいそう嫌がっていた。骨はすぐ見えたので、レース編みの針で簡単に取り除くことができた。一時間後に母親が、お盆にたくさんの餅菓子と駄菓子をのせて贈り物としてよこした。夜になるころ、脚に腫れ物をした人が七人やってきて「診察」を受けたいという。その炎症はすべて皮膚の表面だけで、似たものばかりであった。それは蟻に咬まれたあとを始終こすっていたためにできたのだ、と彼らは語った。

この夏の日に、この地方は見たところ美しくもあり、また同時に繁栄しているようである。山麓に静かに横たわっている野尻《ノジリ》という尖り屋根の並んでいる村に、ひどい貧困が存在しようとは、だれも考えないであろう。しかし、ちょうど下の杉の木に下がっている二本の麻縄が、貧乏のために大家族を養うことができず二日前に首をくくった一人の老人の、悲しい物語を語っている。宿の女主人と伊藤は、幼い子どもたちをかかえた男が老齢であったり病身であったりして働けなくなると、自殺することが多い、と私に話してくれた。

私の宿の女主人は、未亡人で、家族を養っている。忙しそうに働く好人物で、おしゃべりが大好きである。彼女の家は一日中どこも開けっぱなしで、文字通り壁なしである。屋根と上にあるただ一間《ひとま》の離れ座敷は柱で支えられており、私の上り下りする階段は台所の竈にほとんど接するばかりのところにある。日中には、屋根の下の大きな畳座敷は仕切りをとってしまうので、旅人や馬子《マゴ》たちがごろごろしている。車峠《クルマトーゲ》をこちらからも向こうからも登ってくる人々は、ここでひと休みをして一杯のお茶と食事をするからである。それで宿の女主人は一日中忙しい。竈の傍に大きな井戸がある。もちろん、家の中には家具というべきものがない。ただ天井に棚があって、神棚となっている。その中に二つの黒い偶像が祀られている。一つは人々の信仰の篤い大黒《ダイコク》という富の神である。台所用品をのせた棚のほかには、台が一つだけあって、六枚の大きな茶色の皿に売り物の食品が盛られている。黒くどろどろした貝類の佃煮《つくだに》、串刺しの干した鱒、海鼠《なまこ》の佃煮、根菜類のみそ和《あ》え、緑色をした海苔《のり》のせんべい――いずれも味の悪い不快な食物である。今日の午後に、着物をつけない男が蓆《むしろ》の上で麦粉を踏んで練っていた。青い絹織を着た一人の旅人が煙草をふかしながら畳の上に横になっており、束髪の髷《まげ》をしたお歯黒の女が五人、だらしない服装で、囲炉裏《イロリ》のまわりに坐っていた。宿の女主人に頼まれて、私はこの宿屋が見晴らしの良いことを賛美する文章を書いた。私がそれを英語で読み、伊藤が翻訳すると、まわりの人々は皆、たいそう満足気であった。それから私は四本の扇にも書くように頼まれた。女主人はイギリスという国を聞いたことがなく、この田舎では少しも魅力のある言葉ではなかった。アメリカさえも聞いたことのない言葉であった。彼女はロシアが大国であるということを知っている。もちろん中国のことは知っているが、彼女の知識はそこで終わりである。彼女は東京や京都へ行ったことがあるというのに――。

七月一日――昨夜、蚊や蚤が出たが、なんとか眠りこもうとしていたとき、大声で話す声、けたたましい鶏の叫び声で眼をさまされた。伊藤が、叫びながらばたばたしている鶏を手に摑み、彼がお金を出してやっと鶏を手放させたという相手の夫婦を連れて、私の寝室に入ってきた。それで私は、明日の朝食にそれを煮てもらいたい、と言っておいたのだが、今朝になって伊藤は、たいそう申しわけないという顔をしてやってきて、ちょうど彼が鶏を殺そうとしたとき、森に逃げていってしまった、と言うのである。そのときの私の気持ちは、十日間も魚や肉や鶏肉を食べずにいることはどんなものか自分で経験した人でなければ分かってもらえないだろう。その代わりに出たものは、卵と、昨日男が蓆の上で踏んでいた練り粉を細長く切って茹でたもので、粗い麦粉と蕎麦《そば》をこねあわせたものである。こんなわけで、私は、食物についてあまりうるさく考えない方がよいと悟った。

第十四信

津川にて　七月二日

昨日の旅行は、今まで経験したうちでもっともきびしいものの一つであった。十時間も困難な旅を続けたのに、たった一五マイルしか進むことができなかった。車峠から西へ向かう道路は、とてもひどいもので、駅場間はただの一マイルしか離れていないことがある。しかし、多くの市町村と大きな後背地をもつ肥沃な会津平野の産物を新潟に送り出すためには、少なくとも津川に来るまでは、その道路に頼らなければならない。この道路はあらゆる合理的な近代思想を無視したもので、山をまっすぐ登り、まっすぐ下る。その傾斜度ときたら、当てずっぽうを言うのもこわいくらいである。現在では、全くひどい泥沼のようになっており、大きな石を落としこんでいるが、角だけ出して沈んでいるものもあり、すっかり潜って見えないものもある。こんなにひどい道路を馬に乗って通るのははじめてであって、それは大変なものである。私は日光を出発してから、二〇〇〇フィート以上の高さの峠を十七も越したが、車峠はその最後の峠であった。車峠から津川までの景色は、規模は小さいが、今までとほぼ似たものである。

山々は頂上まで森におおわれ、その間に峡谷がわりこみ、ときには遠くの山脈をのぞかせる。すべてが緑色の草木におおわれている。私は機嫌が悪いときには、これを「むやみに生い茂った草木だ」と言いたくなる。ああ、山腹に突如として切り立つ岩、あるいは燃え立つような砂漠のかけらでもいい、何かぴりっと目立つような、ぎらぎら輝くようなものが、この単調な緑色の景色の中に出てこないものか。どんなに不調和なものでもかまわないのだが——。

宝沢《ホーザワ》と栄山《サカイヤマ》に来ると、この地方の村落の汚さは、最低のどん底に到達しているという感じを受ける。鶏や犬、馬や人間が焚火の煙で黒くなった小屋の中に一緒に住んでいる。堆肥の山からは水が流れて井戸に入っていた。幼い男子は何も着ていなかった。大人でも男子はマロ（ふんどし）だけしか身につけておらず、女子は腰まで肌をさらしており、着ているものといえば、たいそう汚れたもので、ただ習慣で身にまとっているのにすぎない。大人は虫で刺されたための炎症で、子どもたちは皮膚病で、身体中がただれている。彼らの家屋は汚かった。彼らは、あぐらをかいたり、頭を下げてしゃがみこんだりしているので、野蛮人と少しも変わらないように見える。彼らの風采や、彼らの生活習慣に慎みの欠けていることは、実にぞっとするほどである。慎みに欠けているといえば、私がかつて一緒に暮らしたことのある数種の野蛮人と比較すると、非常に見劣りがする。もし私に時間の余裕が少なくて、この旅行が日光や箱根、宮の下など、外国人がよく訪れる場所だけに限られていたならば、私はずっとちがった印象をもったことであろう。日本人の精神的状態は、その肉体的状態よりも、はたしてずっと高いかどうか、私はしばしば考えるのである。彼らは礼儀正しく、やさしくて勤勉で、ひどい罪悪を犯すようなことは全くない。しかし、私が日本人と話をかわしたり、いろいろ多くのものを見た結果として、彼らの基本道徳の水準は非常に低いものであり、生活は誠実でもなければ清純でもない、と判断せざるをえない。

私はここの混雑する宿屋に泊まった。ここでは、群集から離れた庭園の中の静かな二部屋を与えてくれた。伊藤は、どんなところに到着しても、常に私を部屋に閉じこめて、翌朝の出発まで重禁錮の囚人のようにしておきたがる。ところがここでは、私は解放された身となって楽しく台所《ダイドコロ》の中に腰を下ろしていることができた。宿の主人は、もとは武士《サムライ》という、今では消滅した二本差しの階級（士族）である。下層階級の人たちとくらべて、彼の顔は面長で、唇は薄く、鼻はまっすぐ通り、高く出ている。その態度振舞いには明らかな相違がある。私はこの人物と多くの興味ある会話をかわした。

同じ広間で、宿の番頭が、机に向かって書きものをしていた。その机は漆塗りのもので、ありふれた形の机であった。低くてベンチのように横が長く、両端はまくり上げてある。一人の女性が裁縫をしており、人夫たちが板間《イタマ》で足を洗っていた。さらに数人の人夫たちが囲炉裏《イロリ》を囲んであぐらをかき、煙草を吸ったり、お茶を飲んだりしていた。一人の下男が私の夕食のために米をといだが、その前にまず着物を脱いだ。それを炊く下女は、仕事をする前に着物を腰のところまで下ろした。これは品行方正な女性が習慣としていることである。宿の奥さんと伊藤は、私のことを人目もかまわず話していた。私は、彼らが何を話しているのかときいてみた。すると彼は、「あなたはたいそう礼儀正しいお方だと彼女が言っています」と答えてから、「外国人にしては」とつけ加えた。私は、それはどういうことかと更にたずねた。すると、私が、座敷に上がる前に靴を脱ぎ、また煙草盆《タバコボン》を手渡されたときにおじぎをしたからだと分かった。

私たちは、明日の川の旅行で食べられるものがないかと町の中を探して歩いたが、卵の白身と砂糖で作った薄い軽焼き菓子と、砂糖と麦粉で作った団子《だんご》、砂糖でくるんだ豆だけやっと手に入れることができた。美景を添える茅葺き屋根は姿を消し、津川では屋根は樹皮を細長く切ったもので葺いてあり、大きな石でおさえてある。しかし、通りに面して切り妻壁を向けており、軒下はずうっと散歩道になっている。街路は、直角に二度曲がり、上流の岸にある寺院の境内で終わっている。それで、たいていの日本の町々とは違って単調ではない。ここは人口が三千で、多量の産物がここから川を下って新潟へ運ばれる。今日は、駄馬で混雑している。私のまわりに人がどっと集まってきた。日本の大衆は一般に礼儀正しいのだが、例外の子どもが一人いて、私に向かって、中国語の「蕃　鬼《ファンクエイ》」（鬼のような外国人）という外国人を侮辱する言葉に似た日本語の悪口を言った。この子はひどく叱られ、警官がやってきて私に謝罪した。

宿で生鮭の切身が一つ出たが、こんなにおいしいものは今まで味わったことがないと思う。私は陸路による旅行の最初の行程を終えた。明朝には船で新潟に向かって出発する。

第十五信

新潟にて　七月四日

　新潟行きの船は八時に出ることになっていたが、五時に伊藤が私を起こして、船が満員になったから、すぐ出かけよう、と言う。そこで私たちは急いで出発した。宿屋の主人は私の大きな籠を背負って川まで走ってくれ、出立する私たちお客に別れをつげた。ここは二つの川が一つに合流している。景色がとても美しいので、もっとゆっくりしていたいと思うほどであった。朝のうちは柔らかな色彩に富み、明るく照る日中になっても、ぎらぎらする光もなく、暑さは、蒸すほどにはならなかった。この定期船は、建造ががっしりしていて、長さが四五フィート、幅が六フィート、船尾の船頭はともがいで漕ぎ、もう一人は短くて水かきの幅広い櫂で漕ぐ。その櫂は船首の藤綱の輪にはめて操作する。それには長さ一八インチほどの打球槌の柄がついており、櫂で漕ぐたびに船頭はその柄をのたくりまわす。船頭は二人とも立ち続けで、雨傘のような笠をかぶっている。船の前部と中央部には、米俵と木枠に入れた陶器を積んである。後部には藁葺きの屋根があって、私たちが出発したときには、日本人が二十五名入っていたが、川に沿った村落で彼らを下ろしたので、新潟に着いたときには三人だけとなった。私は、船荷の上に椅子を置いて腰を下ろしていた。一日に一五か一八マイルしか進めない、泥沼を這うような疲れる陸地旅行とくらべると、船の旅は楽しい変化であった。この船旅は「津川の急流下り」と呼ばれている。というのは、約一二マイルにわたって、川は高い断崖に囲まれ、見える岩や沈んでいる岩が流れに散在し、急に曲がるところも数個所あり、浅瀬のところも多く、船は矢のように流れを下るからである。しばしば起こりうる大事故を防ぐためには、長い間の経験と熟練、そして冷静さを必要とするといわれている。激流といっても小規模であるから、決して手ごわいものとは見えない。川の水嵩が現在の高さであるならば、船は八時間で四五マイルを下ることができる。料金はたった三十銭《一シル三ペンス》だが、川を上るには五日から七日も要し、棹で進めたり、岸から綱でひっぱったりして、非常に困難な仕事である。

この船はまったく土地固有の様相を呈している。船頭は赤銅色の肌をしており、屋根は藁葺き、船の乗客の雨笠はすべて帆柱にかけてある。私はこの日飽きることなく楽しんだ。川の流れを静かに下るということは、実に愉快であった。空気はうまかったし、津川の美景のことは少しも聞いていなかったから、私にとって予期しない喜びであった。その上、一マイル進むごとに、私が待ち望んでいる故国からの便りが来ているところ(新潟)に近くなる。津川を出ると間もなく、川の流れは驚くべき山々にさえぎられているように見えた。山塊はその岩の戸を少し開けて私たちを中に通し、また閉じてしまうようであった。繁茂する草木の間から、ぱっと赤らんだ裸岩の尖った先端が現われてくる。露骨さのないキレーン（不詳）であり、廃墟のないライン川である。しかもそのいずれにもまさって美しい。馬の背よりも狭い尾根で結ばれている山々あり、灰色の巨岩が支え壁となっている山々がある。激流は深い割れ目を作って流れ、高台には屋根が塔状の寺がある。深い茅葺き屋根の村落は明るい日ざしを受けて、花咲く林の向こうに見えかくれする。近くの山々の間から、白雪の山脈が遠く姿をのぞかせている。

うっとりするような景色を眺めながら、一二マイルの津川下りを終わると、それからのコースは、ゆるやかな流れとなる。満々と水をたたえた大河となって、森の多い、かなり平坦な平野の中を驚くべきほど曲折して流れる。平野の背後には、ところどころ雪の山が迫っている。河上の生活は美しい眺めである。小舟が多く往来し、野菜を積んだものもあれば、小麦を積んだものもある。学校帰りの少年少女たちを乗せた舟もある。すぼんだ帆をかけた平底船《サンパン》が、一度に十二隻も一隊となって、深い川をゆっくりと進む。浅いところは、船頭たちが、ふざけたり大声でわめきながら丘から綱で引いていた。やがて幅広く深い川の風景に変わり、沖積土に特有な植物性の香りがあたりに漂っている。川は森や竹林になっている両岸の間を静かに流れる。左右に広がる平野は土手の茂みにようやく隠れて見えない。家屋はほとんどといってよいほど見ることができないが、いたるところに住民の気配が感ぜられる。百ヤードごとに狭い小路が茂みから川の方に通じており、その先の土手には小舟が繋がれている。絞首台のような建造物が、絶えず現われて見える。回転する竹竿《たけざお》の一端に手桶が、反対の端に石がついている。この地方の農家では水の供給を川に依存していることが分かる。土手の洗い場になっているところでは、ひしゃくで水を背中にかけながら馬を洗っていた。裸の子どもたちが、泥水の中を転げまわっていた。鶏の鳴く音、人間の声、いろんな仕事をしている物音が、深い緑の岸辺から私たちの船の方に響いてくる。川岸の方には住民が多いのだということが、見なくとも分かるのである。この暑くて静かな午後には、船頭と私のほかはだれも眼を開けてはいない。心地よく眠気をさそう船旅であった。船がゆっくり進むにつれて、時折、葡萄畑が眼に入った。葡萄の蔓は水平の棚、あるいは竹の柵に這わせてある。長さは四〇フィートもあるのがしばしばで、二〇フィートの高さまで杉の木に水平に釘づけしてある。枠組がいっぱいおおわれるまでは、その上に大麦を小さく束ねたものがかけて乾されていた。

森はますます多くなり、人々はますます夢うつつとなる。やがて、森も豊富な草木もすっかり消えてしまった。川は広く開けて、小石や砂の土手と、低い平野の中を流れる。三時には新潟の郊外に来ていた。町の低い家屋は、屋根に石を並べており、広々とした砂地の上に並んでいた。その向こうには砂丘地帯があって、樅の木の林が立っていた。縁側を多く出している料亭が川岸に立ちならび、宴会の人たちが芸者《ゲイシャ》をあげて酒宴に興じていた。しかし全体的に見て、川に沿った街路はみすぼらしく、うらぶれている。この西日本の大都会の陸地よりの方も、たしかに人を失望させるものがある。これが条約による開港場であるとは信じがたいほどであった。というのは、海も見えず、領事館の旗も翻っていなかったからである。私たちは運河の中を棹で船を進めていった。町の数多くの運河は、産物や製品を運搬する通路となっていて、その何百という荷船の間を通って、町の真ん中に上陸した。なんども人にたずねた結果、ようやく教会伝道本部《チャーチ・ミッション・ハウス》に着くことができた。ここは官庁の建物に近く、木造の建物で、縁側《ベランダ》もなく、木蔭もなかった。ここで私は、ファイソン夫妻の非常に暖かい歓迎を受けた。

　この建物は、ごくあっさりと簡素にできていて、不便なほど小さかった。しかしドアや壁はとてもぜいたくにできており、いつまでもがやがやとうるさくて不作法な日本の家屋の中に暮らしてきた者にとって、洗練された西洋の家屋で暮らすことが、どんなに快いものであるか、あなたにはとても想像できないことであろう。

日光から新潟までの旅程表（奥怒川《キヌガワ》路）

東京から	戸数	里《リ》	町《チョウ》
日光		三六	
小《コ》百《ヒャク》	六	二	一八

小佐越《キサゴイ》	一九	一	一八
藤原	四六	二	一九
高原	一五	二	一〇
五十里《イカリ》	二五	二	
中三依《ナカミヨ》	一〇	一	二四
横川	二〇	二	二一
糸沢	三八	二	三四
川島《カヤシマ》	五七	一	四
田島	二五〇	一	二一
豊成《トヨナリ》	一二〇	二	一二
跡見《アトミ》	三四	一	
大内《オーウチ》	二七	二	一二
市川	七	二	二三
高田	四二〇	二	一一
坂下《バンゲ》	九一〇	三	四
片門《カタカド》	五〇	一	二〇

野沢	三〇六	三	二四
野尻	一一〇	一	二七
車峠	三		九
宝《ホー》沢《ザワ》	二〇	一	一四
鳥《トリ》井《ゲ》	二一	一	
栄《サカイ》山《ヤマ》	二八		二四
津川	六一五	二	一八
新潟	五万人	一八	
計		一〇一里	六町

（約二四七マイル）

第十六信

新潟にて　七月九日

私は、新潟で一週間以上過ごしてきたが、残念ながら明日は出発する。残念というのは、町に興味があるからではなく、友人ができたからである。この一週間ほどいやな天気を経験したことはない。太陽は一度だけ顔を出したが、三〇マイル離れている山々は少しも姿を見せなかった。雲は茶色がかったねずみ色をしており、空気はどんよりとして湿っぽく、日中の温度は八二度で、夜は八〇度に下がる。家中がみな身体はだるく、食欲不振に悩まされる。夕方になっても涼しくはならず、無数の虫が、飛んだり這ったり、はねたり、走ったりする。みな人の肌を刺すものばかり。日中の蚊と交代にやってくる。まだらの脚をもつ悪者で、ブンブンという警告もたてずに、人間に毒針を刺す。夜の蚊は大群をなしてくる。町で歩くところは街路と公園しかない。というのは、新潟はまるで熱くて裸の砂の岬の上に建てられた町だからである。木造の物干し台の上にまで上らないと、町の景色が見られない。

新潟は開港場ではあるが、外国貿易はなく、外国人居留者もほとんどいない。昨年も今年も、外国船は一隻もこの港を訪れていない。外国商社は二つだけあるが、ドイツ人の経営である。外国人は十八人だけで、そのうち宣教師を除いては政府に雇われているのがほとんどである。その川は信濃《シナノ》川と呼ばれ、日本最大の川である。信濃川とその支流は莫大な水量を運んでくるが、日本の河川は山から流し出されてくる砂や小石のために非常に詰まっている。私の見た川はどれも、堅い岩石の壁が天然の土手をつくっている川を除いては、河床は砂や小石や玉石の河原となっていて、その中ほどの砂洲や浅瀬の間を本流がうねりくねって流れている。毎年起こる出水は、多いときとそれほどでないときがあるが、莫大な水量がこれらの河原の上を流れて、砂や岩屑を河口まで押し流す。そこで河口は砂洲でふさがれてしまう。これらの川の中で信濃川は最大であるから、もっとも手に負えないものとなっていて、河口に砂洲を盛り上げている。その中に水路が一本だけしかなく、深さは七フィートであり、しかも絶えず浅くなっている。技師たちは信濃川に対して大いに心をくだいており、政府はきわめて熱心で、この水路を深めて、西日本（裏日本）が現在もっていないもの、すなわち港湾をつくろうとしている。しかしそれに要する費用は莫大なものである。それができるまでは、平底帆船と、外側に寄港する少数の小さな日本汽船によって、わずかばかりの海上交通があるだけである。* イギリスの副領事がいるけれども、昇進のためとしてなら別だが、こんなさびしい貿易所や辺境の居留地を引き受けるものはほとんどいないであろう。

＊原注——旅客設備のない日本のこのような汽船で、私が荷物を一つ函館へ送ろうとしたとき、外国人が当惑させられる煩わしい制限にぶつかった。数多くの、面倒で、そんなことをしていたらとても送ることができなくなるような手続きを経なくても、外国人が個人の荷物を一つの開港場から他の開港場へ送ることができるのは当然と考えられるであろうが、私は、伊藤が自分の名義で自分のちょっとした知り合いの函館の日本人に送るということで、やっとそれができたのである。

しかし新潟は美しい繁華な町である。人口は五万で、富裕な越後地方の首都である。越後は人口百五十万で、新潟はその県令《ケンレイ》《県知事》のいるところで、主要な裁判所や、りっぱな学校、病院、兵営がある。このように隔絶された町に、大学という名にふさわしい学校が見られるのは興味深いことである。それに含まれているのは、中学校、小学校、師範学校があり、英語学校は英米人教師が組織し、百五十人の生徒がいる。さらに工業学校があり、地質学博物館や、すばらしい設備の研究所があって、最新で最も定評のある科学的・教育的器具が備えつけてある。役所の建物はファイソン氏の家の近くに並んでおり、白塗りの木造で、その大きさといい、その無数のガラス窓といい、堂々たるものである。ヨーロッパの医者が指導してできた大きな病院があり、医学校が付属している。＊

＊原注――この病院は大きくて、換気もよいが、まだ多くの入院患者が殺到するまでに至っていない。外来患者、特に眼炎を患っている者の数は非常に多い。この地方に病気が非常に蔓延しているのは、湿気の影響と、日光が砂や雪に強く反射するためと、不適当な換気、炭火のガスによるものであると、日本の主任医師は考えている。

この病院と県庁《ケンチョー》、裁判所《サイバンショ》、諸学校、兵営、そしてそれらすべてに劣らず大きな銀行とがあり、みなヨーロッパ風の建物で、進取的で、ひときわ目立つが、けばけばしくて味気がない。大きな公園があって、設計が非常によくできており、りっぱな砂利の散歩道がついている。街灯は三百あり、この地方の鉱油を燃やしている。

しかし、日本で最も富裕な国の一つの首都である新潟は、思うようにならぬ信濃川のために、天然の往来ともいうべき海上交通からいつも阻まれているので、のけ者にされている。そこで越後国それ自体としては、米、絹、茶、麻、人参《ニンジン》、藍《あい》を多量に生産するばかりでなく、金、銅、石炭、石油も産出するから、その産物の大部分を江戸に送るために、駄馬にのせて山脈を越えて運ばなければならない。しかもその道路は、私が辿って来た道と変わらぬほどひどいものである。

新潟の官庁街は、西洋式に文明開化の姿を見せているが、純日本式の旧市街とくらべると、まったく見劣りがする。旧市街は、私が今まで見た町の中で最も整然として清潔であり、最も居心地の良さそうな町である。そして、外国人居留地によく見られる押しあいへしあいの光景が少しも見られない。ここは美しい料亭が多いので有名であり、遠くの地方から訪れてくるものが多い。また劇場がりっぱで、この町は娯楽の一大中心地となっている。町は美しいほどに清潔なので、日光のときと同じように、このよく掃ききよめられた街路を泥靴で歩くのは気がひけるほどである。これは故国のエディンバラの市当局には、よい教訓となるであろう。藁や棒切れが一本でも、紙一枚でも散れば、たちまち拾いあげられて、片づけられてしまう。どんな屑物でも、箱やバケツに入っていないときには、一瞬間でも街路に捨てておくことはない。町は整然と四角に区切られ、一マイル以上もある五つの街路からなっている。それを非常に多くの短い街路が横切り、運河が交叉して実際的な交通路となっている。私は町の中で駄馬を見たことはない。すべてが舟で運ばれてくる。品物を戸口近くまで運河で運びこむことのできない家は、この町にはほとんどない。これらの水路は一日中往来がはげしい。しかし早朝には、野菜を積んだ舟が入ってきて、その混雑は言語に絶する。この野菜がなくては、町の人は一日も暮らしてゆくことはできないのである。ちょうど今は、きゅうりを積んだ舟が見物《みもの》である。ふつう運河は街路の中央を流れており、両側には充分に広い道路がある。運河は、街路よりもずっと低く流れており、そのほとんど垂直の土手は、きれいに木材でおおってあり、ところど

●運河

ころに階段がつけてある。川縁には木が並んでおり、その中にはしだれ柳が多い。川水がしだれ柳の間を通り、運河を気持ちよいものにしてくれる。短い間隔を置いて軽い橋がかけてあり、運河は新潟の非常に魅力ある特色となっている。

家屋は急傾斜の板葺き屋根で、石の重しをしてある。家の高さは非常に不規則で、どの家も二階の急な切り妻になった壁を街路の方に向けているので、この町は、日本にきわめて珍しい美しさをもっている。奥深いベランダが街路に沿ってずらっと続いているので、冬になって雪が深く積もったときに、屋根のついた歩道の役目をするようになっている。運河に沿って並木道があり、りっぱな公園もあり、街路は清潔で絵のように美しいので、町は実に魅力的である。しかし、町が改善されたのも最近のことであり、今では東京府知事になっている楠本《クスモト》マサカタ（正隆《まさたか》）氏によって完成されたのはほんの近年のことである。町のどこへ行っても貧困の様子は見られない。しかし金持ちの場合は、そのことを人目につかぬようにうまく隠してある。この町の目だった特色の一つは、鎧板《よろいいた》をつけた窓を外に出した住宅の並んでいる街路が多いことである。鎧板というのは、外から人に見られることなく、内から外が見えるようになっているのだが、夜になって行灯《アンドン》がともるころになると、パーム博士と一緒に散歩したとき私たちが見たのだが、たいていの場合にどの家族も、裸同然のふだん着のままで火鉢をかこんで坐っているのが見えるのである。

家の正面は非常に狭いが、家屋は驚くほど奥深く続いており、中庭には花や植木があるから、蚊も出てくる。何度も橋を渡って進んで行くので、通りからのぞくと、おとぎ話の国へ入ったような気持ちになる。日本の家屋は母屋《おもや》が奥にあって、箱庭のような庭園に面している。箱庭というわけは、しばしば三〇フィート平方にもたりない場所の中に、山水の風景が巧みに縮小されているからである。池、岩石、橋、石灯籠、曲がりくねらせた松の木はどうしても必要である。しかし事情が許すかぎり、あらゆる種類の奇妙な庭作りが導入されている。小さな楼閣があり、茶をたてる茶室がある。読書や昼寝をする静かで涼しい離れ家もあり、酒を酌んだり釣り糸をたれたりする憩いの場所もある。青銅の五重の塔や、青銅の竜の口から水を吐き出す小さな滝もある。岩屋になっている淵があり、金色や銀色の魚が勢いよく出たり入ったりしている。小さな湖には石の島があり、渓流には緑の橋がかけてあり、鼠や蛙がやっと下を通れるほどの高さである。芝生があり、雨の日に通れるように板石が置いてある。岩屋、小山、谷、小さな棕櫚《しゅろ》や蘇鉄《そてつ》、竹の森がある。曲がりくねった多くの種類の樹木は、紫色じみた鈍い緑色をしていて、その立っている姿は獣や爬虫類に驚くほど似て見える。あるいは、よじれた腕を小さな湖の上に伸ばしている。

新潟ではだいぶ方々を歩きまわってきた。今のところ当地では唯一人のヨーロッパの婦人であるファイソン夫人と、三歳のきれいなイギリス娘のルースちゃんと一緒に歩くと、私たちの後から多くの群集がいつもついてきた。この色白のお嬢さんが、肩から金髪を垂れている姿はとてもかわいらしいものであったからである。男も女も、子どもに対しては、優しくて愛嬌がある。ルースは、群集に対して恐れの気持ちを抱くどころか、彼らに対してにっこりと微笑し、日本式に頭を下げ、日本語で彼らに話しかける。自分の国の人々から離れていたがる様子さえある。だから、傍に一緒に歩かせるのがとても難しい。二度か三度、彼女を見失ってふり返って見ると、数百人の群集の輪の中に入って日本式に腰を下ろしていて、人々の挨拶やら賞賛の言葉を受け、その場からとても離れたがらなかった。日本人は子どもに対して全く強い愛情をもっているが、ヨーロッパの子どもが彼らとあまり一緒にいることは良くないことだと思う。彼らは風儀を乱し、嘘をつくことを教えるからだ。

新潟の気候や、この大きな越後地方の気候を、山脈の向こう側の地方と対照すると、不愉快な気候である。反対側は北太平洋の黒潮によって温暖な気候であり、秋と冬は、静穏な大気と、すがすがしい温度、空は青く、明るく日がさすので、一年のうちで最も気持ちよい季節である。この地方では、平均して三十二日間の降雪がある。運河や河川は氷結し、急流の信濃川でさえも馬が渡れるようになる。一月と二月に、雪は三フィートか四フィート積もる。厚い雪の層が空を暗くし、人々は、少しでも日光を求めて二階に住む。駄馬による交通は途絶し、歩行者は粗末な雪靴をはいて不自由に歩きまわる。六カ月近くも沿岸は航行に不適となる。寒い北西の強風が絶えず吹きまくるからである。この町では、人々は綿入れの着物を着こみ、眼のところだけを出して、ベランダ（屋根つき歩道）の下をのろのろと歩く。住民は、火鉢のまわりに集まって、寒さにふるえている。温度は夏には九二度にも上がるのに、冬には一五度にも下がるのである。しかも、これが北緯三七度五五分――ナポリより三度南！――という場所の話なのだ。

第十七信

市野野にて　七月十二日

私が新潟を去るとき、大勢の親切そうな群集が運河の岸までついてきた。外国の婦人と紳士、二人の金髪の子ども、長い毛をした外国の犬がお伴をしてこなければ、人目を避けることもできたであろう。土地の人たちはその二人の子どもを背にのせてきた。ファイソン夫妻は、私に別れを告げるために、運河のはずれまで歩いてきた。平底帆船《サンパン》が信濃川の広くて渦巻く本流の中に出たとき、私は、ものすごく淋しい気持ちに襲われた。私たちの船は、信濃川を横切り、狭くて築堤をした新川《シンカワ》を遡った。狭くて、汚れた加治川《カジカワ》では、胸をむかむかさせるような肥船が次から次へ続いてきて、たいへん手間どった。どこまでも続く西瓜《メロン》やきゅうりの畑、あるいは奇妙な河の上の風景に感嘆した。船は棹を使って六時間ほど難航した後に木崎《キサキ》に着いた。正確に一〇マイルきたことになる。それから三台の人力車《クルマ》を走らせて、二〇マイル進んだ。一里につき四銭五厘という安い料金であった。ある場所では道路に板戸をして閉鎖してあったが、旅行者が外国人であることを村長に説明してやると、ていねいに通行を許可してくれた。駅逓係がこんなに遠くまで私についてきて、私が無事に旅行できるように取りはからってくれたからである。今日の旅行では、街道はどこも人家がかなり多かった。農業を営む村が長く続いていて、築地《ツイジ》、笠柳《カサヤナギ》、真野《モノ》、真里《マリ》などは清潔な部落であった。農家は道路から見えないように竹の垣根をしてあるところが多かった。全体として楽しげな地方であり、人々は着物をほとんど身につけていないが、貧乏そうにも見えなかったし、非常に不潔な感じもしなかった。土はとても軽くて、砂地であった。事実、松の木だけしか生えていない砂地があった。砂山には細長いスコットランド樅に似た松林だけであった。しかし、丘陵と丘陵との間の低地は菜園のように肥料を充分に施して耕作してあって、えんどうのように這わせたきゅうり、水瓜、南瓜、里芋、甘藷、とうもろこし、茶、鬼百合、大豆、玉葱など、すばらしい作物をつくっていた。りんごや梨の広々とした果樹園は、八フィートの高さの棚に横に這わせてあり、珍しい風景となっていた。

東方には山頂まで森林におおわれた山脈が走っており、私たちは、その山の方に一日中向かって進んで行ったが、樹木もそれほど多くならず、米田も少なく、空気は乾燥していて、気分が休まらなかった。松林の砂丘の上を私の車夫が楽しげに駆けて進んでいるとき、パーム博士の人力車に出会った。彼は、医療を兼ねた伝道からの帰り途で、二人の裸の車夫が並んで非常なスピードで走ってきた。彼のこの姿を見て、エディンバラ医療伝道会の落ち着きはらっている理事者たちがびっくりしてくれたらよいのにと思った。私はこれから数週間の間ヨーロッパの人には会わないであろう。築地《ツイジ》という非常にきれいさっぱりした村で人力車を乗りかえて、ここから砂利道をがたがた揺られながら中条《ナカジョー》というかなりの町に向かった。外国人は新潟からここまでが条約で許された範囲となっている。日本人の医者たちはここでもパーム博士の心からの助力者となっていて、その中の五人か六人が協力して施療院をつくっている。この人たちは公平無私、熱心さ、そして誠実という稀な美徳の持ち主である、とパーム博士は認めている。彼らはイギリスの医学を学んだ人たちで、パーム博士の指導の下に、今では防腐法を採りいれた治療に成功している。何回か滑稽な失敗もあったが！

車夫はいつも町や村を駆けぬけるので、私たちの人力車は中条の町を駆けて通り、並木道に沿って小雨の中を走った。三、四本も深く植えこんである樅（松）の並木道は中条から黒川《クロカワ》まで続いている。それから先の数マイルはがたがた揺られながら谷間の低湿帯を進んだ。このあたりは茶畑と水田が交互にあった。私たちは、危ない橋を渡って砂利の多い黒川の二つの支流を横切って、黒川という町に入った。町には旗や提灯が多く飾ってあり、町の人々はすべて神社に集まっていた。太鼓の音もにぎやかで、数人の少女たちは厚化粧をして、屋根のある高い舞台で舞っていた。これは土地の鎮守の神様を祀るマツリであった。ここをまた出て、たそがれどき、松の並木の中を情け容赦もなくがたがた揺られながら、ある一軒家に着いた。そこの主人は、許可が明日以降のものだから、と言って、なかなか私たちを内にあげようとしなかったが、ようやく折れて私に二階の一室を提供した。この部屋は天井までかっきり五フィートで、私が帽子をかぶって真っ直ぐに立つことができないほどであった。主人はまた雨戸《アマド》を閉め切ってしまい、部屋を息苦しいものにした。いつも出される理由だが、開け放しておくと泥棒が入るかもしれないし、そんなことになったら、警察からひどいお叱りを受けるばかりでなく、盗まれた持ち物をわざわざ取り返してもくれないだろう、というのであった。米飯がないというので、私はおいしいきゅうりをごちそうになった。この地方ほどきゅうりを多く食べるところを見たことがない。子どもたちは一日中きゅうりを齧《かじ》っており、母の背に負われている赤ん坊でさえも、がつがつとしゃぶっている。今のところきゅうりは一ダース一銭で売られている。

暗くなってから宿屋《ヤドヤ》に到着するのは間違いである。たとえ一番良い部屋がふさがっていないとしても、私の部屋と食事の支度をするのにたっぷり一時間はかかり、その間私は、蚊に悩まされて時間を有効に過ごすことができない。その日は一晩中ひどい雨で、それに着いてから初めて聞く風の音もまじっていた。時折、松の木がきしむ音、神社から聞こえてくる太鼓の音で、日の出とともに起きたときはほっとした。日の出というよりも夜明けといった方がよい。ここへ来てから朝日もなければ夕日もなかったからである。その日、私たちは、人力車に乗って関《セキ》を通り川口《カワグチ》に旅をした。ときには石に突き当たり、ときには泥地の縁にはまって、外に出てくれ、と言われたこともあった。荒川《アライ》の上流で、車の通れぬひどい馬道では、一度に二、三マイルも歩かせられた。この山道を二人がかりでも空《から》の人力車を押し上げることが難しいほどであった。そこで彼らは車ごと持ち上げて、しばらくは運ぶほか仕方がなかった。こんなわけで、川口《カワグチ》という村に着いて、これ以上彼らは進めないと分かったとき、実にうれしかった。しかし馬は一頭しか手に入らなかったので、雨の土砂降りの中を最後の宿駅まで歩いてゆかなければならなかった。雨から身を守るのに、紙製の防水マントだけという貧弱な服装であった。

今や私たちは大きな山岳地帯の中に入っている。これは日本を縦断する一大中央山系で、九〇〇マイルもほとんど途切れなく続き、幅は四〇ないし一〇〇マイルで、はてしない山脈に分かれる。この山々を越えるには、一〇〇〇から五〇〇〇フィートも高いところにある険しい峠を越えなければならない。それには数限りない川があり、峡谷があり、谷間がある。山にも峡谷にも深い森林が生い茂り、川は激流で増水しやすい。谷間はどこも段々畑の水田である。村落のあるのは谷間で、これほど孤立している地方を見たことがない。ひどい道路のために、日本の他の地方から隔絶されているのである。家屋はとても貧弱であり、男子の夏の服装はマロ(ふんどし)だけである。女子の服装は、ズボンをはき、胸をひろげたシャツを着ている。昨夜黒沢《クロサワ》に着いてみると、その服装もズボンだけに縮小していた。車馬の交通はほとんどない。馬もほとんど飼われていない。一、二頭か三頭がいるが、これが大きな村の家畜のすべてである。店は見たところぎりぎりの必需品しか置いていない。米よりも黍《きび》や蕎麦《そば》に、日本のどこにもある大根を加えたのが主食となっている。気候は、夏は雨が多く、冬はひどく寒い。今の時節でも、人々が雨に濡れて家の中に入り囲炉裏《イロリ》で指先をやっと暖めるだけなのは、わびしい限りである。それも、しばしの間は眼にしみる煙にむせるのである。冷たい雨風が破れ障子をばたばたと動かし、すっと入ってくる風が畳の上に灰を吹き散らす。やがて夜になると、家はぴったりと密閉されてしまう。これらの人々は、私たちの生活を楽にしてくれるものを少しも知らない。長い冬になれば、あわれな馬道は雪に鎖され、凍るような風が強く吹く。家族は陰鬱な行灯《アンドン》の光の中で、煙っぽい火をとり囲みながらうずくまる。仕事もなく、本もなく、遊びもない。わびしく寒いところで、長い晩を震えながら過ごす。夜中になると、動物のように身体を寄せて暖をとる。彼らの生活状態は、赤貧と変わらぬ悲惨なものにちがいない。

私はその夜とぼとぼと沼《ヌマ》という部落に入ると、彼らの最低の生活状態を見た。その村の坂道になっている街路を、増水した川の水が流れていた。人々は、流れが家の中に入らぬように堰きとめていた。私は雨に濡れ、疲れていた。あるみじめな宿屋に行くと、そこの女は出迎えて言った。「すみませんが、とても汚くて、こんなりっぱなお客さんをお泊めすることはできません」。彼女の言う通りだった。たった一つの部屋は梯子《はしご》を上ってゆくところにあり、窓はがたがたしており、火鉢には炭はなく、家には卵もなかった。米はとても汚くて、小さな黒い実がいっぱい入っており、食用には適さなかった。もっとひどいことには、ここには駅舎がなかった。この部落には馬は一頭もないので、翌朝になって、五マイルも離れている農家に人をやり、交渉の結果ようやく馬を手に入れた。日本では、戸数から人口を推定するには、戸数を五倍するのがふつうである。ところが私は、好奇心から、沼の部落を歩きまわり、すべての日本の家屋の入口にかけてある名札を伊藤に訳させた。そして、家に住む人の名前と数、性別を調べたところが、二十四軒の家に三百七人も住んでいたのである。ある家には四家族も同居していた。祖父母、両親、妻と子どもをもつ長男、夫と子どものいる娘が一人か二人いるのである。長男は家屋と土地を相続するものであるから、妻を自分の父の家に入れるのがふつうである。したがって彼女は姑《しゅうとめ》に対して奴隷同様となる場合が多い。きびしい習慣によって、彼女は自分の親類を文字通り捨てて、彼女の「孝行」は夫の母に移される。姑は嫁を嫌う場合が多く、子どもが生まれないときには、息子をそそのかして離婚させる。私の宿の女主人も、自分の息子に妻を離婚させている。その理由といえば、彼女は怠け者だというだけのことであった。

女主人の話では、沼の人々は今まで外国人を見たことがない、という。それで、雨はまだひどく降っていたが、朝早く村人たちが集まってきた。彼らは私がしゃべるのを聞きたがっていた。そこで私は人々のいる眼の前で伊藤に指示を与えた。昨日はとても疲れる日であった。二《フタ》井《イ》、鷹ノ巣《タカナス》、榎《エイノキ》という大きな峠を、躓きながら登り、辷りながら下りることで、大半の時間が過ぎた。これらの峠はすべて森林におおわれた山々の中にあった。森林が立ちふさいでいる峡谷によって深い割れ目がつくられていた。時折雪をいただいた会津の連峰の一つが姿を遠く見せて、緑の海の単調さを破っていた。馬の沓は数分毎に結んでも、また解けてしまい、一時間にちょうど一マイルしか進めなかった。ついに私たちは玉川《タマガワ》というまことに頼りないところに着いた。米商人が三日間ここに滞在して、この地方の馬を全部手に入れてしまったのだという。二時間も掛け合った末に、荷物運搬の人夫を一人雇った。荷物のいくらかは米を運ぶ馬にのせた。私のため荷鞍をつけた乗用馬として、一頭のまるまると肥ったかわいらしい牝牛が提供された。この牛が私を乗せて、すばらしい大里《オーリ》峠（朴ノ木峠）を無事に越え、小国《オクニ》の町へ下りて行った。この町は水田にかこまれたところで、私は降りしきる雨の中で、荷物を運ぶもう一頭の牛が手に入るまで数人の人夫たちと焚火にあたりながら雨宿りできたのは嬉しかった。私たちはなおも水田の間を通り続け、山の中にふたたび入り、黒沢《クロサワ》に出た。私はそこに泊まろうと思っていた。しかし宿屋はなく、しかも旅人を泊める農家は、不健康な池の端にあり、暗くて煙が立ちこめて苦しく、ひどく汚い上に、蚊や虫がいっぱいだったので、私はぐったり疲れきってはいたが、なおも旅を続けざるをえなかった。しかし暗さは増してきて、しかも駅舎はなかった。ここで初めて人々は少しばかり金銭を強要したので、伊藤はほとんど途方にくれるところであった。農民たちは暗くなってから外に出ることを好まない。幽霊や、あらゆる種類の魔物をこわがるのである。だから、夕方おそくなって彼らを出発させようとするのは、困難なことであった。

休息できるような清潔な家はなかった。そこで私は、石の上に腰を下ろし、この地方の人々について一時間ばかり考えていた。子どもたちは、しらくも頭に疥癬で、眼は赤く腫れている。どの女も背に赤ん坊を負い、小さな子どもも、よろめきながら赤ん坊を背負っていた。女はだれでも木綿のズボンしかはいていなかった。一人の女が泥酔してよろよろ歩いていた。伊藤は石の上に腰を下ろし、両手で顔をかくしていた。気分でも悪いのかとたずねると、彼はとても悲しげな声で答えた。「どうしたらよいのか分かりません。あんなものを見られて、私はとても恥ずかしいのです！」。この少年はまだ十八歳なのに。私は彼がかわいそうになった。私は彼に、日本では女が酔っぱらうことが多いのか、とたずねた。横浜にはそういう女がいるが、ふつう家の外には出ないのだ、と彼は言った。そういう女の夫が、月末の支払いに金を渡すと、女は酒でそれを使ってしまう。ときには店に行って酒を買い、米や茶の代金としてつけてもらうのだと言う。「よくある話です」。私はこの不潔で野蛮な姿を見て、これが私の聞いていた日本なのだろうか、と思った。それでも、うす汚い着物の女は、休息料としてふつう置くことになっている二銭か三銭をどうしても受け取ろうとしなかった。私が水だけで、お茶を飲まなかったから、と言うのであった。しかし、むりに金を取らせると、女はそれを伊藤に返した。この罪ほろぼし的な行為を見て、私はだいぶ心の休まる思いをして出発することができた。

沼《ヌマ》（黒沢）からここまでは唯の一里半だが、けわしい朴ノ木《ホーノキ》峠（黒沢峠）を越えねばならない。何百というごつごつした石の階段を上ったり下りたりする。暗いところでは愉快なことではなかった。この峠で私は初めて樺の木を見た。山を下りて、りっぱな橋を渡ると山形県《ヤマガタケン》に入った。そしてまもなくこの村に着いた。ここでは、頼りない一軒の農家だけが唯一の宿舎である。二部屋を除いて他は全部が蚕を飼う部屋となっているが、この二部屋はとても良くて、庭の小池と庭石が見下ろせる。私の部屋の難点といえば、部屋を出たり入ったりするときに、もう一つの部屋の中を通らなければならないことである。その部屋には五人の煙草商人が泊まっていて、彼らは煙草を輸送できるまで滞在しており、その間の暇つぶしに三味線《サミセン》というあの迷惑な楽器をかきならしている。馬も牛も手に入らないので、私はここで静かに今日を過ごしている。私はたいへん疲労したので、休息できるのは嬉しい。私が背骨の痛みで苦しみ出すと、伊藤はいつも慌てふためき、私が死ぬのではないかと心配した、と後で私が良くなったときに言う。しかし彼は、心配になるとひどく無愛想な態度をとる。それがとても不愉快である。この男は、私がとても奥地を旅行し通せるものではない、と思っているに違いない。ブラントン氏のすぐれた地図にもこの地域は記していない。そこで有名な山形市に目標を置き、そこへ至る路程を考えて進むことにした。手に入る限りの日本の地図を調べ、宿の主人や、駅逓係にたずねたり、だれでも通りすがりの旅人にきいたりして、晩の大半を過ごす。しかしこの地方の人々は数里先のことは何も知らない。駅逓係も、次の宿駅の先のことはほとんど説明できない。私が、人のよく通らぬ道筋を進みたいのだ、と言ってたずねると、その返事はきまって、「それはひどい山道だ」とか、「ひどい川をたくさん渡らなければならない」とか、「泊まるところは百姓家しかない」と言うのである。元気づけられるような言葉は少しも聞かれないが、私は出かける。私の現在の健康状態では、旅の困難を望むものではないが、むろん私は旅を続けるつもりだ。

ここでは馬をほとんど飼っていない。商品の大半は、牛や人夫が運んでくる。男と同様に女も重い荷物を運ぶ。荷物を運ぶ人夫は、一人で約五〇ポンド運ぶ。しかしここでは、山形から自分の荷物を運んでくる商人たちは、実際に九〇ポンドから一四〇ポンド、あるいはそれ以上も運んでくる。この連中が、かわいそうに山の峠道を大弱りの格好で喘ぎながら登ってくるのを見ると、気持ちが悪くなるほどである。昨夜、五人の商人たちが、峠の頂で腰を下ろしていたが、息づかいは荒かった。その眼はとび出しそうであった。身体がやせているので、震えている筋肉がまる見えで痛々しかった。虫に喰われても追い払うことができず、その傷口から血がしたたり落ち、裸の身体一面に、文字通り流れていた。大汗をかくので、あちこち血が洗い流されていた。実に「額に汗して」(『旧約聖書』創世記)彼らは家族のためにパンを得ようとまじめに人生を生きているのである。彼らは苦しみ、烈しい労働をしているけれども、まったく独立独歩の人間である。私はこのふしぎな地方で、一人も乞食に出会ったことはない。女の人たちは七〇ポンドを担いでいた。これら荷物を運ぶ人たちは、編んだ藁の厚い当て物を背中に着こんでいた。梯子をその上にのせてあり、その下端は橇のすべりのように反りあがっている。この上に荷物をていねいに積みこみ、腰の下から頭上かなりの高さまでに至る。その上を油紙でおおい、紐でしっかり結び、蓆《むしろ》をかぶせる。頸の骨のすぐ下のところで幅広い綿入れの帯で支えてある。もちろん、身体をほとんど二つに折って、非常に苦しげな格好をして歩くのだから、しばしば立ち止まって背をのばす必要がある。もし丁度都合のよい高さの土手が見当たらないときには、このために携えているL字形の上端をつけた短くて丈夫な柱の上に自分の荷物の底をのせるのである。ものすごく大きな荷物を運ぶ姿は、この地方の特色となっている。残念ながらその特色には、さらに、肌を刺す赤い蟻と、人足たちを悩ます小さな虻がある。

昨日の旅は十二時間で一八マイルであった。この市野野は素敵で勤勉な部落である。他の部落と同じく、蚕を飼うのに精を出しており、どこへ行っても純白と硫黄色の繭が日ざしのよい蓆の上に乾してある。

第十八信

上ノ山にて

きびしい山の旅を一日して、別な地方にやってきた。私たちは晴れた朝早く、市野野を出発した。荷物運搬用の三頭の牛の中の一頭に私が乗ったが、子牛を連れたこの三頭の牝牛はたいへん美しい牛で、小さな鼻と短い角《つの》、まっすぐな背骨と深々とした胴体をしていた。私は新鮮な牛乳を手に入れることができると思ったが、この地方の人々にとって、子牛が母牛から乳をしぼること以外は何でも聞き慣れぬことであったから、私の言葉を聞いて、みんな笑った。伊藤にきくと、彼らはそんなことはとてもいやらしいことだと思っており、日本人は、外国人がお茶を飲むときに「こんな強い臭《にお》いのする」ものを入れるとはとてもいやらしいことだと思うのだ、と言う。牛はすべて木綿の布をつけていた。青い竜の模様があり、泥をかぶったり虫に刺されぬように胴体の下に下げてある。牛は藁沓をはき、鼻の軟骨に紐を通してある。この日は晴れだったので、米や酒《サケ》の輸送が多く見られた。荷物をのせた何百頭もの牛を見たが、いずれも同じ美しい種類の牛で、四頭ずつ隊をなしていた。

私たちは桜峠《サクラトーゲ》を越えた。そこから眺める景色は美しい。白子沢《シラカサワ》という山の中の村で馬を手に入れ、さらに多くの峠を越えて、午後に手ノ子《テノコ》という村に着いた。そこではいつものように、私は駅舎の縁側に腰を下ろし、一頭の馬が手に入るまで待っていた。それは大きな店であったが、ヨーロッパ製の品物は一つもなかった。一つの部屋に女や子どもの一団が火を囲んで坐っていた。駅逓係はいつものように、多くの帳簿をもってテーブルに向かって坐っていた。テーブルは一フィートの高さで、彼の孫がその上に座蒲団を敷いて横になっていた。ここで伊藤はぞっとするようなものを七皿食べた。彼らは私に酒、お茶、米飯、黒豆を出した。黒豆はたいへんおいしい。私たちはこの地方のことを話しあった。駅逓係は私に、英語の文字で彼の名を書いてくれないかと頼み、私自身の名前を一冊の帳面の中に書いてくれ、と言う。その間に群集が集まってきて、後方の者が頭ごしに見られるように前列の者たちは地面に腰を下ろした。彼らは汚くて、すぐ近くまで押してきた。家の女たちは、私が暑くて困っているのを見て、うやうやしく団扇《うちわ》をもってきて、まる一時間も私をあおいでくれた。料金をたずねると、少しもいらない、と言い、どうしても受けとらなかった。彼らは今まで外国人を見たこともなく、少しでも取るようなことがあったら恥ずべきことだ、と言った。私の「尊名」を帳面に記してもらったのだから、と言う。そればかりではない、彼らはお菓子を一包み包んでよこし、その男は彼の名を扇子に書いて、どうぞ受けとってくれ、と言ってきかなかった。私は、イギリスの針《ピン》を少し彼らに与えるほか何もしてやれないのを悲しんだ。彼らはそんなピンを見たこともなく、まもなく群集の間にそれをまわしはじめた。私は、日本を思い出す限り彼らのことを忘れることはないだろう、と心から彼らに告げて、ここを出発したが、彼らの親切には心をひどく打たれるものがあった。

数多くの石畳を登ったり下ったりして高い宇津《ウツ》峠を越えたが、これが交通をふさいでいる一大山系の数多くの峠の最後のものであった。私は、うれしい日光を浴びている山頂から、米沢の気高い平野を見下ろすことができて、嬉しかった。米沢平野（置賜盆地）は、長さ約三〇マイル、一〇ないし一八マイルの幅があり、日本の花園の一つである。木立ちも多く、灌漑がよくなされ、豊かな町や村が多い。壮大な山々が取り囲んでいるが、山々は森林地帯ばかりではない。南端には七月半ばにも白雪をいただく山脈が走っている。

松原《マツハラ》という農村の長い街路を歩いていると、一人の男が私の前に走り出てきて話しかけたので、びっくりした。伊藤が出てきて、大声でどなりながらこの男をおさえ、この男が私をアイヌ人とまちがえたと分かった。アイヌ人は、蝦夷《エゾ》（北海道）の征服された原住民である。私は、以前には中国人とまちがえられたことがあったのだが！

越後《エチゴ》の国のいたるところで私は、静かな川のちょうど上に、木綿布の四隅を四本の竹の棒で吊ったものを見かけた。ふつうその背後には、長くて幅の狭い木札があり、木札の上部には、墓地で見るものと同じような文字が刻みこまれている。ときには、竹の棒の上部の凹みに花束が挿してあり、ふつう布そのものの上にも文字が書いてある。布の中には、いつも木製の柄杓《ひしゃく》が置いてある。私が手ノ子から下って通りかかったとき、たまたま、坊さんが道傍にあるそれらの一つに柄杓いっぱいの水を注いでいた。布はゆっくりと水浸しとなった。坊さんが私たちと同じ道を行くので、私たちは彼と同行し、その意味を説明してもらった。

　彼の話によると、その木札には一人の女の戒名《カイミョー》すなわち死後の名前が書いてある。その花も、愛する人が自分の身寄りの者の墓に捧げる花と同じ意味をもつものである。その布に文字が書いてある場合は、日蓮《ニチレン》宗の有名なお題目の南無妙法蓮華経《ナムミョーホーレンゲキョー》という文字である。布に水を注ぐのは祈願であり、しばしばこのとき数珠をつまぐって祈念する。これは「流れ灌頂《かんじょう》」といわれるもので、私はこれほど哀れに心を打つものを見たことがない。これは、初めて母となる喜びを知ったときにこの世を去った女が、前世の悪業のために血の池という地獄の一つで苦しむことを《と一般に人々は信じているが》示しているという。そして傍を通りかかる人に、苦しんでいる女の苦しみを少しでも和らげてくれるように訴えている。なぜなら、その布が破れて水が直接こぼれ落ちるようになるまで、彼女はその池の中に留まらなければならないのである。

　山から下りて米沢平野に出ると、いくつかの築いた土手がある。山腹から一歩足を出せば平らな地面となる。川の合流点のあたりは、土壌が乾いて砂利が多い。こんもりと茂った松林が現われてきた。家並みを見ると、清潔さが増し、安楽な生活を暗示しているようであった。手ノ子から小松《コマツ》まで歩いて六マイルであった。小松は美しい環境にある町で、人口は三千、綿製品や絹、酒を手広く商売している。

私が小松に入ると、私を見た最初の男が急いで戻り、町の最初の家の中に向かって、「はやく！　外人が来るぞ」という意味の言葉を叫んだ。そこで仕事中の三人の大工が道具を投げ出し、着物を着るひまもあらばこそ、街路を大急ぎで走りながらこのニュースを大声で伝えた。それで私が宿屋に着くころまでには、大きな群集が押しかけてきた。玄関は下品で良い宿とは見えなかったが、屋敷内を流れる川にかかっている石橋を渡り、奥に着くと、大きな部屋があった。長さ四〇フィート、高さ一五フィートもある部屋で、片方はすっかり開け放して庭に面している。庭園には金魚を泳がせてある大きな池や、五重の塔、盆栽、その他いつもの小型の装飾の造作があった。青い縮緬《ちりめん》紙の襖《フスマ》は金泥が塗ってあり、この「回廊」は一転して二部屋に

●流し祈願

なった。しかし私的生活《プライバシー》はなかった。群集は後ろの屋根によじ登り、夜までそこにじっと坐っていたからである。

これは大名《ダイミヨー》の部屋であった。柱や天井は黒檀に金泥をあしらったもの、畳はとてもりっぱで、床の間は磨きたてられており、象眼細工の書机や刀掛けが飾ってあった。槍は九フィートの長さで、漆塗りの柄にはあわび貝が象眼してあり、縁側にかけてあった。手水鉢はりっぱな象眼の黒塗りのもので、飯椀とその蓋は金の塗り物であった。

他の多くの宿屋と同じように、ここにも掛物《カケモノ》があって首相や県知事、有名な将軍など、この家に宿泊してくれた偉い人々の名前をあらわす大きな漢字が書いてあり、例によって同じように詩を書いた掛物もかかっていた。私も何度か、このように掛物とするために何か書いてくれ、と頼まれた。私は小松で日曜日を過ごしたが、夜池の蛙が鳴いていたので、よく休めなかった。この町には、他の多くの町と同じように、白くて泡のようなお菓子だけしか売っていない店があった。それは非常に賞玩されている金魚に与えるためのもので、家の女や子どもたちは一日に三度庭に出てきて金魚にその餌を与える。

私が小松を出発するとき、家の中には六十人もおり、外には千五百人もいた。塀や縁側、屋根さえも満員であった。日光から小松まで例外なく牝馬が用いられてきたが、ここで初めて恐ろしい日本の駄馬に出会った。二頭の恐ろしい形相の馬が玄関にいた。頸が完全に弓なりに曲がるまで頭をしっかり結びつけてあった。私が馬に乗ると、群集がついてきた。進むにつれて群集は増し、下駄の音や群集の声に驚いた馬は、ついに頭につけた綱を切った。驚いた馬子《マゴ》が馬を手放すと、馬は主に後脚で街路を駆けて行き、声をあげ、前脚で乱暴に打ちまくるので、群集は右へ左へと散った。馬が警察署の前を走りすぎようとしたとき、四人の警官が出てきて馬をつかまえた。しかしまた長い街路があったので、群集はまた集まってきた。その道を、私の馬はまた同じように進んで行った。ふり返ると、伊藤の馬は後脚で立っており、伊藤は地面に落ちていた。獣のような私の馬は、どんな溝もとび越え、歩いている人々に向かって歯をむき出してとびかかり、その野獣のような動作には、馬によく慣れている私もとてもかなわなかった。赤湯《アカユ》に着くと、馬市が出ていた。馬はすべて頭をしっかりと柱に結んであるから、ただ嘶いて後脚で蹴るだけのことしかできなかった。それに刺戟されて私たちの馬が怒り出し、駄馬は急に跳ねたり、後脚で立ったりして、とうとう伊藤も、荷物の大半も投げ出した。私が馬から下りると、馬は棒立ちになった。私が足をひっかけて地面に倒れると、馬は数回歯と前脚で私に向かってとびかかってきたが、馬子《マゴ》が器用にさばいて止めてくれた。これらの動物は私に、「汝に向かって襲いかかってこぬように、その口に、銜《はみ》を含ませねばならぬ」という言葉を強く思い起こさせる。

たいそう暑かったが、快い夏の日であった。会津の雪の連峰も、日光に輝いていると、冷たくは見えなかった。米沢平野は、南に繁栄する米沢の町があり、北には湯治客の多い温泉場の赤湯があり、まったくエデンの園である。「鋤で耕したというより鉛筆で描いたように」美しい。米、綿、とうもろこし、煙草、麻、藍、大豆、茄子《なす》、くるみ、水瓜、きゅうり、柿、杏、ざくろを豊富に栽培している。実り豊かに微笑する大地であり、アジアのアルカデヤ（桃源郷）である。自力で栄えるこの豊沃な大地は、すべて、それを耕作している人々の所有するところのものである。彼らは、葡萄、いちじく、ざくろの木の下に住み、圧迫のない自由な暮らしをしている。これは圧政に苦しむアジアでは珍しい現象である。それでもやはり大黒《ダイコク》が主神となっており、物質的利益が彼らの唯一の願いの対象となっている。

美しさ、勤勉、安楽さに満ちた魅惑的な地域である。山に囲まれ、明るく輝く松川《マツカワ》に灌漑されている。どこを見渡しても豊かで美しい農村である。彫刻を施した梁《はり》と重々しい瓦葺きの屋根のある大きな家が、それぞれ自分の屋敷内に建っており、柿やざくろの木の間に見えかくれする。蔓草を這わせた格子細工の棚の下には花園がある。ざくろや杉の木はきれいに刈りこまれて高い生垣となり、私的生活《プライバシー》を守っている。私たちが通過したり傍を通った村々は、吉田《ヨシダ》、洲島《セモシマ》、黒川《クロカワ》、高山《タカヤマ》、高滝《タカタキ》であったが、さらにこの平野には五十以上も村落の姿が見えて、ゆるやかに傾斜する褐色の農家の屋根が林の間からのぞいていた。耕作の様式については、少しの相違点も見られない。吉田《ヨシダ》は豊かに繁栄して見えるが、沼《ヌマ》は貧弱でみじめな姿の部落であった。

しかし、山腹を削って作った沼《ヌマ》のわずかな田畑も、日当たりのよい広々とした米沢平野と同じように、すばらしくきれいに整頓してあり、全くよく耕作されており、風土に適した作物を豊富に産出する。これはどこでも同じである。草ぼうぼうの「なまけ者の畑」は、日本には存在しない。

私たちは馬に乗って四フィート幅の道路を四時間ほど、これら美しい村々を通って進んだ。するとに驚いたことには、渡し船で川を越すと、津久茂《ツクモ》で、地図では副道となっている道路に出たが、この道路は実際には二五フィートの幅があり、よく手入れがしてあり、両側に堀が掘られており、道に沿って電柱が並んでいた。またたく間に新しい世界に出てきたのである。道路は何マイルにもわたって、りっぱな身なりの歩行者、人力車《クルマ》、駄馬、あるいは荷車で混雑していた。荷車は中実車輪をつけたものか、あるいはタイヤなしで輻《や》をつけた車輪のものであった。それはすばらしい馬車道路なのだが、馬車は走っていない。このように文明化した環境の中で、二人か四人の赤銅色の肌をした男が車を引く姿を見るのは、奇妙なものであった。しばしば夫婦者が——男は裸で、女は腰まで脱いだ姿で——車を引くのを見た。それと同時に、上には電線が走り、下には日よけの笠と扇子しか身につけぬ男がいる姿は、同じく奇妙な組み合わせに感ぜられた。また子どもたちが、本と石板をもって、学課を勉強しながら学校から帰る姿もあった。

赤湯《アカユ》という硫黄泉の温泉町で、私は眠りたいと思ったのだが、これほどうるさいところは今まであまりなかった。四つの道路が合する最も賑やかなところに浴場があって、大きな水音を立てて男女の人々があふれていた。すぐ傍に宿屋があって、約四十の部屋があり、その大部分は数人のリューマチの湯治客が畳の上に横になり、三味線《サミセン》をかき鳴らし、琴《コト》をきいきい弾き、その騒音にとてもがまんできなかったので、私はここへやってきたのである。ここはそこから一〇マイル離れたところで、りっぱな新道を通って、興味ない水田と低い丘のある広い谷間を登ってくる。すると砂利の多い高い丘に囲まれた小さな平野が眼前に開けてくる。その丘の傾斜地に上ノ山《カミノヤマ》の町が心地よく横たわっている。人口三千を越す温泉場である。今はお祭りの最中で、どの家にも提灯や旗が出してある。群集は神社の境内にあふれている。神社のいくつかは丘の上にある。上ノ山は清潔で空気がからりとしたところである。美しい宿屋が高いところにあり、楽しげな家々には庭園があり、丘を越える散歩道がたくさんある。ここは日本でももっとも空気がからりとしているところの一つだといわれる。もしここが外国人の容易に来られる場所であったら、美しい景色を味わいながら各方面にここから遠足もできるから、彼らにとって健康的な保養地となるであろう。

この街道筋は、日本旅行の大きなルートの一つとなっている。温泉場を訪れて、彼らの風習や娯楽、そしてヨーロッパから何も採り入れていないのにまったく完璧な文化を観察するのは、興味深いことだ。ここの温泉には鉄が含有されていて、硫化水素が強くしみている。私は三カ所で温度をためしたが、一〇〇度、一〇五度、一〇七度であった。この温泉はリューマチによく効くといわれており、遠くから湯治客が来る。私がしばしばものをたずねた警官の語るには、湯治のためにここに滞在している人の数は六百近くで、毎日六回入浴するのがふつうだという。他の病気のときもそうだが、リューマチの場合に、旧式の日本の医者は食事や生活習慣にほとんど注意を払わず、薬や外部の手当てに多く注意を払っているように思う。彼らが柔らかいタオルで軽くなする代わりに力強く摩擦するようにしたら、薬や温泉の効果もずっと増すであろうに。

これは大きな宿屋で、客が満員である。宿の女主人は丸ぽちゃのかわいい好感をいだかせる未亡人で、丘をさらに登ったところに湯治客のための実にりっぱなホテルをもっている。彼女には十一人の子どもがいる。その中の二、三人は背が高く、きれいで、やさしい娘たちである。私が口に出して賞めると、一人は顔を赤く染めたが、まんざらでもないようで、私を丘の上に案内し、神社や浴場や、この実に魅力的な土地の宿屋をいくつか見せてくれた。私は彼女の優美さと気転のきくのにはまったく感心する。どれほど長いあいだ宿屋を経営しているのか、と未亡人にたずねたら、彼女は、誇らしげに「三百年間です」と答えた。職業を世襲する日本では、珍しくないことである。

私の泊まった部屋は、一風変わっている。ありふれた大きな庭の中の蔵《クラ》座敷で、庭に浴場がある。一〇五度のお湯が中に入るようになっていて、私はそのお湯に心ゆくばかり浸る。昨夜は蚊がひどく、もし未亡人とその美しい娘たちが一時間もがまん強く扇であおいでくれなかったなら、私は一行も書けなかったであろう。私の新しい蚊帳《かや》はとても具合よく、ひとたび中に入れば、外でぶんぶんうなっている血に飢えた蚊どもの失望した様子が見えて楽しい。

未亡人の話では、旅館主は看板料として一度だけ二円を払い、毎年の税金として一流の宿屋

●上ノ山の美しい娘

は二円、二流館は一円、三流館は五十銭を払う。酒を売る許可料としては五円である。

これらの蔵《クラ》《東洋に来ている英国人はゴウダウンと呼ぶが、マレー語のガドンから来た語》は耐火性の倉庫で、日本の町の中で最も目立つ特色の一つとなっている。他がみな灰色の中でこればかりが真っ白いためであり、また他のすべてが火災に弱いのに、これだけはしっかりと丈夫であるからである。

私は蔵の階下の部屋に逗留している。しかしその鉄の扉は開いたままで、夜になるとそこに障子がたてられる。私の部屋には少しばかりいろいろなものが置いてある。二つのりっぱな仏壇があり、そこから二体の仏が冷静な顔をひと晩中のぞかせている。一体は、女神観音《カンノン》の美しい像で、もう一体は尊い長寿の神の像であったが、これらが私に奇妙な夢を誘った。

第十九信

金山にて　七月十六日

すばらしい道を三日間旅して、六〇マイル近くやってきた。山形県は非常に繁栄しており、進歩的で活動的であるという印象を受ける。上ノ山を出るとまもなく山形平野に入ったが、人口が多く、よく耕作されており、幅広い道路には交通量も多く、富裕で文化的に見える。道路の修理は、漢字の入ったにぶい赤色の着物《キモノ》を着た囚人たちがやっていた。彼らは土建業者や百姓に雇われて賃銀をもらって働いているから、英国の仮出獄人に相当するものである。彼らは、囚人服をいつも着ていなければならないということ以外は、何も制限を受けていない。

坂巻川《サカモキ》で私は、初めて近代日本の堅固な建築――すばらしくりっぱな石橋で、ほとんど完成するところであった――を見て、とても嬉しかった。私は、奥野仲蔵《オクノチウゾー》という技師に自己紹介をした。彼はとても紳士的で、愛想のよい日本人であった。彼は私に設計図を示し、一生懸命に説明をしてくれた上に、私にお茶と菓子を出して接待してくれた。

山形は県都で、人口二万一千の繁昌している町である。少し高まったところにしっかり位置しており、大通りの奥の正面に堂々と県庁があるので、日本の都会には珍しく重量感がある。どの都会も町はずれはとても貧弱だが、新しい県庁の高くて白い建物が低い灰色の家並みの上に聳えて見えるのは、大きな驚きを与える。山形の街路は広くて清潔である。良い店があって、長く軒をつらねて装飾的な鉄瓶や装飾的な真鍮細工しか売っていないものもある。日本の内陸を今まで通ってきたが、ヨーロッパの食物や飲物、特に飲物のひどいまがい物だけを売っている店があるのには当惑する。日本人は、上は天皇《ミカド》から下に至るまで、外国の酒類を愛好している。ほんものの酒類であっても有害であろうに、硫酸塩、フーゼル油、悪い酢などの混合物であるときには、ずっとひどいものである。私は山形で、最上種の商標をつけたシャンペン酒を売っている店を二軒見た。マルテルのコニャック、バース・ビール、メドックとセン・ジュリアン酒、スコッチ・ウィスキーだが、原価の約五分の一で、すべてが毒物混合品である。この種の販売は禁止すべきである。

政府の建物は、ふつう見られる混合の様式ではあるが、ベランダをつけたしているので見ばえがする。県庁《ケンチョー》、裁判所《サイバンチョー》、そして進歩した付属学校をもつ師範学校、それから警察署はいずれもりっぱな道路と町の繁栄にふさわしく調和している。大きな二階建ての病院は、丸屋根があって、百五十人の患者を収容する予定で、やがて医学校になることになっているが、ほとんど完成している。非常にりっぱな設備で換気もよい。しかし私が視察した現在の病院については、それほど良いとはいえない。裁判所では、二十人の職員が何もしないで遊んでいるのを見た。それと同数の警官は、すべて洋服を着ており西洋式の行儀作法をまねしているので、全体として受ける印象はまったくの俗悪趣味である。彼らは私にまず旅券の呈示を求めてから、ようやく県とこの市の人口を知らせてくれた。一度か二度、伊藤の態度に不作法なところがあるのを見たが、山形の警官の態度が警官にふさわしいものだろうか、と彼は、私に二度もきいたのである。

山形の北に来ると、平野は広くなり、一方には雪を戴いたすばらしい連峰が南北に走り、一方には側面にところどころ突き出た断続的な山脈があり、この楽しく愉快な地域をとり囲んでいる。ほれぼれとして見たくなるような地方で、多くの楽しげな村落が山の低い裾野に散在している。温度はただの七〇度で、北風であったから、旅をするのは特に愉快であった。もっとも、天童《テンドー》から先へ三里半も行かなければならなかった。天童は人口五千の町で、ここで休息するつもりであったが、貸付屋《カシツケヤ》（貸座敷）でない宿屋はすべて養蚕のためふさがっており、私を受け入れることはできなかった。

翌日もやはり同じじりっぱな道路を進む旅であった。農村や、トチイダ（土生田《つちうだ》）と尾花沢《オバナサワ》のように千五百や二千の人口の町が続く場合がしばしばあった。この二つの町から鳥海山《チョーカイザン》のすばらしい姿が眺められた。雪におおわれた壮大な円頂で、八〇〇〇フィートの高さだといわれている。山は比較的に平坦な地方からまったく思いがけない高さで聳えている。同時に湯殿山《ウドノサン》の大雪原が見えて、下方にとても美しい連山が幕のように囲んでいるので、日本の最も壮大な眺めの一つであると考えられよう。尾花沢を出ると、道路は、最上川《モガミガワ》の支流の一つに灌漑されている谷間に沿って走っている。美しい木橋を渡って川を越えると、峠道を登る。この峠からの景色はとても雄大である。この長い坂道は軽い泥炭質の土の地帯で、松や杉、低い楢の木の林が続く。こんどは長い坂を下るが、りっぱな並木道で、新庄《シンジョー》で終わる。新庄は人口五千を超えるみすぼらしい町で、水田の続く平野の中にある。

この日の旅行は、二三マイルを超え、農村を通過する旅で、宿屋もなければ、茶屋さえもないことが多かった。建築の様式はすっかり変わってきた。森や林は見えなくなり、今ではどの家屋も重い梁と、切り藁をまぜた褐色の泥土と木摺《きずり》で塗った壁の建築であった。家屋は非常にこぎれいであった。ほとんどすべてが大きな矩形の納屋で、端の方を道路に向けてあり、長さは五〇フィートか六〇フィート、ときには一〇〇フィートもあって、道路に最も近い端が住宅になっている。これらの農家には障子窓がなくて、雨戸《アマド》だけである。上端に障子の明かり窓が少しついている。日中にはこれらを後ろに引いてある。富裕な家では、葦や割り竹で作った簾を、開けてあるところに下げてある。天井はない。多くの場合、鼠取り蛇が垂木の中にわがもの顔に住んでいて、たらふく喰ったときには、ときどき下の蚊帳《かや》の上に落ちてくる。

前にも書いたが、新庄はみすぼらしい町である。ここは大名《ダイミョー》の町である。私が見てきた大名の町はどこも衰微の空気が漂っている。お城が崩されるか、あるいは崩れ落ちるままに放置されているということも、その原因の一つであろう。新庄は米、絹、麻の大きな商取引があるから、見た目ほど貧弱なはずはない。蚊は何千となく出てくるので、サゴ椰子の澱粉とコンデンス・ミルクのあわれな食事を終わらぬうちに、私は寝床に入って蚊を避けねばならなかった。一晩中、暖かい雨が降った。私のあわれな部屋は汚くて息がつまるようであった。鼠は私の靴を齧《かじ》り、私のきゅうりをもって逃げ去った。

今日は温度が高く、空は暗い。りっぱな道路は終わりを告げ、またもや以前の困難な旅が始まった。今朝新庄を出てから、険しい尾根を越えて、非常に美しい風変わりな盆地に入った。ピラミッド形の丘陵が半円を描いており、その山頂までピラミッド形の杉の林でおおわれ、北方へ向かう通行をすべて阻止しているように見えるので、ますます奇異の感を与えた。その麓に金山《カナヤマ》の町がある。ロマンチックな雰囲気の場所である。私は正午にはもう着いたのであるが、一日か二日ここに滞在しようと思う。駅亭にある私の部屋は楽しく心地よいし、駅逓係はとても親切であるし、しかも非常に旅行困難な地域が前途に横たわっているからである。それに伊藤が日光を出発してから初めて鶏を一羽手に入れてくれたのである。

この湿気の多い気候のもとで、私は現在の弱った健康状態で、一度に二日か三日も気分よく旅行することは不可能である。また二晩も休息できるような美しくて静かで健康的な場所を見つけることは困難であろう。蚤や蚊からまったく解放されることは、とても望むべくもない。しかし蚊はところによって数が多かったり少なかったりする。蚤の方は、なんとか避ける方法を発見した。それは一枚の油紙を畳の上に六フィート平方に敷き、その縁に一袋のペルシャ除虫粉をまく。そしてその真ん中に私の椅子を置くのである。すると私は蚤から隔離されることになる。無数の蚤が油紙の上にはねてきても、粉のために無感覚になり、容易に蚤を殺すことができる。とにかく私はここで休息せねばならない。雀蜂と虻に左手を刺されて、ひどい炎症を起こしているからである。場所によっては、雀蜂は何百となく出てきて、馬を狂暴にさせる。私はまた、歩いているときに人を襲う「馬蟻《ウマアリ》」（大蟻）に咬まれて炎症を起こし苦しんでいる。日本人はよくそれに咬まれるが、その傷口を放置しておくと治り難い腫瘍《しゅよう》となることが多い。このほかに蠅がいる。英国の馬蠅《うまばえ》のように見たところ無害そうであるが、咬まれると蚊のようにひどい。以上が、夏の日本旅行の短所のいくつかである。しかし、これらよりももっとひどいのは、心身を疲労させる環境の中で、食欲もなく烈しい一日の旅を終えた後で口に入るような食物が不足していることである。

七月十八日――咬まれたり刺されたりしたために痛みと熱が烈しかったので、昨晩日本の医者を新庄から呼んで診てもらうことができて嬉しかった。伊藤は、何か「でっかい」通訳をするときにはいつもより二倍も大きく見えるし、いつもそのために絹の袴を着るのだが、全部絹物の着物をつけた中年の男を連れて戻ってきた。彼は三度地面に平伏し、そうしてから膝をついた。伊藤はくどくどと、私の受けた災難を説明した。すると野崎《ノソキ》医師は、私の「御手」をみせてください、と言った。彼はそれを注意深く診察し、次に私の「御足」をしらべた。彼は私の脈搏をはかり、拡大鏡で私の眼を見た。それから息をぐっと吸い込んで――これは育ちの良さと礼儀正しさを示すのだが――、だいぶ熱があります、と言った。それは前から私にも分かっていた。それから、休息しなければいけない、と言ったが、これも私には分かっていた。それから彼は煙管《キセル》に火をつけて、私をじっと見つめた。やがて彼は、またもや私の脈をはかり眼を見て、雀蜂に刺されて腫れているところに触り、だいぶ炎症を起こしている、と言った。それは私には痛いほど分かっていた。彼は三度手を鳴らした。その音を聞いて車夫が姿を現わして、医師が羽織の上に白ぬきでつけていると同じ紋を金で描いてある黒い漆器のりっぱな箱をもって出た。この中には金色のりっぱな漆器の薬箱が入っていて、棚や引き出し、瓶などが備えつけてあった。まず彼は洗い薬を調合し、それを私の手と腕につけ、たいそう手ぎわよく包帯をして、痛みが和らぐまでときどき包帯の上から洗い薬を注ぐように、と私に言った。そして全体を油紙でつつんだ。油紙は油を引いた絹布の代用となるのである。それから彼は、解熱剤を調合した。これは純粋に植物性であるから、私はためらわずに飲んでいる。彼はそれをお湯とともに飲むこと、また一日か二日は酒を慎むがよい《!》、と私に告げたのである。

私は彼に、料金はいかほどか、ときいた。彼は何度も頭を下げたり、何かぶつぶつ言ったり、息を吸い込んだりしてから、五十銭では高すぎましょうか、とたずねた。私は、彼に一円を差し出し、私も深々と頭を下げながら、彼に診察していただき非常にありがたく思っている、と言ったが、彼があまりにも深く感謝するので、私はまったく当惑してしまうほどであった。

野崎《ノソキ》医師は旧式の医師の一人である。彼の医学上の知識は、父から子へ相伝のもので、西洋流の方法や薬に対して、あくまで抵抗している。彼の患者の大部分も恐らく同じであろう。外科手術、特に手足の切断に対する強い偏見は、日本全国に存在している。手足切断について人人は、人間はこの世に五体満足の身体で生まれてきたのだから、そのままの姿であの世に行かねばならぬ、と考えている。日本では、多くの地方において、外科医たちは、腕一本でも切断する名誉を得ることがどうしてもできないであろう。

これら古い世代の医師たちは、書籍から学ぶ以外は人間の身体の構造について何も知らない。日本医学では解剖は知られていないからである。お医者の話では、急性の病気の治療には、主として艾《モクサ》を使ってお灸《きゅう》をしたり針療治をしたり、慢性の病気のときには、皮膚の摩擦、湯治、動物や植物から作った薬、あるいは食事療法をやるとのことである。彼は、蛭《ひる》を吸いつかせたり、発泡膏《こう》を使用することを知っていなかった。彼はまた、鉱物性の薬に対して明らかにその効果を疑っているようであった。彼は、クロロホルム（麻酔薬）のことは聞いてはいるが、まだ使用されるのを見たことがなく、妊婦の場合には、母にも子にもきっと致命的なものになるにちがいない、と考えている。私は前にも同じ質問を二度もされたのだが、西洋人はそれを使用することによって余分な人口を抑えようとしているのではないか、と彼は私にたずねた。彼は、朝鮮人参や犀の角、ある種の動物の肝臓を粉にしたものの薬効を強く信じている。この動物というのは、その描かれている姿から判断すると、虎ではないかと思われた。これらはすべて中国流医術の特効薬である。お医者は私に、「一角獣《ユニコーン》」（麒麟《きりん》）の角が入っている《！》という小箱を見せてくれたが、それは同量の金と同じ値段がするという。彼の洗い薬をつけると時期を同じくして私の腕も快方に向かったのだから、私は治療の功績を彼に帰さねばなるまい。

私は彼を食事に招待した。二つの食卓にはいろいろの料理が並べられた。彼はそれをおいしそうに食べた。骨の多い小魚から肉をとって食べるときの箸さばきは、実に非凡な腕前であった。おいしい御馳走であることを示すために、音を立てて飲んだり、ごくごくと喉を鳴らしたり、息を吸いこんだりすることは、正しいやり方となっている。作法ではそのようなことをするようにきびしく規定してあるが、これは、ヨーロッパ人にとって、まことに気の滅入ることである。私は、もう少しで笑い出すところであった。

宿の主人と戸長《コーチョー》《村長》が、夕刻に私を正式に訪ねてきた。この場にのぞんで、伊藤は正装をして大活躍をした。彼らは、私が煙草を吸わないので、たいそう驚いていた。私が神に願をかけていると思っている！　英国の習慣や政治についていろいろ私に質問をしたが、話題はしばしば煙草のことに戻った。

第二十信

神宮寺にて　七月二十一日

金山《カナヤマ》の戸長《コーチョー》と夜おそくまで話をした後、翌朝とても早く伊藤が私を起こして言った。「今日は長い旅行ができますよ。昨日鶏を食べたんですから」。この鶏肉のすばらしい効能のおかげで、六時四十五分に出発したが、結果は「急がば回れ」という諺を実証するだけであった。頼まれもしないのに戸長は村中に触れを出して群集が集まらないようにした。そこで私は、駄馬一頭と車夫一人とともに平穏に出発できた。ひどい道路で、けわしい峠を二つも越えなければならなかった。私は道中ほとんど歩かなければならなかったばかりでなく、もっともけわしい場所では人力車《クルマ》を押しあげる手伝いをせねばならなかった。すばらしい場所にある及位《ノゾキ》という村では、休止して、一頭の馬を手に入れ、雄物《オモノ》川の上流に沿って院内《インナイ》まで山道を歩いた。その山道の美しさと野性味について、道中で驚いたことや景色について、小川がたちまち激流になってしまう烈しい大雨について、またこの日に経験した困難や辛い目にあったことについて、少しでも理解してもらえたらいいのだがと思う。乾し米の練り粉と、酸っぱい黄色の木苺の食事の貧弱だったこと、やっと歩いて渡った泥道の深かったこと！　私たちは主寝《シオネ》と雄勝《サカツ》の二つ峠を越えたが、十二時間かけてたった一五マイルであった。私たちのとっている道を進んで行ったのでは、この地方を通りぬけることはとてもできないだろう、とどこでも言われた。

女性はやはりズボンをはいているが、短い着物ではなく長い着物をその中にまくり込んでいる。男性は胸当てと前掛けを一緒にした綿布をつけているが、そのほかに何も着ていないか、あるいは着物《キモノ》の上にそれをかけている。院内《インナイ》まで杉の並木道を下る道と、烈しく流れる雄物川に囲まれた村そのものが実に美しい。

院内の宿屋はきわめて心地よい宿ではあるが、私の部屋は襖《フスマ》と障子《ショージ》だけで仕切ってあるので、しょっちゅう人々がのぞきこむのであった。このようないなかの地方で彼らの注意をひくのは、外国人とその奇異な風習だけではない。さらに私の場合には、ゴム製の風呂や空気枕、なかでも白い蚊帳《かや》をもっていたことである。日本の蚊帳は緑色の重い粗布でできており、私の蚊帳をとても賞めるので、ここを出るときには、頭髪とともに編むようにその端切れをあげるのが、きっと彼らにとって何よりの贈り物となるであろう。隣室には六人の技師がいた。彼らは私が通ってきた峠を測量していて、トンネルが掘れるかどうか調査している。それができたら、人力車で東京から日本海沿岸の久保田《クボタ》（秋田）までずうっと行けるであろう。また少し費用を増せば、二輪馬車でも行けるであろう。

上院内《かみ》と下院内《しも》の二つの村に、日本人の非常に恐れている脚気《カッケ》という病気が発生している。そのため、この七カ月で人口約千五百のうち百人が死亡している。久保田の医学校から二人の医師が来て、この地方の医師の応援をしている。脚気をヨーロッパでは何と呼んでいるのか私には分からない。日本名は脚の病気を意味している。その最初の症状は、脚に力がなくなり、膝ががくがくしてきて、ふくらはぎが引きつり、腫れぼったくなり、神経が麻痺してくる。東京で千百人以上の患者を調べたアンダーソン博士の研究によれば、やや急性の症状である。慢性のものは、症状がゆっくり進行し、神経を麻痺させ、身体を消耗させる病気である。もしこれを抑えないと、六カ月から三年の間に、麻痺と消耗の結果、死を招く。第三の急性症状についてアンダーソン博士は、次のように述べている。「重い症状は、まったく突然に始まり、急速に進行する」と述べてから、さらに言っている。「今や、患者は、身体を横にすることもできない。彼は床の上に身体を起こし、絶えず身体の位置を変える。額にしわをよせ、不安そうに眼をぎょろつかせ、皮膚の色は黒ずみ、青黒い唇は開けたままで、鼻孔を広く開け、頭をぴくぴくさせている。これは、もっともひどい病気のもっとも恐ろしい症状を示すものである。この場合に、一瞬の休止もない。ここでは医者はほとんど無力で、脈搏と体温が落ちてゆくのを調べるだけであり、頭脳が炭化した血液によって麻痺し無感覚となる瞬間を待って、臨終の病人がその最後の瞬間を、幸いにも意識のない状態であの世へ去るのをただ見ているだけである」。*

*原注——ウィリアム・アンダーソン（英国外科医学会員）「脚気」（『日本アジア協会誌』一八七八年一月）。

翌朝、杉の大きな並木の下の泥道を進み、電柱がなくなっているのを残念に思いながら馬で九マイル行くと、湯沢《ユソワ》に着いた。これは人口七千の町で、しゃくにさわる遅延がなかったならば、院内ではなくて、ここに宿泊するはずであった。ここへ来てみると、数時間前に火事があって七十戸焼失したという。その中には私の泊まるはずの宿屋もあった。財物や人間を運ぶために全部の馬が使用されていたので、馬を求めるのに二時間も待たされた。家屋がもと建っていた地面からは、まったく何もかも消えてしまい、ただ細かい黒い灰があるだけであった。その灰燼の中に黒くなった蔵が建っていた。ある場合には少しひび割れがあったが、すべて無傷であった。もう新しい家屋の骨組みが建てられつつあった。酔っぱらいが一人死んだだけで、だれも生命をおとす者がなかったが、私が泊まっていたら、きっとお金以外はすべて失ったことであろう。

第二十信（続き）

湯沢《ユソワ》は特にいやな感じの町である。私は中庭で昼食をとったが、大豆から作った味のない白い豆腐《カード》に練乳を少しかけた貧弱な食事であった。何百人となく群集が門のところに押しかけてきた。後ろにいる者は、私の姿を見ることができないので、梯子をもってきて隣の屋根に登った。やがて、屋根の一つが大きな音を立てて崩れ落ち、男や女、子ども五十人ばかり下の部屋に投げ出された。幸いにも部屋には誰もいなかった。誰も叫び声を立てなかった。これは注目すべきことである。数人が擦り傷を受けただけで負傷者はいなかった。やがて四人の警官がやってきて、私に旅券の呈示を求めた。あたかも私がその事故に責任があるかのような口ぶりであった。他の場合と同じく、彼らも私の旅券に書かれた文字が読めなかったので、何のために旅行しているのか、とたずねた。「この国の事情を知るために」と言われると、地図でも作っているのか、と私にたずねた。好奇心を満足させると、彼らは姿を消した。群集は前よりも烈しい勢いでまたも押し寄せてきた。駅逓係が彼らに、立ち去ってくれ、と頼んだが、こんなことは二度と見られないから、と彼らは言った。一人の年とった農夫は、この「見世物」が男か女か教えてくれたら出てゆく、と言った。それがお前にとって何の用があるのか、と駅逓係がたずねると、今日見たことを家へ帰ってみんなに話したいのだ、と答えた。私は急に同情心がわき起こり、伊藤に向かって、日本の馬が夜も昼も休みなく早駆けして五週間半かかれば私の国に着けると彼らに告げるように、言った。これは、私の旅行中に伊藤がよく話す言葉である。まことに奇妙な群集で、黙って口だけ大きく開け、何時間もじっと動かずにいる。母の背中や父の腕に抱かれている赤ん坊は、眼をさましても少しも泣かない。群集が大声で笑ってくれた方が、たとえ私に対してであっても、ほっとした気持ちになるであろう。群集が皆じっと憂鬱げに私を見つめているのは、私を堪らない気持ちにさせる。

そこから一〇マイルの道路は、火事を見ようとやってくる地方の人々でごった返していた。良い道路で、楽しい地方であった。道路には多くの社があり、慈悲の女神（観音）の像が祀られていた。私の馬は、まったく悪性のひどい馬であった。彼の頭は腹帯に二重に鎖でつないであるが、男や女、子どもを見ると必ず耳をそばだて、彼らに向かって嚙みつこうと跳びかかるのであった。私はたいそう疲れたし、背骨の痛みがひどくなったので、下りて何度か歩いたが、また馬に乗るのはとても難しかった。というのは、私が鞍に手をかけた途端に、馬は後脚をあげて私を蹴ろうとするからであった。怪我せぬようにするためには、機敏に動作する必要があった。これればかりではない。この悪い馬は、蝿を見ると、つながれている頭をふりたてて突進する。そのたびに私の脚がねじられたり、潰されそうになる。馬は、後脚を前方に蹴りあげ、鼻にとまっている蝿を後ろの蹄で追い払おうとしてはね回り、鞍の前にあるものをすべて振り落としてしまう。馬は悲鳴をあげ、躓き、古い馬沓を蹴とばす。馬子《マゴ》が、か弱い力で馬沓をとり換えようとすると怒り出す。とうとう横手《ヨコテ》まで来たが、馬はその長くてうす暗い街路を主として後脚を使って進んだが、臆病な馬子の手から綱を振り切ったので、私はくしゃくしゃに振り回されて、身体がゼリーにでもなってしまうのではないかと思うほど痛くて苦しかった。馬が悪くなるのは、調教のときに苛めたり、乱暴に取り扱ったからだと聞いていたものであったが、日本の馬の悪さの説明にはならない。というのは、人々が馬をこわがるのは大変なもので、彼らは馬を恐るおそる取り扱う。馬は打たれることも、蹴られることもない。宥めすかしながら馬に話しかける。概して日本では、馬の方がその主人よりも良い生活をしている。たぶんこれが馬の悪くなる真因であろう。「しかるにエシュルンは肥え太って、足で蹴った」(『旧約聖書』申命記、三二章一五節)。

横手は人口一万の町で、木綿の大きな商取引きが行なわれる。この町のもっとも良い宿屋でも、りっぱなものは一つもない。町は見ばえが悪く、臭《にお》いも悪く、わびしく汚く、じめじめしたみじめなところである。町の中を歩いて通ると、人々は私を見ようと風呂から飛び出てきた。

●鳥居

男も女も同じように、着物一枚つけていなかった。宿の亭主はたいそう丁寧であったが、竹の梯子を上って、私を暗くて汚い部屋に案内した。部屋には、怒りたくなるほどたくさんの蚤や蚊がいた。横手では毎週木曜日に雄牛を殺すということを途中で聞いたので、夕食にはビフテキを食べ、もう一片は携行しようと心に決めていたのだが、着いてみると、全部売り切れで、卵もなかった。そこで米飯と豆腐という哀れな食事をした。山形で買った練乳は捨てなければならなかったので、いくぶん餓《ひも》じい思いをした。私は疲労やら、蟻に咬まれた炎症で、何やら気分がすぐれなかったが、翌朝早く、いつもの朝のように暑くて霧が出ていたが、神道《シントー》の社、すなわちお宮《ミヤ》を見に行った。一人で出かけたのだが、群集に会わずにすんだ。

宮の境内に入るのに、例によって鳥居《トリイ》をくぐった。鳥居は二〇フィートの高さの二本の大きな柱からなり、横に梁《はり》をわたしてある。上の梁は柱の上に突き出ており、両端が上にはねていることが多い。よくあることだが、全体がにぶい赤色に塗られていた。鳥居《鳥の居るところ》と呼ばれるのは、昔、神に鳥が犠牲としてではなくて奉納されたものだが、やがて鳥居の上によくとまるようになったからだといわれる。注連縄には藁の飾り房と紙片が下がっていて、入口にかけ渡してあるが、神道の特別な象徴となっている。石を敷きつめた境内には美しい花崗岩の灯籠が同じく美しい花崗岩の台座の上にいくつか立っていた。これはほとんどこの神社でも、お寺でも、つきものとなっている。

横手を出ると、非常に美しい地方を通過して行った。山の景色が見え、鳥海山《チョーカイザン》がその雪の円屋根をときどきのぞかせた。雄物《オモノ》川は最近の出水で土手を崩し橋を流していたので、二隻の危なっかしい渡し舟で横切った。そして六郷《ロクゴー》という人口五千の町に着いた。ここはりっぱな神社や寺院があるが、家屋は特にみすぼらしかった。群集が猛烈に押し寄せてきたので、私はこのときほど窒息しそうになったことはない。

そこでは、警察の親切な取り計らいのおかげで、相当な金持ちの商人の仏式の葬式に参列することができた。その厳粛さと端正さは、大いに私の興味をそそった。伊藤は、眼前に進行する式を、きわめて明確に説明してくれた。私は日本の婦人の着物を茶屋から借りて、頭に青い頭巾をかぶって行ったから、誰にも気づかれなかった。しかし、前の方でわずかに合わせる着物に気をつかって、非常に疲れを感じた。私のなすべきこと、してはいけないことを、伊藤は多く指図したので、それを忠実に守った。私はただ、外国人を親切にも出席させてくれた人々の気に触らぬようにとのみ心配していた。

その人の病気の期間は短くて、病気の平癒を祈って神参りをする隙もなかったという。ふつう死亡したときには、頭を北向きにする《北は、日本人が生存中は用心して避ける方角である》。そして襖《フスマ》の近くに安置し、襖と亡骸《なきがら》の間に新しいお膳《ゼン》を置く。その上に油皿を置き灯芯の火を灯し、米の練り粉の生《なま》のままの団子と、一皿の線香をあげておく。人が死ぬと坊さんは、直ちに戒名《カイミョー》《死後の名前》を選び、白木の位牌に書き、死体の傍に坐る。お膳《ゼン》、お椀、お茶碗などに精進料理を盛り、その傍に置く。お箸はお膳の逆の位置、すなわち左側に置く。四十八時間が経つと、死体をお湯でゆすぎ、棺に入れる支度をする。坊さんはお経を唱えながらその頭を剃る。金持ちも貧乏人も、すべての場合に、着物はふつうの製品であるが、真白いリンネルか木綿である。

六郷の近くの大曲《オーマゴリ》という町で大きな素焼きの甕が製造され、金持ちは、死体を収容するときこれを用いることが多い。しかしこの場合には、二つの四角の箱があった。外側のものは、松材をていねいに削ったものである。貧乏な人は、いわゆる「早桶《ハヤオケ》」で、松材の桶に竹の箍《たが》をかけ、蓋をしたものである。婦人が埋葬されるときには、結婚式の日につけた絹の着物を着て、足袋《タビ》を身体の傍か足もとに置く。ふつう頭髪は後ろにゆるやかに垂らす。大金持ちは棺に朱砂を詰める。非常に貧乏な人は籾殻を用いる。しかしこの場合に、朱砂を詰めたのは口と鼻と耳だけで、棺には粗い香を詰めたそうである。亡骸はふつう坐る姿勢で桶や箱の中に置かれる。人間の身体が、死後数時間して、箱の大きさぎりぎりのところまで入れるとはいえ、限られた空間にどうして押しこめることができるのか、私には分からない。硬直している死体を押しこむには、坊さんが加持祈禱をした土砂《ドシャ》と呼ばれる砂をまけば死体は柔軟になるという。しかしこの説も破られたから、この作用は依然として謎である。

家の玄関の外側には小旗や飾りの棒が立っている。青い服装の上に翼に似たうす青い羽織をはおった二人の男が来る人を接待し、もう二人の男が水を入れた椀と白絹クレープの手拭いを差し出した。私たちはそこから大きな部屋に入ってゆくと、部屋は非常に美しい多くの衝立《ついたて》で囲んであった。その襖には、蓮、鶴、牡丹が全くの金地の上に生きいきと描かれていた。部屋の隅に棺があり、白絹の覆いの下に安置してあった。その下の架台には、造花の白い蓮が非常に美しく並べてあった。亡骸の顔は北に向けてあって、六人の僧が非常に豪華な衣裳をして、棺の両側に坐り、さらにもう二人の僧が小さな臨時の祭壇の前に跪いていた。

未亡人はきわめて美しい女性であったが、亡くなった人の近くに坐り、父と母の下座にあった。彼女の後ろに子どもたち、親戚、友人が来て並んで坐った。いずれも青と白の羽織を着ていた。未亡人は顔を白く化粧し、唇は朱で赤くしていた。髪はていねいに結われており、彫刻のある鼈甲の簪で飾っていた。彼女は空色の絹の美しい着物を着て、りっぱな白クレープの羽織をまとい、真紅のクレープの帯は金の刺繡がしてあった。彼女は未亡人というよりも、結婚式当日の花嫁のように見えた。実に、着物は美しく、青や白の絹物が多いので、部屋は葬式というよりもお祝いのときのように見えた。客が全部到着すると、お茶菓子が出された。もうもうと香が焚かれ、読経の唱和があり、やがて墓場に向かってぞろぞろと動き始めた。その間に私は寺の境内の門のところに立っていた。

行列には亡くなった人の父や母は入っていなかった。しかし行列をしている会葬者はすべて親戚のものであると思われた。戒名を書いた細長い木札を最初の僧が持ち、蓮の花を次の僧が持ち、次に十人の僧が続いた。二人ずつ並んで読経を唱和した。次に棺が来た。四人の男がそれを台に載せて運び、上に白い布がかけてあった。それから未亡人、その他の親族が続いた。棺は寺の中に運ばれ、台の上に安置された。香が焚かれ、祈禱がなされ、次にセメントで縁をつけてある浅い墓場へ棺が運ばれた。僧侶が祈禱している間に、適当な高さまで土が盛られ、人々は散会した。派手な服装の未亡人は、お伴もなく、一人で家へ帰った。泣き男が雇われることもなく、嘆き悲しむ様子も見えなかったが、これほどおごそかで、うやうやしく、礼儀正しい儀式はないであろう《私はそれから多くの葬式を見た。主として貧乏な人の葬式であって、儀式の手間を大分はぶいて坊さんが一人であったが、それでも儀式の端正さは特に目立った》。僧侶に対する謝礼は二円から四十円あるいは五十円までである。寺院を囲む墓場はきわめて美しい。杉の木は特にりっぱである。いたるところ墓石が立ち並び、他のすべての日本の墓場の場合と同じように、美しく清掃されていた。墓に土を盛ってしまうと、その上に実物大の桃色の蓮を立てる。また、漆塗りのお盆をあげる。その中には、お茶や酒、豆、菓子をのせた漆塗りのお椀がある。

六郷の寺は非常に美しい。その飾りが堅固なこと、趣味がすぐれて上品なことを除いては、カトリックの教会とほとんど変わらなかった。百合《ゆり》の花をたて燭台を灯している低い祭壇は、青と銀色の布でおおわれ、高い祭壇は、真紅と金色の布で包まれ、その上に、閉じた厨子《ずし》と香炉と蓮の花瓶があるだけであった。

第二十信（続き）

人力車に乗って六郷《ロクゴー》を出てから間もなく路傍の茶屋で休んだが、そこで脚気が流行していたときに院内《インナイ》に滞留していた若い医師に会った。彼は礼儀正しく感じのいい人物で、久保田《クボタ》（秋田）の病院を訪問するように私を招待した。彼はそこの若い医師である。彼は伊藤に、「西洋料理」を食べられる料理店のことを話した。これは楽しい期待で、伊藤はいつも私に、忘れないでくれ、と念を押している。

いつものように、私が先頭になって、非常に狭い道路を進んでゆくと、囚人を縄で連行してくる男と、その後ろについてくる警官に出会った。私の車夫は、警官の姿を見ると、すぐさま土下座して頭を下げた。あまり突然に梶棒を下げたので、私はもう少しで放り出されるところだった。彼は同時に横棒のところに置いてある着物を慌てて着ようとした。また人力車を後ろで引いていた若い男たちも、私の車の後ろに屈んで急いで着物をつけようとしていた。私はこのような情けない光景を見たことがない。私の車夫は頭のてっぺんから足の先まで震えていた。

スコットランドの長老教会の祈禱の中で聞く奇妙な文句「両手で口をおおい、ひれ伏して口を地面につけよ」そのままの姿であった。彼は文字通り地面に這いつくばって、警官が話すたびに、頭を少しあげてから以前よりも深々とお辞儀をした。その日はたいそう暑かったので、私は彼のために取りなしてやった。他の場合なら逮捕するのだが、外国人に迷惑をかけるから今日のところは大目に見よう、と警官は言った。わたしの車夫はまったく年配の男で、二度と元気よくならなかった。しかし道路を曲がって、警官の姿が見えなくなると、二人の若い車夫はたちまち着物を放り出し、大声で笑いながら、梶棒をとり全速力で駆け出したのである！

神宮寺《シンゴージ》に着くと、私は疲れて、それ以上進めなかった。低くて暗く、悪臭のする部屋しか見つからず、そこは汚い障子《ショージ》で仕切ってあるだけで、ここで日曜日を過ごすのかと思うと憂鬱であった。片側からは、黴の生えた小庭が見え、ぬるぬるした藻類が生えていた。その庭先に隣の家の人々が絶えず入りこんで、私を見ようとしていた。反対側は街路に出る通路に面しており、そこで旅人たちは足を洗う。次の側から台所に通じ、もう一方の側からは玄関に出る。暗くならないうちから蚊が飛びまわり、蚤は砂蠅のように畳の上をはねまわった。卵はなくて、米飯ときゅうりだけであった。日曜日の朝五時に外側の格子に二人が顔を押しつけているのを見た。夕方までには障子は指穴だらけとなり、それぞれの穴からうす黒い眼が見えた。一日中、静かな糠雨で、温度は八二度。暑さと暗さ、そして悪臭はとても堪らなかった。午後には小さな行列が家の前を通った。一台の飾られた駕籠を僧侶が担いで、ぞろぞろ歩いていた。僧侶たちは真っ赤な式服や白い法衣の上に肩マントやストラ（祭服）をかけていた。この箱には紙片が入っていて、人々の恐れる災害や人間の名前が書きこんであるという。僧侶たちはこの紙片を川に持っていって捨てるのである。

私は蚊から逃れるために早く床についた。いつものように行灯《アンドン》はうす暗く部屋を照らしていた。眼を閉じると、九時ごろ足をひきずって歩く音やささやき声でざわざわし、しばらく続くので、眼を上げたところ、向かい側に約四十人の男女と子どもたち《伊藤は百人だという》が、顔を灯火に照らされながら、みな私の姿をじっと見ていた。彼らは、廊下の隣の障子を三枚、音もなく取り去っていたのである！　私は大声で伊藤を呼んだ。手を叩いても、彼らは身動きもしなかったが、伊藤が来ると、羊の群れのように逃げ去った。私は、戸外で群集が集まってきてじろじろ見られることには、辛抱強く、ときには微笑してがまんしてきた。しかし、この種の侵入には耐えられない。伊藤は反対したけれども、彼を警察にやって、家から人々を追い出してもらおうとした。宿の亭主にはそれができないからである。今朝私が着換えを終わると、一人の警官が私の部屋にやってきた。表面上は人々の不作法を詫びるためであったが、実際には警察の特権で私をじろじろ見ていた。特に彼は、私の担架式寝台と蚊帳からほとんど眼を離さなかった。それらを見世物にすれば一日一円儲けることができる、と伊藤は言っている！

人々は今まで外国人を見たことがないものだから、と警官は言った。

第二十一信

久保田（秋田）にて　七月二十三日

月曜日の朝に雄物川《オモノ》を下ってここに到着した。水上を九時間で楽に旅行できたが、陸上であれば、まる二日もかかったであろう。これは賢明な旅行計画を作り、それを断乎として実行した一例である。旅行のときに堅い決意でやりぬくことが、日本における場合ほど必要なところはない。ブラントン氏の地図を調べて、雄物川は神宮寺《シンゴージ》から舟で下れるにちがいないと心に決めたのは少し前のことであった。一週間前に伊藤にそれをきいてくれと言ったが、どこへ行っても異議を立てるばかり。水が多すぎるとか、少なすぎるとか、あぶない早瀬があるとか、浅瀬があるという。もう今年は時期が遅すぎるとか、最近出かけた舟はみな座礁したという。しかしある渡し場で、品物を積んだ一隻の舟が遠くを下ってゆくのを見たので、あれと同じコースで必ず出かけるのだ、と伊藤に言った。神宮寺に着くと、それは雄物川ではなく別な川であって、舟がこなごなに砕けるようなたいそうひどい急流があるという。最後になって、舟がないという。それなら一〇マイルも先に人をやって一隻求めよう、と言うと、駅逓係は一隻の小さな平底船を提供してくれて、それに伊藤と荷物と私自身をうまく乗せることができた。伊藤が大げさに言った。「旅行中にあなたの言われたことは皆ぴたりと当たりますね！」。これは誇張ではない。いつもの群集は、玄関のところに集まらずに、先に川の方へ行っていた。川の両岸や木立ちの中に人があふれていた。四人の警官が私を案内して行った。四二マイルの舟の旅は快適であった。急流といってもさざ波を立てるほどで、流れは速かった。一人の船頭は櫂によりかかって眠らんばかりであったし、もう一人は舟の中に水が半分くらい溜まって掻い出さねばならぬときだけ眼をさました。岸辺は静かで美しく、ほとんど人影もなかったが、やがて新屋《アラヤ》という大きな町に着いた。この町は、高い土手に沿って相当長くだらだらと続いている。九時間の平穏な旅の後に、私たちは、ちょうど久保田《クボタ》の郊外のところで雄物川の本流からそれて、狭い緑色の川を棹《さお》を使って進んだ。川の縁には、家屋の傾いた裏側や船製造所や多くの材木が片側に並び、住宅や庭園、茂った草木が反対側に続く。この川には非常に多くの橋がかけられている。

私はたいそう親切な宿屋《ヤドヤ》で、気持ちのよい二階の部屋をあてがわれた。当地における三日間はまったく忙しく、また非常に楽しかった。「西洋料理」——おいしいビフテキと、すばらしいカレー、きゅうり、外国製の塩と辛子がついていた——は早速手に入れた。それを食べると「眼が生きいきと輝く」ような気持ちになった。

●秋田の農家

久保田《クボタ》（現在の秋田市）は秋田県の首都で、人口三万六千、非常に魅力的で純日本風の町である。太平山《タイヘイザン》と呼ばれるりっぱな山がその肥沃な流域の上方に聳え、雄物川はその近くで日本海に注ぐ。多くの人力車があるが、砂が厚くて道路が悪いために、どの方角でも三マイルしか行けない。商売が活発で、活動的な町である。青と黒の縞や、黄色と黒の縞の絹物を産する。これで袴《ハカマ》や着物《キモノ》を作る。また横糸を盛りあげた一種の白絹のクレープは縮緬（チリメン）として東京の商店では高値を呼ぶ。また襖《フスマ》や下駄を生産する。城下町ではあるが、例の「死んでいるような、生きているような」様子はまったくない。繁栄と豊かな生活を漂わせている。商店街はほとんどないが、美しい独立住宅が並んでいる街路や横通りが大部分を占めている。住宅は樹木や庭園に囲まれ、よく手入れをした生垣がある。どの庭にもがっしりした門から入るようになっている。このように何マイルも続く快適な「郊外住宅」を見ると、静かに自分の家庭生活を楽しむ中流階級のようなものが存在していることを思わせる。外国の影響はほとんど感じられない。この県の役所にも他の仕事にも、外国人は一人もいない。病院でさえも、初めから日本人の医師たちが作ったものである。

この事実から、どうしても病院を見たいと思ったが、訪問の時間にそこを訪ねたら、院長から丁寧に断られて、弱ってしまった。外国人は、知事に旅券を示し、文書による許可をもらわないと視察できない、と彼は言った。そこで私はその手続きをすることにした。翌日の午前八時に訪問することに決まった。伊藤は、程度の低い命令のときには通訳するのをしぶるが、このような重大な場合に臨むと全力をあげる。彼は絹の着物を着て「通訳官」にふさわしいりっぱな姿となって私に同行し、今までにない働きぶりを見せた。

院長と六人の職員の医師は、すべてりっぱな絹の服装であった。階段の上で私を出迎え、事務室に案内した。そこでは六人の事務員が書き物をしていた。ここにはうやうやしく白布でおおわれたテーブルと、四つの椅子があり、院長、主任医師、伊藤と私が坐った。煙草と茶菓子が出された。この後に五十人の医学生を伴って病院の中を回った。彼らは知的な顔つきをしており、将来きっと成功するであろう。病院は二階建ての大きな建築で、半ば西洋式であるが、四囲のベランダは奥行きが深い。二階は教室に使用され、一階は何人かの寄宿学生の他に患者百人を収容する。一部屋で治療される患者の数は十人が限度で、重症患者は別室で治療される。壊疽《えそ》が流行していて、このとき病院を改造している医師長は、このため病室のいくつかを隔離している。同じ病院内に性病院もある。毎年五十件ほどの重要な手術が、クロロホルムを使用して行なわれるが、しかし秋田県の人々は非常に保守的で、手足の切断や西洋の薬品の使用に反対している。この保守的気風が、患者の数を減少させている。

石炭酸の臭いが病院中にたちこめていた。消毒液の噴霧器がたくさん置いてあった――リスター氏（英国の消毒外科医学の完成者）が満足するほどに！　K医師の頼みで、私は非常に重症の傷口を消毒ガーゼで包帯をするのを見た。これは消毒液の噴霧をかけて行なわれ、外科医の指や使用する器具はすべて注意深く消毒液にひたされる。K医師が語るには、今世紀最大の発見の一つである消毒治療を学生に教えているが、消毒の際に必要なごく些細な点にまで注意深くするようにさせるのは難しい、とのことであった。私は、外科患者の示す忍耐力に非常な感銘を受けた。彼らは非常に烈しい苦痛にひるみもせず、うめき声も立てずに我慢する。不幸にも眼病患者が非常に多い。眼病が広く蔓延しているのは、一軒の家の中に住む人間の数が多すぎること、家の中の換気が悪いこと、貧乏な暮らし、そして採光が悪いためだ、とK医師は考えている。

一巡り見てから私たちが事務室に戻ってみると、英国風に食事が並べられていた――お皿の上にコーヒーの入った柄のついた茶碗、それからスプーンをつけた小皿。食事が終わるとまた煙草が出された。院長と医師たちは私を玄関まで見送り、そこで私たちはみな深々とお辞儀をした。東京から来たばかりで、まだ三十歳にもならぬ萱橋《カヤバシ》医師や、職員や学生が、すべて和服で、りっぱな絹織の袴《ハカマ》を着用しているのを見て嬉しかった。和服は美しい。和服をつけると威厳を増すが、洋服をつけると逆に減ずる。このときの訪問は、通訳を通して話をするもどかしさがあったが、非常に興味あるものであった。

公共の建物にはりっぱな庭があり、傍を走る幅広い道路があり、石で上張りをした土手があって、このように都から遠く離れた県《ケン》にしては珍しい。最もりっぱな建物には師範学校がある。その後まもなくそこに行ったが、旅券を示し、私の旅行の目的を説明してはじめて中に入れてくれた。このような手続きが終わると、校長の青木保《アオキタモツ》氏と教頭の根岸秀兼《ニギシシユヂカネ》氏が私を案内してくれた。彼ら二人は洋服を着ているので、人間というよりも猿に似て見えた。

校長はなんとか英語で話そうとするので、とても辛そうであった。彼の英語たるや、私の日本語と変わりがなかった。教頭は、奇怪な英語をしゃべろうとしたが、やはり伊藤に通訳をしてもらうことに同意した。学校はゆったりとして広いヨーロッパ風の建物で、三階建てであった。階上のバルコニーから町を眺めると、灰色の屋根や緑豊かな町、周囲の山々や谷間が見えて非常に景色がよい。いろいろな教室の設備、特に化学教室の実験器具や、博物教室の説明器具が実にすばらしいので驚いた。ガノーの『物理学』が、理科の教科書になっている。

第二十二信

久保田にて　七月二十三日

私の次の訪問は、手織り機による絹織工場の見学であった。そこでは、百八十人が働いていて、その半数は女性であった。女子にとってりっぱな仕事が産業界に新たに開けたことは、非常に重要である。これはきわめて必要な社会改革へ進む傾向を示す。ここで生産される縞の絹織物は、まったく家庭消費のためのものである。

その後に大通りに出かけた。あちらこちら店を探しまわってようやく「イーグル」印の練乳を買った。商標は結構なのだが、開けてみると、茶褐色の乾いた小さな球状の凝乳が入っていた。しかもいやな臭いがしていた！　群集のため窒息しそうになって私が店に腰を下ろしていると、急に人々は遠慮して遠ざかったので、私はやっと一息ついた。すると警察署長から伝言が来て、群集のため迷惑かけて申し訳ない、二人の警官に命じて後の訪問の護衛をさせる、というのであった。黒色と黄色の制服を見て実にうれしかった。それからはすべてうるさいことがなくてすんだ。帰ってみると、警察署長の名刺があり、群集が迷惑をかけてすまない、外国人が久保田を訪れることは非常にまれであり、人々は外国婦人を今まで見たことがないと思う、という伝言を宿の主人に残してあった。

その後に私は中央警察署に出かけ、青森へ至る内陸ルートについてたずねた。たいそう親切なもてなしを受けたが、情報は得られなかった。どこでも警察は人々に対して非常に親切である。抵抗するようなことがなければ、警官は、静かに言葉少なく話すか、あるいは手を振るだけで充分である。彼らはサムライ階級（士族）に属している。もちろん彼らは生まれつき地位が上であるから、平民《ヘイミン》たちに尊敬を受ける。彼らの顔つきや、少し尊大な態度があるのは、階級差別をはっきり示している。日本の警察は全部合わせると、働き盛りの教育ある男子二万三千三百人を数える。そのうち五千六百人が江戸《エド》（東京）に駐在し、必要あるときはすぐ各地に派遣される。京都に千四人、大阪に八百十五人、残りの一万人は全国に散らばっている。警察の費用は年に四〇万ポンドを超える。秩序を維持するにはこれで充分である。ふつうの警官の給料は月給六円から十円である。日本の役所はどこでも、非常に大量に余計な書類を書くから、警察に行ってみても、いつも警官は書き物をしている。書いてどうなるのか私には分からない。警官はとても知的で、紳士的な風采の青年である。内陸を旅行する外国人はたいへん彼らの世話になる。私は困ったときはいつも警官に頼む。彼らは、いくぶん威張った態度をとりたがるけれども、きっと助力してくれる。しかし旅行の道筋についてだけは、彼らはいつも、知らない、とはっきり言う。

全体として、私は他のいかなる日本の町よりも久保田が好きである。たぶんこの町が純日本的な町であり、また、昔は繁栄したが今はさびれているという様子がないためでもあろう。私は、もうヨーロッパ人に会いたくはない。実際に、私は彼らを避けるために遠く離れたところへ行こうとしている。私はすっかり日本人の生活に慣れてきた。このように一人ぼっちの旅を続けた方が、ずっと多く日本人の生活を知ることができるのではないかと思う。

第二十三信

久保田にて　七月二十四日

私はまだ当地に滞在している。町が魅力的であるためばかりではない。雨が止むことなく降り続け、実に「長雨と大水の災害」が来そうな天候だからである。次々と旅行者が来て、道路が通れなくなったとか、橋が流されたという話をする。伊藤はよくおもしろいことを言って私を笑わせる。私が学校と病院を訪れた結果として、日本に対する私の認識が改められたにちがいない、と彼は考えている。そこで彼はいつもほらを吹く。学生たちはすべて教育ある人間や東京の住民のように、口を閉めているが、いなかの人間はみな口を開けたままであることに気がついたか、と私にたずねた。

私は近ごろ伊藤についてほとんど何も言っていないが、日毎に彼を頼りにしているように思う。情報を得るためばかりでなく、実際に旅行をやってゆくためである。夜になると彼は、私の時計と旅券、私の金の半分を預かる。もし彼が夜中に逃亡したら私はどうなることだろうかと、ときどき考える。彼は決して良い少年ではない。彼は私たちの考えるような道徳観念を持っていない。彼は外国人を嫌っている。彼の態度は実に不愉快なときが多い。それでも私は、彼よりも役に立つ召使い兼通訳を雇えたかどうか疑わしい。東京を出発するとき、彼はかなりうまい英語を話した。しかし練習と熱心な勉強によって、今では私が見たどの通訳官よりもうまく話せるようになっている。彼の語彙は日毎に増している。彼は単語の意味を覚えると、決して不正確に使用しない。彼の記憶力はたしかである。彼は日記をつけ、英語と日本語と両方を書きこむ。それを見ると、非常に苦労して物事を観察していることが分かる。彼はときどき日記を私に読んで聞かせる。彼のように旅行の経験の多い青年から、この北国で新奇に感じたことを聞くのはおもしろい。彼は宿泊帳と運送帳をもっていて、請求書と受取書をすべて書きこんである。彼は毎日あらゆる地名を英語の文字に直し、距離や、輸送と宿泊に払った金額を書きこむ。

彼は各地で、警察や駅逓係からその土地の戸数や、その町の特殊の商業をたずねて、私のためにノートに記しておく。彼は非常な努力を払って正確に記録しようとする。不正確な情報のときには、「確かでないなら書きこむ必要はありません」と言う。彼は決して遅くならず、怠ることもなく、私の用事以外は夕方に外出することもない。酒には手を触れず、言うことに従わぬことは一度もない。同じことを二度言ってやる必要もなく、いつも私の声の聞こえるところにいる。彼は同じことを如才なく繰り返し、すべて自分自身の利益にしようという意図を隠さない。彼は給料の大部分を、未亡人である母に送る。「この国の習慣です」と言う。残りは菓子や煙草に使ったり、しばしば按摩にかかるのを楽しみにしているようである。

彼が、自分の目的をかなえるためなら嘘もつくし、私に見られないならとことんまで上前をはねていることは、疑いない。彼は、悪徳の楽しみ以外には、やる気もないし知ってもいないようだ。彼は、いかなる宗教ももっていない。彼は、今まで外国人とあまりにも交際があったから、どの宗教も信ずる気になれないのであろう。彼の率直な言葉は、人を驚かせるものがある。どんな話題についても、彼は遠慮というのを知らない。彼のこの欠点のために、かえって私は、いろいろなことをありのままに知ることができたと思う。彼の前の主人のことは別として、彼は男や女の美徳をほとんど信じない。日本が外国人の発明したものを利用するのはよいことだ、と彼は思っている。外国もそれと同じほど日本から学ぶべきものがあるし、やがて日本は外国との競争に打ち勝つであろう、と信じている。なぜなら、日本は価値あるものをすべて採用しキリスト教による圧迫を退けているからだという。愛国心が彼のもっとも強い感情であると思われる。スコットランド人やアメリカ人は別として、こんなに自分の国を自慢する人間に会ったことがない。彼は片仮名も平仮名も読み書きできるので、無教育者を軽蔑する。彼は外国人の地位や身分に対して、少しも尊敬も払わないし価値を認めないが、日本の役人の地位身分に対しては非常に重きを置く。彼は女性の知能を軽蔑するが、素朴な茶屋の女に対しては町育ちらしくふざける。

彼は一番良い英語を話したがる。その言葉は俗語だとか、「ふつう《コモン》」の言葉だと言うと、彼はその語を使うのをやめる。ときどき、天気が良くて万事好調にいっているとき、彼は上機嫌で話好きになり、旅をしながらよくしゃべる。数日前に、「今日はなんて美しい日でしょう」と言うと、すぐ彼は手帳を手にとって、「美しい日、とおっしゃいましたが、たいていの外国人が言う、おそろしく良い天気だ、よりも良い英語ですか」ときいた。私がそれは「ふつう《コモン》」の英語だ、というと、彼はその後しばしば「美しい《ビューテフル》」という言葉を使った。また「質問をするとき、いったいそいつは何だ、と他の外国人が言うのですが、あなたは決して言いませんね。男はそう言ってよいが、女はそう言ってはいけないというのですか」。そこで私が、それは男性も女性も使うのはよくない、それはごく「ふつう《コモン》」の言葉だ、と答えると、彼は自分の帳面からその語を消してしまった。初めのうち彼は、いつも男のことを「やつ《フエロウ》」と言った。「あなたのクルマをひくやつは一人にしますか二人にしますか」とか、「やつらと女たち」というふうに。ついに彼は当地の病院の主任医師のことを「やつ《フエロウ》」と言ったので、私は、その語は少し俗語的であり、少なくとも「口語体《コロウキアル》」であると彼に教えた。それから二日間、彼は男と女のことを言うときには慎重である。今日彼は眼にひどい炎症を起こしている少年を連れてきて私に会わせた。それを見て私は「かわいそうに！《プーア・リトル・フエロウ》」と叫んだ。すると夜彼は言った。「あの少年をフェロウとおっしゃいましたが、それは悪い言葉だと思います」。横浜の多くの外国人の習慣のために、言葉の使い方が正しいか間違っているかを区別することが——たとえ彼が少ししか区別しなかったとしても——消えがちとなる。彼は、酔った人を見た、と私に言いたいときには、「英国人のように酔っぱらったやつ」といつも言う。日光で私が彼に、日本で男子は何人合法的な妻をもてるかをきいたら、「合法的な妻は一人だけで、養えるだけの数の他の妻《メカケ》をもてる——ちょうど英国人と同じように」と答えた。彼は、間違いを訂正することを決して忘れない。それは俗語だと注意するまで、彼は酩酊した人を「ぐでんぐでん《タイト》」といつも言っていた。彼に「酔った《チプシー》」「酔っぱらった《ドランク》」「酩酊した《イントキシケイテッド》」という語を教えると、彼はどの英語が書く場合によいのかときいた。それ以来いつも彼は「酩酊した《イントキシケイテッド》」人と言うようになった。

当然ながら彼は大都会が好きで、私が好きな「未踏の地」を選ぼうとするのを避けさせようとする。しかし、私の決意が動かないと知ると、議論の最後に、いつも同じ文句を言う。「もちろん、あなたのお好きなように。どうせ私にとっては同じことです」。私は彼が少しでも私を欺すとは思わない。食事、宿泊、旅行の費用は二人で一日に約六シリング六ペンスである。滞留するときは約二シリング六ペンスである。それには祝儀や臨時費がすべて含まれている。なんと食事と宿泊は、茶、米飯、卵、水を入れた銅盥《たらい》、行灯《アンドン》、家具のない部屋だけである。というのは、どの村にも鶏はたくさんいるが、それを殺すというと、人々はいくらお金を出しても売ってくれない。しかし卵を生ませるために飼うのであれば、喜んで売ってくれるのである。伊藤は毎晩のように、私のために肉食品を手に入れようとして失敗した話をしては私を楽しませてくれる。

今度の旅行は、今までのうちで最も「横木に載せて運ばれる」(一種の私刑)のに近いものである。私は、今までもう七十六頭もの恐ろしい馬にばかり乗ってきた、というよりも、腰を下ろしてきたと言った方がよいだろう。その馬は、みな躓く。腰部の方が肩部よりも高い馬がいる。だから、乗っている人は前の方にずれてゆく。しかも背骨が隆起している。後脚は、先端が細くなって、まくれ上がり、子馬のときから重い荷物を運ぶので、後脚がすべて外側に向いている。同じ原因で、足つきもよろよろ歩きだし、しかも馬沓は具合が悪いので、ますます歩きぶりがひどくなる。夏に食べるのは主として草の葉で、大豆を潰して湯で溶いた飼料を加えたものである。寝るのは藁の上ではなく、草の葉の床である。馬小屋で馬の位置は逆で、尾があるべきところで頭が繋がれている。飼料は飼葉桶に入れてなくて、ぶらぶら吊るしてある手桶の中にある。日本のこの地方で用いられる馬は、十五円から三十円の価である。馬に荷物をのせすぎたり、虐待するのを見たことがない。馬は、蹴られることも、打たれることもない。荒々しい声でおどされることもない。馬が死ぬと、りっぱに葬られ、その墓の上に墓石が置かれる。疲れきった馬の死期を早めてやった方がよさそうなものだが、ここは主として仏教を信ずる地方であり、動物の生命を奪うことに対する反発は非常に強い。

第二十四信

久保田にて　七月二十五日

とうとう天候回復の兆候が見えてきたので、明日は出発しようと思う。ちょうどこの文を書いたとき伊藤がやってきて、隣の家の人が私の担架式ベッドと蚊帳《かや》を見たいと言う。そして例の如く海草（熨斗こんぶ）をつけた菓子を一箱送ってきてあった。海草は贈り物のしるしである。日本人は、自分たちが漁業民族の子孫であると信じている。彼らはそれを誇りとし、恵比須《エビス》という漁師の神は、家の内に祀る神のうちでもっとも人気のある神の一人である。ふつうの人に贈り物をするときには海草を一片つけてやり、天子《ミカド》への献上品には乾かした魚の薄皮（熨斗鮑）をつけるというのは、この民族の起原を示すもので、同時に素朴な勤勉の尊厳を象徴している。

もちろん私は訪問者を受け入れることに同意した。温度は八四度もあるのに、五人の男と二人の少年、五人の女が、私の小さくて天井の低い部屋に入ってきた。三度平身低頭してから畳の上に坐った。明らかに彼らは、午後をこの部屋で過ごそうと思ってやってきたのである。お茶や菓子の盆が回され、煙草盆《タバコボン》が出され、私が伊藤に前もってふつうの礼儀作法をそのままきちんと守ってくれるように言ってあったので、彼らはみな煙草を吸った。彼らは、このような「尊敬すべき《オナラブル》」御旅行の方に会うことができて感謝する、と言った。私はまた御国を多く見ることができたことを感謝した。そして私たちはみな深々と頭を下げた。次に私はブラントンの地図を床の上にひろげ、私の旅行のコースを示した。彼らに『アジア協会誌』を見せて、上から下へではなく、左から右へ読むのだと説明した。私の編み物や上等の毛糸編みを見せると、彼らはそれに驚嘆した。ほかに私は何もすることがなかった。すると彼らは私をもてなそうとした。彼らの訪問の真の目的は、私に「神童」を紹介することだった。彼は四歳の少年で、頭は上に一房だけ髪を残し他はすべて剃ってあり、異常な思考力と沈着さをうかがわせる顔をしており、年配の人のように堂々と落ちついていた。彼は緋色の絹の袴《ハカマ》をつけ、紺色の縞の着物を着ていた。優美に扇子を使いながら、他の人々と同様に、賢そうな眼つきで礼儀正しくすべてのものを眺めていた。もし彼に子どものような話をしたり、おもちゃを見せたり、嬉しがらせようとしたら、それは侮辱であろう。彼が読み書きや歌をつくるのは、自学自習による。彼は一度も遊ぶことはなく、ちょうど大人と同じように何事も分かるのだ、と父親は語った。私がこの少年に何か書いてくれと頼んでもらいたがっている様子だったので、私はその通り頼んでみた。

それはおごそかに行なわれた。赤い毛布が床の中央に敷かれ、その上に漆塗りの硯箱が置かれた。少年は硯の水で墨をすり、五フィートの長さの巻紙を四本開き、その上に九インチの長さの漢字で書いた。きわめて複雑な文字であったが、筆の走りもしっかりとして優美であった。ジョットー（イタリアの画家）が円形を描くときのあのすらすらと的確な筆捌きがあった。彼は署名して朱肉の印を押し、三度お辞儀をして、書く仕事は終わった。人々は彼に掛物《カケモノ》や看板を書かせる。その日も十円《約二ポンド》謝礼をもらったという。父親は彼を京都《キョート》まで連れて行って、十四歳未満の子どもで彼ほどうまく書道のできるものがいるかどうか調べたい、と言った。私はこれほど大袈裟な子ども崇拝の例を見たことがない。父も母も、友人も召使いも、彼を王侯貴族のように待遇している。

宿の主人はたいそう親切な人で、私を彼の姪の結婚式に招待してくれた。私はそこから今帰ってきたところである。彼自身は三人の「妻」をもっている。一人は京都の宿屋に、一人は盛岡に、もう一人の一番年若いのが彼と一緒にここに住んでいる。彼女は無限と思われるほどの着物の貯えの中から私に合いそうな着物を選んでくれた。黄色がかった緑色の絹クレープの下着、色の濃い柔らかくて緑色の縞のある絹の着物で、それには白いクレープの折り目がつき、襟には金紗をつけ、帯は黄緑色の絹糸を撚ったもので、あちらこちらに金の家紋がついていた。私は宿の主人とともに出かけたが、伊藤は招待されなかったので残念がっていた。彼がいないと私は五官の一つがもぎとられたようなもので、帰って来るまでなんの説明もきくことができなかった。

儀式は、私が今まで作法の本で読んだ結婚式の式次第とは違っていた。しかし、それは士族《サムライ》階級の結婚式であり、この場合の花嫁と花聟は、裕福な商家の子女ではあったが平民《ヘイミン》階級に属しているからである。

この場合に、嫁入り道具と家具は朝早く花聟の家に送られてきていたので、私は許されてそれを見に行った。金の刺繡をした帯が数本、着物をつくるための錦織の絹が数本、絹クレープが数本、仕上げた着物が多数、白絹一本、酒が数樽、調味料が数種あった。日本の女性は宝石をつけない。

家具には二個の木枕があり、りっぱな漆塗りで、その一つには化粧の簪が入っている引き出しがついていた。それから数枚の木綿蒲団、二枚のとてもきれいな絹蒲団、数枚の絹座蒲団、漆塗りの裁縫箱、糸車、漆塗りの飯櫃としゃもじ、飾りのついた鉄瓶二個、いろいろな台所用品、青銅の火鉢《ヒバチ》三個、煙草盆《タバコボン》二個、いくつかの漆塗りの盆とお膳《ゼン》、瀬戸物の湯わかし、茶瓶、茶碗、漆塗りの飯椀、青銅の盥《たらい》二個、手拭い数枚、竹のかもじ、象眼された漆塗りの飾り棚があった。品物はとてもりっぱなものばかりであるから、両親はきっと裕福な人にちがいない。厳格な作法に従って酒が送りこまれる。

花聟は二十二歳、花嫁は十七歳で、非常にきれいである――彼女が豊富に塗りたくっている白粉を通して見たかぎりでは。夕方近く彼女は乗り物《ノリモン》によって花聟の家に送られてくる。彼女の両親や友人が付き添い、行列の人はみな提灯《ちょうちん》をもっている。宿の主人と私が着いたとき、結婚式に参列する人々は、みな大きな部屋に集まっていた。花聟の両親と友人たちは一方に坐り、花嫁の側の人々は反対側に坐っていた。非常に美しい着物を着た二人の若い少女が、花嫁を案内してきた。花嫁は愛嬌のある顔をしていて、まったく白い絹の服装だけで、頭から足先まで白い絹のヴェールでおおっていた。花聟はすでに奥の方に近い部屋の中央に坐っていたが、彼女を迎えるために立つこともせず、眼をじっと下に向けていた。彼女は彼の向かい側に坐ったが、決して顔を上げなかった。前に小さなテーブルが置かれて、その上には飲み口が二つあるやかんがあって、酒がいっぱい入っていた。また徳利と盃がいくつかのせてあり、もう一つのテーブルには、松の木と花を咲かせている梅の木を小さくかたどったもの、亀の上にのった鶴をかたどったものがあった。後者は長寿を象徴し、前者は女性の美しさと男性の力強さを示す。まもなく、ご馳走をのせたお膳が各人の前に出されて、祝宴が始まった。宴は賑やかになったが、これは人々がご馳走に満足していることを意味する。

ここまでは前座にすぎない。やがて先ほど花嫁を案内してきた二人の少女がお盆をもって回る。その上に酒をついだ三個の酒杯があり、各人は盃の底の福の神のところまで飲み干すことになっている。

次に花嫁と花聟はいったん退席したが、まもなく他の礼服を着て現われた。しかし花嫁はまだ白い絹のヴェールをつけていた。これはいつかは彼女の経帷子《きょうかたびら》となるのである。古い金塗りのお盆が出され、それに三個の盃がのっていた。これに花嫁付き添いの少女二人が酒をつぎ、舅《しゅうと》と花嫁の前に出した。舅は三杯飲んで、盃を花嫁に手渡した。花嫁は二杯飲み、舅から箱に入った贈り物を受け取ってから三杯目を飲み、それから盃を舅に返した。彼はまた三杯飲んだ。次に米飯と魚肉が出された。その後に花嫁の母は二番目の盃をとって、三度酒を満たし、干した。その後に彼女はそれを花嫁に渡した。花嫁はその盃で二杯飲み、姑《しゅうとめ》から漆の箱に入った贈り物を受け取り、三杯目を飲み、その盃をこの年配の婦人にやった。彼女はまた三杯飲んだ。次に汁が出された。それから花嫁は三番目の盃から一度飲み、それを夫の父に渡した。彼はさらに三杯飲むと、花嫁はまたそれを受け取り、二杯飲み、最後に姑がさらに三杯飲んだ。もし私が努力したようにあなたも明察力をもって観察するならば、三人がそれぞれたっぷりお酒の入った盃を九杯飲んだことになるのに気がつくであろう。*

＊原注――これほど多く飲まれる酒がどういう種類のものか、私は知ることができなかった。しかしその後見苦しい酔いぶりが何もなかったところを見ると、それは軽い大阪葡萄酒か、あるいは軽いお酒だったにちがいないと思う。

この後に二人の花嫁付き添いの少女は、二つの飲み口のついたやかんを上げて、結婚した両人の口先にそれを差し出した。彼らはそれから注いで代わるがわる飲み、ついに中の酒を空にした。この最後の儀式は、人生の喜びも悲しみも共に味わうということを象徴しているといわれる。かくして彼らは、死亡か離婚かで別れるまでは決して離れることのない夫婦となったのである。

この酒を飲むということは、習慣の定めるところに従うもので、これが結婚式を構成しているように思われた。これには親戚だけが招かれる。この式の直後に披露宴の客が到着し、酒宴でその晩を過ごす。しかし食物は質素であり、幸いにも婚礼の祝宴で酩酊することは場違いとなっている。細部に至るまで作法の問題であり、幾世紀も受けつがれてきた伝統である。その点から見た式の興味を除けば、式そのものはたいそう退屈で気のめいるような沈黙の中で行なわれるので、見ていて倦きてしまう。顔を白く化粧し、唇を赤くぬった若い花嫁姿は、あやつり人形のように動いて見えた。

第二十五信

鶴形《つるがた》にて　七月二十七日

三マイルにわたり、りっぱな道路は、歩いたり人力車に乗ったりした久保田の人たちで半分近くも混雑していた。馬にひかれる赤い荷車、二人連れで人力車に乗っている警官、背に負われてゆく何百人という子どもたち、さらに何百人も歩いている。緊張した顔やおませな顔をした小さな女の子たちは、深紅のクレープや花で髪を飾り、高下駄を履いて疲れたようにびっこをひいて歩いて行く。男や女の群れは決して混じることはない。餅菓子を売って大繁昌の屋台もあり、店の女は買い手が食べるのに遅れず手早く餅をつくっている。広々とした水田が緑の海のように右手に続いている。左手には青緑色の水を湛えた海がある。久保田の灰色の屋根の波が、緑に囲まれて浮かんで見える。深い藍色をした太平山が、南の視界を遮っている。すばらしく上天気で、夏の太陽はすべてに光を注いでいる。これらは私が今まで日本で見た中で最も陽気でお祭りらしい光景となっていた。男も女も子どもも、荷車も人力車も、警官も乗馬者も、今祭りをやっている港へみな急いでいる。港は久保田の荷揚げ港で、このみすぼらしい町では神明《シンマイ》（天照大神）という神の誕生日を祝って祭りをしている。低い灰色の家屋の上に聳えているものがあった。初めのうちは五本のものすごく大きな指に見えたが、やがて枝を黒い布でおおわれた樹木のように見えた。それから——後は何に似ているのか分からなくなった。それは謎であった。

人力車がそれ以上進めなかったので、私たちは車から降りて群集の中にわけ入った。群集は狭い通りの中をぎゅうぎゅう押しあっていた。貧弱な茶屋や店先の並ぶあわれな街路ではあったが、人があふれて街路そのものは見えないほどだった。町中ぎっしり提灯が並んでいた。蓆《むしろ》を敷いた壇を支えている粗末な桟敷がかけてあり、壇の上で人々が、茶や酒を飲みながら、下の群集を眺めていた。猿芝居や犬芝居の小屋があり、二匹の汚い羊と一匹のやせ豚を、群集が珍しそうに見ていた。日本のこの地方では、これらの動物は珍しいのである。三十分ごとに女が観客に首を切らせる小屋もあった。料金は二銭。神社のような屋根をつけた車の行列があって、四十人の男たちが綱で引いていた。その上で上流階級の子どもたちが踊りをしていた。正面の開いている劇場があり、その舞台には昔の服装をした二人の男が長い袖を下まで垂れて、退屈になるほどゆっくり古典舞踊を演じていた。これは退屈なしぐさで、主として長い袖をたくみに動かし、ときどき強く足を踏み、ノーという言葉をしわがれ声で叫ぶ。もちろん外国婦人の存在が祭りの人々の注意をひかないわけはなかった。子ども崇拝は猛烈なもので、あらゆる種類のお面や人形、いろいろな姿に固めた砂糖、玩具、菓子類が、地面に敷いた畳の上に売り物として並べられている。日本では、どんな親でも、祭りに行けば子どもに捧げるための供物を買うであろう。

警察の話では、港に二万二千人も他所から来ているという。しかも祭りに浮かれている三万二千の人々に対し、二十五人の警官で充分であった。私はそこを午後三時に去ったが、そのときまでに一人も酒に酔っているものを見なかったし、またひとつも乱暴な態度や失礼な振舞いを見なかった。私が群集に乱暴に押されることは少しもなかった。どんなに人が混雑しているところでも、彼らは輪を作って、私が息をつける空間を残してくれた。

私たちはもっとも混雑しているところへ出かけた。そこは大きな山車《だし》が二つあって、私たちは先ほどその巨大な建造物を遠くから眺めたのであった。三〇フィートも長さのある重い梁《はり》を組み立てたもので、中身のしっかりした巨大な車輪が八個ついていた。その上にいくつかの櫓が建てられ、突出物があった。それは杉の枝の平らな表面に似ていた。上端には不揃いの高さの特殊な山が二つあった。全体は地面から五〇フィート近くあった。これらの突出部はすべて黒い木綿の布で包まれ、そこから松の枝が突き出ていた。まん中には三つの小さな車輪が上下に重なっていて、その上を縞のように白布が絶えず波うっていて、瀑布を象徴していた。底部には別の白布が並べてあって川を示し、青い布は下からふいごでひらひら揺らせて海をあらわしていた。全体が山をかたどり、神々が悪魔を打ち殺すさまをあらわしていた。しかし私は、これほど粗末で野蛮なものを見たことがない。どの山車《だし》の前部にも、幕の下で三十人の演技者が悪魔のもつような楽器を手にし、実に地獄的な騒音で、あたりの空気をふるわせていた。それは、征服者である神々よりもむしろ悪魔を暗示した。高く上に押し出してある台には、奇怪な姿の集団がいくつかあった。一つの台には、寺院の仁王《ニオー》によく似た巨人が真鍮の鎧をつけて、うす気味悪い鬼を殺していた。ある台には大名《ダイミョー》の姫が、豊かな花模様の繻子の袖をつけた金紗の着物を着て、三味線《サミセン》をひいていた。またある台上には、実物より三倍も大きな猟人《かりゅうど》が同じく三倍も大きな野生の馬を殺していた。その馬の皮は棕櫚《しゅろ》の幹をおおう堅い毛であらわされていた。またある台上には、極彩色の神々と、同じくぞっとするような鬼がいろいろ並べられていた。これら二つの山車は、街路上を引かれて行ったり来たりしていた。引く男たちはそれぞれの車に二百人で、三時間で一マイルしか進まなかった。たくさんの男たちは、てこを使って重い車輪が泥にはまりこんでいるのを引き上げていた。この祭りは、英国の縁日や祭日、お祭り騒ぎと同じように、本来の宗教的意味を失って、三日三晩も続く。今日がその三日目で、最高潮の日であった。

私たちはおとなしい性質の馬に乗って出発した。山形県のあの獰猛《どうもう》な奴とは全くちがった馬だった。港《ミナト》から鹿渡《カド》までの間の左手に、非常に大きな潟がある。約一七マイルの長さで、幅は一六マイルである。八郎潟は、狭い水路で海と連絡し、真山《シンザン》と本山《ホンザン》と呼ばれる二つの高い丘に守られている。現在、二人のオランダ人技師が雇われていて、潟の能力について報告する仕事に従事している。もし莫大な費用をかけずに水の出口を深くすることができるならば、北西日本できわめて必要としている港をつくることができるであろう。道路に沿って、広々とした水田や多くの村々がある。この街道は、深い砂と、大分ねじり曲がった古い松の並木道である。この松並木の下を、何百人という人々が、馬に乗り、あるいは歩いて、すべての村々から港《ミナト》にぞろぞろ向かっていた。誰もが、四日も続いた雨の後のすばらしい日光を浴びながら嬉しそうであった。何百頭という馬が、赤い布で着飾り、漆塗りの馬具や網模様に房で飾った革紐をつけたすばらしい姿をしていた。多くの藁の房や綱を垂らし、鞍にはその尖ったアーチ型の頂部をつけていた。両側に荷籠がさげてあり、どちらにも二人のまじめで品のいい顔をした子どもが乗っている。ときには荷鞍の上に父親か、あるいは五番目の子が乗っている。

私はとても気分がよくなかったので、蛇川《アブカワ》というみすぼらしい村で一泊せざるをえなかった。屋根裏の部屋で、蚤が多かった。米飯はとても汚くて食べる気がしなかった。宿のおかみさんは、私と同じ畳の上に一時間も坐っていたが、ひどい皮膚病にかかっていた。このあたりではもはや壁土の家はなく、村々の家屋はみな木造であったが、蛇川村は古ぼけた倒れそうな家ばかりで、家を棒で支え、斜めになった梁《はり》は道路に突き出て、うっかりすると歩行者は頭を打つほどであった。

向かい側には村の鍛冶屋があったが、その主人は堂々たる体軀の持ち主でもなく、私たちが子どものころタッテンホール（著者の育った英国チェシャ州の村）の鍛冶屋で楽しく見ていたあのすばらしい火花の散るところは見られなかった。床には粉炭の火があり、傍ではやせてうす汚れた小僧が絶えず炭をつぎたしている。もっとやせてうす汚い男が、塵よけ眼鏡と帯をつけて、いつもその前に坐り、足先を使ってふいごで風を送りながら鉄の棒を火に入れたり、両手を使って鎚でたたいたりする。その鎚音は夜おそくまで続いた。鉄棒やさびた鉄器がすすけた壁にかかっている。ひまな男たちが彼の熟練した手さばきをじっと見ている。これが蛇川の村の鍛冶屋の光景であった。私の家の前には裸同様の姿をした村中の人々が口を開けたまま黙ってじっと見つめながら一晩中立っていたけれども、私は縁側から鍛冶屋の光景に見とれていた。

朝早く、同じ憂鬱な顔をした群集が現われた。暗い小雨はものすごい大雨となり、十六時間も続いた。この日の旅行で見たものは、低い山と広々とした水田の谷間、ひどい道路と美しい村々、多くの藍草で、通行人はほとんどいなかった。人々は水田で二番目の草とりをしていた。盛岡《モリオカ》や他のいくつかのこの地方の村々で気がついたことは、大きくて高くしっかり造られた家が、土手で囲まれ、金持ちの家らしく見えるときには、その家はかならず酒を醸造するところであるということである。看板を見ると、酒を売るばかりでなく、酒を造っていることが分かる。酒屋の看板には多くの種類があって、長年使い古した樅のうす汚い小枝から、常に新しく取りかえられる元気のよい松の枝までいろいろある。英国で、昔、酒屋の看板であったのは同じように蔦の枝であったのもおもしろい。

その日の午後の風と雨は、恐ろしいほどであった。私は馬に乗ることができなかったので、数マイルほどとぼとぼ歩いて行った。松並木の下を、一フィートも深い水の中を歩いて通った。油紙の雨外套もずぶ濡れとなり、豊岡《トヨオカ》に着いたときは、身体中がほとんど水に浸り、とても寒かった。清潔な二階に上がり、火鉢にあたりながら震えていた。水の滴る衣服を吊るしておいたが、翌日は、それが乾かぬうちに着なければならなかった。朝の五時までには豊岡の人はみな集まってきて、私が朝食をとっているとき、私は家の外のすべての人々の注目の的となったばかりでなく、土間《ドマ》に立って梯子段から上を見上げている約四十人の人々にじろじろ見られていた。宿の主人が、立ち去ってくれ、というと、彼らは言った。「こんなすばらしい見世物を自分一人占めにしているのは公平でもないし、隣人らしくもない。私たちは、二度とまた外国の女を見る機会もなく一生を終わるかもしれないから」。そこで彼らは、そのまま居すわることができたのである！

第二十六信

大館にて　七月二十九日

背骨がとても痛かったので、この数日は、毎日七マイルか八マイル以上旅行することができなかった。それでもやっとであった。自分の鞍を使ってみたり、荷鞍に乗ってみたり、泥の中を歩いたりする。しかし私は、進まなければならないから先へ進むだけである。夜の宿泊地に到着すると、すぐに横になって休まなければならない。北日本を旅する人は身体の丈夫な人に限る。疲労はやむをえないが、天候が悪いのでそれが倍加される。もちろん、この地方に対する私の印象も、それに影響を受けないわけにはゆかない。灰色の霧雨やずぶ濡れの雨で泥まみれになっている村落は、明るい日光に照らされているときよりもはるかに楽しいものではない。このような気候は今まで三十年間になかったという。雨はものすごいものであった。私は雨外套を着ているのに、ずぶ濡れの衣服をつけて旅行してきた。この数日間はあらゆる防水の覆いをかけてもずぶ濡れになる担架式ベッドに眠らなければならなかった。それでも天候は一向に回復の兆しが見えない。北国の道路をよこぎる河川は水量が増して通行できなくなり、痛みのためもあるが、嵐のために当地に閉じこめられている。伊藤がひどくむっつりして私に対する同情を示している。もっとも彼はたいそう物分かりのよい人のようなことを言った。「たいそうお気の毒ですが、何度同じことを言っても仕方がありません。私は何もしてあげられないのですから、盲目の按摩さんでも呼んだらどうですか」。

日本の町や村では、晩になると毎日のように、男の人《あるいは人たち》が歩きながら特殊な笛を低く吹く音を聞く。大きな町では、この音がまったくうるさいほどである。それは盲目の人が吹いている。しかし盲目の乞食は日本中どこにも見られない。盲人は自立して裕福に暮らしている尊敬される階級であり、按摩や金貸しや音楽などの職業に従事している。

●蓑笠姿（著者自身のスケッチ。ただし，顔は若い日本人の女に似せてある）

豊岡からの旅は実にきびしかった。その日の雨はやむことなく、吹きつける霧のために、眼に見えるものは地平線上にぼんやりかすむ低い丘陵、松林のやせ地、雑木林、水のあふれた稲田だけで、ところどころ道路に沿って村落があり、そこは一フィートの深さの泥沼になっており、そこの人たちの着ているものは、特にぼろぼろで汚かった。士族《サムライ》の村である檜山《ひやま》は例外であった。そこは美しい傾斜地にあった。家は一軒建てで、美しい庭園があり、深い屋根の門がつき、庭先は石段になっていて草木が植えてあった。洗練されて静かな暮らしを楽しんでいるように見えた。どこでも藍草が多く栽培してある。下層階級の人々の着物はほとんどすべてが紺色であるから、藍草をつくることが必要なのである。ある大きな村の近くの水田の間の土手道を、伊藤を前にして馬に乗って進んでいたが、そのとき学校帰りの多くの子どもたちに出会った。彼らは私たちに近づくと、あわてて元の方へ逃げだした。中には溝の中に落ちこむ者もあり、金切り声をたてながら逃げて行った。馬子《マゴ》が追いかけて、いちばん後ろの少年を捕らえて、ひきずるようにして連れてきた。少年はびっくりして、手足をばたばたさせていたが、馬子は笑っていた。少年の言葉から察すると、伊藤は猿回しで、私が大きな猿であり、私のベッドの棒は舞台を組み立てるものだと思いこんでいる！

雨と泥をはねながら進んでゆくと、富根《トビネ》の人々は、大雨で川が増水したために渡し舟はすべて通らなくなったから留まった方がよい、と言った。しかし私は今まで間違った報告で迷わされたことが多かったので、新しく馬を手に入れ、非常に美しい山腹に沿っている山道を進んだ。そこからは米代川《ヨネツルガワ》を見下ろせた。大きな川で増水しており、海に近づくと全地域にひろがっていた。滝のような雨がなおも降っていて、戸外の仕事はすべて中止となっていた。乾かすために軒端に吊るしてある蓑から水が滴り落ちていた。私たちの油紙の雨外套もびしょ濡れとなっており、私たちの馬は水を滴らせながら身体から湯気を立てていた。このように私たちは、険しい坂道を辿るようにして下りて、切石《キリイシ》という村に入った。ここは三十一戸の村落で、林の茂った山腹の柿の木の下に家屋が並んでいた。どの家も泥水の中に立っていて、みじめで汚らしく見えたので、五分間の休息を頼む気にはなれなかった。はたせるかな、川の土手まで来ると、たっぷり四〇〇ヤードもある川は、静かに不気味な音を立て、水車を動かす流水のように渦巻きながら流れていて、役所から人馬の渡河禁止の命令が出ていた。私が物を考える隙もなく、馬子《マゴ》は早くも荷物を泥水の中の小島に置いて、丘に上がってしまった。政府の温情主義も、もう少しいい加減にしてくれればよいのに、と思った。

ちょうど折よく、向こう岸に小舟が下ってゆく姿を見つけた。舟は岸にとまって男を一人陸に上げた。伊藤ともう二人の男は、叫んだり大声をあげたり手を一生懸命に振って注意をひこうとした。嬉しいことに、烈しく音を立てて流れる川の向こうから返事の叫び声が聞こえてきた。激流は非常に烈しくて、船頭は向こう側に棹を立てて半マイルほど流されながら舟をこぎよせ、約四十五分かかってこちら側に着いた。彼らは小繋《コツナギ》に戻るところで、そこは私たちが行きたいと思っていた目的地であった。二マイル半しか離れていなかったが、私が今まで見た男の仕事のうちでもっとも烈しい働きの結果、四時間近くかかって、やっとそこに着いた。私は、今にも彼らが血管か筋肉の腱を破裂させてしまうのではないかと、はらはらし通しだった。彼らの筋肉は、疲労で震えていた。大きな川で、深さは八フィートから一二フィートもあり、泥の渦を巻きながら流れていた。ときどき彼らが全力をあげて棹をさしているとき、今にも棹や背骨が折れてしまうのではないかと思われ、舟は一時に三分か四分もそのままじっと震えながら進まぬこともあった。この数日は遅々として何事もない旅行であったから、これはスリルのある輸送であった。上手《かみて》には水浸しの林があり、男たちはこの中に入って樹木を引っぱってかなりの手助けをした。しかしこの先で、他の川が米代川《ヨネツルガワ》に合流し、さらに力を増して一層烈しく音を立てて流れていた。

私は、反対側のはるか上手にいる大きな屋形船を長い間じっと見ていた。半マイルほど離れたところにさしかかったと思うところ、その船は激流のために舵をとられ、あっという間にくるくる回り、木の葉のように流されて川を下り、私たちの舷側にぶつかろうとした。私たちの舟は、川の流れが強くて身動きできなかった。すぐ左手には大きな樹木があり、向こうの船に衝突されて粉々になってしまうのではないかと一瞬はらはらした。伊藤は恐怖で顔が土色となった。そのぎょっとした蒼白な顔が、かえって私にはこっけいに思えた。というのは、あわれな家族たちを乗せている屋形船に危険が迫っていることとしか私は考えていなかったからである。ちょうどその船が私たちの舟から二フィートのところに来たとき、樹木の幹に当たって、わきにそれた。そのときその船頭たちは、首のない幹をつかんで、大綱をそれにぐるぐる巻き、八人が次々にそれにぶら下がった。途端に幹はぷっつり切れて、七人が後ろに落ち、前の一人も流れに落ちて、姿は見えなくなった。その晩は、どこかにわびしい家庭があったことであろう。その船はぶざまによろよろしながら下方に流れていったが、その大きなマストと帆桁が木にひっかかり、船の流れをとめたので、ようやく船を木に繋ぎ止めることができた。それは胸が痛くなるような出来事であった。危険に陥ったときにどんな気持ちであったか、と伊藤にたずねてみたら、伊藤は「私は、母親にやさしい子であったし、正直者だから、きっと良いところへ行けると念じていました」と答えた。

船の形は、河川によっていろいろと異なっている。この川では二つの型がある。私たちの船は小型で、平底船である。長さ二五フィート、幅は二フィート半。水面上がたいそう低く、両舷が少し内側に曲がっている。船首は非常に高く、船の胴体から徐々に長い曲線を描いている。

夕闇が迫ると、霧雨も晴れて、絵のように美しい姿をした地方が見えてきた。小繋《コツナギ》の近くになると、松や杉の林で暗い山々が険しくそばだち、その間に挟まれた狭い峡谷の中に川が入って行き、見えなくなってしまう。川を渡るためには、目指す地点の上流へ一マイルたっぷり行かねばならなかった。そこから大至急で数分かかって向こう岸の船着き場に着いた。そこは暗い森の中の深くて骨の折れる泥水で、私たちはそこのひどい道を手さぐりで進み、やっと宿屋に来た。深い霧が出てきて、雨はまたも大降りとなった。暗い土間《ドマ》は、足首まで深いぬかるみであった。台所《ダイドコロ》は天井がなく、屋根や垂木は煤《すす》で黒かった。囲炉裏《イロリ》の燃えている火を囲んで、十五人の男や女、子どもが、暗く灯っている行灯《アンドン》の灯火の傍で何することもなく横になっていた。ここはたしかに絵のように美しかった。奥の方の暗くぼんやりしたところにりっぱな襖《フスマ》が出されると、大名《ダイミョー》の座敷が現われたようで、私は充分に満足な気持ちになった。部屋は濡れている庭園に面し、雨は一晩中しぶきをあげて降っていた。

この日の旅行で唯一の収穫は、一本のすばらしい百合の花であった。それを宿の主人にあげたら、朝になると神棚《カミダナ》の貴重な古薩摩《サツマ》焼の小さな花瓶の中で咲いていた。私がぐっすり眠っているところへ伊藤が入ってきて私を起こした。彼は旅行者から聞いた噂を告げるために来たのだった。首相が暗殺され、五十人の警官が殺されたという。《後に私が北海道《エゾ》に着いたときに知ったのだが、近衛部隊の一部が反乱したのを、誤って伝えたものであろう》。このように都から遠く離れたところでは、実にばかげた政治的伝聞が広まるのである。この十年間の政治的大変動や、最近の首相の暗殺の後は、農民たちが現在の政治体制を信用していないとしてもふしぎではない。私はその噂を信用しなかった。熱狂主義というものは、いかに烈しいときでも、ある程度は常識の線にそわなければならないからである。しかし、当然ながら私は日本の情勢に深い関心をもつようになっているから、その噂を聞いて不安になった。数時間後に伊藤はふたたび姿を見せたが、こめかみを切って血が出ていた。日本人の夜分の悪い習慣だが、煙管《キセル》に火をつけようとして火鉢の端に頭を打ったという。私は非常の場合に備えて、いつも日本の着《キ》物《モノ》をつけて眠るから、すぐさま彼の頭に包帯をしてやり、また眠ったが、翌朝早く豪雨の音で眼がさめた。

早く出発したが、道路は悪く、ぐずぐず遅れるので、ほとんど進まなかった。一日中大雨が止むことなく降った。道はほとんど通行不可能で、私の馬は五回も倒れた。私は苦痛と疲労がひどくて、海辺まで行きつくことはとても駄目かとほとんど絶望するほどであった。このような田舎では、駕籠《カゴ》も乗り物《ノリモン》も手に入らなかった。駄馬だけが唯一の輸送機関であった。昨日私は自分の鞍を捨ててしまったので、不幸にも荷鞍に乗らざるをえなかった。その鞍の背は特に角《かど》ばり頑固にできていて、上には久しく洗濯したこともない水浸しの座蒲団《フトン》がのっていた。円材も索具も、馬の背も凹みも、全くしゃくにさわるものばかり。馬が腰をつかって山を辷り下りるときに摑まるように二本の輪縄があったが、山を下るとき馬は躓いたり跳びあがったりしたので、私はもう少しで馬の尻から辷り落ちるところであった。

大雨の中でも、白い霧が去って松林におおわれた山の峰がちょっとでも見えてくると、美しい景色となった。私たちが深い谷間に辷り下りて行くと、苔むした丸石や、地衣類におおわれた切株、絨氈を敷いたような羊歯類、ピラミッド型の杉の木の湿った良い香りがあった。その間を黄褐色の奔流が烈しく走っていた。それから、低い山々、多くの雑木林、広々とした水田、そして烈しい洪水があった。いかに美しい地方でも、荷鞍にしがみつき、身体の下の座蒲団はぐしょぐしょになって、自分の濡れた衣服から下の靴まで水がゆっくりと浸みこんでゆくのを感ずるのは、楽しいことではない。こんど休むところでは、また湿ったベッドに寝て、湿った着物に着かえ、翌朝また湿ったものを着て出発するのかと思うと、うんざりする。村々はみすぼらしく、たいていの家は板張りで、端は粗末に釘で打ちつけ、両側は粗末に縄で縛ってあった。家には窓はなく、どの割れ目からも煙が出ていた。それは南日本で旅人たちの眼に映ずるものとは違っていた。それはウイスト（スコットランド北西の島）の「黒い小屋」がケント州（英国南部）のきれいな村と似ていないと同様である。これら農民たちは、もっと家の中の暮らし方を学ばなければなるまい。次の駅の綴子《つづれこ》で、駅亭があまり汚かったので、私は雨の中を街路に腰を下ろしていなければならなかった。これから一里先にまでしか行けないという。橋はみな流され、渡し場も通行できないからであった。しかし私は馬を雇って、英国人の頑固さと馬子《マゴ》の好意により、私は馬だけ単独に荷物をつけずに小さな平底船に乗せて、増水した早口《ハヤクチ》川、岩瀬川《ユワセ》、持田川《モチダ》を渡らせ、ついに古馴染《なじみ》の米代川《ヨネツルガワ》の三つの支流を歩いて渡ることができた。激流は白い泡をとばし、人夫たちの肩や馬の荷物にふりかかった。百人もの日本人が、外国人の「愚かさ」を眺めていた。

私はどこでも見られる人々の親切さについて話したい。二人の馬子は特に親切であった。私がこのような奥地に久しく足どめさせられるのではないかと心配して、何とか早く北海道《エゾ》へ渡ろうとしていることを知って、彼らは全力をあげて援助してくれた。馬から下りるときには私をていねいに持ちあげてくれたり、馬に乗るときには背中を踏み台にしてくれた。あるいは両手にいっぱい野苺を持ってきてくれた。それはいやな薬の臭いがしたが、折角なので食べた。私は、川口《カワグチ》という美しい場所にある古い村に滞在したらどうか、と言われたが、ここはあらゆるものが湿っていて黴臭く緑色であり、緑色と黒色の溝から出る悪臭はあたりに満ちて、傍を通るときでさえも堪えられないほどであった。そこで大館《オーダテ》まで馬で行かねばならなかった。大館は人口八千の町で、半ば崩れかかった人家がみすぼらしくたてこんでいた。木の皮で葺いた屋根は石で押さえてあった。

宿屋は大雨で足どめされた旅客で満員であった。私は疲れきった足をひきずって、宿を次から次へと探した。苦痛のために身体が崩れそうであった。通りでは大群集に押され、しばしば警官が私の後をつけてきて、非常に具合の悪いときに私に、旅券を見せろ、という全く不当な要求をするのであった。長い間探して、ようやく現在のような部屋しか見つからなかった。薄紙を張った襖《フスマ》は、土間《ドマ》や台所に近く、家の中の騒音の中心となっていた。ほとんど男ばかり五十人の旅客がこの家にいて、たいてい大声で話している。分からない方言を使うので、伊藤はいらいらしている。料理、入浴、食事、最もひどいのは、きいきい音を立てながらしょっちゅう井戸から水を汲み上げていることで、これが朝の四時半から夜の十一時半まで続く。二晩とも彼らは酒を飲んで騒ぎ、芸者《ゲイシャ》はうるさく楽器をかき鳴らし、騒ぎを大きくしていた。

　近ごろはどこへ行っても「ハイ」という返事をへーとか、チ、ナ、ネなどと発音する。伊藤はこれを大いに軽蔑している。それは返事というよりは無意味な間投詞のように聞こえる。それは相手の言葉に敬意を払うか、注意して聞いていることを示すためだけに用いられることが多い。ときにはその発音は高く鋭く、喉の音となり、溜め息のようなときもある。こういう宿屋ではどんな音でも聞こえる。低くがやがやという声がまじって聞こえてくるが、特にハイ、ハイと宿屋の女中が一斉に叫ぶ声が、家のどの方角からも聞こえる。これを言う習慣はとても強いもので、朝眠っているのをハイ、ハイという声でたたき起こされる。ときには、私が伊藤と英語で話をしていると、傍にいる愚かな女中がハイと返事をすることがある。

　私は、ここの騒音の印象を、間違えて伝えたくはない。もし私が、ここときわめて似た英国の大きな宿屋にいて、五十人の英国人が紙一重を隔てて私の隣にいたとしても、ここの騒音は少なくともその三倍もあるであろう。土曜の晩に私が床について間もなく、伊藤が年老いた鶏を持って入って来て私の眼をさました。彼は、肉が柔らかくなるまでとろ火で煮るのだ、と言った。私は、それが悲鳴をあげながら殺される音を聞きながら、また眠りに入った。するとこんどは、二人の警官が来て眼をさまされた。何かわけの分からぬ理由で、私に旅券を見せてくれ、という。その次には提灯をもった二人の男が部屋に入り、蚊帳に躓いたり、這ったりして来て、別の旅客のために蚊帳がほしい、という。日本を旅行すると、このようにこっけいな出来事が多い。五時ごろ伊藤が来て私の眼をさまし、背骨の治療は艾《モクサ》に限る、と言った。どうせ私たちは一日中ここに滞在するのだから、お灸をすえる人を呼んで来ようか、と言った。私は、盲目の按摩も嫌いだが、お灸も嫌いだ、とはっきり断った。昨日一人の男がやって来て、障子の「覗き穴」に全部紙片を貼りつけたので、宿屋はとても混雑していたが、ほとんど邪魔されることがなくなった。

雨は依然として烈しく降り続けている。これから北へ向かう道筋の道路や橋の災害の噂が、刻々と伝わってくる。

第二十七信

白沢にて　七月二十九日

今朝早く、雨雲が去って、明るい青空が拭ったようにきれいに現われた。私は、川が渡れるようになる昼まで待たねばならなかった。今日の旅は、川がもっと減水するまでは遠くへ行けないので、たった七マイルである。私たちが手に入れたのは、脚をひきずった陰鬱な馬だった。私の馬子《マゴ》はほろ酔いかげんで、道中はずっと歌ったり、しゃべったり、跳ねまわっていた。酒は暖めて飲むことが多いが、そのとき人は口うるさくなるが上機嫌に酩酊する。私は今まで酔った人を多く見てきたが、少しでも喧嘩腰になるものはなかった。まもなく酔いもさめるが、二日か三日はいやな気分が残る。これは飲みすぎの戒めとなる。ビール、葡萄酒、ブランデーなどの名で知られているいやな飲物は、人を怒りっぽくさせ、二日酔いやもうろう状態をひき起こす。これらが日本に輸入されつつあり、悪影響を与えている。

太陽は燦々と輝き、山にかこまれた谷間を照らした。大館はその中にあって、くっきり美しく見える。狭い川は緑と赤の小石の上に光る水を投げかけ、円錐形の山々の間の暗闇をきらきら明るくしている。松や柏の林で豊かにおおわれた山もあれば、単に雑木林でおおわれた山もある。山々は目まぐるしく入り乱れて現われ、絵のようである。日本では、太陽が照ると、森におおわれた山、庭園のような野は天国と化してしまう。六〇〇マイルも旅をしてきたが、日の光をあびて美しくならないような土地はほとんどなかった。

私たちは五つの浅瀬を渡ったが、きびしいものであった。水は馬の胴体の半ばを浸し、ある浅瀬では流れが強くて、馬子は足をさらわれ、馬が彼を岸に引き上げた。彼は、歌ったり跳ねまわったり、身体はずぶ濡れになりながら相変わらず上機嫌に酔っていた。あらゆるものが破壊されていた。今まで一つだけだった水流が、いくつかになっていた。相当の距離の間、道路らしいものはなくなっており、一〇マイルも橋一つなかった。土地の大部分は山腹から流されてきた丸太や、根こそぎになった樹木、小石で一面におおわれていた。しかしもうこの地方の勤勉な農民たちは土を竹籠に盛って馬で運び、川の土手を作っていた。杭《くい》を打ちこみ、石をひとつなぎにして災害がまた起こることのないようにしていた。この辺では、女の農民は野良着を着ているが、それが大層うまくできているので嬉しくなる。明るい青色のズボンの上にゆるやかな上着をつけ、腰を帯でしめている。

ひどい雨の中をここに到着し、これから先は道路が通行止めとなっていることを知ったが、宿の主人と伊藤との間で口論が長く続くので当惑した。その間馬から荷物を下ろさないままであった。結論的に言えば、宿の主人は私に宿を貸すことを断ったのである。理由は、先週に警官が回ってきて、外国人がまず最初に最寄りの警察署に届けをしないうちは、宿を貸してはいけないという。この場合、警察署は歩いて三時間もかかるところにある。私は、勅令によって発行されている旅券を秋田県当局がいかなる地方規則によっても握りつぶすことはできない、と言ったが、彼は、もし規則を破ったら罰金を科され営業許可を取り消される、と言った。彼は、今まで外国人がこの白沢《シラサワ》に宿泊したことはない、と言った。そしてきっと外国人が二度と宿泊を頼むことのないように願っているに違いない。私は、旅券の写しをとらせ特別に使者を走らせてやった。私が権利を主張するあまり、このかわいそうな主人に迷惑をかけては、後で深く悔やむだろうと思ったからである。彼はびくびくしながら私に一部屋空けてくれた。部屋は一方が村に面し、一方は池に臨んでいた。部屋はあたかも蚊を招くかのように池の上に突き出して建ててあった。どうして日本人は、こんな汚い水溜まりが家の装飾になると思っているのか、私には分からない。

私の宿料は《伊藤の分も入れて》一日で三シリングもかからない。どこの宿でも、私が気持ちよく泊まれるようにと、心から願っている。日本人でさえも大きな街道筋を旅するのに、それから離れた小さな粗末な部落にしばしば宿泊したことを考慮すると、宿泊の設備は、蚤と悪臭を除けば、驚くべきほど優秀であった。世界中どこへ行っても、同じような田舎では、日本の宿屋に比較できるようなものはあるまいと思われる。

　ここでは今夜も、他の幾千もの村々の場合と同じく、人々は仕事から帰宅し、食事をとり、煙草を吸い、子どもを見て楽しみ、背に負って歩きまわったり、子どもたちが遊ぶのを見ていたり、藁で蓑《みの》を編んだりしている。彼らは、一般にどこでも、このように巧みに環境に適応し、金のかからぬ小さな工夫をして晩を過ごす。《残念ながら》わが英国民は、おそらく他のどの国民よりも、このようなことをやっていない。酒屋に人が集まっていることはない。いかに家は貧しくとも、彼らは、自分の家庭生活を楽しむ。少なくとも子どもが彼らをひきつけている。英国の労働者階級の家庭では、往々にして口論があったり言うことをきかなかったりして、家庭は騒々しい場所となってしまうことが多いのだが、ここでは、そういう光景は見られない。日本では、親の言うことをおとなしくきくのが当然のこととして、赤ん坊のときから教えこまれている。北へ旅するにつれて、宗教的色彩は薄れてくる。信仰心が少しでもあるとするならば、それは主としてお守りや迷信を信じていることである。

　日本の下層階級では、少なくとも男の場合には、低い声で話すということは、「たいそう良いことだ」とは思われていない。人々は声の限り高い声でしゃべる。たいていの語や音節は母音で終わるが、彼らの会話を聞いていると、鵞鳥などが遊んでいる英国の農家の庭先のがやがやとして雑然たる騒音を思わせる。私の隣の部屋は、大雨で足どめされた旅客で満員である。

彼らと宿の亭主は、大声で四時間も議論をかわしていた。とても重大な問題を論じているにちがいないと私は思った。私が大館で聞いたのだが、選挙による地方議会を許可するという新しい重要な法令が出たという、それを議論しているにちがいないと想像した。ところが、きいてみると、大館から能代《ノシロ》までのその日の旅が、道路で行くのがよいか川で行くのがよいか議論していたのであった。彼らはこんな問題で四時間もの長い間議論を続けることができるのである。

日本の女性は、自分たちだけの集まりをもっている。そこでは人の噂話やむだ話が主な話題で、真に東洋的な不作法な言葉が目立つ。多くの点において、特に表面に現われているものにおいては、日本人は英国人よりも大いにすぐれている。しかし他の多くの点では、日本人は英国人よりもはるかに劣っている。このていねいで勤勉で文明化した国民の中に全く溶けこんで生活していると、その風俗習慣を、英国民のように何世紀にもわたってキリスト教に培われた国民の風俗習慣と比較してみることは、日本人に対して大いに不当な扱いをしたことになるということを忘れるようになる。この国民と比較しても常に英国民が劣らぬように《残念ながら実際にはそうではない！》、英国民がますますキリスト教化されんことを神に祈る。

七月三十日――私の部屋の向かい側の部屋にはひどい眼病の男が二人いた。頭を剃り、長くて奇妙な数珠をさげて、歩きながら小さな太鼓を叩き、東京《エド》の目黒不動《メグロフドー》の社まで巡礼を続けている。不動明王は石上に坐し、火焰につつまれた偶像で、右手に抜き身の剣を持ち、左手に悪魔を縛る索を持つ。盲人に視力を与える御利益をもつという。今朝五時に彼らは勤行を始めた。南無妙法蓮華経《ナムミョーホーレンゲキョー》という日蓮《ニチレン》宗の祈禱の文句を非常な速さで繰り返し、これが高く単調な声で二時間も続いた。この祈りの文句は、日本人には誰にも分かっていないだろうし、その意味については最高の学者でも意見がまちまちである。ある人は、「救いをもたらすお経に光栄あれ」の意味だと教えてくれたが、「幸いあれ、貴き御法と蓮の花の福音」という人もあり、「おお！すばらしき蓮花宗の教えよ」だという人もある。ときどき南無阿弥陀仏《ナムアミダブツ》の声がまじり、その間ずうっと二つの太鼓を鳴らし続けていた。

雨は昨夜十一時ごろまた降り始めたが、今朝五時から八時まで降った。粒となって降るのではなく、滝のように流れおちた。その中ほどで真っ黒な夜の帳《とばり》があらゆるものを包んで、不気味な黒闇となった《皆既食だといわれる》。もう一日で私の旅行の終点に着けるというのに、少しでも足どめされるのは腹立たしくなる。これから先に大きな困難が待ち構えていること、三日や四日かかってもそれを切り抜けることは疑わしいと聞いて、私は不安な気持ちになる。私の手紙が単調になって倦きてしまうことのないように祈る。手紙は単調ではあっても、旅行者が北日本の大部分を通って見た光景を、そのままあらわしている。もし少しでも手紙が興味深いものであるとすれば、それは、一外国人が、大きいけれどもあまり人の訪れない地方を旅行して、見たり聞いたりしたことをありのままに描いているからであり、その場その場で書きあげたものだからである。

第二十八信

青森県　碇ガ関にて　八月二日

前途の困難についての予言は的中した。六日五晩の間雨はやまない。一時に数時間やむことはあったが、十三時間前から、白沢で皆既食にあったときのように土砂降りとなっている。このような豪雨は、私が赤道で一度に数分間続くのを見たことがあるだけである。私は、大雨のため二日もここに足どめされている。ベッドは湿り、着物は湿り、なんでも湿って、靴やかばん、本は黴ですべて緑色になっている。それでもまだ雨は降る。道路も橋も、水田も樹木も、山腹もみな同じように津軽《ツガル》海峡の方に向かってめちゃめちゃに押し流されている。海峡はじれったくなるほどすぐ近くである。素朴な人々は忘れてしまった川や山の神々、太陽や月の神、あらゆる在天の神々に願って、「むやみに降る雨や洪水の災害」から救い給えと祈っている。私は、終日横になって休めるだけでも結構なことだと思っている。「心は、健康な状態であるときには、越えがたき困難を前にして静かに休息する。ちょうど確かめられた真実の前にあるごとく」という言葉があるが、私も今は旅を続けることができないから、いらいらするのはやめにして、やむをえない抑留の美点を大きく考えてみたくなってくる。あなたも私の環境の中に置かれたらそう思うであろう。

一昨日は、ひどく苦痛ではあったが私の旅行の中で最も興味あるものの一つであった。私は前にハワイで火の力の恐ろしさを知ったが、今私は、日本で水の力の恐ろしさを少なからず知るようになった。晴れそうだったので、二頭の馬と三人の男を連れて正午に白沢を出発した。美しい景色であった。自然そのままの谷間で、多くの山の峰が側面から谷間に下りてきて、暗いピラミッド型の杉が茂り、実に絵のような眺めであった。これこそ真に日本の美観である。五つの浅瀬は深くなっていて流れが速かった。坂の下り口がすべて水に流されたので、渡る場所に行き着くことが難しかった。土手は険しくなっていて、馬子がつるはしで平らに崩さなければならなかった。歩いて渡る浅瀬そのものがなくなっていた。淵となっていたところが浅瀬となり、浅瀬だったところが深みとなっていた。新しい水路ができて、小石の大きな川床が盛り上がり、多くの残骸がごろごろしていた。道路や小さな橋はすべてなくなっていた。根こそぎにされた樹木や、重い丸太に打たれて短く折れた木がバリケードのように積み重なっていた。木の葉や、多くの場合に木の皮まで完全に剝ぎとられていた。大きな丸太が川を流れてきて、その数も多く、猛烈な勢いであったので、私たちはある場所で半時間ほど待って安全に渡ることにした。凹みも泥で埋まり、大きな石が積み上げられて土手のようになっていて、川の流れを危険な方向に変えていた。肥沃な谷間は完全に破壊された。どう進んでよいのか見当がつかない、と男たちは言った。

五マイル行くと、馬が通れなくなった。馬子の二人が荷物を運び、私たちは出発した。膝まで泥につかりながら、水の中を渡り、山腹をよじ登って行った。谷間全体にわたって大きな地辷りがあり、山腹も道路も消えていた。幸運にも、このように疲労させる歩行は長くなかった。杉の深い森におおわれた暗くて高い山の峰が私たちの前に立ちふさがってくると、私たちは新しい道路に出た。馬車も通れる広い道路で、りっぱな橋を渡って二つの峡谷を横切ると、すばらしい森の奥へ入って行く。ゆるやかな勾配の長いジグザグ道を登って矢立《ヤダテ》峠に出る。この頂上にはりっぱな方尖塔《オベリスク》がある。これは砂岩を深く切ったもので、秋田県と青森県の県境を示す。これは日本にしてはすばらしい道路である。傾斜をうまくゆるやかにして築き上げ、旅行者が休息するための丸太の腰掛けも便利な間隔で置いてある。この道路を造るために発破をかけたり勾配をゆるやかにしたり、苦労の多い土木工事だったろうが、それも長さ四マイルだけで、両端からはあわれな馬道となっている。私は他の人々を残して、一人で峠の頂上まで歩いて行き、反対側に下りた。そこはあざやかな桃色と緑色の岩石に発破をかけて造った道路で、水が滴り落ちて光り輝いて見えた。私は日本で今まで見たどの峠よりもこの峠を賞め讃えたい。光り輝く青空の下であるならば、もう一度この峠を見たいとさえ思う。この峠は、（アルプス山中の）ブルーニッヒ峠の最もすばらしいところとだいぶ似ており、ロッキー山脈の中のいくつかの峠を思わせるところがある。しかしいずれにもまさって樹木がすばらしい。孤独で、堂々としており、うす暗く厳かである。その巨大な杉は船のマストのように真っ直ぐで、光を求めてはるか高くまで、その先端の枝をのばしている。藪になっているのは、湿って木蔭の場所を好む羊歯類だけである。樹木はその香ばしい匂いをふんだんにあたり一面に漂わせ、多くの峡谷や凹地の深い日蔭で、明るく輝く山間の急流は躍りながら流れ、そのとどろき響きわたる低音《バ》《ス》は、軽快な谷間の小川の音楽的な高音《トレブル》を消していた。旅人が草鞋《わらじ》を踏みながらやってきて、この静寂を破るようなこともなかった。鳥のさえずる声もなければ、虫のすだく音もなかった。

このように荘厳な景色のまっただ中で、ちょうど峠の絶頂のところで、一日中降ってはいたものの小雨であったのが、烈しく降り出し、やがて土砂降りとなった。私は何週間も雨に降られていたので、はじめのうちはあまり気にもしなかったが、まもなく眼前に変化が起こり、私の注意はそれにひきつけられた。いたるところに烈しい水音が聞こえ、大きな木が辷り落ち、他の木もまきぞえをくって倒れた。岩石が崩れて、落ちながら他の樹木を流した。眼の前で川は水量を増していった。地震のときのように音を轟かせながら山腹が崩れ、山半分が、その気高い杉の森とともに、前に突き出し、樹木は、その生えている地面とともに、まっさかさまに落ちて行き、川の流れを変えた。今まで森におおわれた山腹は、大きな傷痕を残し、そこから水が奔流となって下り、半時間で大きな峡谷を掘り、下方の谷間に石や砂を雪崩《なだれ》のように運んで行った。もう一つの山腹はそれほど急に崩れず、その気高い森は麓まで下って真っ直ぐに立っていたから、きっと移植に堪えることであろう。現実に私の眼の前で、この新しい道路が急に現われた奔流のために崩れ去り、あるいは数カ所で崖崩れのために埋まった。少し下方では、一瞬のうちに百ヤードも道路が消えてしまい、それとともにりっぱな橋が流され、下の方の奔流に横になって倒れたままになっていた。

山を下って行くと、事態はさらに悪化し、山崩れが滝のように樹木や丸太、岩石を押し流していた。私たちは幸運にも二頭の駄馬に出会った。その馬子たちは大館へ行く道路が不通になっていることを知らなかった。彼らと私の馬子たちは、荷物を交換した。これらは強い馬で、馬子は熟練しており、勇気があった。彼らは、もし急げば彼らが出てきた村へなんとか行きつくことができるだろう、と語った。しかし話をしているうちに、下の橋が流れてしまった。彼らは、私を荷鞍にしっかり結びつけてあげよう、と言ってきかなかった。あの大きな谷川は、前にはその美しさを賞賛したのだったが、今ではもう恐ろしいものとなり、浅瀬がないところを四度も歩いて渡らねばならなかった。川はすさまじい音を立てながら流れ、人間のか弱い声を消してしまい、天から降ってくる滝のような雨は森の中を音を立てながら降っていた。樹木や丸太は山腹からがらがらと音を立てて落ちてきた。流れる水は多くの滝となって騒音を増した。このように異常な光景や音響が次々と起こるのに心を動揺させ、私は躓きながら川を渡った。男たちは肩まで、馬は背中まで水に浸りながら渡った。何度も川を渡った。土手は崩れ去り、川に入ることも出ることも非常に難しかった。馬の肩までも高く、辷りやすく、崩れそうなところを、馬は這い上がったり、跳び上がったりした。男たちは馬が登れるように二度も斧で踏み段を作ってやった。最後に渡った川では、流れが強くて、男たちも馬も力の限りをつくした。私は馬に結びつけられていたから動きがとれず、実は眼を閉じて観念していた。そこをやっと通り越すと、この村のある土地にやってきた。水田は土手が破れ、他の作物を耕作している美しい畑は、畝《うね》も畦《あぜ》もすべて跡形もなくなっていた。水量が増してきたから急がなければならない、と男たちは言った。彼らは、私を結んでいる綱をとき、もっと気持ちよく馬に乗っていられるようにしてくれた。彼らは馬に話しかけ、駆け足で進んだ。私の馬は、川を渡るときに馬沓をほとんどすり切らしていたので、歩むたびに躓いた。馬子は私が摑まれるように輪縄をくれた。雨は滝のように降ってきたので、ひょっとして鞍から私が押し流されたらどうなるだろうかと考えていたとき、突然眼の前に火花がどっと散って、言語に絶したものを感じた。私は息がつまり、打撲傷を受けていた。やがて私は三人の男たちによって溝から救い出された。そこでようやく知ったのだが、馬が険しい坂を下りるときに転んでしまい、私は馬の前に飛ばされたのだった。濡れた鞍の座蒲団にまた登るのは一仕事であった。男たちは駆け足で、馬は蹟いて水をはねながら、私たちはりっぱな橋を渡って平川《ヒラカワ》を越え、また半マイル先で別の橋を渡って同じ川を横切った。日本の他の橋も、すべてこのようにしっかりしたものであればよいと思った。橋はどちらも長さ一〇〇フィートで、中央に橋脚があった。

私たちは最後の橋を渡ると碇ガ関《イカリガセキ》に入った。ここは人口八百の村で、険しい山と平川の間の狭い岩棚となっている。まことにわびしくうらぶれたところで、もっぱら材木を切り出したり、屋根板を作ったりしている。あらゆる形をした材木――丸太、厚板、薪束、屋根板など――が、山のように積み重ねてあった。ここは永住の村というよりは材木切り出し人の野営地のように見えた。しかし美しい環境にあり、私が今まで見たどの村とも様子がちがっていた。

街路は長くて狭く、両側に石の水路の川が流れていた。しかしこれらも水があふれて、男や女、子どもが、四角なダムを作って畳に上がってこないように堰止めていたが、水はすでに土間《ドマ》に達していた。ほとんどどの家も障子窓はなく、その窓があるところでも、黒く煤けて、ない方がましの有様であった。屋根はほとんど平らで、屋根板を葺いてあって、薄い木片で押さえてあり、大きな石の重しをつけてある。ほとんどすべての家が仮の小屋のように見え、大部分はバラ（スコットランド西北の島）の小屋のように内部が黒くなっていた。壁の多くは粗末な板を縄で直立材に結びつけているにすぎなかった。

人馬を流すような豪雨の中を、水溜まりになった鞍に腰をかけながら、もう数時間も前からびしょ濡れになって、この非常に原始的な宿屋に到着した。宿の下手は台所で、大雨で足どめされている学生たちの一団や、馬や鶏、犬などがいた。私の部屋は梯子で上って行く屋根裏のあわれな部屋であった。梯子の下は泥沼のようになっていたので、下りるときにはウェリントン・ブーツ（膝まで来る長靴）を履かねばならなかった。初めのうちは気持ち悪いほど奇怪な部屋であった。天井のない屋根に落ちる雨が烈しくて、伊藤には私の言うことが聞こえなかった。ベッドはずぶ濡れになっており、私の箱に水が入っていて、練乳の残りも溶けていた。着物《キモノ》も、本も、紙も、みな一様にべたべたとくっついていた。私の着物は他のものよりも濡れていなかったので、油紙を借りてきて、それを着て横になった。やがて半時間すると、屋根の上をうるさく叩く雨の音を通して伊藤の叫ぶ声が聞こえたので、私は眼をさました。私たちが先ほど村に入るときに渡った橋が落ちそうだという。そこで、川の土手まで走って行って大群集の中にまじった。彼らは今にも迫っている災害に気をとられ、今まで見たこともない外国婦人には少しも気づかなかった。

平川《ヒラカワ》は、一時間前までは単に深さ四フィートの清冽な谷川であったが、今や一〇フィートも深くなって、ものすごい音を立てながら、濁流となって突進していた。

どの波も黄褐色の泡をふきながら

波頭を立てていた――
栗毛の馬のたてがみにも似て

切り出した大きな材木や樹木、木の根や大枝、小枝が数限りなく流れ下ってきていた。こちら側の橋台は根元をだいぶ削りとられたが、中央の橋脚に丸太が衝突するたびに震えるだけで、橋そのものはしっかり立っていた。実際まだしっかりしていたから、私が着いてからも、二人の男が、向こう岸にある自分の持ち物をとってこようと橋を渡って行ったほどである。やがて、鉋《かんな》をかけた大きな木材と、木のつけ根やいろんな残骸物が下ってきた。上流のりっぱな橋が落ちたので、三〇フィートもある四十本ものりっぱな材木が流れて来た。矢立峠で切り出された材木の大半は失われたにちがいない。私が川を見ていた短い時間のうちに、三百本以上の木材が流されてきたからである。これは、材木を切って暮らしているこの村にとっては非常に大きな損失である。上流の土手では、流れてくる材木を捕らえようと努力がなされたが、二十本のうち一本ぐらいしか救うことができなかった。これらの材木が下ってくる壮大な光景は、たいそう面白かった。材木が橋脚に激突するかしないかという瞬間が、もっともはらはらさせられた。この後一時間して、三〇フィートは充分にある二本の丸太がくっついて下ってきて、ほとんど同時に、中央の橋脚に衝突した。橋脚が恐ろしく振動したかと思うと、この大きな橋は真っ二つに分かれ、生き物のような恐ろしい唸り声をあげて、激流に姿を没し、下方の波の中に姿をまた現わしたが、すでにばらばらの木材となって海の方向へ流れ去った。後には何一つ残らなかった。下流の橋は朝のうちに流されたから、川を歩いて渡れるようになるまで、この小さな部落は完全に孤立した。三〇マイルの道路にかかっている十九の橋のうちで二つだけが残って、道路そのものはほとんど全部流失してしまった。

第二十八信（続き）

碇ガ関にて

私がこの土地で気晴らしにやることは、ほとんど尽きてしまった。それは、川の水がどれほど下がったか、毎日三度見に行くこと。それからまた私は宿の亭主や村長《コーチョー》と話をする。子どもたちが遊ぶのや屋根板を作るのを見る。おもちゃや菓子を買って、それをくれてやる。一日に三度、たくさんの眼病の人に亜鉛華目薬をつけてやる。その治療をしたら、三日間のうちにすばらしい効き目があった。料理、糸紡ぎ、その他に台所《ダイドコロ》でやる家庭の仕事を見る。実際に家の中に住んでいる馬に、乾草ではなく青い草の葉を食べさせるのを見る。それから癩患者たちを診る。彼らはその恐ろしい病気を治療とまでゆかなくとも抑えることができると思っている鉱泉があるので、ここにやってきているのである。そして、ベッドに横になって縫い物をしたり、『アジア協会誌』の論文を読んだり、青森に至るあらゆる可能な道筋《ルート》を調べたりする。目薬をつけてやるので、村の人々は私にたいそう親切になった。私にみてくれと多くの病人を連れてくる。その大部分の病気は、着物と身体を清潔にしていたら発生しなかったであろう。石鹼がないこと、着物をあまり洗濯しないこと、肌着のリンネルがないことが、いろいろな皮膚病の原因となる。虫に咬まれたり刺されたりして、それがますますひどくなる。この土地の子どもは、半数近くが、しらくも頭になっている。

私は日本の子どもたちがとても好きだ。私は今まで赤ん坊の泣くのを聞いたことがなく、子どもがうるさかったり、言うことをきかなかったりするのを見たことがない。日本では孝行が何ものにも優先する美徳である。何も文句を言わずに従うことが何世紀にもわたる習慣となっている。英国の母親たちが、子どもたちを脅したり、手練手管を使って騙したりして、いやいやながら服従させるような光景は、日本には見られない。私は、子どもたちが自分たちだけで面白く遊べるように、うまく仕込まれているのに感心する。家庭教育の一つは、いろいろな遊戯の規則を覚えることである。規則は絶対であり、疑問が出たときには、口論して遊戯を中止するのではなく、年長の子の命令で問題を解決する。子どもたちは自分たちだけで遊び、いつも大人の手を借りるようなことはない。私はいつも菓子を持っていて、それを子どもたちに与える。しかし彼らは、まず父か母の許しを得てからでないと、受け取るものは一人もいない。許しを得ると、彼らはにっこりして頭を深く下げ、自分で食べる前に、そこにいる他の子どもたちに菓子を手渡す。子どもたちは実におとなしい。しかし堅苦しすぎており、少しませている。

子どもには特別の服装はない。これは奇妙な習慣であって、私は何度でも繰り返して述べたい。子どもは三歳になると着物《キモノ》と帯をつける。これは親たちも同じだが、不自由な服装である。この服装で子どもらしい遊びをしている姿は奇怪《グロテスク》なものである。しかし私は、私たちが子どもの遊びといっているものを見たことがない——いろんな衝動にかられてめちゃくちゃに暴れまわり、取っ組みあったり、殴りあったり、転げまわったり、跳びまわったり、蹴ったり、叫んだり、笑ったり、喧嘩をしたりするなど！

頭のよい少年が二人いて、甲虫の背中に糸をつけて引き綱にし、紙の荷車をひっぱらせていた。八匹の甲虫が斜面の上を米の荷を引きながら運んで行く。英国であったら、われがちに摑みあう子どもたちの間にあって、このような荷物を運んでいる虫の運命がどうなるか、あなたにはよくお分かりでしょう。日本では、たくさんの子どもたちは、じっと動かず興味深げに虫の働きを見つめている。「触らないでくれ！」などと嘆願する必要もない。たいていの家には竹籠があって、「鋭い音をたてるきりぎりす」を飼っている。子どもたちは、この大声を立てるきりぎりすに餌をやるのを楽しみにしている。街路にあって速く流れる水路は、多くのおもちゃの水車を回している。これがうまくつくられた機械のおもちゃを動かす。その中で脱穀機の模型がもっともふつうに見られる。少年たちはこれらの模型を工夫したり、じっと見ながら、大部分の時間を過ごす。それは実に心をひきつけるものがある。休暇になっているが、「休暇の宿題」が与えられている。晩になると、学課のおさらいをする声が、一時間も町中に聞こえてくる。休暇が終わって学校がまた始まると試験がある。学期の終わりに試験があるのではない。これは学生たちに休むことなく知識を増進させたいというまじめな願望を示す取り計らいである。

今日の午後は晴れて風があった。少年たちは凧をあげていた。凧は竹の枠に丈夫な紙を張ったもので、すべて四角形である。五フィート平方もあるのがある。ほとんどすべてが、歴史上の英雄の巨大な似顔を描いている。鯨骨を使ってぶんぶん唸らせるものもある。二つの大きな凧の間に非常に面白い競争があった。それを見るために村中の人々が出てきた。どちらの凧の糸も、枠の下から三〇フィート以上も、砕いたガラスでおおわれ、これは粘り強い糊でぴったりと糸にくっついていた。二時間も凧あげ競技者たちは、相手の凧の糸を真っ二つに切ろうと、うまい位置に凧を飛ばそうと努力していた。ついに一方がうまくいって、糸を切られた凧を自分の勝利品とした。そして勝者と敗者は三度頭を深く下げて挨拶をかわした。人々は、橋が破壊されるときも黙って見つめていたが、このときも沈黙のまま、この手に汗にぎる試合を見ていた。子どもたちは竹馬に乗りながらも凧をあげた。これはたいへん手練のいる技で、誰でもできるものではない。それから大勢の子どもたちは竹馬の競走をやった。戸外でやる最もめざましい遊戯は、一年のきまった季節に行なわれる。今それを見ることはできない。

この宿屋には十二人の子どもがいる。暗くなると、彼らはきまってある遊戯をする。伊藤は「これは、日本では、冬になるとどの家庭でもやる遊びだ」という。それは「いろはがるた」の遊びである。子どもたちは輪を作って坐り、大人たちはそれを熱心に見ている。子ども崇拝は米国よりも日本の場合がもっと一般的である。私が思うには、日本の形式が最もよい。

以上のような遊戯の談義から個人的な窮乏の話に移るのは、いささか話が落ちてくる。しかしこの旅行で何日も足どめをされた結果、私の少量の外国食品の貯えも尽きはてた。私は今では米飯、きゅうり、塩鮭を食べて暮らしている。塩鮭はとても塩辛くて、水を二度もかえて煮ても、ひどく喉がかわいてきて困ってしまう。今日はそれさえもない。しばらく海岸との交通もとだえて、村には塩魚が完全になくなってしまうという惨状となったからである。卵もなく、米飯ときゅうりだけでは、イスラエル人がひどく嫌ったという「軽い食物」によく似ている。ある日私はオムレツを食べたが、それは黴臭い革によく似ていた。東京でイタリア公使が私に言った。「日本では食物の話ほどまじめな話はない」と。他の多くの人たちもそれと同じようなことを言ったが、私はそのとき、なんとつまらぬ気持ちをもつものだろう、と思ったのであった。今日私はその言葉が真理であることを悟った。私は最後の残り物、ブランドの肉入り糖菓の一箱を開けてみたところが、黴の塊となっていた。ここで着物を乾かすには、焚火の上に吊るすほかない。そこで私は、いっそのこと壁にかけて黴させることにした。私は蓑を買ったが、この方が油紙よりも雨合羽として信頼がおける。子どもたちが学課のおさらいをする声を聞くのもこれが最後である。川の水量は急速に減りつつあり、朝には出発することになっている。

第二十九信

黒石にて　八月五日

結局のところ、川は思ったほど減水しなかったので、碇ガ関で四日目を過ごさなければならなかった。私たちは土曜日の朝早く出発した。その日は休息せずに一五マイルを旅せねばならないからである。太陽はこの美しい地方全体に、あらゆる残骸や破壊物の上に輝いていた。海上で嵐が過ぎた次の日に、さざ波の上に日がよく照るのと似ている。四人の男を雇って、橋が流されてしまった川を二つ歩いて渡ったが、困難な浅瀬で、私も荷物もひどく濡れた。大きく破壊されたものや、作物や切り出した材木がだいぶ流失しているのを見た。断崖の下を通ったが、それは二〇〇フィートにわたって六角柱のりっぱな円柱形玄武岩からできていた。すると突然に、大きな平野に出た。そこには緑色の稲の波が、快い北風に吹かれ、日光を浴びながら遠くまで続いていた。この平野には森のある村が数多く散在し、山々にかこまれている。一つの低い山脈は岩木山《イワキサン》の麓を幕のように隠していた。岩木山は雪の縞をつけた大きな円頂《ドーム》で、平野の西方に聳え立ち、五〇〇〇フィートの高さがあると考えられている。たいていの村では四フィートの高さまで浸水し、土壁の下の部分は流されてしまった。人々は忙しそうに畳や蒲団、着物を干したり、土手や小橋を作り直したり、今なお大量に流れてくる材木を引き上げようとしていた。

ある町で、二人の見すぼらしい身なりの警官がこちらに駆けてきて、私の馬の手綱を摑まえ、群衆の中で私を長い間待たせておいた。その間に彼らは、私の旅券を、穴があくほど一生懸命に見ていた。それをひっくり返して見たり、明るいところにもって行ってみたり、旅券の中に何か不都合なことが隠されているかのようであった。私の馬はひどく躓くので、また落馬することのないように歩かねばならなかった。私の元気も尽きはてようとしたとき、人力車がやってきた。車夫は車をうまく操縦して《こういうことはときどきあるが》、黒石《クロイシ》まで運んでくれた。これは人口五千五百の清潔な町で、下駄や櫛の製造で有名である。私はこの町で、とてもきれいさっぱりして風通しのよい二階の部屋に案内された。あたり一帯の景色もよく見えるが、隣の家の人たちがその奥の部屋や庭園で仕事をしている様子も見えた。青森まで直行せずに、ここで三日二晩滞在している。天候も回復し、私の部屋もすばらしく気持ちがよいので、この休息はたいそう愉快である。以前にも書いたことだが、数マイル先の情報を得ることは難しい。郵便局へ行っても、二〇マイル離れた青森と函館《ハコダテ》の間の郵便船の航行の日程について、どんなニュースも入らない。

警察は私の旅券を見ただけで満足せずに、実際に私に会わなければいけないらしく、四人の警官が私の到着した晩にやって来て、鄭重ではあったが私を検問した。その晩は太鼓の音がひっきりなしで、私が床につくとまもなく伊藤が来て、実に面白いものが見られるという。そこで私は着物《キモノ》を着て、帽子をかぶらず出かけた。このように変装したから、全く人から外国婦人と認められずにすんだ。黒石は街灯のない町で、私は、転んだり躓いたりしながら急いだ。そのとき、頑丈な腕っぷしの男が、人をかき分けてやって来た。宿の主人が提灯をもって現われたのである。非常にきれいな提灯で、手に提灯の竿を持ち、提灯を地面すれすれに下げていた。かくして、「あなたのみ言葉はわが足の灯、わが道の光です」(『旧約聖書』詩篇、一一九章一〇五節)という言葉が思い浮かんだ。

私たちはまもなく祭りの行列が進んで来るのを見られるところまで来た。それはとても美しく絵のようだったので、私はそこに一時間ほど立ちつくした。この行列は、八月の第一週に毎夜七時から十時まで町中を練り歩く。行列は大きな箱《というよりむしろ金箱《かねばこ》》を持って進む。その中には紙片がたくさん入っていて、それには祈願が書かれている《と私は聞いた》。毎朝七時に、これが川まで運ばれ、紙片は川に流される。この行列には人間の高さほどの巨大な太鼓が三つ出る。それは馬の革がはってあり、面を上に向け、太鼓を叩く人に紐で結びつけてある。それから小太鼓が三十あって、みな休みなくドンドコドンと打ち鳴らされる。どの太鼓も面に巴《トモエ》が描かれている。それから何百という提灯が運ばれて来る。それはいろいろな長さの長い竿につけ中央の提灯のまわりについて来る。竿は高さが二〇フィートもあり、提灯それ自体が六フィートの長さの長方形で、前部と翼部がある。それにはあらゆる種類の奇獣怪獣が極彩色で描かれている。事実それは提灯というよりもむしろ透し絵である。それを取り囲んでいるのは何百という美しい提灯で、あらゆる種類の珍しい形をしたもの――扇や魚、鳥、爪、太鼓などの透し絵がある。何百という大人や子どもたちがその後に続き、みな円い提灯を手に持っていた。行列に沿った街路の軒端には、片側に巴を描き、反対側には漢字を二つ書いた提灯が列をつくってかけてあった。私は、このように全くお伽噺の中に出てくるような光景を今まで見たことがない。提灯の波は揺れながら進み、柔らかい灯火と柔らかい色彩が、暗闇の中に高く動き、提灯を持つ人の姿は暗い影の中にかくれている。この祭りは七夕祭《タナバタ》、あるいは星夕祭《セイセキ》と呼ばれる。しかし私は、それについて何の知識も得ることができない。伊藤は、その意味は分かっているが説明できない、と言う。困ったときにいつも彼はつけ加えて言う。「サトウさん(後の英国公使、日本通)なら、そのことは何でも教えてくれるでしょうが」。

第三十信

黒石にて　八月五日

　ここは楽しいところである。私の部屋は明るくて清潔である他に、多くの長所を持っている。例えば、私の隣の人を見下ろすことができるので、婦人が結婚式へ出かけるために化粧をしているのを見ることができた。ある既婚の女子が、黒い漆の化粧箱の前に坐っていた。その箱は金泥で咲いた桜の花の一枝をあしらっている。上部に漆の直立材があり、磨かれた金属製の鏡を支えている。化粧箱の引き出しはいくつか開いていて、小さな漆の箱に入れた化粧の必要品が床の上に転がっている。女髪結いがその婦人の後ろに立って、櫛で梳いたり、分けたり、髪を結んだりしている。髪はすべての日本女性の場合のように、黒くつやつやしているが、細くもなければ長くもない。結った髪は一つの建築物であり一つの完璧な美術品である。頭の頂上に沿って髪を二つに分け、三インチ離しておく。その間の髪の房は櫛で梳き、菜種油からとった香油（びんつけ油）で固め、額から二インチ高くして、後ろに曲げて結び、後ろ髪に櫛でとめる。残りの髪は両側から後ろへ梳《くしけず》り、紙で作った撚り糸（こより）でゆるやかに結ぶ。長い漆の箱から入れ毛をいくつか取り出し、多量の香油や中まで堅い詰め物を使って、ふつうのなめらかな丸髷《まるまげ》ができる。それに加えていくつか髪を輪型や蝶結びにし、金紗をちりばめた小さな紺の縮緬《ちりめん》を織りまぜる。一本の厚い四角の鼈甲の櫛を全体に挿して飾りとする。

髪を結う型は一定している。それは女の子の年齢とともに変わってくる。既婚と未婚とで、髪型が少し異なる。しかし頭の頂で三つに髪を分けることと、丸髷を結うことは決して変わらない。戸外では決して頭にかぶりものをしないから、髪を固めることが必要となっている。このようにしっかり髪を固めておけば、木枕のおかげで、一週間以上も髪が崩れずにもつのである。

床屋の仕事は、髪を結うときにほんの部分的になされるだけであった。がんこな眉は残るところなく全部剃り落としてしまい、こめかみや頸に残っている生毛《うぶげ》はみな毛抜きで引き抜いてしまった。このように短い毛を全部とってしまうと、頭に生えている自然の髪までもかつらをつけているように見えてくる傾向がある。次にその婦人は白粉の箱を取り出し、顔や耳、頸に塗りたくり、彼女の皮膚は仮面をつけているように見えた。それから彼女は駱駝の毛でつくった刷毛で瞼に少し水薬を塗り、きれいな眼がいっそうきれいに見えるようにした。歯を黒く染めたが、もう一度黒くしたというべきである。これは羽毛の刷毛を五倍子《ふし》の粉と鉄の鑢屑《やすりくず》の溶液の中に浸してから塗る――手間のかかる嫌な作業で、何度も繰り返し行なわれる。次に彼女は下唇の上に紅をべったりつけた。その効果は決して見て気持ちよいとはいえないが、女はそう思っていないとみえて、髪をいろいろ鏡に向けて全体の効果をたしかめ、満足げに、にっこりした。その後の化粧は、全部で三時間もかかったが、一人でやっていた。彼女がまた姿を現わしたとき、無表情な木製の人形が盛装してきわめて上品に、しずしずと出てきたように見えた。これは日本女性の服装の特色をそのまま表わしている。

日本では上流も下流も貞淑な女の服装と、だらしない女の服装は、厳格な礼儀作法によって、越えることのできない区別の一線が引かれている。恥ずかしい事実であるが、英国では、女性の服装の流行の大部分は、私たちが遺憾に思うような立場にある女性がはじめたもので、それをわが国のあらゆる階級の女性がご丁寧に真似をする。このような風潮は日本女性の間に見られない。彼女らにとって、髪型や装具、あるいは服装の様式において、少しでもそのような女性のものに類似することがあるならば、身の恥と思うであろう。

●婦人の鏡

私は、三人の「クリスチャンの学生」が弘前《ヒロサキ》からやって来て面会したいと聞いて驚いた。三人ともすばらしく知性的な顔をしていて、きれいな身なりの青年であって、全部が少しばかり英語を話せた。その中の一人は、私が今まで日本で見たうちで最も明るく最も知性的な顔をしていた。彼らは士族階級《サムライ》に属していた。そのことは、彼らの顔や態度がすぐれていることから当然悟るべきであったろう。この家に英国婦人が来ていることを聞いて来たのだという。彼らは私がクリスチャンであるかと尋ねたが、私が『聖書』をもっているかとの質問に答えて本を取り出して見せるまでは、安心した様子を見せなかった。

弘前はかなり重要な城下町で、ここから三里半はなれている。旧大名が高等の学校《あるいは大学》(東奥義塾)を財政的に援助していて、その学校の校長として二人の米国人(イングとダヴィッドソン)が引き続いて来ている。これらの紳士は、そのキリスト教的教育において精力的であると同時に、クリスチャンとしての生活態度もきわめてりっぱなものだったにちがいない。というのは、その教えに従って三十人も若者がキリスト教を信ずるに至ったからである。これらすべてが充分な教育を受けて、数人は教師として政府に雇われることになると聞いているので、彼らが「新しい道」(キリスト教)を受け入れたということは、この地方の将来にとって重要な意義をもつことであろう。

第三十一信

黒石にて

昨日はよい天気であった。伊藤がついて来るのを初めて断って、私は一人で人力車に乗り、たいそう楽しい遠出をして、山で行き止まりの道を進んだ。唯一の欠点は道路がひどいことで、私は歩くか、あるいはひどくがたがた揺られるほか仕方がなかった。車夫は親切で楽しそうな良い人間で、外国人が一度も来たことのないような町へ、外国人のようなすばらしい見世物を乗せてゆく機会が得られたことをたいそう喜んでいる、と伊藤が言っていた。私は、日本の中を旅行するのは絶対に安全だということをだいぶ前からよく理解していたから、粕壁《カスカベ》で私が危険を感じて恐ろしかったことも、今ではばからしく思われてくる。

景色は明るい光を浴びて色彩も鮮やかで、実に美しかった。紺碧色と藍色、緑がかった青色と青味がかった緑色、思いがけない割れ目のところに白い泡のように光るものがあった。素朴で家庭的な風景であり、まことに楽しい土地であった。

農民の住むいくつかの村を通り過ぎたが、彼らは実に原始的な住居に住んでいる。壁土の家で、あたかも手で木の枠に泥をなすりつけた感じである。壁は少し内側に傾斜し、藁葺きも粗末で、軒は深く、いろんな材木でおおわれていた。煙の穴のある家もあったが、大部分は煉瓦窯のようにあたり一面に煙を出していた。窓はなく、壁と垂木は黒光りしていた。鶏や馬は家の内部の片側に住み、人は別の側に住んでいる。家には着物をつけていない子どもたちが群がっていた。私が夕方にふたたび通ったときには、腰まで裸の男女が、家の外に腰を下ろしていた。傍には首からお守りをかけた裸の子どもと、数匹の大きくて黄色い犬が家族の一員となっていた。犬の顔も子どもの顔も、そして大人たちの顔も、すべて静かに生活に満足して見えた。これらの百姓たちは多くの良い馬をもち、その作物もすばらしかった。たぶん祭りの日には、たっぷり入っている蔵から出したりっぱな着物を着て出かけるであろう。生活必需品に関する限り、彼らがそれほど貧乏だとは思えない。彼らはただたいそう「遠い田舎」に住んでいるだけである。彼らはそれ以上の生活を知らないし、現在の生活に満足している。しかし彼らの家は今まで見たことがないほどひどいものであり、泥まみれになったエデンの園の素朴な生活といった感じで、毎週一回でも入浴しているだろうかと疑いたくなる。

上中野《かみナカノ》は非常に美しい。秋になって、星の形の葉をつけた無数の紅葉が深紅の色をつけ、暗い杉の森を背景として美しく映えるとき、森の中の大きな滝は雪の降るように白く輝きながら下の暗い滝壺に飛び散り、遠く旅をしてやって来る価値が充分にあるにちがいない。これほど

●石灯籠

私を喜ばせてくれたものを今まで見たことがない。川のところまで苔の生えたりっぱな石段がある。美しい橋があり、二つのすばらしい石の鳥居がある。きれいな石灯籠があって、それから壮大な石段の急な坂を登って山腹を登る。それは杉の並木で小さな神社に至る。ここからほど遠くないところに神聖な木があり、それには愛情や報復のしるしがつけてある。ここはすべてが魅力的である。

下中野《しもナカノ》は、私がやっと歩いて行けたところだが、たいへん熱い温泉があるという点だけ興味がある。ここはリューマチや眼病の患者にとって価値がある。主として茶屋や宿屋だけで、かなり賑やかに見えた。ここは、長方形の陥没の縁に沿って家が立っており、その底部に浴場がある。浴場は四つあるが、形式的に分かれているだけで、入口は二つだけで、直接に入湯者に向かって開いている。端の二つの浴場では、女や子どもが大きな浴槽に入っていた。中央の浴場では、男女が共に入浴していたが、両側に分かれていた。ぐるりには木の棚が出ており、腰を下ろすようになっていた。私は車夫の行くままに浴場に行ったが、一度中に入ると、出るときは反対側からで、そのときは後ろから人々に押された。しかし入湯者は親切にも、私のような不本意な侵入を気にとめなかった。車夫は、そんなことをして失礼だとは少しもわきまえずに、私を連れて入ったのである。浴場においても、他の場所と同じく、固苦しい礼儀作法が行なわれていることに気づいた。お互いに手桶や手拭いを渡すときは深く頭を下げていた。日本では、大衆の浴場は世論が形づくられるところだ、といわれる。ちょうど英国のクラブやパブ（酒場）の場合と同じである。また、女性がいるために治安上危険な結果に陥らずにすむ、ともいわれている。しかし政府は最善をつくして混浴をやめさせようとしている。このような遠く離れた田舎へ社会改革の波が押しよせてくるのは、時間がかかるであろうが、遅かれ早かれ、やってくることはまちがいない。大衆浴場は日本の特色の一つである。

第三十二信

北海道　函館にて　一八七八年八月十二日

黒石から青森までの旅は、たった二二マイル半だが、道路が悪かったために、ものすごい旅であった。さらに雨が降った後で、塩魚を重く積んだ駄馬の通行で道は泥沼と化していた。最初の旅程の終わったところで、駅逓係が道路の悪いのを理由に人力車を提供してくれなかった。しかし私は気分がすぐれず、それ以上は馬に乗って行けなかったから、たいそう安い金額で二人の男を買収し、海岸まで連れて行ってくれるように頼んだ。両方の人力車に代わるがわる乗って、かなりうまく進むことができた。それでも山に来ると必ず歩いて登り、下りも多くは歩いた。橋の流されたところでは必ず車から降りて、車夫が車を持ち上げて割れ目を越せるようにした。一時に二〇〇ヤードも歩くことがしばしばあった。車が泥の中で車軸まで沈んでしまうからであった。充分用心していたが、泥溝の中にひっくりかえり、車が私の上になった。しかし幸運にも私の空気枕が車輪と私の間に挟まっていたので、私の着物を泥水で汚しただけで助かった。着物は夜中着て寝るから、濡れた着物では風邪をひくのが当然であろうが、しかしひかずにすんだ。私たちは道中ずうっと塩魚を運ぶ駄馬の列に出会った。塩魚は内陸いたるところへ運ばれる。

本州を縦断する山脈は南部《ナンブ》地方で陥没するが、青森湾でふたたび大きくて険しい山となって聳える。しかし黒石と青森との間は、低い山々に分かれる。林もまばらで、主として松や、樒、樫の雑木林、短い竹である。蚊取線香をつくる原料の胡麻《ごま》（除虫菊？）が他の草花をおしのけて一面に生えている丘もある。谷間には稲が栽培されているが、耕作地はあまりない。この地方は荒涼として非常に寒そうに見える。

農業を営む部落の様子はますますひどくなってきた。家屋は粗末な土の家で、横に穴を開けて光を入れたり、煙を出したりしている。壁はただ大きな樹皮や藁束を縄で柱に結びつけているだけのものもあった。屋根は乱雑であったが、水瓜をたくさん栽培していて、壁に這わせているので屋根まで隠れていることが多かった。人々の姿もたいそう汚かったが、特に貧困であるという様子はなかった。北海道《エゾ》から魚を運んできたり米を運んで行くための馬や馬子《マゴ》の代金として多額の金を得ているにちがいない。

日光を出てから数多くの峠を越えて来たが、その最後の峠は浪岡《ナミオカ》にあった。鶴ガ坂《ツガル》というところであった。その峠から暗い灰色の海まで起伏のある地方を見渡すことができた。海は豊かな紫藍色で、松の茂った山々にほとんど囲まれていた。雲は流れており、色彩が強まり、空気もひんやりとさわやかで、まわりの土は泥炭質であり、松林の香りもよかったので、故郷スコットランドに帰ったような気持ちにさせる風景であり、香りであった。灰色の海は青森湾で、その向こうに津軽《ツガル》海峡があった。私の長かった陸地旅行は終わった。ある旅行者が、北海道《エゾ》へ向かう汽船は夜出発すると言った。私は喜び勇んで、四人の男を雇った。彼らは人力車を引きずったり、押したり、手で持ち上げたりして、ようやく私を青森へ運んでくれた。青森は灰色の家屋、灰色の屋根、屋根の上に灰色の石を置いた町である。灰色の砂浜に建てられ、灰色の湾が囲んでいる。青森県の都ではあるが、みじめな外観の町である。

青森は北海道《エゾ》に対し牛や米の大きな移出貿易を行なっている。さらに北海道の漁業で働くため北日本から毎年のように莫大な人数の移動する出口である。また函館から多量の魚、皮革、外国商品を移入する。美しいがそれほど貴重でない「海草」(こんぶなど)やいろいろの漆器の商取引きがある。この漆器は青森塗《あおもりぬり》と呼ばれるが、実際にそこで作られるのではない。この町の特産品は大豆と砂糖で作られる菓子である。青森は深くて防波の充分によい港があるが、桟橋など貿易上の設備がない。兵舎やふつうの県庁があるが、町について調べる時間がなかった。ただ三十分の間に三菱《ミツビシ》会社の事務所で切符を買っただけである。そこでは、私の旅券を呈示させ写しをとった。それから「洋食」という文字がうす汚いテーブルかけに書いてある料理店で魚肉を一口急いで食べて、灰色の波止場に駆けて行った。そこで私は日本人の三等船客が混雑している大きな平底船《サンパン》に乗せられた。

風が出ていて、かなり大きな波が打ち寄せていた。しぶきが船に飛んできた。汽船はすでに蒸気を立てていて、しきりに鐘や汽笛を鳴らしていた。通り雨がやってきた。私が雨合羽の油紙を飛ばされないようにつかまえながら立っていると、具合悪く三人の警官が船に入りこんで来て、旅券の呈示を求めた。一瞬私は、彼らも旅券も海中に落ちてくれればよいのにと思った。汽船は約七〇トンの小さな古い外輪船であった。宿泊設備はなく、甲板に船室が一つあるだけだった。船はヨットのように清潔で整頓してあった。そしてヨットと同じように、悪天候にはまったく不適当であった。船長も、機関士、船員も、すべて日本人で、英語は少しも話されなかった。私の服は全部濡れており、夜間は日中よりも寒かったが、船長は親切にも数枚の毛布を床に敷いて私をくるんでくれたので、苦しいことはなかった。船は夕方に出帆した。爽快な北風が吹いていたが、急に南東の風に変わり、十一時までには強風となった。波が高くなり、船は難航を続け、何度か波をかぶった。船室にもだいぶ水が入った。船長は三十分毎に下りて来て、晴雨計を調べ、少しお茶を啜り、私に角砂糖を一つ出し、顔や手ぶりで悪い天候のことを語った。私たちは午前四時まで波にひどく揉まれたが、大雨が降ってくると、強風も一時的に治まった。この船は夜の航行の設備はしていないし、悪天候になりそうなときはいつも港内に退避する。このたびは一月以来津軽海峡を襲った最大の強風だといわれたから、船長は船について心配していた。しかし不安に思いつつも、彼はあたかも英国人の船長であるかのように、多大の冷静さを見せていた。

日が上ってからも強風はまた出てきた。十四時間で六〇マイル進んだ後に、船は函館港の岬に到達した。風が吹き、雨は土砂降りで、アーガイルシア（スコットランド西部の州）の悪天候の日に似ていた。波しぶきが湾上をとんでいた。北海道の山々は雨と霧の中にぼんやりと暗く高く聳えて見えた。風と雷雨、そして「北海の荒れすさぶ音」が、北の島に上陸しようとする私を猛烈に歓迎してくれたわけである。ジブラルタルのような岩だらけの岬、冷血のように見える灰色の町、険しい山腹に散在する松の木、実に多くの灰色の小舟、碇泊中のいくつかの汽船や外国船、たくさんの平底船が荒れる海上を軽く走る姿などが、雨や波しぶきの合間からちらりと見ることのできたすべてであった。しかし、とにかく平穏な北国らしい光景が、私を嬉しくさせてくれた。

強風のときに汽船が来るとは思わなかったらしく、誰も私を迎えに来てくれなかった。それで私は五十人の日本人と一緒に、甲板のある平底船《サンパン》の頭部に固まって乗った。嵐のような風であったので、上陸するまで半マイル進むのに一時間半もかかった。それから私は風の吹いている波止場で雨の中を待っていた。そしてようやく、遅くまで寝ていた税関の役人が起こされた。私は、嵐の中を半マイルも険しい丘を登った。私は領事館で歓待されることになっていたのだが、それを知らなかったので、ここの教会伝道館に来た。デニング夫妻と東京で会ったとき、親切な招待を受けていたからである。私は、文化的な住宅に入れるような服装ではなかった。服がずぶ濡れになっていたばかりでなく、帽子の先までも泥まみれであった。手袋も、靴も、だめになっていた。泥だらけの荷物は海水でずぶ濡れだった。しかし私は、あらゆる困難を克服したという勝利感を当然味わってもよい気がする。私が東京を出発するときには考えたことのないほどの多くのことをなしとげたのだから。

北の海の轟く音はなんと音楽的に聞こえることか！　吹きすさぶ風が唸り吼える音はなんと私の心を励ましてくれることだろう！　烈しく雨が吹きつけてくるのさえ、わが家にいるような気がする。震えるような寒さが私を奮い立たせる。ドアに鍵をかけられる部屋にいることがどんなに嬉しいことか、担架式ベッドではなく、ほんもののベッドに横になり、良い便りをのせた二十三通の手紙が来ているのを発見し、英国人の家の屋根の下の暖かく静かなところでそれらを読むことができるのは、どんなに嬉しいものか、とてもあなたには想像できないでしょう！

新潟から青森までの路程表

	戸数	里	町
木崎	五六	四	
築《ツイ》地《ジ》	二〇九	六	
黒川	二一五	二	一二
花《ハナ》館《ダテ》	二〇	二	
川口	二七	三	
沼	二四	一	一八
玉川	四〇	三	
小《オ》国《クニ》	二一〇	二	二一
黒沢	一七	一	一八
市野野	二〇	一	一八
白子《シロカ》沢《サワ》	四二	一	二一
手《テ》ノ《ノ》子《コ》	一二〇	三	一一
小松	五一三	二	一三
赤湯	三五〇	四	

上《カミ》ノ山《ヤマ》	六五〇	五	
山形	二一、〇〇〇人	三	一九
天童	一、〇四〇	三	八
楯《タテ》岡《オカ》	三〇七	三	二一
土生田《トチイダ》	二一七	一	三三
尾花沢	五〇六	一	二一
芦沢	七〇	一	二一
新《シン》庄《ジョー》	一、〇六〇	四	六
金山	一六五	三	二七
乃《ノ》位《ソキ》	三七	三	九
院《イン》内《ナイ》	二五七	三	一二
湯《ユ》沢《サワ》	一、五〇六	三	三五
横手	二、〇七〇	四	二七
六郷	一、〇六二	六	
神宮寺《シンゴージ》	二〇九	一	二八
久保田（秋田）	三六、五八七人	一六	

港	二、一〇八	一	二八
虻川	一六三	三	三三
一日市《イチニチイチ》	三〇六	一	三四
鹿《カ》渡《ド》	一五一	二	九
檜《ひ》山《やま》	三九六	二	九
鶴《つる》形《がた》	一八六	一	一四
富《ツビ》根《ネ》	一五三	一	八
切《キリ》石《イシ》	三一	一	一四
小《コ》繋《ツナギ》	四七	一	一六
綴《つづれ》子《こ》	一三六	三	五
大《オー》館《ダテ》	一、六七三	四	二三
白《シラ》沢《サワ》	七一	二	一九
碇ガ関《イカリガセキ》	一七五	四	一八
黒石	一、一七六	六	一九
大釈迦《ダイシャカ》	四三	四	
新《シン》城《ジョー》	五一	二	二一

青森	一	二四
計	一五三	九

（約三六八マイル）

これは実際の距離よりも相当に短い。いくつかの山道では、一里が五十六町だからである。しかし正確な情報がないので、全体を通してふつうの標準で一里を三十六町として計算してある。

第三十三信

函館にて　一八七八年八月十三日

天候は二日間も荒れ狂って、ようやく美しく晴れてきた。ここの気候は本土よりも爽快に感じられる。ここも日本なのであるが、何か異なったところがある。霧が晴れると、一面に緑で包まれた山々ではなくて、裸の峰や火山が現われてくる。火山は、ほんの最近に爆発したもので、赤い灰が昼の太陽の下に燃え、夕日には桃色から紫色に変わってゆく。砂浜が湾を縁どり、あちこちに松林や雑木林のある山々は、遠く青色にかすんでゆく。大きな雲は赤茶けた山腹に藍と紫の影を投げている。陸地にとり囲まれた湾の水はアドリア海のように青い。青白い小舟の白帆は紺碧の空の下で雪よりも白く見える。町の背後に聳える二つの山は、杉の林におおわれて、それほど険しくも見えない。砂浜が岬と本土を結んでいるので、ジブラルタルと地形が非常によく似ている。しかし西欧世界のことを考えていると、人力車《クルマ》が前を走って通り、お寺の太鼓が聞こえてくるが、それは「英国のドラムのすり打ち」とは似ていないものである。お寺へ行く葬式の列が街路を通って行く。あるいは大八車が通る。黄色い皮膚をして、着物をほとんどつけていない小人のような四人の男が、単調な「ハア、フイダ」と掛け声をしながら引いたり押したりして車の音をさせながら通り過ぎる。

函館を一見しただけで、やはりどこからどこまでも日本的だと感ずる。街路は非常に広くて清潔だが、家屋は低くてみすぼらしい。この町はあたかも大火からようやく復興したばかりのように見える。家屋は燃えやすいマッチも同然である。他の都市にあるような雄大な瓦屋根は見られない。幅広く風の多いこの町で永久に存続するようなものは一つもない。ここは人もますます増え、繁華なところである。町は海岸に沿って二マイル続き、丘の上まで登っている。それでもやはり家屋や住民は貧しそうである。町はまた骸骨のような様相を呈している。それは屋根の上にたくさんのがっちりした「物干し台」が見えるせいもあろう。しかし恒久性のものに石がある。高いところから町を見下ろすと、何マイルも、灰色の丸石が波のように続いて見える。この風の都の屋根は、どれも敷き石の重みで押さえつけてあることが分かる。こればかりではない。中庭のように一面に小石が敷きつめられている平屋根もある。あるいは、この家の屋根の場合のように、芝土やいく株もの草花でおおわれている。これは火事の際に火の粉を防ぐために施されているものである。これらの屋根に葺いてある石は、このように風の多い地方の家屋の屋根を守るために最も安価な方法であることは確かである。しかしそれは奇妙に見える。

街路はどれも注目をひかないが、丘を高く登って行く街路だけは、りっぱな寺院や境内が並んでいる。ほとんどどの家も商店である。たいていの店は、多数の貧乏な住民が消費する日用品だけを販売している。本物や偽物の外国商品が本通りに満ちているが、珍しいものは毛皮、皮革、角で、その専門店に豊富に出ている。私は熊の毛皮や、アイヌ犬の濃いクリーム色の毛皮が欲しい。それはりっぱであるとともに安価でもある。多くの古物商、すなわち「骨董屋」と呼ばれるものが多い。青森から来る安価な漆器も旅人の心を誘う。

第三十四信

函館にて

函館がたいへん面白いので、旅行の計画や準備はすっかりできたが、毎日ぐずぐず滞在している。伊藤について不愉快な釈明があった。あなたも記憶されているように、推薦状なしで彼を雇ったのだが、雇ってから彼は、パークス夫人と私に対し、前の主人のマリーズ氏が彼に帰ってきてくれというのに対し「ある婦人と契約を結んだ」からと言って断った、と告げたのであった。ところが、今当地にマリーズ氏がおり、氏の説明により私は、伊藤は当時すでに氏と七ドルの月給で氏の要求する期間だけ勤めるという契約を結んでいたのだが、私が一二ドル出すと聞いて氏のところから逃げて来て、嘘をついて私のところに勤めることにしたのだということが分かった！　マリーズ氏は、この背信行為によって非常な迷惑をうけ、彼の植物採集の完成に多大の不便を感じている。というのは、伊藤はたいへん器用で、氏が草花をうまく乾燥させる方法を教えこんだばかりでなく、種子の採集に二日も三日も出かけることを委せられるほどになっていたからである。私はそれを聞いてまことにすまないと思う。氏は、伊藤が氏のところに来た頃は悪い少年であったが、その欠点もいくつか矯正してやったし、忠実に勤めたことと思う、と語っている。私はマリーズ氏と領事館で会って、私の北海道旅行が終わったら、伊藤をその正当な主人に返すことに手はずを決めた。そしたら氏は、彼を一年半ぐらい中国や台湾につれて行くつもりだという。きっと氏は、伊藤の生活の面倒を充分に見てくれるものと思う。ヘボン博士夫妻は今当地にいるが、私が旅行に出発してから伊藤に関する悪い話を聞き、私のことを心配していたそうである。しかし、伊藤は、最初に嘘をついただけで、今まで彼に悪いことは何もない。彼の信仰する神道も、その程度しか彼を教えていないのである。今朝私が彼に給料を支払ったとき彼は私に、何か悪いことでもあるのですか、ときいた。私は、彼の礼儀作法が気にいらない、と言った。彼はその言葉を聞いて少しも怒らずに、態度を改めます、と約束した。「しかし」と彼はつけ加えて言った。「私はただ宣教師の礼儀作法をまねしただけです！」。

昨日私は領事館で食事をして、フランス公使館のディースバッハ伯爵、オーストリア公使館のフォン・シーボルト氏、オーストリア陸軍のクライトネル中尉に会った。彼らは明日奥地探検旅行に出かけることになっていて、南部沿岸で海に入る河川の水源地を踏破し、いくつかの山々の高度を測定する予定である。彼らは食糧や赤葡萄酒をふんだんに用意しているが、とても多くの駄馬を連れて行くので、その旅行は失敗に終わることを私は予言する。しかし私の方は荷物を四五ポンドに減らしているから、成功は疑いない。

明日私は長い間計画してきた旅行に出発したいと思う。私は経験をつんだ旅行家の自信をもって、一人で計画してきた。私はこの旅行を非常に楽しみにしている。原住民を訪れることは、きっと新奇で興味ある経験に満ちたものとなるであろうから。これから長い間、さようなら。

第三十五信*

*原注——この日記体の手紙は、数カ所を削除したが、書いたままのものを掲げたいと思う。読者は、原住民族と、人のほとんど訪れていない地方に対する興味心とから、細部にわたって細かくいろいろと記述してあるものを読み通していただけるものと信ずる。

北海道　蓴菜沼（小沼）にて　八月十七日

私はふたたび荒野に入った。私はさびしい湖の上にほとんど突き出して造られた家の二階から外に身体を出して坐っている。湖は沈んでゆく夕日の中で森の茂った岬を紫色にし、静かな影の色を深めている。多くの男たちが近くの山腹から、槍で倒したばかりの熊の死骸を引き摺り下ろしている。村というものはなく、忙しそうな蟬の鳴き声や、森を通る風の音だけが、この静かな夕方の空中に漂っている音のすべてである。夕日の色は桃色と緑色である。彩られた水面には、大きな睡蓮が青白い花の萼《がく》を横たえている。森の茂った山々の上に、駒ガ岳《コモノタキ》火山の鋭くぎざぎざの、ほとんど裸の山頂が夕日に赤く映えている。この夕方の少なからぬ魅力は、私が函館から一八マイルの旅を、伊藤も他の誰もお伴させずに、馬に乗ってやって来て、まったく私一人でいることである。私は馬の荷物を下ろし、日本語の名詞をなんとかうまく用いて丁寧に頼んだので、良い部屋と夕食を確保することができた。私の夕食は米飯と卵と黒豆で、私の馬には擂りつぶした大豆である。私の馬は開拓使《カイタクシ》（北海道庁）のもので、蹄鉄をつけて堂堂としているから、特別の敬意を受ける資格があるわけである！

私はまだ「未踏の地」へ入りこんだわけではないが、好天気と、カラリとした空気、北海道ののびのびとした雰囲気のために元気が出てきた。北海道は日本の本土の人々にとって、荒涼たる土地、未知の国、人跡稀なる地方と考えられている。その関係は、英国人がチッペラリ（アイルランド南部の州）を、スコットランド人がバラ（スコットランド西北の島）を、ニューヨークの人が「はるか南部のテキサス」を考える場合と同じである。人々があらゆる荒唐無稽な話をここのことだと言っても、ばれる心配はあまりない。その中で小馬の悪事とアイヌ人の話は、主な話題となっている。人間と犬との奇怪な行為の話もある（アイヌ人が犬を先祖とするという伝説は、アイヌという語が、イヌ＝犬と、アイノコ＝混血児と似ているからだ、とチェンバレンは推定している）。熊、狼、鮭、彩飾に関する冒険談もある。誰でも北海道に来た者は、何か奇妙なことに出会う。一回か二回は、馬と一緒に倒れたり、馬から落ちたりする。この奥地について知られていることといえば、蔓草が縺れ合っている森林におおわれているこ不能と、また斧を使わなければ通れないような笹藪が一面に生えていて、その上に同じく通行不能の沼沢地があり、そこを源として数百の川が流れ、魚が豊富に住んでいることだけである。赤く輝く火山はこの島の各地で見られる。森林はアイヌ人の猟場で、彼らはその性質を除いてあらゆる点でまったくの野蛮人である。彼らは温和で人に危害を加えないといわれるから、私はまったく安心して彼らの中に入って行ってもよいだろうと思う。

外国婦人が初めて原住民の住む地方へ入って行くというので、いろいろと配慮してもらうことができた。領事のユースデン氏が熱心に当局に働きかけた結果、私は知事から証文《ショーモン》を貰うことができた。これは一種の公文書あるいは証明書で、どこでも馬や人夫を一里六銭の公定値段で手に入れる権利を保証するものであり、役人の巡回出張に使用するため維持してある家で優先的に宿泊する権利があり、どこでも役人から援助を受けることができるというものであった。さらに政庁は、噴火湾の対岸に電報を打って、私が必要とする限り政庁の人力車を使用させること、そして私に便宜をはかるために汽船を待たしておくように頼んでくれた。この書類があれば、旅券がなくてもすむだろうし、私の旅行はとても容易になるであろう。これを手に入れてくれたことに対し、領事に深く感謝する。

ここでは米と茶を輸入しなければならぬので、宿屋は一日三十銭の均一料金である。それには、食べても食べなくとも三食が含まれている。馬は多いが、小さくて重い荷に堪えられず、まったく蹄鉄をつけていない。蹄は非常に浅く、先端が細くなって上に曲がったり、その他の奇妙な形をしているが、凸凹道をらくらくと進み、「先頭馬」と呼ばれる先導の馬の後について一時間に四マイル以上の速度で競走するように急ぐ。もし先頭馬がいないと、先頭に立って乗ろうとしても別の馬が前にいない限り馬は決して動こうとしない。そのようなときには、馬は乗る人の意志にお構いなしに先頭馬の動きについて行くのだから、まったくお手あげとなる。馬子というものはなく、先頭馬に乗った者が自分の好きな速度で進めばよい。先頭馬が手に入れば、他に人がいなくても進むことができる。馬は安くて豊富にいる。毎朝たくさんの馬が山から村の柵囲い地に駆り立てられ、必要があるまでそこに入れておかれる。馬は非常に安価なので、ひどく虐待されている。今まで背中に傷のない馬を見たことがないが、それは荷物を積んだ馬を駆け足で進ませるので、お粗末な荷鞍が背骨をごしごし擦るからできるのである。たいていの馬は貧弱な様子をしている。

私が馬を手に入れるのは少し難しかったので、領事は開拓使の駄馬を一頭送ってよこした。この馬は美しい馬だが怠け者で、猛烈な早駆けをさせようとしても、めったにうまくいったことはない。伊藤は荷物とともに後についてくるようにして、私は一人だけの騎馬旅行を楽しんだ。自分で好きな速度で進めるわけであったが、ゆっくりした並足と、前に言った重い足の早駆けとの間しか選べなかった。

私は鹿の皮を積んだ馬の列に会ったり、酒や商品を積んだ馬の列に追いついたりしたが、どちらの場合も、交際好きな私の馬のために苦労した。二つの村で私が見て面白いと思ったものは、小さな商店にあった黄燐マッチ、木綿の雨傘、編上げ靴、刷毛、柱時計、石板、鉛筆、枠に入った版画、石油《ケロシン》ランプ、*赤色や緑色の毛布であった。毛布だけは、まぎれもなく英国製品の再生毛織であったが、他は全部が外国製品の模造で、多少はうまくつくられていた。

*原注——畳のある木造家屋で灯油《ケロシン》を使用するのは、大火の新しい原因となっている。どうして発生したのか分からないが、一八七九年のクリスマスのちょうど前日に函館で火災が起こり、数時間で二十の街路と、二千五百戸、英国領事館、いくつかの公共の建物、新しい日本人キリスト教会、教会伝道館が焼失し、一万一千人が焼け出された。

山道を一五マイル登って行くと、七飯《ナナイ》という整然とした洋風の村がりっぱな農作物に囲まれている。ここは政庁が新風土馴化その他の農事試験をしているところの一つである。ここを過ぎると、だいぶ山中となり、険しい丘の頂上からは、紺色の海に島のように浮かぶ函館岬のすばらしい眺めが望まれる。さらに高い丘の頂上から北を望むと、密林に囲まれた三つの美しい湖の上に、火山の裸で赤い山頂が聳えている。これらは赤色に染められた断崖であり、裸岩の露出である。緑一面の本土にいたとき私が見たいと憧れていたものである。銀色に輝く湖水は、盲目の大自然の顔にぱっちり眼が開いたようである。香りの漂う草木がしっとり露に濡れている沈黙の中を湖水の辺まで下りて行くのは、心地よいものであった。そこにあるのは、あの単調でしかも騒々しい灰色の村ではなくて、美しい環境に囲まれた一軒だけの変わった造りの家である。

道中の大半は、ひどく嫌な道路であった。道路の両側は深く波形に凸凹で、真ん中は土を盛り上げたもので、さらに小馬で何百という籠に土を入れて持って来て高さを増してある。いずれ馬車や荷馬車がこの土手道を使用することになるだろうが、馬が怯えて尻込みしたり、馭者が下手だったりすると、車を引っくり返してしまうと思われる。現状では、橋がたくさん壊れているから、この道路を通れるのは駄馬だけである。私は奥地へ酒を運んで行く馬の列を追い越した。北海道の人々はやたらと酒を飲み、貧しいアイヌ人も無茶苦茶に飲む。途中の山道で歩いて身体を休めようと馬から下りたが、腹帯が弛んでいたために鞍の後ろの引き具が鞍を腹の下に回してしまい、鞍は重すぎてまた馬の背に持ち上げることができなかった。しばらくの間馬をひいて行くと、鹿皮を積んだ駄馬の列を連れて来る二人の日本人に会った。彼らは鞍を元通りに上げてくれたばかりでなく、私がまた馬に乗るとき鐙をおさえてくれ、そして私が立ち去るとき丁寧におじぎをした。このように礼儀正しく心のやさしい人々に対し、誰でもきっと好感をもつにちがいない。

森《噴火湾》にて　月曜日

蓴菜沼《ジンサイノマ》でも、夕方暗くなると天国ではなくなる。あまり蚊が多いので、蚊に追い立てられるように早くベッドについた。この旅行で伊藤はたいそう上機嫌であった。私と同じように彼もまた北海道の自由な空気が好きなのである。彼はまたずっと礼儀正しく愛想よくなっている。そして政庁の証文《ショーモン》をたいそう誇りにして、それを手に持ちながら大いばりで旅館や駅亭に入って行く。私は彼が手筈を整えてくれたときが一番うまくゆくのである。土曜日はどんよりとした天気で陰気な日であった。ここまで馬に乗って七マイル来たが、単調な森や沼沢地を通り、一方は火山、他方は低く森の茂った丘の、砂地の道路で、退屈であり疲れる旅であった。五匹の大きな蛇がとぐろを巻いているのを見たが、さらにいく匹か草の中にくねくねと逃げこんで行った。村は一つもなく、いくつかの実に見すぼらしい茶屋があるだけで、道路の反対側には長い家畜小屋があり、木の幹をカヌーのように抉って馬糧を入れた飼葉桶がある。ここでは誰も歩かず、男たちは早駆けで馬を走らす。鞍の上にあぐらをかき、馬の頸の上で脚を組み、石炭入れを逆にした形の婦人帽に似た帽子を被っている。だにが馬にたかって、ときには何百匹も一頭の馬につく。馬は痒みのため狂暴になり、とつぜん地面に身体を投げ倒したり、荷物や乗り手の上で転げまわることもある。私は二度もそのような光景を見ている。だには乗り手に移ることがしばしばある。

森は、噴火湾の南端に近い大きな村だが、今にも倒れそうな家ばかりである。村は砂浜の荒涼としたところで、たくさんの女郎屋《ジョーローヤ》があり、いかがわしい人間が多い。宿屋にはりっぱでないのもいくつかあるが、私はこの宿屋が気に入っている。ここからは火山がたいそうよく眺められる。火山はこの湾の一つの岬となっている。森には全長三四五フィートの未完成の桟橋があるが、投錨地はない。湾口を横断する蒸気連絡船はここから出るが、さらに湾を百マイル近く迂回してゆく非常に困難な馬道がある。奥地に通ずる道路もある。しかし、ここは淋しい衰微したところである。昨夜、宿屋はたいへん騒がしかった。私の隣の部屋の旅人たちが芸者《ゲイシャ》をあげて、朝の二時まで遊んだり、歌ったり、踊っていた。この連中はみな酒をやたらと飲んでいた。この比較的北緯度の地方では、夏はもう終わりに近づいている。私が到着したときには花盛りであったが、その実も熟し、山腹にはあちこちに黄色や深紅の紅葉《もみじ》が見えて、美しくて涼しい秋の前触れとなっている。

湧別《ユーベツ》（勇払）にて

「汽船だよう」という大きな叫び声が、船はすぐ出るよ、という知らせとともに、隣室で朝から碁《ゴー》を打っている人たちにも、誰にも彼にも響いてきた。私たちは焼けつくような日照りの中を桟橋に急いだ。はしけ二隻にいっぱいになって乗りこんだ日本人たちは、広い甲板のついた蒸気ランチほども大きくない汽船に乗せられた。日本人たちはみな穴倉のようなところに押しこまれたが、私は丁重に案内されて船首楼に入った。ここは船首にある五フィート四方の部屋で、巻いた綱があふれていた。私はこの部屋にただ一人閉じこもって威厳を保つことになったのだが、窓から八個の眼が、じっとがまん強くこちらを睨んでいた！　この汽船は対岸で私のために二日間も待たされていたので、函館に帰ろうとしていた二人の外国人はすっかり嫌になってしまったという。私も同様である。

この日はすばらしく好天気の日で、美しく青い海には波頭が白く泡立ち、湾の南端を示す火山から上る赤い灰が日光に輝いていた。このあわれな汽船は、機関によく故障が起きて、とても頼りにならないが、困難な回り道をしないで新しい都（札幌）へ到着しようと思えば、この方法しかないのである。桟橋を拡張し、役に立つりっぱな汽船を連絡船に使えば、これこそ有益なお金の使い方となるであろう。微風は強くて順風であったが、それでも、二五マイルを航行するのに六時間も退屈な時間がかかった。夜の八時になってようやく、船はほとんど陸地に囲まれた美しい室蘭《モロラン》湾に着いた。ここは両側が険しくて、森が茂り、深い海が岸近くまで迫り水深が深いから、外国の軍艦がときどき来て碇泊できるほどである。しかしそのため町にとって大損害となる。私たちが船から降りて平底船に乗ったとき超満員のため数人が海の中に落ちたが、自分でも笑いこけていた。いろいろな宿屋から番頭たちが桟橋に下りて来て客引きをするが、彼らのもつ大きな提灯の波は、その柔らかい色彩の灯火とともに上下に揺れて、静止している水面に空の星が反映しているかのように魅力的である。室蘭《モロラン》は絵のように美しい小さな町である。とても美しい湾の険しい岸辺にあり、さらに上方には豊かな森林におおわれた山がある。そこにある神社に行くためには、長い石段を上って行く。この山の蔭に、この海岸に沿って最初のアイヌ村がある。

町の長くて不規則な街路は、少しは美しいが、私が強い印象を受けたのは、浮浪者のいる珍しい光景であり、堕落した土地の様子であった。これは、女郎屋が多いためであり、悪い連中がよく集まる宿屋が多いためである。私はたいそう貧弱で汚い宿のたいへん小さな部屋しか手に入らなかった。しかし蚊はおらず、しかもおいしい魚の食事をとることができた。馬を雇おうと思って使いを出したら、私の旅行のために万事手筈が整えられていることを知った。町の長官からとうに名刺が送られてきていて、私が見たりしたりしたいものがあるか、ということであった。しかしこの朝はどんより曇って雨が降りそうであったので、私は旅を続けたいと思った。私は九時に宿の玄関で人力車に乗った。これは町にただ一つしかないもので、病院の患者を運ぶために政庁がもっているものである。私は人力車に腰を下ろして半時間も不愉快な思いをしながらじっと我慢して待っていたが、誰も車をひきに来なかった。ただ面白かったのは、伊藤がたいそうきれいな娘とふざけているのを見ることであった。浮浪者が集まって来た。だんだんに憂鬱な真相が分かってきた。三人の車夫は、お上《かみ》の命令で偉い人を乗せなければならないというのに恐れをなして逃亡してしまい、四人の警官がそれを追っているという。私が町から険しい丘に通ずる道をだらだらと登って歩いて行くと、赤星《アクボシ》氏に出会った。彼は愉快な若い日本人測量技師で、英語を話し、室蘭は北海道でもっともひどいところだとけなした。時間をむだにして二時間もぷりぷり怒っていると、伊藤が馬を連れてかんかんに憤慨しながら私に追いついた。「日本中でこんなにひどくて、たちの悪い車夫はいません」と伊藤はどもりながら言った。「さらに二人が逃げて、今三人が来るところです。四人分支払ってあるのです。最初の三人はお金を貰って逃げたので、駅逓係は外国人に対し申し訳ないと言っています。長官も、ものすごく怒っています」。

時間の浪費の点は別として、私にとってそんなことはどうでもよかった。しかし実際に例の人力車がやってくると、車夫は三人のごろつき風の男で、しかも原始的な樹皮製の着物を着ていたので、私は換え馬を確保するために伊藤を一二マイル先に送り出すとき、私のお金も一緒に持たせてやった。この男たちは、二人ではなくて三人もいるのに、歩くだけで決して駆けることをせず、わざとでもするかのように、車をどの石の上にも乗り上げ、どの轍の中にも入れたりした。そしていつも「ハエスハ、ハエスホラ」と蛮声のコーラスを続けた。彼らはあたかも石を積んだ荷車を引っぱっているかのようであった。実際に函館から出ると、車夫はいないし、男たちは車のひき方を知りもしないし、ひくことを嫌ってもいる。

山を登って頂上から眺めると、室蘭湾は実に美しい。一般的に言って日本の沿岸の景色は、私が今まで見たうちでもっとも美しい。風そよぐハワイの一部の景色は例外である。しかしこの湾の美しさは何物にもひけをとらない。不規則にたった灰色の町は、高いところに灰色の神社があり、小さな湾の縁をだらだらとのびている、森の茂った険しい坂町である。山は深く森林におおわれ、大きな葉の蔓草がすっかり絡みあっていて、水際まで急な傾斜となって下っている。葡萄の花綱が静かに海面に姿を映している。暗い森林の上方に、輝く海のかなたに、赤く尖った火山の頂上が聳えて見える。やがて道路は急に砂山に入るが、これは各地で断崖の岬となる。初めて私は五〇〇〇マイルも広がっている海原の大波が岸に打ちつけるのを見た。太平洋の眺め、耕作地のない誰も人の住んでいない沼沢地、森林におおわれた遠くの山々、これらは私が幌別《ホロベツ》に着くまでの景色のすべてであった。幌別は日本人とアイヌ人の混住の村で、海近くの砂上につくられている。

このような混住の村では、アイヌ人は日本人に遠慮して近寄らずに住むことを強いられているが、日本人より数が多いこともしばしばある。幌別《ホロベツ》の場合には、四十七戸のアイヌ人に対して日本人はただの十八戸である。アイヌ村は実際よりも大きく見える。ほとんどの家が倉《クラ》をも

●幌別のアイヌの倉

っているからである。それは木の長い土台棒に支えられて地面から六フィートの高さに上げられている。家屋のことをもっとよく知るようになったら、委しく書こうと考えている。今のところは、彼らの家屋は日本人の家と似ていなくて、むしろポリネシア人の家屋に似ているとだけ言っておこう。その家屋が木の枠組の上に葦を非常にうまく結んで作られているからである。小さな窓があり、非常に高いところに屋根がある。傾斜が急で、草屋根には小ぎれいな縁飾りがつけてあり、棟木は葦で包まれ、装飾が施してある。

海岸のアイヌ人はほとんどみな漁業に従事しているが、この季節には男たちは森林で鹿を狩る。この沿岸ではベツとかペツという語と合成の名前がいくつかある。これはアイヌ語で川という意味である。例えば幌別《ホロベツ》、湧別《ユーベツ》、紋別《モンベツ》などがある。

駅逓係が、幌別には人力車をひくものが一人もいないから車大を出せない、と言うので、伊藤はまる一時間も烈しい口論をしていたが、私が例の証文《ショーモン》を出すと、たちまち三人の日本人少年が車をひいて来て、私は一六マイルの旅行に出発できることになった。伊藤は私の部屋を用意するために白老《シラオイ》に向かって馬で出かけた。北海道の駅逓は政庁の管理になっているのだと思う。数分すると、三人のアイヌが家からとび出して来て、人力車を受け取り、次の駅まで休まずに行った。彼らは、戻るときのために一人の少年と三頭の鞍つきの馬を連れて行き、代わるがわる馬に乗ったり引いたりしていた。二人の青年はいつも車の梶棒についていて、一人の男が後ろから押した。彼らは、目新しい流儀ではあるが非常に親切で丁寧であったので、私は未開の人々の中にただ一人いることをすっかり忘れた。少年たちは若くて、髭はなく、唇は厚く、口はとても大きかった。それで私は、彼らが他のどの民族よりもエスキモー人のタイプに近いのではないかと思った。顔の両側にはふさふさとした柔らかく黒い髪を垂らしている。その大人は純粋のアイヌ人ではなかった。彼の黒髪もそれほど濃くはなく、髪も髭もところどころ金褐色に輝いていた。私はその顔形といい、表情といい、これほど美しい顔を見たことがないように思う。高貴で悲しげな、うっとりと夢見るような、柔和で知的な顔つきをしている。未開人の顔つきというよりも、むしろサー・ノエル・パトン（英国の歴史画家）の描くキリスト像の顔に似ている。彼の態度はきわめて上品で、アイヌ語も日本語も話す。その低い音楽的な調子はアイヌ人の話し方の特徴である。これらのアイヌ人は決して着物を脱がないで、たいへん暑いときには片肌を脱いだり、双肌を脱いだりするだけである。

幌別から白老までの道路は非常にさびしい道であって、その間に四軒か五軒しか家はない。道路は広くて真っ直ぐだが、川を越すために山を登ったり内陸へ道を曲がる場合は例外である。道は背の高い野生の草花でおおわれた広い沼沢地を横切って行く。沼沢地は海が波を叩きつける高い浜辺から内陸へ二マイルほど広がっており、そこには林の茂っている高い岩壁がある。この向こうは森林におおわれた内陸の山々である。この高い浜辺の上にアイヌ部落があった。ときどき魚油を採取するための器具のある小屋から、沼沢地を越えて、ほとんど堪え難い悪臭が漂ってきた。その日の午後は充分に楽しいものであった。型にはまった文明社会と日本旅行の各種の束縛から離れて孤独な大自然と自由な空気の中へ入ることはとてもよいものである。どんよりと曇った日で、険悪で暗い水平線が見えた。雑草の茂る平地の上を灰色の道路が走り、それに沿って灰色の電柱が並んでいた。道路は灰色の糸のようにいやになるほど遠くまで延びていた。微風が海から吹いてきて、葦草の間をさらさらと音を立てて通り、背の高い羽毛のような薄《すすき》を波うたせた。太平洋の荒波の轟く音は、その壮大な深い低音で空気を震わせていた。この孤独な大自然は、隅々まで詩と音楽に浸っている。私の心は安らぎを覚えた。

森林におおわれた険しい山を登っては、また下ると、道路はまたもとの雑木林の地帯に戻るように見えた。下り坂に出るところで道路が崩れていて、男たちは立ち止まった。この坂を下って行くと、小石だらけの土手と白い波を立てている川に出る。川は青緑色のきれいな水で、上流の温泉から来る硫黄が充満している。対岸は雑草の茂る険しい土手となっている。この美しい流れに一フィート間隔で二本の丸太が渡してあった。私はアイヌ人の手を借りてその上を歩いて渡ろうとしたが、丸太がたいへん不安定だったので、いかに酒に強くてふらふらしない人でも、半長靴をはいてその上を渡ることはできないであろうと思う。その美しい顔のアイヌ人は、私に、戻って来て肩につかまるようにと合図したが、彼が数フィート歩むと丸太がとても揺れたので、彼は用心深く後へ戻らなければならなかった。その間私はめまいや恐怖でみじめな思いをするのにじっと耐えていた。その後彼は私を担いで、肩までつかる急流を渡り、草の密生した泥をかきわけ、険しい土手を登った。私は心身ともに疲れはて、未開人の肩につかまって北海道の川を渡ったというおかしさを味わう余裕がなかった。彼らは人力車を四人の肩にのせてうまく川を渡り、車も私も水に濡れないように非常に気をつけてくれた。この後私たちは二つの深くて静かな川を平底船で渡った。灰色の平地と灰色の海のはるか上に、太陽が金色と赤い縞の緑色をして非常に高く聳えている輝く山の背後に沈みつつあった。山の麓には森林におおわれた丘陵地帯が暗紫色につつまれて横たわっていた。私たちは暗くなるころ白老《シラオイ》に着いた。ここは海近くにあり、日本人の家が十一戸の村に、アイヌ人五十一戸の村がついている。そこには古風な大きい宿屋がある。しかし、伊藤はたいそうきれいな新しい宿屋を選んでいてくれた。そこは道路に面して四つに仕切った厩があり、その真ん中に伊藤がおり、今新しい鮭の厚い切り身を炭火で焼いているという嬉しいニュースを知らせてくれた。部屋はさっぱりと整頓されているし、非常に空腹だったので、魚油皿に灯芯《とうしん》を立てた灯火の下でおいしく食べた。その日いちばん楽しかったことである。

佐瑠太《サルフト》(富川)にて

夜は寒くて眠れなかった。明け方に大きな騒ぎ声がしたので、外を見ると、百頭も馬の群れがみな駆け足で道路を走って行った。それと一緒に、二人のアイヌ人が馬に乗り、たくさんの犬が馬の後について走っていた。山へ行くと数百頭も馬がほとんど野生のままで走っている。アイヌ人たちは大きな群れを一まとめに集めて、柵囲いの入口に向かってうまく誘導し、その中からその日に必要とする馬を選び出し、残りの馬は——すなわち背中が深く爛れたものは——放されるのである。蹄鉄をつけない馬がこのように鈍くがたがたと立てる音が、これら北海道の村の朝で初めて聞く音である。私は朝早く伊藤を先にやり、九時に三人のアイヌ人とともにその後を行った。道路は一三マイルの間まったく平坦で、砂利の平地や沼地を通った。非常に単調ではあったが、道そのものの野性的な魅力があった。沢があって、鴨がおり、小さくて白い花の睡蓮が咲いていた。まわりの平地は葦草や花、雑草で一面におおわれていた。すでに初秋となり、多くの花は萎んでいた。しかしまだかなり残っており、今の平原は朽葉色になっているが、初夏のころはどんなに美しかったかを偲ばせるものがある。北海道の特色として小さな野ばら（ハマナス）がある。深紅の花を咲かせ、オレンジ色の実をつける。実は枇杷《びわ》の形をしており、野生の林檎ほどの大きさである。その花冠は直径三インチである。そのほかに、ばらのように赤色をした大きな昼顔、鈴のような青い花を列べた釣鐘草、頭巾型で紫色の花をつけているとりかぶと、誇らしげに咲いている浜昼顔、紫色のえぞ菊、雪の下、黄色い百合、それから特に目立つ蔓草があり、その葉は荒野の環境にまったく似合わぬ優美な姿をして、紫褐色の鈴状の花をつけるが、雌蕊《めしべ》の特殊な配列と、緑色の雄蕊、そして腐肉のようにとてもいやな臭いを出すのが特色となっている。これはたぶん受精のために非常にいやな姿をしたある種の蠅を惹きつけるためのものであろう。

私たちは四人のアイヌ婦人たちに追いついた。彼女たちは若くてきれいであったが、裸足で、しっかりと大股で歩いていた。男たちとだいぶ笑い声を立てていたが、やがて車をとって七人全部が車をひき、きゃあきゃあ笑いながら半マイルほど全速力で走った。間もなく小さな茶屋まで来ると、アイヌ人たちは私に藁の包みを示し、自分たちの開いた口を指さした。そこで私には、彼らが一休みして食事をしたいのだということが分かった。やがて私たちは、馬に乗った四人の日本人に出会ったが、アイヌ婦人たちがかなりの距離を彼らと競走したので、この駆け足の結果、私は苫小牧《トマコマイ》に正午に着くことができた。ここは広くて淋しいところで、家屋の屋根には芝土が盛ってあり、雑草がぼうぼうと生えていた。この近くに樽前《タルマイ》火山がある。静かそうな灰色の円錐山で、その麓は何万本という枯木におおわれている。長年の間あまり物静かで灰色に見えたので、人々はこの火山は永久に休んだものと考えていたが、最近のある蒸し暑い日に、火山はその頂を爆発し、この地方一帯が何マイルにもわたって火山岩や火山灰におおわれ、山腹の森林地帯は焼きつくされた。苫小牧の土の屋根にもさらに火山灰が降り積もり、五〇マイルも遠く離れた襟裳《エリモ》岬にまで細かい火山灰が降った。

この苫小牧で、道路と電線は内陸へ向かい札幌《サッポロ》に至る。馬の通る道は北東に向かう道だけである。これは約七〇〇マイルにわたって島をだらだら回って行く。室蘭から佐瑠太《サルフト》まで、いたるところ新旧の火山活動の痕跡がある。軽石、石灰華、礫岩、ときには堅い玄武岩の鉱床があり、白老《シラオイ》から東方のすべてを最近の軽石でおおっている。私たちは苫小牧で馬に乗った。私は自分の鞍を持って来たので、日本で初めて本当の乗馬らしいものを味わうことができた。札幌の医者の奥さんがそこにいて、輪縄を鐙代わりにして駄馬に跨り、二〇〇マイルの旅をして来たという。彼女は乗馬が巧みで、サーカスのような器用さで私の鞍にひらりと飛び乗り、多くの馬上の演技を見せてくれた。こんな馬が持てたらどんなに嬉しいことだろう、と彼女は言った。

私は札幌に至る「よく人の往来する道」から離れて嬉しかった。私の眼前には、どこまで続くか分からないような、うねうねとした砂地の草原が続く。これはヘブリディーズ諸島（スコットランド西北の諸島で、千島列島に相当する）の砂地に似て、砂漠のようにもの淋しく、ほとんど一面に矮小な野ばらや釣鐘草におおわれている。どこでも好むままに道をつけて進めるような草原である。他の人たちを先に出して、私はその後を北海道流《エゾ》にゆっくり急いで追った。間もなく長い距離を早駆けで進んでみたが、柔軟な土の上を蹄鉄のない足がどさっどさっと音を立てるのは音楽的で面白かった。しかし私は北海道馬の特性をよく認識していなかったから、私の馬が「先頭馬」かどうか尋ねるのを忘れ、ちょうど全速力で進んで他の馬に追いつこうとしたとき、馬が急にぴたりととまってしまったので、私は馬の頭上から六フィートも先の野ばらの茂みに投げ出された。伊藤がふり返って見たときには、私は馬の腹帯を締めていたので、この脱線行為は知られずにすんだ。

私たちはこの微風の吹く海岸を進んで行った。海岸は一方が海で一方が森林であった。八マイル進むと湧別《ユーベツ》に来た。ここは私の心をひどく魅了したので、もう一度来たいと思う。その魅力は、この土地の持っているものよりも持っていないものにあり、伊藤は、こんなところに二日も滞在したら死んでしまう、と言っている。ここは、荒れ果てた淋しさがこれ以上先にはあるまいと思われるような、地の果てといった感じがする。三方には砂地が広がり、川は海へ進むことを阻まれ、太平洋の荒波が打ち寄せて作った高い砂丘のために、川は出口を求めてのろのろと蛇行している。遠くの森林地帯は、森林におおわれた特色のない山脈の藍色と灰色の中へ延びている。いつも忘れることのない広い海原はちょうど姿を隠している。このような環境にある部落には、二つの高い物見台と何軒かの魚油採取の小屋があり、四軒か五軒の日本人の家と、四軒のアイヌ人の小屋が川向こうの砂丘の上に立っている。それから灰色の大きなバラック式の建物がある。その廊下は八フィートあり、ぴかぴか磨かれており、両側に小部屋が並び、片隅には砂利を敷いた中庭があり、それに面して静かな部屋が二つある。反対側の隅にはとても大きな台所があり、暗い奥と黒く煤けた垂木がある。化物屋敷のようである。お互いにいやになるほどこんなに離して家を建てておくのは何か特別な目的があったのではないかと、人は思うであろう。家の数は少ないが、この季節には全部に人が住んでいるのではない。ただ見えるのは、灰色の砂浜と、まばらな草地、ぶらぶらしている数人の未開人だけであった。

私が今まで見たもののうちで、この薄気味悪い幽霊屋敷のような漁業基地（番屋）ほど深い印象を与えたものはない。長くて灰色のバラックの壁には、多くの暗い窓があった。案内を乞うと、一人の愚かな表情の男が窓から顔を出しては消えた。やがて灰色の門が開かれ、私たちは馬で灰色の砂利の庭に入った。庭に面していくつかの静まりかえった部屋があった。庭と台所の間に三十か四十の部屋があり、庭には今のところ魚網や漁具がいっぱいある。それは何かぞっとするようなもの淋しさを感じさせた。風は磨かれた廊下の上を吹き通り、襖《フスマ》をかたかたと鳴らし、屋根の上の板葺きを持ち上げた。鼠はいたるところ走り回っていた。私は大きくて黒く煤けた台所《ダイドコロ》へ行き、人が集まっていないかと見たが、燃えさしの木が少しと、行灯《アンドン》があるだけで、他にはさっきの男と二人の孤児の少年だけであった。男は自分の運命を嘆いていたが、彼は自分の運命よりも少年たちの運命をみじめなものにしているのである。漁期ともなれば、このバラックは二百人から三百人の男たちを収容する。

私は海岸の方に出かけてみた。淋しい川を渡って行くと、ひどく黒ずんだ小屋が開けっ放しになっており、葦草で作った小屋には人がおらず、粗末な長い建物には、昨年の魚から油を採取していた大鍋から出る堪えられないほどの悪臭が漂っていた。二、三軒のアイヌ小屋があり、二、三人の堂々たる顔をしたアイヌ人が毛皮を着て、砂丘の上を幽霊のように大股で歩いていた。狼のような犬がたくさんいた。丸太を刳りぬいた独木舟《カヌー》もあり、壊れた舟の残骸もあった。白くなった流木がたくさんうす黒い砂浜に打ち上げられていた。どんよりと曇って風のある空模様の中で、うす黒い海原が波をたてて遠くへ広がっていた。太平洋はこの沿岸地方で特に猛威を発揮し、高潮線の跡よりも高いところに非常に高い砂丘を押し上げている。その傾斜地を海に向かって下りて行くと、海と空、そして灰色の浜辺の曲線だけしか見えなくなる。淋しい浜辺は何マイルにもわたって奇妙な形をした白い流木や、森林の樹木の壊れた残骸で厚くおおわれている。これらは数限りない河川から流し出され、やがて何週間も何カ月も、船の残骸とともに波に揉まれたものである。

船の残骸は、帆柱を持ち上げつつ
もの淋しき荒海を漂う。
いつまでも流れ、流れて
定めなき海原をさまよう

この太平洋の荒波が、それらを湧別《ユウベツ》の浜辺に打ち上げたのである。そしてここでようやく、

すべてはふたたび安らぎを得たり

なんという気味の悪い安らぎであろう！
大波の深く轟く音は音楽的であった。海鳥の奇妙な鳴き声、図々しい黒い鴉のしわがれた鳴

き声も、すべてが調和音に聞こえた。大自然は、そのままの姿にほうっておかれた場合には、音も色彩も、決して不調和なものを作り出さないものである。

第三十五信（続き）

佐瑠太にて

実に大自然には不調和は存在しない。今朝、遠く水平線まで、平和そのものの青い海がダイヤのようにきらきら輝いていた。青い海をくっきり際立たせている白波は、もっと雪白の浜辺にひたひたと打ち寄せていた。真っ青な空にはところどころ白雲が輝き、平原の上にゆっくりと影を投げかけていた。平原の広い懐には何千という多くの花片が、日光を浴びながら、今を盛りとその短い生命の情熱を燃やしている。波うつ連山は深い藍色の中に眠り、さらにその向こうの山々は夢見るような空に薄青色で描かれていた。湧別《ユーベツ》の数少ない灰色の家屋さえも、霧ならぬ薄青いヴェールに包まれ、浄化されて大自然の調和の中に溶けこんでいた。おしゃべりで生意気な鴉の大きな鳴き声は、なんとなく楽しさがあり、人を馬鹿にしたその健康な笑い声も私には好ましく思われた。

特記すべきは、私が良い馬を持ったことで、この馬はいつも逃げようとばかりしていて、花咲く草の上を非常に軽やかに駆けるので、ここまで一七マイルを非常に楽しく乗って来ることができた。まことに、良い馬と、駆けるに良い地面と、よく日の照ることが、楽しい旅を作り上げるすべてである。この大自然の調和の中でただ一つの不調和は、アイヌ人が見えたことである。アイヌ人は邪気のない民族である。進歩の天性はなく、あの多くの被征服民族が消えて行ったと同じ運命の墓場に沈もうとしている。一人の警官が馬に乗って湧別から私たちについて来た。ぴったり私の速度にあわせ、しかも一口もしゃべらず、ずうっとここまでやって来た。私たちは幅の広い深い川を歩いて渡り、またもう一つの川を歩いたり舟に乗って越した。その後に道は平地を出て、馬の耳ほどまでも高さのある葦草の中を通り過ぎ、数マイルほど丘を登ったり下ったりした。柏木のみが茂っている林を通ったが、葉はだいぶ山蚕に穴だらけにされていた。羊歯の下草は例の蕨であった。この雑木の疎林に光がさして深い木蔭をつくっているのも楽しかった。馬は愉快そうに小山を軽快な足どりで登ったり下ったりした。海の波のささやきは微風の音とまじり、白い波は緑の草原の間からときどき光って見えた。とんぼや蝶々は真っ赤あるいは黒いビロードの服を着て、生きている光のようにきらきらしながら絶えず道の上を飛びかった。私は、なんとなく微かに風の吹くハワイのことを思い起こした。私たちは、アイヌ小屋と、美しく静かな流れの前に出た。二人のアイヌ人は、私たち四人と馬を平底船に乗せて川を渡してくれた。そのときもう一人のアイヌ人は、川を歩いて舟を案内した。彼らは少しも着物をつけていなかったが、一人だけは毛深かった。彼らは上品な顔をしており、優しくてとても丁寧で、私に手を貸して舟に乗せたり下ろしたり、私が馬に乗るときには鐙を押さえていてくれたが、実に自然に出る優美さがあった。去るにあたって彼らは、両腕を差しのべ、内側に二度手を振り、その大きくてりっぱな髭を後ろの方に撫でた。それが彼らのふつうの挨拶である。砂利道をしばらく行くと、この日本人村に到達した。ここは六十三戸あり、主として仙台地方から来た士族《サムライ》がつくった開拓地である。彼らは砂地にたいそうりっぱな作物を作っている。一二マイル奥に入った山地には、多数のアイヌ住民がいる。この村の近くにも少数のアイヌ人がいるが、村民たちからひどく軽蔑されている。私の部屋は村の通りに面し、あまり暑くて障子《ショージ》を閉めることができず、村人たちは格子窓から何時間でも立って中を覗きこんでいる。

少し前に、フォン・シーボルト氏とディースバッハ伯爵が平取《ビラトリ》という私がこれから行こうとしているアイヌ村から馬を駆け足させて帰って来た。伯爵は馬からころげるように下りて私のところに駆け寄り、「蚤だよ、蚤！」と叫んだ。彼らはベンリ（ベンリウク）という酋長を連れて来た。彼は堂々としているが、遊蕩者らしい顔つきの未開人である。今晩シーボルト氏が私を訪れて来た。私は彼の着ている真新しく清潔な服装を羨ましく思ったが、彼は私の担架式ベッドと蚊帳《かや》を羨んだ。彼らは、蚤や蚊にひどく悩まされ、不自由な生活をして来たので、だいぶ疲れはてていた。しかし、いろんな困難はあっても、山アイヌを訪れることは、長い旅行をするだけの価値がある、というのがシーボルト氏の意見である。私が思った通り、彼らはその探検に完全に失敗し、クライトネル中尉に逃げ出されてしまった。私はシーボルト氏に、これからもてなしを受けるアイヌ人に対して親切に優しくすることがいかに大切かを伊藤に日本語で話してほしい、と頼んだ。伊藤はそれを聞いて、たいそう憤慨して言った。「アイヌ人を丁寧に扱うなんて！　彼らはただの犬です。人間ではありません」。それから彼は、アイヌ人について村でかき集めた悪い噂を残らず私に話すのであった。

私たちは、伊藤と私の食糧ばかりでなく、料理道具まで持って行かなければならない。私は酋長のベンリに紹介された。私たちは、彼は一日か二日帰らないけれども、私を必ず大切にもてなすように、という彼の伝言を持って出かけることになった。

第三十六信

アイヌ小屋《平取》にて　八月二十三日

私は淋しいアイヌの地にいる。私の旅行体験の中でもっとも興味があったのは、アイヌの小屋に三日二晩泊まって、まったくの未開人の日常生活を見たり、一緒に暮らしたことであると思う。その間、彼らは、あたかも私がその中にいないかのように日常の仕事を続けている。昨日はとても疲れたが、非常に面白い日であった。何事も新しく興味あることばかりで、私と考えがほとんど共通点もない人々から、その宗教や風俗習慣について聞きだせるだけ聞きだすということさえも、通訳を通してではあったが、興味深いものであった。今朝私は覚え書《ノート》を書こうと思って六時に起きたが、もう五時間も書いている。間もなくまた未開人の集いが始まる。想像できるだろうが、彼らには気晴らしがたくさんある。このとき未開人は床の中央の囲炉裏の傍から盃を取り上げ、両手をひろげ、彼の顔の方に手を振って私に挨拶をする。それから酒に棒（ひげべら）を浸し、神に対して六回神酒を捧げる。そのとき、削りかけの房飾りをつけた真っ直ぐな棒を部屋の床に立てる。それから彼は自分に向かって数回盃を振り、火に向かって献酒してから酒を飲む。他に十人の男女が囲炉裏の両側に坐っている。酋長の妻は料理をしている。男たちは自分たちの食物が料理されるのをじっと冷ややかに眺めている。他の女たちは、決して遊んでいることはなく、自分たちの衣服を作るために樹皮を裂いている。私は賓客の席についている。これは囲炉裏の一隅にある一段と高い台座で、その上に黒熊の毛皮が敷かれてある。

私は、アイヌ人について言いたいことも、実際に彼らの中で生活するまでは書くのを控えてきた。だから、最後までがまんして読んでもらいたい。伊藤は貪欲でわがままである。彼は、平取《ビラトリ》なんかに来てしまったとひどく不平を鳴らした。それを聞くと、彼が今にも火焙りの刑に処せられるのかと人は思ったであろう。実際に彼は、自分の寝具として蒲団《フトン》を借りて来ており、鶏、玉葱、馬鈴薯、隠元豆、醬油、茶、米、湯沸し、鍋、釜まで運んで来ている。私の方は、冷い鶏肉と馬鈴薯だけで満足した。

私が佐瑠太《サルフト》を出発するときは、三頭の馬と、案内人である馬上のアイヌ人とともに出た。平取までずうっと、道は人のよく往来する道であった。道は、佐瑠太を出るとすぐに森林の中に入り、最後まで森林の中を通っていた。森には葦草が豊富に茂り、道を通る馬上の私の帽子よりも高かった。道幅は一二インチにすぎず、草がはびこっているので、夜露にぬれた草の葉を、馬は絶えずかき分けて進む。私も、間もなく肩まで濡れた。森林の樹木は、ほとんど柏《かしわ》と楡《にれ》だけである。紫陽花属《あじさい》の蔓草が、白い花を咲かせながら樹木に一面に絡みついている場合が多かった。下草は、実にぞっとするようなものばかりで、主にあるのはお粗末な葦草、すかんぽは怪物のようで、蓼草は大きな葉をもち、芹科の植物がいくつかあり、野ぼろ菊は、その他の大部分のまぬけた仲間と同じく五フィートから六フィートの高さに生えていた。森林は、暗くて非常に静かである。この細い道が縫うように中を通っているが、他にも猟師が獲物を求めて通る小路もある。この「街道」は、深い沼地に入って行くこともあり、また木の根を丸太にしてお粗末にかけ渡してあるところもある。急な下り坂のだいぶ崩れている端にのしかかっていることも多い。そのような坂を登ったとき、駄馬が三〇フィートも土手を転げ落ち、ほとんど全部の茶を失ってしまった。またあるときは、案内人の荷鞍がバランスを崩して、人も馬も鞍も坂から落ちた。その後を、鉢や鍋や荷物が飛んでいった。またあるときは、私の馬が非常にひどい沼地で胸まで沈み、まったく抜け出せなかった。私はその頭を這い上がり、馬の耳を越えてようやく大地に跳び上がった。

この沈黙の土地の孤独さには、何か人の心を陰気にさせるものがある。森林には獣が出没し、大きな牧場が散在し、野生動物は冬になると雪のために山から麓の地方に下りて来て食物を探し回る。ただ一本走っている細い道は、この内陸のアイヌ人が裸足で音も立てずに歩く道である。佐瑠太川《サルフト》（沙流川《サル》）に着いたが、この川は思わぬ深みがあって、シーボルト氏と彼の馬が先頃災難に遭ったところである。私は大声でアイヌの少年を呼び、丸木舟に乗って川を渡してもらった。それから私たちは平賀《ピロカ》、去場《サルバ》、荷菜《ミナ》を通り過ぎた。これらはみな純粋のアイヌ村で、黍や煙草、南瓜の小さな畑に囲まれているが、あまり雑草が生い茂っているので、はたして作物として作っているのか疑問なほどであった。家屋の外がきわめて清潔にきちんとなっているのでとても驚いた。この点では模範的な村である。どこにも屑が散らばっている形跡はなく、ただ犬の飼葉桶があるだけだった。これは丸太を刳りぬいたもので、丸木舟に似ている。数多くの黄色い犬のために作ってあるもので、アイヌ村の特色となっている。家屋は泥土を捏ねたものもなく、石を積み重ねたものもない。すべてがきれいさっぱりとして手入れが行き届いた家屋だけで、砂地からくっきり立っているのが見える。

平取《ピラトリ》はこの地方のアイヌ部落の中で最大のものであり、非常に美しい場所にあって、森や山に囲まれている。村は高い台地に立っており、非常に曲がりくねった川がその麓を流れ、上方には森の茂った山があり、これほど淋しいところはないであろう。私たちが部落の中を通って行くと、黄色い犬は吠え、女たちは恥ずかしそうに微笑した。男たちは上品な挨拶をした。私たちは酋長の家の前で立ち止まった。もちろん私たちはこの家の思いがけない客であった。しかし、酋長の甥のシノンデと、もう二人の男が出て来て、私たちに挨拶をした。彼らは非常に歓待の気持ちをあらわして、伊藤を手伝って馬の荷物を下ろした。実に彼らの歓迎ぶりは熱心

●アイヌの家族（日本人のスケッチから）

なもので、一騒ぎとなり、あちらへ走るものありこちらへ走るものあり、見知らぬ人を一生懸命に歓迎しようとした。それは大きな家で、部屋は縦三五フィート、横二五フィート、屋根までの高さが二〇フィートである。しかし控えの間から入り、そこに黍をひく臼やその他の器具が置いてある。ここに入口があるが、内部はかなり暗い。シノンデは私の手をとり、獣皮で縛ってある葦蓆《むしろ》のカーテンを上げた。これが実際の家屋に入る仕切りとなっていた。彼は私をその中に案内し、一足退いて、両腕をひろげ、三度自分の方に腕を振り、それから髭を数回撫でた。それから手をさっと振って美しい微笑をし、この家もこの家にあるすべてのものもあなたのものです、という意味を示した。酋長の母である年とった婦人が火の傍で樹皮を裂いていたが、彼女も両手を振って挨拶した。彼女はこの家を支配する女王である。

シノンデはまた私の手をとって、囲炉裏の頭部の上座に案内した。これは移動できる粗末な台座で、長さ六フィート、幅四フィート、高さ一フィートで、彼はその上に装飾のある蓆を敷いて、ちょうど今ここに敷く熊の皮がありませんので、と弁解した。喜んで手伝う数人の男たちによって、荷物は間もなく持ちこまれた。床全体にはたいそう粗末な蓆が敷いてあったのだが、新たに一五フィートの長さの葦の蓆がいく枚か敷かれた。伊藤が私の携帯用ベッドを組み立てているのを見ると、彼らは粗末な壁に沿ってりっぱな蓆を下げ、屋根の梁にはもう一枚の蓆を下げて天蓋とした。私たちが快適に過ごせるようにと、これらの男たちがてきぱきと動きまわる様は、天性の親切心と思えて実に心ひかれるものがあった。しかし、「快適《カンファート》」という言葉はアイヌの家では当てはまらぬものである。女たちは男たちの命ずるままに働いていた。

彼らはすぐ食事を出したが、私は彼らに、自分の食事は持って来ていること、ただ囲炉裏を使って料理させてもらいたい、と言った。たくさんの漆器の椀があったので、私は茶碗を少しも持って来る必要がなかった。シノンデは四つの井戸の一つから汲んだ水をいっぱい入れた椀を漆器のお盆にのせて持って来た。彼らが言うには、酋長のベンリは、私が滞在する間は自分の家のように使ってくれと願っており、いろいろと生活習慣が違う点を許してもらいたい、とのことであった。シノンデと他の四人はかなりの日本語を話す。もちろんこれが相互の意志の伝達手段となっている。伊藤は通訳としてりっぱに活躍してくれた。彼は私の気持ちをよく汲んでくれた。その真心と知性はまことに貴重であった。彼はシーボルト氏から礼儀正しくせよと言われて文句を言っていたが、私の満足ゆくまでそれを実行してくれた。今では彼は、山アイヌ人は思ったより良い人間だ、と言っている。「しかし」と彼は付け加えて言った。「彼らの礼儀正しさも日本人から学んだものなのです！」。彼らは外国婦人を見たことがなく、三人の外国の男性を見ただけである。しかし彼らは、日本人の場合のように、集まって来たり、じろじろ覗いたりはしない。おそらくは無関心なためもあり、知性が欠けているためかもしれない。この三日間、彼らは上品に優しく歓待してくれた。しかもその間彼らは、自分たちの日常生活と仕事をそのまま続けている。私は、日夜この部屋で彼らと一緒に生活をして来たが、彼らは少しも他人の細かい神経にさわるようなことをしなかった。

　彼らは、私が一人で食事をしたり休息するように、と言って退ったが、酋長の母だけは残った。彼女は気味の悪い魔女のような八十歳の老女で、黄白乱髪で、その皺だらけの顔には人を酷しく疑う目つきがあった。私は、彼女がもしかしたら悪魔の眼《イーヴィル・アイ》をしているのではないかとさえ思った。いつもそこに坐ってじっと見つめ、そして運命の三女神（人間の生命の糸を紡ぐという）の一人のように、樹皮の糸を絶えず結んで、彼女の息子の二人の妻や、織りに来た別の若い女たちを油断なく見守っている。彼女には老人ののんびりした休息はない。彼女はお酒を見ると、貪欲な眼を輝かせて、一気にお椀から飲み乾す。彼女だけが外来者を疑っている。私の訪問は彼女の種族にとって縁起が悪いと考えているのだ。今彼女の視線は私にじっとふり注がれている。それを見ると私はぞっと身震いする。

私は客席の上に私の椅子を置いて、それに腰を下ろして充分に食事をとった。蚤が実に多くいるので、それを避けるためである。日暮れどきにシノンデが帰って来た。間もなく人々が立ち寄り始め、やがて十八人が集まった。その中には副酋長と七人のまことに堂々たる顔の老人がいた。老人たちはいずれも波うつ白髭をふさふさとさせていた。老人は非常に尊敬され、酋長のいないときにはこれらの老人が客に敬意を払うのが作法となっている。各人が入ると、私に数回挨拶し、坐ってから私に向かってまた挨拶した。そして他の人々にもそれぞれ同じ礼式を行なった。彼らは私を歓迎するために来たのだという。彼らは囲炉裏端で厳密な順序に従って席を占めた。囲炉裏は六フィートの長さで、ベンリの母が右手の上座に、その次にシノンデ、それから副酋長、反対側に老人たちが坐った。これらの他に女たちは背後に一列になって坐り、樹皮を裂いていた。大きな鉄鍋が、黒ずんだ上の方の装置（自在鉤）から囲炉裏の火の上にかけられていた。ベンリの正妻は、野草の根や青豆、海草を切り、小さく切った干魚や鹿肉をその中に入れ、黍と水と、強い臭いのする魚油を加えて、三時間ほどこれら全部を弱火で煮た。ときどき木の杓子でこの食物をかきまぜた。

●アイヌの小屋

年長の人たちが数人煙草を吸った。そこで私は、柔らかい煙草を少しみんなに手で回してやった。すると彼らは手を振って受けとった。私は非常に遠いところの海にある国からやって来た、と彼らに語った。彼らが見る夕日の沈むところで、あまり遠いのでそこに行き着くまでには馬だったら五週間も昼夜をかけて早駆けで行かねばならぬだろうということ、また私は長い旅をして彼らに会いに来たこと、そして彼らに多くの質問をして、帰国したら自分の国の人たちに彼らのことを語るであろう、ということを告げた。シノンデともう一人の男は日本語が分かったから、頭を下げて、《どの場合もそうだが》私の言った言葉を、反対側にいるりっぱな老人たちのためにアイヌ語に翻訳した。それからシノンデは言った。彼と、もう一人の日本語を話すシンリチは、知っていることはみな話すが、まだ若いから聞いた話しか知っていない、と。本当だと思うことを話すが、酋長の方が彼らよりもよく知っているから、彼が帰って来たら違ったように話すかもしれない、そしたら嘘を話したと思われるだろう、と言うのであった。そこで私は、彼らの顔をじっと見つめたら、決して嘘をつくような人々でないことを知るであろう、と言った。すると彼らはたいそう喜んで、両手を振って、なんども髭を撫でた。彼らは何でも話す前に私に向かって、彼らの風俗習慣を話したということを日本政府に告げないでくれ、と嘆願するのであった。さもないと、どんな迷惑がかかるかわからない、というのである。

それから二時間、夕食後さらに二時間の間、私は、彼らに彼らの宗教や風俗習慣について質問をした。また昨日もかなり長い時間にわたって質問をした。今朝ベンリが帰って来てから、同じ話題について彼に質問をした。私はまた相当な時間をつかって、約三百のアイヌ語を彼らから採取した。もちろん発音通りに綴って書いた。私は海岸アイヌ人*を訪れるときには、それをもう一度復習してみたいと思う。

*原注――私は噴火湾の奥深い村のアイヌ人に対し私の集めたアイヌ語を使用してみたが、発音の相違はほんの軽微なものにすぎなかった。ただし私がチュッ（tsch）と写した発音は、もっと強くはっきりしていた。後に私は、函館のデニング氏や、東京のシーボルト氏と会って調べてみた。彼らは私よりも多くの語彙を集めている。そして、私がアイヌ語を

転写したものは、大体において同じ文字で示されていることを知って満足である。ただし、私がチュッ（tsch）と写しているところを彼らはチュ（ch）と写している。私は私の転写の方が正しいのではないかと思う。

質問も返事も三カ国語を経なければならないから、このやりとりはのろのろと進行した。彼らには真実を語りたいという気持ちがありありと見えた。彼らがその数少なく素朴な風俗習慣について述べた言葉は、信頼に足るものだと私は思う。私が覚え書を整然と順序よく書ける隙ができたときに、彼らが断片的に語ったことを書くつもりである。私は、これほど興味ある晩を過ごしたことはめったにない、とだけ言えると思う。

九時ごろ、シチュー鍋ができた。女たちはそれを木の杓子で漆器の椀に汲み入れた。男たちにまず出されるが、食べるのはみな一緒である。その後に酒《アイヌ民族の大害》が漆の椀に注がれた。どの椀の上にもりっぱな彫刻を施した酒箸《さけばし》が置かれた。これらの箸はたいそう大切にされている。椀を自分の方に数回振ってから、おのおの男たちは自分の箸をとり、それを酒に浸し、火に向かって六回その滴をかけ、神に対して数回かけた。神というのは木の柱で、削りかけの白い螺旋形の鉋屑が上部から多量に垂れ下がっている。アイヌ人は日本人ほどそう簡単には酔っぱらわない。なるほど彼らは酒を冷たいままで飲んだが、日本人なら酔ってたわいもなくなるほどの量の三倍も飲んでも、彼らは少しも酔わなかった。さらに二時間話をしてから、彼らはつぎつぎと立ち上がって、私に何度も挨拶をし、他の人たちにも挨拶をしてから出て行った。私が蠟燭を忘れて来たので、私たちの集いは、大きな丸太を燃やした明かりがちらちらする中で開かれた。丸太を割った薪は囲炉裏の火穴に挿しこまれており、女の人が樺の樹皮の切れ端をつぎつぎと補給して火を燃えつづけさせた。私は、このようにすばらしい未開人たちが焚火の光にちらちらと顔を照らされながら集まっている姿ほど奇妙な絵のような光景を見たことがない。加うるに、たいまつのような焚火は赤く燃えて強い光を投げ、部屋の奥や屋根は暗い闇夜となっている。屋根の片隅からは星空が覗いている。後ろには未開人の女たちが一列に坐っている。東洋の未開人と西洋の文明人がこの小屋の中で相対している。しかも未開人が教え、文明人が教わっている。この二つのものを繋ぐ役目をしているのが黄色い皮膚をした伊藤で、西洋文明などはまだ日数も経たぬ赤ん坊にすぎないという東洋文明の代表者として列席している。

集いはたいそう面白かった。私はみんなが出てしまったとき脱け出して星あかりに立った。家はどこも暗くて静まりかえっていた。犬はその主人と同じように温和で、私を気にも留めなかった。ただ聞こえる音は、まわりの森林を通り過ぎる微風の音だけだった。ふと私の心に『聖書』の言葉が浮かんできた。「これら幼き者の生命をうばうは、天にましします汝らの父なる神の御心にあらず」。たしかにこれらの素朴な未開人たちは子どもたちである。子どもとして判断せねばならぬ。「この世を裁くために来たるにあらずして、この世を救わんがために」来たという神の力によって、子どもとして救われるよう、私たちは望んでもよいのではあるまいか。

私は戻って私の蚊帳の中に潜りこんだ。私は蚤や蚊ではなく、ひどい寒さのために苦しんだ。シノンデは低い音楽的な声で、しばらくの間、伊藤と話をしていた。彼は前もって私に、話を

●アイヌの族長

しても眠りの邪魔にならないか、と聞いたのである。日本人ならば、同じ理由で夜のどんな時間にでもとめどもないおしゃべりを中止するということは絶対になかった。やがて酋長の正妻のノマが三つに割った薪を火穴に挿しこみ、灯芯と魚油を陶器の破片にのせて、その上に置いた。彼女はこの粗末なランプの薄暗い明かりの下で真夜中まで縫い物をしていた。それは主人のために樹皮の布で作った着物に青布の細い布で飾りをつけていたのである。翌朝私が眼をさますと、彼女はようやく明るくなってきた窓辺で縫い物をしていた。彼女はここのあらゆる女の中でもっとも利口そうな顔をしている。しかし悲しげで、厳しいほどの顔つきであり、めったにしゃべらない。彼女は酋長の正妻ではあるけれども、幸福ではない。彼女に子どもがいないからである。もう一人の妻がりっぱな男の赤ん坊を抱くとき、彼女の悲しげな顔は暗くなって何か邪悪なものに変わってゆくような気がした。ベンリは何か獣のような人間であるように思われる。そして彼女の姑は明らかに家の支配権をしっかりと握っている。彼女は真夜中まで縫い物をしてから、小枝を束ねたもので蓆を掃き、そうしてから垂れている蓆の蔭の自分の床に潜りこんだ。静けさの中で私は、ちょっとの間、恐怖感に襲われた。ただ一人未開人の中にいて危険を招いているのではないか、とも思われた。しかし、私はその気持ちを抑えて、囲炉裏の火が消えるまでじっと眺め、それからぐっすり眠った。翌日の夜明けに、ひどい寒さで眼がさめた。

第三十六信（続き）

私が寒さでひどく凍えて蚊帳から這い出したとき、部屋には十一人ばかりいて、みな私に上品な挨拶をした。彼らはまだ洗面ということを聞いたことがなかったように思われた。というのは、水をくれと頼むと、シノンデは少しばかり漆の椀に入れて持って来て、私が顔と手を洗う間、それを手に捧げていた。洗面を礼拝とまちがって考えているらしい！　私が冷たくなったお茶をベッドの傍の窓から捨てようとすると、彼は心配そうな顔をして私をとめた。私はそれまで気がつかなかったのだが、その窓には神様が置かれていたのだった。それは、例の鉋屑を花綱のようにつけてある小さな柱で、その傍に死んだ鳥があった。アイヌ人は一日に二回食事をする。朝食は前の夜の夕食の残り物であった。私たちはみな一緒に食べた。私は米飯の残りを子どもたちに与えた。三歳と四歳と五歳のかわいい子どもたちを眺めるのはとても楽しかった。彼らは錫《すず》製のお守りを頸に下げただけで、ほかに着物を着ていない。彼らは米飯を食べる前に、まずうやうやしく両親に許しを乞い、それから両手を振って食事の作法を行なった。

子どもたちは従順ですぐに言うことをきく。彼らの親たちは、日本人よりもずっと子どもに対する愛情をはっきり表面に出す。彼らは子どもたちをよく抱く。男たちの中の二人は、自分の子どもでもないのに、よく可愛がっている。これら可愛らしい子どもたちは、日本人の子どもと同じように重々しく威厳のある態度をしているが、また非常におとなしい。

私は五時を過ぎてまもなく外に出た。露は日光にきらきら光っていた。平取《ピラトリ》のある山の谷間は、今がもっともすばらしく見えた。人々はみな起きていたが、この地の静けさは昨夜の静けさと同じく感銘させるものがあった。なんという奇妙な生活であろう！　何事も知らず、何事も望まず、わずかに恐れるだけである。着ることと食べることの必要が生活の原動力となる唯一の原理であり、酒が豊富にあることが唯一の善である！　このような人々と触れ合うことのできる点がいかに少ないことか！　私がちょうどそんなことを考えていると、シノンデが私に会いに来て、彼の家に私を連れて行った。ひどく眼病にやられている一人の子どもを何とかできないか、というのである。見るからに胸の悪くなるようなこの子に対する彼の愛情を見ると、東洋の東西を問わず、人間の情愛は変わらぬものだと感じた。彼は子どもの病気を治してもらえるかもしれないと思って、五里も離れた村から、その朝、その子を背負って来たのであった。私が中に入るとすぐに彼はりっぱな蓆《むしろ》を床に敷き、客座に熊の皮をかけた。朝食後、彼は私を副酋長の家に連れて行った。これは村で最大の家で、四五フィート平方あった。彼はまた同じように建てられた二十軒の他の家にも案内した。しかしそれらの家は二〇フィート平方にも足りないものがあった。どの家でも私は礼儀正しくもてなされたが、私を家の中に入れてくれるな、とシノンデに頼む人々も数人いた。自分の貧乏なありさまを私に見られたくなかったのである。どの家にも多少の骨董品をのせてある低い棚があったが、これらの他には最低の生活必需品だけしかなかった。しかし、毎年毛皮を売ったり物々交換したりするのだから、その儲けを酒だけに換えてしまうということがなければ、もっと生活を楽にするものを備えることができるであろうに、と思った。彼らは遊牧の民ではない。それどころか、先祖伝来の土地に強く執着している。なるほど家の周辺には耕作地らしいものがあったが、また、これほど慨嘆すべきものもなかった。土は白い砂も同然で、彼らは肥料もかけずに黍、南瓜《かぼちゃ》、玉葱、煙草の栽培らしきものをしている。彼らにとって、黍は米の代わりである。しかしその小さな土地の様子を見ると、十年も前に耕作されたままに放置され、偶然に種の播かれた穀物や野菜が雑草の間から出てきたかのようである。何も栽培できなくなると、彼らは森の他の部分を少しばかり切り開き、こんどはそれを消耗してゆく。

どの家でもお客に対しては、同じような敬意が払われる。これは未開人の美徳で、文明の大きな波が来たら、それを乗り切るだけの力はないように思われる。私がある住居に入る前に、そこの女はりっぱな蓆をいく枚かとり出して、私が囲炉裏端に歩いて行くところにその蓆を敷いた。彼らは宿泊料を少しも受け取らなかったし、与えたものに対して少しもお返しを求めなかった。そこで私は、なんとかして彼らの手工品を買って彼らの援助にしたいと思った。しかしこれも難しいことであった。彼らは熱心に物をくれようとしたが、私が買いたいというと、自分のものを手放したくないと言った。私は彼らが実際に使用しているものを欲しいと思った。例えば、煙草入れや煙管《きせる》入れ、柄や鞘に彫刻を施した小刀。これら三つのものに対して、私は二ドル半を出した。彼らはそれらを売りたくないと言った。しかし夕方になると彼らはやって来て、それらは一ドル一〇セントの値打ちしかないから、その値段で売りたいと言う。彼らはそれ以上のお金を受け取ろうとはしなかった。儲けるのは「彼らのならわし」ではないと言う。私は弓と三本の毒矢、菱形模様をつけて葦草を赤く染めた二枚の葦草製の蓆、鞘のついた小刀、樹皮製の衣服を買った。私は彼らが神に献酒するときに使う酒の箸を買おうとしたが、生きている人間の酒箸を手放すのは「彼らのならわし」ではないと言った。ところが今朝シノンデは、非常に貴重な贈り物として、亡くなった人の箸を私に持って来てくれた。今朝私に矢を売った男が二本の新しい矢を持って来て、前に売った二本は疵物だと言って取り換えた。シーボルト氏と同じように私も、彼らが取引きにおいて決して不正をしないことが分かった。彼らは直径一インチ半の輪のついた非常に大きな耳飾りをつけている。この一組の耳飾りはアイヌの花嫁の持参金となるもので、彼らはこれを手放そうとはしなかった。

二晩前にある一軒の家が焼け落ちた。このような場合には、村の男たちが総出でその家を建て直すのが「ならわし」である。そこで彼らが出て留守の間に、私は二人の少年に案内してもらい、丸木舟に乗って、佐瑠太《サルフト》川をできるだけ上流に遡ることにした。この川は美しい川で、筆舌に尽くしがたいほど美しい森や山の間をくねくねと曲がっている。私は「老水夫行」の中の老水夫になったような気がした。

われらこそ一番に
かの静かなる海原へ
漕ぎ出でし船乗りぞ

（コールリッジ）

たしかに今まで誰一人として、この暗い森につつまれた川の上に舟を浮かべたヨーロッパ人はいない。私はこの数刻を心ゆくまで楽しんだ。あたりは深く静まりかえり、淡青の青空が浮かび、柔らかに青いヴェールにつつまれて、遠くは霞み「純化」されている。ニューイングランドの晩秋の小春日和のようなすばらしさであった。

その晩も前の晩と同じように過ごしたが、未開人たちの心は淋しかった。平取にはもはや酒がなかったからである。酒を神に捧げて飲むこともできず、囲炉裏や神柱に対して献酒することもできない。魚油も尽きていた。外来者が床につくと、小屋の中は真っ暗となった。

昨日の朝私たちは、夜が明けると間もなくみな朝食をとった。身体の丈夫な男たちは狩りに出かけた。狩猟と魚とりが彼らの仕事である。「室内のレクリエーション」として彼らは煙草入れや小刀の鞘、酒箸や機《はた》の梭《ひ》を彫って作る。彼ら男たちは何も仕事をする必要がない。彼らは囲炉裏端に腰を下ろし、ときどき煙草を吸い、食べたり眠ったりすることですっかり満足している。しかしこのようにのんびりした生活も、倉《クラ》に干魚がなくなり、酒を買うために毛皮を佐瑠太《サルフト》に持って行かなければならなくなると、急激に活動を開始する。女たちには、暇な時が少しもないようである。彼女たちは朝早く起きて、縫い物や織り物をやり、樹皮を裂く。彼女たちは、自分たちや亭主にとても破れそうもないような衣服を着せてやるためばかりではなく、物々交換のためにも織らなければならない。アイヌ人が丹精をこめて作った衣服を日本人の下層階級が着ているのを、いつも見かけるのである。彼女たちは、あらゆる烈しい労働をする。アイヌ流に水を汲み、薪を割り、黍をひき、畑を耕す。しかし男たちに対しても公平にいうならば、彼らが子どもを一人、ときには二人背に負って、てくてく歩いている姿をしばしば見かける。女たちだけが倉《クラ》の保管をする。男たちは決して倉に入らない。

女たちだけが残されて、私たちは数時間一緒にいた。小屋にいたのは七人の女と数人の子どもであった。囲炉裏の片側には酋長の母が「運命の女神」のように腰を下ろして、絶えず樹皮を裂いたり結んだりしていた。私は彼女の冷たい予言者のような眼を見ると、ぞっとして血が凍る思いがした。彼女の白髪はふさふさと垂れ、口のまわりの入れ墨はやや消え失せていて、もはや天性の美貌をかくすことはない。彼女はいろいろ装飾を施した樹皮の衣服をつけている。非常に大きな耳飾りのほかに、青い木綿の紐を通した二つの銀の数珠玉を頸のまわりにかけている。彼女はこの家で大きな支配力をもち、囲炉裏端では男たちの傍に坐り、酒を多く飲む。ときどき孫のシノンデを叱りつけて、あまりしゃべるな、と言う。そんなことをしたらアイヌ人に害を及ぼすことになる、というのである。彼女の表情は厳しく近寄りがたいが、たしかに彼女は非常にきれいである。ヨーロッパ的な美しさであって、アジア的な美しさではない。

●アイヌの倉

若い方の女たちはみな仕事をしていた。二人は床に坐って機《はた》なしで織り物をしていた。他の女たちは男も女も着る樹皮の上着を作ったり修理したりしていた。酋長の正妻のノマは一人離れて坐り、めったに口をきかない。いちばん若い二人の女はとてもきれいである。私たち西洋人と同じほど色が白い。彼らの美しさは、ばら色の頬をした田舎娘の美しさである。彼女ら二人は、男たちのいるところでは言わなかったが、実は日本語が話せる、ということが分かった。彼女らは伊藤に向かって生きいきと楽しそうにおしゃべりをしたが、その間運命の女神の老婆は、その毛深い眉の下から彼女たちをじっと睨みつけていた。私は彼女らから多くの単語を聞き出すことができた。私が間違って発音すると、彼女たちは大きな笑い声を立てた。彼らはまた私に西洋人の女性についていろいろと質問をした。しかしそれはここで繰り返して述べる必要はあるまい。彼女らは私の多くの質問に答えた。笑いさざめきが大きくなると、老婆の顔つきは、ますます怒って、いらいらしてきた。ついに彼女らを鋭く叱りつけた。後で聞いたところでは、これ以上一口でもしゃべったら、よそ者と話をしたと彼女らの亭主たちに告げてやる、と言ったそうである。これから後は一言も話さなかった。ノマは勤勉な主婦で、正午の昼食のために黍を茹でてお粥に作った。午後になると、たいそうりっぱな若者が海岸地方からやって来た。彼はそれまで沿岸で漁業に従事していたという。彼は洗ったばかりで華やかな色をした毛皮をつけ、りっぱで澄んだ眼をしていた。彼は家の中に入ると、まず老婆に挨拶し、次にベンリの妻に挨拶をした。老婆には瓢箪に入れた酒を進呈した。老婆はお酒をごっくり飲みながら貪欲な眼を輝かせた。それが終わると、彼は私に挨拶をし、それから囲炉裏端の上座にごろりと横になった。まるで鹿猟犬のような気楽さで、いかにも未開人らしかった。彼の名はピピチャリといい、酋長の養子である。彼は、来る途中で木の根でひどく足を切ったとかで、私にその治療をしてくれと頼んだ。そこで私は彼に、まず手当てをする前にしばらく足をお湯に浸しておくように言った。それが終わってから私は、その足を柔らかい布で包帯をした。彼は、「あなたの手は白くてきれいなのに、私の足は汚れているから、足にさわらないでもらいたい」などと言ったが、私が足に包帯をしてやると、痛みはだいぶなくなったので、彼はとても低く頭を下げ、それから私の手にキスしたのである！ 彼らの中で彼だけが、私の持ち物に対して多少とも興味を示した唯一の人間であった。彼は私の鋏を見たり、私の半長靴にさわったり、私が書いているときには子どものような素朴な好奇心で私をじっと見ていた。彼は少しは日本語が話せたが、「私はまだ年若く、何もお話しできません。年長の人たちなら知っているでしょう」と言った。彼はまったくの「禁酒家」で、紋《モン》別《ベツ》でちょうど今漁業に従事している多くのアイヌ人の中で、彼の他に四人だけしか禁酒家はいないという。他の連中は、彼らと離れて生活しているそうである。お酒を飲まぬと神様が怒るだろう、と思っているからだという。

午後の間に数人の「患者」《大部分は子どもだが》が持ちこまれて来た。伊藤は私がこれらの人々に興味をもっていることを非常にいやがった。彼はなんども「ただの犬です」という。

アイヌ人の祖先が犬だという伝説を指しているのだが、アイヌ人はこのことを恥と思ってはいない。アイヌ人は礼儀心を日本人から学んだのだという伊藤の説は、まったく根拠がない。彼らの礼儀正しさはまったく異種類のものであり、もっと男性的なところがあるが、未開人的であり、文化的とはいえない。暗くなったころ男たちが帰って来た。食事が用意され、私たちは前と同じように囲炉裏端に坐った。しかし老婆の持っているものの他は酒がなかった。そこでまたアイヌ人たちの心は悲しげであった。私は彼らの親切な行為をいくらでも挙げることができよう。私たちが話をしているとき、ピピチャリはまだたいそう「未教育」の未開人なので、片肩から上衣を脱いだ。するとすぐシノンデは彼にそれをまた着るように合図をした。またあるときは、私がいつも一晩中灯火をともすと聞くと、すぐに、油を少し求めて来るために遠く離れた村まで女を使いに出した。このように小さな親切の行為はいつも行なわれていた。しかし私は、彼らが日常生活の決まりきっている仕事を変わりなく静かに続けてくれたことに対して、何よりも心からありがたいと思った。

夕方一人の男がやって来て、やっとしか息のつけない女がいるから行って診てくれないか、と頼んだ。行ってみると、彼女はひどい気管支炎で、だいぶ熱があった。彼女は毛皮の上着を着て、堅い板の寝床の上で寝返りをうっていた。彼女は蓆を巻いたものを頭の下に当てて枕にしていた。彼女の夫はなんとかして彼女に塩魚を飲みこませようとしていた。私は彼女の乾いた熱い手をとった。非常に小さな手で、背中には一面に入れ墨がしてあった。それを見ると私は身体が妙にぞくぞくとしてきた。部屋には人がいっぱいいて、みなたいそう気の毒そうな顔をしていた。ここでは医療宣教師はほとんど役に立たないであろうが、医学訓練を受けた看護婦ならば、医薬と適当な食物、適当な看護を与えることにより、多くの生命と多くの苦しみを救うことができるであろう。これらの人々に一回以上なんどもやらなければならないことをせよと言っても無駄であろう。彼らはちょうど子どものようなものだ。私は彼女に少量のクロロダイン（麻酔鎮痛薬）を与えた。彼女はそれをやっと飲みこんだ。そしてすでに調合してあるもう一服の薬を数時間後に飲ませるようにと言って、そこを出た。しかし真夜中ごろ彼らがやって来て、彼女の病状が悪化したという。行ってみると、彼女は身体がとても冷たく、弱っていた。呼吸もたいそう困難そうで、頭をだるそうに左右に振っていた。これでは何時間ももつまいと思い、私が彼女を殺したと人々に思われはしまいかと心配した。しかし彼らは私にもっと何か手当てをしてくれというので、私は最後の望みとして彼女にブランデーとクロロダイン二十五錠、非常に強力なビーフティー（牛肉を煮つめた滋養飲料）を数匙与えた。彼女はそれを飲みこもうとする力もなかった。というよりも、むしろ飲みたがらなかったかもしれない。そこで私は、樺の樹皮がぎらぎら燃える光の下で、彼女の喉に薬を注ぎこんだ。一時間後に彼らがやって来て、彼女は酔っぱらったようにふらふらしていると言った。しかし彼女の家に戻ってみると、彼女はすやすやと眠っていた。呼吸も前より楽になっていた。ちょうど夜明けごろ、また行ってみると、やはり眠ってはいたが、ずっと脈搏も強く落ち着いていた。もう彼女は目立って快方に向かい、意識もはっきりしてきていた。副酋長である彼女の夫は大喜びだった。病人の食物として何も適当なものがないとは、とても悲しいことに思われた。私は貯えの残りでビーフティーを一椀だけ作ってやったが、それはただの一日しかもつまい。

私は夜の遠出や心配やらでたいそう疲れたので、横になるとぐっすり眠ってしまった。眼をさますと、ふだんより大勢の人々が部屋に集まっていた。人々は、明らかに何事かを待ちあぐんでいた。彼らは日本政府に対して奇妙な恐怖――私にはばかばかしい恐怖と思われるのだが――を抱いている。役人たちが彼らを脅迫し酷い目にあわせているからだ、とシーボルト氏は考えている。それはありうることであろう。しかし、開拓使庁が彼らに好意を持っており、アイヌ人を被征服民族としての圧迫的な束縛から解放し、さらに彼らを人道的に正当に取り扱っていることは、例えばアメリカ政府が北米インデアンを取り扱っているよりもはるかにまさる、と私は心から思っている。しかしながら彼らは無知である。彼らの一人は、私がヘボン先生に頼んで彼の子どものために薬を送ってもらってやる、と言ったので、私にとても感謝していたのであるが、今朝私のところにやって来て、どうかそんなことはしてくれるな、と頼んだ。「日本政府はきっと怒るだろう」からだという。これから後にも彼らはまた私に、自分たちの風俗習慣の話をしたということをどうか日本政府に知らさないでくれ、と頼むのであった。それから彼らは熱心に話し合いを始めた。

やがて副酋長が私に、病人に対して親切にしてくれたことに対するお礼として、外国人が今まで誰も訪れたことのない彼らの神社へ案内したい、と言った。しかし彼らは、そうすることをたいへん恐れていて、案内したということを決して日本政府に言ってくれるな、もし知れたらひどい目にあうかもしれないから、と何度も頼むのであった。副酋長は、山に登るために袖なしの日本の陣羽織を着た。彼とシノンデとピピチャリ、その他二人が私のお伴をした。神社が立っているのは村の向こうの山の頂上で、そこまで美しいが険しい上り坂を歩いて行った。よじ登って行ったという方が当たっているかもしれない。木の階段がわずかに残っていなかったならば、とても登れないであろう。この階段はアイヌの建築様式ではない。森林と山が平取《ビラトリ》を囲んでいる。この深い緑の間に佐瑠太《サルフト》川の水面がきらきら輝き、アイヌの家屋の黄褐色の屋根がのぞいて見える。淋しく静かな土地である。人間の住む場所というよりもむしろ人間の隠れ場所といった方がふさわしい。

すばらしい若者であるピピチャリは、私が登るのに困っている様子を見て、私に手を貸して登るのを手伝ってくれた。英国紳士ならやりそうな優しい態度であった。そして下りるときも、私がさらに困っているのを見て、背負ってあげよう、と言い、もう少しでそれが実行されるところであった。しかしこの問題は、ちょうど私たちが神社にいるとき酋長のベンリが到着して私に手を貸して私が下りるのを手伝ってくれたので、解決した。外国婦人に親切にしようという彼らの本能は、私にはとても奇妙に思われる。なぜなら、彼らは同じアイヌの女性に対しては少しも親切を示さないからである。彼らは《ふつうの未開人よりもましであるが》女性を自分より下等な人間として取り扱っている。

ジグザグ道の頂上の崖のぎりぎりの端に木造の神社が建っている。これは日本の本土ならばどの森にもどの高いところにもよく見かけるものと同じで、明らかに日本式建築である。しかしこれに関してはアイヌの伝説は黙して語らない。私が立っているところに来たヨーロッパ人は一人もいない。そのことを考えると、何か心がひきしまる思いがする。副酋長が神社の扉を開けると、みんながうやうやしく頭を下げた。それは漆を塗ってない白木の簡素な神社で、奥の方に広い棚がついていた。その棚には歴史的英雄義経《ヨシツネ》の像が入っている小さな厨子《ずし》がある。像は真鍮象眼の鎧をつけていた。それから金属製の御幣《ゴヘイ》と一対の銹びた真鍮の蠟燭立てがあり、平底帆船《ジャンタ》を色彩で描いてある一枚の日本画がかけてあった。それから私はこの山アイヌの偉大な神の説明を聞いた。義経の華々しい戦の手柄のためではなくて、伝説によれば彼がアイヌ人に対して親切であったというだけの理由で、ここに義経の霊をいつまでも絶やさず守っているのを見て、私は何かほろりとしたものを感じた。彼らは神の注意をひくために、三度綱を引いて鈴を鳴らした。そして三度お辞儀をして、酒を六回神に捧げた。このような儀式をしなければ神のもとに近寄ることはできないのである。彼らは、私にも、彼らの神を拝むように、と言ったが私は、天地の神、死者と生者の神である私自身の神だけしか拝むことはできない、と言って断った。彼らは礼儀正しいから、その要求を無理に強いなかった。伊藤はどうかといえば、彼にはすでに多くの神々がいるから、今さら一人神様を増したところで何ということもないから、彼は拝んだ。すなわち征服民族である自分の民族の偉大な英雄の前で喜んで頭を下げたのであった。

私たちが崖の上の狭い岩棚にある神社に集まっていると、酋長のベンリが到着した。彼はがっちりした骨組みの男で、肩幅も広く、年配の人である。牡牛のように強く、しかも非常に美男子である。しかし彼の顔の表情は好感を与えない。彼の眼は飲酒のために血走っている。他の人々はとてもうやうやしく彼に挨拶した。しかし私はそのときに気がついたのだが、彼の態度は実に横柄で、何かというと人を殴りつけることが少なくない。彼は、自分が帰るまでどんな質問にも答えてはいけない、という伝言を伊藤を通して彼の村の人々に送ってあったのだが、伊藤はたいそう気転をきかして、それを村人に伝えもせず私にも話していなかった。酋長は、若い連中が私にいろんなことをしゃべったのでたいそう不機嫌であった。明らかに彼の母が「密告」したのである。私はアイヌ人の中でだれよりもこの男を好かない。彼にはりっぱな性質もある。なかでも誠実さがある。しかし彼は、今まで会った四人か五人の外国人のために汚染されている。彼は獣のような人間であり、のんだくれである。今夜はアイヌ人たちは、もはや悲しげな顔をしていない。どの家にも酒があるからである。

第三十七信

平取にて　八月二十四日

私は比較的に静かで楽な生活のできる佐瑠太《サルフト》でアイヌ人に関する私の覚え書を書き上げる筈であったが、ベンリの帰りがおそくなり、馬も到着しなかったので、やむなくもう一晩泊まれというアイヌ人の親切を受けることにした。そのため私はお茶と馬鈴薯で生活しなければならない。私の食物の貯えはもう尽きてしまっている。ある点では、滞留することはありがたいことだ。酋長に尋ねて、私の覚え書のみならず、私の集めたアイヌ語彙をよく調べることができるからである。酋長は利口な人間で、若い人たちがしてくれた話を彼の説明によって確かめることができるのは嬉しいことである。未開人の生活は、初めのうちは魅力に幻惑されてその内蔵する味気なさが隠れて見えないが、やがて時が経つと初めの魔力も消えてしまう。私は今ではアイヌ人の未開の生活を赤裸々に眺めることができるようになった。これはみじめな動物的生活をあまり脱け出していない生活である。彼らの生活は臆病で単調で、善の観念をもたぬ生活である。彼らの生活は暗く退屈で、この世に希望もなければ、父なる神も知らぬ生活である。

しかしアイヌの最低で最もひどい生活でも、世界の他の多くの原住民たちの生活よりは、相当に高度で、すぐれたものではある。それから——これは私がつけ加える必要がないかもしれぬが——、アイヌ人は誠実であるという点を考えるならば、わが西洋の大都会に何千という堕落した大衆がいる——彼らはキリスト教徒として生まれて、洗礼を受け、クリスチャン・ネームをもらい、最後には聖なる墓地に葬られるが、アイヌ人の方がずっと高度で、ずっとりっぱな生活を送っている。全体的に見るならば、アイヌ人は純潔であり、他人に対して親切であり、正直で崇敬の念が厚く、老人に対して思いやりがある。彼らの最大の悪徳である飲酒は、私たちの場合とは違って、彼らの宗教と相反するものでなく、かえって実際にはその一部分をなすものである。この事情から考えると、飲酒の悪癖を根絶することはきわめて困難であろう。

日は早く落ちて、また暗くなってきた。長老たちは、また集まって来て、囲炉裏のまわりに長い二列をつくって坐った。若い人たちは端の方に坐った。ピピチャリは、昨日は新しく到来した者として上座に坐り、最初に食事を給仕してもらったのだが、今日は右手の列の端で最年少として座席をとった。樺の樹皮の切れ端はちらちらと赤く燃え、晩の盃には酒がつがれ、火の神と、削り花をつけた木柱の神は捧酒を受ける。老婆はやはり運命の女神のように坐って、樹皮を裂く。年若い女たちはそれを結ぶ。薪の火は神々しい人々の集まりを赤々と照らしだす。そのすばらしい顔は、画家や彫刻家がきっと見たいと思うであろう。しかし彼らの頭には何がいっぱい入っているのだろうか。彼らには歴史もなく伝統という名に値するものはほとんどない。彼らは犬の子孫であると主張し、彼らの家屋にも身体にもいろいろな虫がたかっている。彼らは無知のどん底にあり、文字をもたず、千以上の数も知らない。彼らは樹皮の衣服をまとい、鞣《なめ》していない獣皮の服装をしている。彼らは熊や太陽、月、火、水、その他いろいろなものを崇拝する。彼らは文明化できない人たちであり、まったくどうにもできない未開人である。それにもかかわらず、彼らは魅力的で、私の心を強くひきつけるものがある。彼らの低くて美しい声の音楽を、彼らの穏やかな茶色の眼の柔らかな光を、彼らの微笑のすばらしい美しさを、私は決して忘れることはあるまいと思う。

日本人の黄色い皮膚、馬のような固い髪、弱々しい瞼、細長い眼、尻下がりの眉毛、平べったい鼻、凹んだ胸、蒙古系の頬が出た顔形、ちっぽけな体格、男たちのよろよろした歩きぶり、女たちのよちよちした歩きぶりなど、一般に日本人の姿を見て感じるのは堕落しているという印象である。このような日本人を見慣れた後でアイヌ人を見ると、非常に奇異な印象を受ける。私が今まで見たアイヌ人の中で、二人か三人を除いて、すべてが未開人の中で最も獰猛そうに見える。その体格はいかに残忍なことでもやりかねないほどの力強さに満ちている。ところが彼らと話を交わしてみると、その顔つきは明るい微笑に輝き、女のように優しいほほえみとなる。その顔つきは決して忘れることはできない。

男たちは中くらいの背丈で、胸幅も広く、ずんぐりしていて、非常に頑丈な骨組みである。腕と脚は短く太く、筋肉が盛り上がっている。手と足は大きい。多くの男たちの身体、特に四肢は短く荒い毛でおおわれている。私は二人の少年の背中を見たことがあるが、猫のように細くて柔らかな毛でおおわれていた。男たちの頭と顔は非常に印象的である。額は非常に高く、広くて突き出しているので、初めて見ると、知的に発達する異常な能力があるような印象を受ける。耳は小さくて低くついている。鼻は真っ直ぐに通っているが、鼻孔のところが短くて広い。口は横に広いが、よい形をしている。唇はたっぷりとふくよかになる傾向はめったにない。頸は短く、頭蓋は丸く、頬骨は低い。顔の下部は上部とくらべて小さい。喉の「垂れ肉」といわれる特性はまったく見られない。眉毛は豊富で、顔をほとんど真横に、真っ直ぐな線を描いている。眼は大きく、かなり深く落ちこんでいて、非常に美しい。眼は澄んで豊かな茶色をしている。その表情は特に柔和である。睫毛は長く、絹のようにすべすべして豊富である。皮膚はイタリアのオリーブのように薄黄緑色をしているが、多くの場合に皮が薄く、頬の色の変化が分かるほどである。歯は小さくてきれいに並び、非常に白い。門歯と犬歯は、日本人の場合によくあるように、不釣り合いなほど大きいということはない。顎が突き出るような傾向は少しもない。日本人によく見られるような上瞼を隠している皮の襞は決して見られない。容貌も表情も、全体として受ける印象は、アジア的というよりはむしろヨーロッパ的である。

●北海道のアイヌ

男たちが「獰猛な野蛮性」をもっているように見えるのは、厚くて柔らかで黒い髪が豊富にあるからである。その髪は真ん中で分けられ、肩近くまで重くふさふさと垂れている。野外では髪が顔にかからぬように額のまわりを髪紐で結んである。同様に髭も豊富で、まったくすばらしく、ふつう波打っている。老人の場合には、喫煙と不潔のために黄色じみているけれども、真に族長らしく尊厳な様相をしている。髪や髭がふさふさとしており眉毛が濃いので野蛮に見えるけれども、夢見るような茶色の眼の柔和さのためにその感じも薄れ、特に美しいその微笑によってすっかり消されてしまっている。この微笑は多かれ少なかれ男性のすべてに共通している。

私はこの村の大人の男たち三十人の身長を測ってみたが、五フィート四インチから五フィート六インチ半にわたっていた。頭の周囲は平均して二二・一インチで、耳から耳までの円弧の長さは一三インチであった。デービス氏によれば、アイヌの大人の男の脳の平均重量は、アイヌ人の頭蓋骨の測定から確かめると、四五・九〇オンスで、この脳の重量は、インド平原のヒンズー教徒や回教徒のあらゆる種族、インドやセイロンの原住民族のものを超えているといわれる。それに匹敵できるのはヒマラヤ山脈の民族、シャム人、中国系ビルマ人だけだという。さらにデービス氏は、アジア民族一般の平均脳重量を超えているという。この事実にもかかわらず、アイヌ人は愚鈍な民族である。

札幌へ行く途中で少数のアイヌ婦人に出会ったことのある通りすがりの旅行者は、アイヌの女は非常に醜いが、しかし彼女らは勤勉で貞節であるからその醜さを埋め合わせしている、と言う。後の点について疑う余地はないが、前の点については私は認めようとは思わない。彼女たちの醜さは、入れ墨と不潔さによることは確かである。アイヌ女性は身長が五フィート半インチを超えることはめったにない。しかし身体の線は美しい。すらりと真っ直ぐで、身体はしなやかでよく発達している。足と手は小さく、足の甲は形良く弓形になっており、四肢は丸みを帯び、胸部はよく発達し、足つきはしっかりとして柔軟である。彼女たちの頭と顔は小さい。しかし髪は男たちと同じく顔の両側にふさふさと垂れ、同じく豊富である。彼女たちの歯は実に見事なもので、にっこり笑うときには惜しみなく歯並みを見せる。口はいくぶんか広めであるが、格好が良く、美しく赤らんで好感を与えるが、口の上にも下にも帯状に入れ墨がしてあるので、美しさを損ねている。入れ墨の線は両隅で連結してあるので、実際よりも口は大きく幅があるように見える。白老《シラオイ》のある少女は、何かの理由でこの入れ墨をすることを承知しなかったので、その姿や色合いは自然のままの優美な形をしていて、私が長い間見たこともないほど美しい女性となっている。女たちの肌の色は、男たちのものよりも明るい。この土地ではヨーロッパの浅黒い《ブルネット》人ほど肌の色の黒いものは多くはいない。少数のものは眉毛の間に入れ墨の線をひいて結び、一直線の効果を出しているものがある。男たちと同じく、彼女たちも首筋の二インチか三インチ上で髪を短く切るが、髪紐を使用しないで、額から髪を二房とって後ろでそれを結んでいる。

彼女たちは全面的に入れ墨を施している。口の上下に幅広く帯状に入れ墨をしているばかりでなく、指関節にも帯状に入れ墨をし、手の裏には精巧な模様をつけている。腕輪のような入れ墨が肘のところまで連続している。入れ墨は五歳のときに始まるが、まだ乳離れしていないものもある。今朝私は可愛らしい利口そうな少女に入れ墨をするのを見た。一人の女が鋭い刃のついた大きなナイフをとり、すばやくその上唇に数個の水平線を切り刻み、すぐ次にその非常に美しい口許を切り刻んだ。そして微かな血の流れが止まらぬうちに、囲炉裏の上にかけてある蓆《むしろ》にまとめてある黒光りする煤を少しすりこんだ。二、三日すると、傷つけた唇を樹皮の煎汁で洗って模様を固めることになる。その青い色を見ると、多くの人々は絵具を塗りつけたかと間違うのである。昨日この第二回の施術を終わった子どもは、唇をひどく腫らし炎症を起こしていた。いちばん新しく施術を受けた子は、切り刻まれる間、しっかりと両手を握りしめていたが、決して泣き出すことはしなかった。唇の上の模様は、結婚するときまで毎年深く広くされてゆく。腕の上の輪模様も同様にして拡げられてゆく。この習慣が普遍的に行なわれていることに対して、男たちは、その理由を少しも答えることができず、それは古くからの習慣であるとか、彼らの宗教の一部分をなすものであり、いかなる女性もそれがなくては結婚できないのだ、という。ベンリは、日本人が歯を黒く染めるのはこれに相当するものだろうと考えている。しかし、お歯黒は結婚してから行なわれるのであるから、ベンリの考えは間違っている。彼らは、少女が五歳か六歳のときに、腕から入れ墨を始め、肘から下の方に施す。彼らは最近日本政府が入れ墨を禁止したのをたいそう悲しみ、また困惑している。神々は怒るだろうし、入れ墨をしなければ女は結婚できないのだ、という。彼らはシーボルト氏や私に、どうかこの点に関して日本政府との間を仲裁してもらえないか、と嘆願した。彼らは、他の点ならいざ知らず、この点については無関心ではいられない。「これは私たちの宗教の一部分なのです」と、何度も繰り返して言うのである。

子どもたちは非常にきれいで魅力的である。大人たちに欠けている知性をもてる望みがある。彼らはたいへん可愛がられる。可愛がられると同時に、実に可愛い子どもたちである。山アイ

●婦人の手の入れ墨

ヌの子どもは、生まれるとすぐに口の中に黍の種子を入れられる。海岸アイヌの子は塩魚を一片口の中に入れられる。生まれたときがどんな時刻であろうとも、習慣によれば、一晩過ぎるまでは何も食べさせてはいけないことになっている。少なくとも三歳になるまでは乳離れをしない。男子が女子よりも喜ばれる。しかしどちらも非常に大切にされ、子どものない妻は離縁することができる。子どもは四歳か五歳になるまでは名前を貰わない。その年ごろになってはじめて父親は子どもの名前を選び、それから後はその名で呼ばれることになる。旅をするときには、幼い子は網に入れられて母親の背に負われる。あるいは寛やかな着物の背中に入れられる。しかしいずれの場合でも、主として母親の額にまかれている幅広い帯によってその重みを支える。男たちは子どもを両腕に抱えて行く。非常に幼い子の髪は剃られている。五歳ごろから十五歳までの男子は、頭を大きく剃るかあるいは耳の上に大きな髻《たぶさ》をつけている。女子は頭一面に髪を伸ばすことを許されている。

絶対的に即座に服従することが、子どものときから要求される。非常に幼いころから子どもは、物を持って来たり、運んだり、使い走りなどに使われる。私は、見たところまだ二歳を超えていない子どもが薪を採りにやらされるのを見た。この年ごろでも、作法を守ることを徹底的に鍛えられるから、やっと歩けるような赤ん坊でも、よちよちとこの家に出入りするときには、必ず家の中にいる人《母親だけを除いて》には誰にでもきちんと挨拶するのである。子どもは七歳か八歳になるまでは着物をつけない。その年ごろになって、ようやく年長の人と同じような服装をする。親に対する態度は実に愛情深い。今日酋長が威風堂々と坐っていたときでさえも、一人の可愛らしい裸の子が二時間もじっと静かに坐っていて、その大きな茶色の眼を輝かせながら囲炉裏の火を見詰めていたのだが、母親が入って来るのを見ると、駆けよって両腕で母に抱きついた。それに対して母親も、真に母性愛に満ちた優しい眼差しとキスをしてこれに応じた。これらの幼い子どもたちは、まったく物心もつかぬ無邪気さそのままで、美しい顔とオリーブ色の肌《悲しいことに、汚れでうす黒くなっているが》をしており、まったくおとなしく、しかもじろじろ人を見ることもない。実に人の心をうっとりさせるものがある。子どもはみな、銀か白鉛の装飾具を頸のまわりに青色の木綿の細い紐で結んでいる。

見たところでは、ふつうの小児病、例えば百日咳とか麻疹《はしか》とかは、アイヌ人の生死にかかわるような大病とはなっていないようだ。しかし子どもたちは皮膚病にかかり、十歳か十一歳になると自然に治ってしまう。それとともに、乳歯が生えるときには、ひどく歯痛に苦しむ。

第三十七信（続き）

アイヌの衣服は、未開人としては特別にりっぱである。冬の衣服は、毛皮の上着を一枚か二枚あるいはそれ以上つけ、同じ毛皮の頭巾をかぶり、さらに男性は、狩猟に出かけるとき粗末な鹿皮の靴を履く。夏には森の樹木からとった樹皮を裂いて織った布から作った着物《キモノ》、すなわち寛やかな上着を着る。これは耐久力があり美しい織物で、淡黄色の鞣皮のいろいろ自然な色合いが出ている。それは、手芸細工をする人が「パナマ・ズック」と呼ぶ織物といくらか似ている。この下に毛皮や樹皮の肌着を着ることもあり、着ないこともある。男たちは、これらの上着を膝の少し下まで左前に着ている。そして同じ織物で作った狭い帯で腰をしめる。この帯に粗末な短刀のような形をしたナイフをつけている。これの柄と鞘には彫刻が施してある。喫煙は決して一般に行なわれていない。したがって煙管《きせる》や煙草入れは、日本人の場合と違って、日常の男子の服装の一部とはなっていない。ぴったりと穿く脚絆は、樹皮製もあり毛皮製もあり、男女ともに穿く。しかしふつうの靴とか草履などは使わない。女性の着る上着は膝と踝《くるぶし》の中間まで達し、まったく寛やかで帯はない。これは下からずうっと上の鎖骨に至るまでしっかり結んである。アイヌの婦人は完全に着物でおおわれているばかりでなく、一人でいるかあるいは暗いところでないと、決して着換えることをしない。最近、佐瑠太《サルフト》のある日本婦人がアイヌ婦人を自分の家に案内したとき、風呂に入るように勧めたが、風呂場を衝立で仕切り完全な個室とするまでは、どうしても風呂へ入ろうとはしなかった。その日本婦人が後刻戻って来て見てみたら、彼女は着物を着たままで湯に入っていた。彼女を叱りつけたところ、もし神々が着物をつけないでいる自分の姿を見たらきっと怒るだろうから、という返事であった。

祝祭のときの衣服は、大部分が特別にきれいであって、雷紋の入っている幾何学的模様で飾られており、粗い青色の木綿に緋色と白色の糸で実に巧みに刺繍が施してある。もっとも美しいものでは、作るのに半年かかるものがある。男性の衣服は、同じく念入りに装飾された長方形の前掛けをつけて完全な服装となる。これらの美しい顔をした未開人は、さらに体格が逞しいので、晴れ着を着るとすばらしく立派に見える。九歳以上の男子や少女でまったく着物をつけていないものを見たことはない。女性の「宝石」と称すべきものは、銀や白鉛で作った大きな耳輪である。これには古典的な模様の付属品がつき、そのほか銀の頸飾りがあり、腕に真鍮の腕輪をつけているのも少数いる。女たちは、赤い色ならばどんな色のものでもとても欲しがる。私は、鮮紅色の大きなハンカチを彼女たちに分けてやって友だちになった。彼女たちは、すでにその細い布を上着の飾りに利用している。

この高地にある五つの村の家屋は非常に立派である。幌別《ホロベツ》にある家屋も同様であるが、白老《シラオイ》では原住民が数軒の酒屋からきわめて近いところに住んでいるので、貧困に苦しみ、家屋は劣っている。これらの家屋は、私が今まで見たものと多くの点で違っている。ハワイの土人の草葺きの家屋にごく近いものである。慣習の定めるところによって、家屋には変化をつけることも改良することも許されていないようである。あらゆる家の様式はみな同じで、相違しているのは大きさや造作の点だけである。酷寒の気候に対して家屋は不適当のように思われるが、同じことは日本人の家屋についても言えよう。アイヌ人は、その顔の場合と同じように、家屋の点でも、征服者である日本人よりもヨーロッパ的である。彼らの家には、玄関があり、窓があり、家の中央に囲炉裏がある。これはスコットランドの高地人によく似ている。それから一段と高い寝所がある。

ふつうまっ先に見えるのは、大きな家の端に建てられている小さな家である。この小さな家は、控えの間というべきもので、重い葦の蓆《むしろ》で仕切った低い入口から入る。この家には大きな木の臼と両端のある杵が入っている。これは黍の粉をつくるために用いられる。それから黍を入れる木製の容器、網や狩猟の道具、屋根や壁を修理するための葦草の束がいくつか置いてある。この部屋には窓は決してない。ここから大きな部屋に入るには、入口があって、その上には重

●アイヌの臼と杵

い葦の蓆が必ず掛けてあり、これは革紐で結んである。この部屋は、ベンリの家の場合には、長さ三五フィート、幅二五フィートあり、もう一つの部屋は四五フィート平方あり、最も小さな部屋は縦二〇フィート、横一五フィートである。まず入って大きな印象を受けるのは、屋根がとても高くて険しいことである。壁の高さとまったく釣り合いがとれていない。

家の骨組みは、四フィート一〇インチの高さの柱を四フィート間隔に立て、少し内側に傾斜している。壁の高さは見たところ葦草の高さによって規制されている。葦の一本分だけが用いられ、四フィート一〇インチを超えることはない。柱は頂部に溝が彫ってあり、重い横木をその溝の上にのせて横に渡し、壁の頂部ができ上がる。もっと軽い横木を水平に結んで、ふたたび柱を二度連結してある。壁は二重になっている。外側は葦草を小さな揃いの束にして骨組みに非常にきちんと結びつけ、内側の壁は葦草を一本ずつ付着させて作られている。柱の頂部にしっかりつけてある横木の上部から、屋根の骨組みは二二フィートの高さまで聳えている。これも他と同じように、横木を重い粗削りの棟木に結びつけてある。棟木の下の片隅に大きな三角形の煙の出口が開いている。二本の非常にがっしりした粗削りの梁が家の広間を横切っており、壁の柱と、床に挿しこんである支柱の上にのっている。また多くの横木が同じ高さのところに掛け渡してある。これを利用すれば、蓆を掛けた第二の屋根が即座にできることになるが、これは来客のある場合にのみ使用される。これらの横木は棚と同じ役割を果たす。屋根の外側には、非常に大きな注意が払われる。それがきちんとして美しいことは驚くべきものがあり、外観は一連の襞飾りがうねうねと草葺きになっているように見える。棟木は非常に厚く葦草で包んであり、棟木と両隅の草葺きは、皮をむいた丈夫な小枝を念入りに編んで模様をつくってある。横木は部屋の大部分にわたって壁から壁へ掛け渡してあるので、下を通るときには頭をぶつけないように、また上にのせてある槍や弓矢、仕掛け矢、その他の原始的な品物が落ちてこないように、身体を屈めて通らなければならない。屋根や垂木は、木を燃やす煙のために黒光りしている。そのすぐ下で、片隅と片側に小さな四角の窓がある。それは夜になると木の雨戸で閉じられる。この雨戸は日中には縄で吊り下げてある。アイヌ人にとって、窓から覗きこまれるほど大きな侮辱はない。

入口の左手には必ず据えつけられた木製の台がある。一八インチの高さで、一枚の蓆でおおわれている。これが寝所である。枕は小さくて堅く、飾りのある蓆で包まれている。大家族の場合には、このような寝台が数個ある。寝所の外端の上に適当な間隔を置いて一本の横木が掛け渡してある。その上に蓆が下げてあり、寝ている人を部屋の他の部分から隠すようにしてある。これらの蓆の内側に模様はないが、部屋から見える外側には鈍い赤色や褐色で菱形の模様を織りこんである。床全体が非常に粗い葦の畳でおおわれており、半インチ幅の隙間がある。

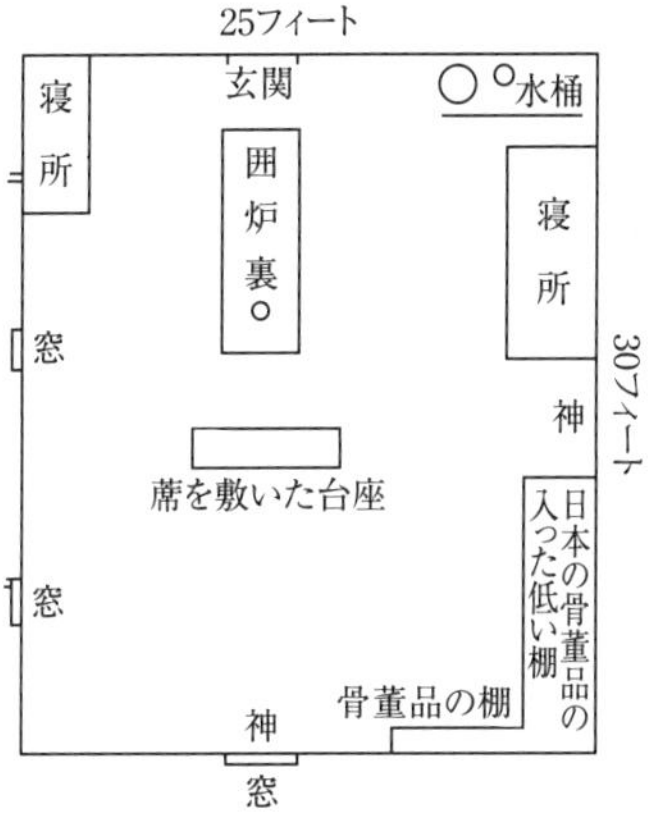

●アイヌの家屋の平面図

囲炉裏は長方形で、六フィートの長さである。囲炉裏の上方の非常に黒くて精巧な骨組みに黒光りする畳が掛けてある。ここに溜まった煤が入れ墨に使用する染料の土台となる。しかしその直接の目的は、煙が直ぐ上にのぼらないようにし、部屋中にまんべんなく煙がゆきわたるようにすることである。この骨組みから大きな料理鍋が下がっている。これはアイヌ経済で重要な役割を演ずるものである。

家の守り神は、どの家の備えつけの中でも必要欠くべからざる部分となっている。この家では入口の左手に十本の杖のような柱があって、その上端から削りかけを垂らし、壁に突き刺してある。朝日のさす窓のところから外に突き出ている木柱もある。大神は高さ二フィートの白い柱で、頭部から螺旋形の削りかけを垂らしており、常に床に挿しこまれて立っている。それは左側の壁近く、囲炉裏に対しており、戸主の寝台と、常に同じ側に据えつけてある低くて広い棚との間にある。この棚は、海岸アイヌでも山アイヌでも、いかに貧乏なものでもすべてのアイヌの家屋の変わった特徴となっているもので、それには日本の骨董品が入っている。それは湿気と埃のためにだいぶ破損しているけれども、非常に貴重な骨董品であることが多い。それらはこれら北国の原住民たちの住居にとっては、まことに珍奇なものとなっている。それらが壁に倚りかけて並べてあるのを見ると、荘厳の感すら人に与える。この家には二十四個の漆器の壺、茶箱、椅子があり、椅子はそれぞれ高さ二フィートで、四本の小さな脚の先には彫刻を施したり金銀線条細工の真鍮をかぶせたりしてある。これらの背後には八個の漆塗りの桶や数多くの椀や漆器のお盆があり、その上方に象眼の柄のついた槍や、りっぱな加賀《カガ》焼（九谷焼）、粟田《アワタ》焼の碗がある。漆器はりっぱなもので、大名《ダイミョー》の紋が金泥で描かれている壺も数個ある。ある壺と蓋のある大きな椀には、鮑貝が美しく象眼してある。大きな壺はどの家にも見られる。さらに象眼のある揃いの鎧兜、刀剣がある。刀剣には象眼のある柄、彫刻をした刃、打ち出し細工の鞘がついており、収集家ならばいくら大金を出しても求めたいと思うような品物である。しかしいかに惜しみなく大金を出しても、彼らはこれらの骨董品を手放そうとはしない。「それは贈り物だったのです」と彼らは低い音楽的な声で言う。「私たちの祖先に親切にしてくれた人々からの贈り物だったのです。いえ、とても売るわけにはゆきません。贈り物だったのですから」。それで蒔絵の漆器や真珠の象眼細工品、黒金象眼細工品、大名の金の紋章は、彼らの小屋の煤けた暗闇の中に光り輝き続けることになるのである。もちろんこれらの品物の中には、北海道《エゾ》が征服されてまもなく将軍の代表者や松前《マツマエ》藩主へ貢ぎ物をもって行ったときに、祖先たちが贈り物として貰ったものもあるであろう。あるいは革命（明治維新）の際にここに逃げて来た武士《サムライ》たちからの贈り物もあったであろう。物々交換で手に入れたものもあるにちがいない。それらこそは、彼らが酒と物々交換をしない唯一の品物であり、酋長の命令で罰金と

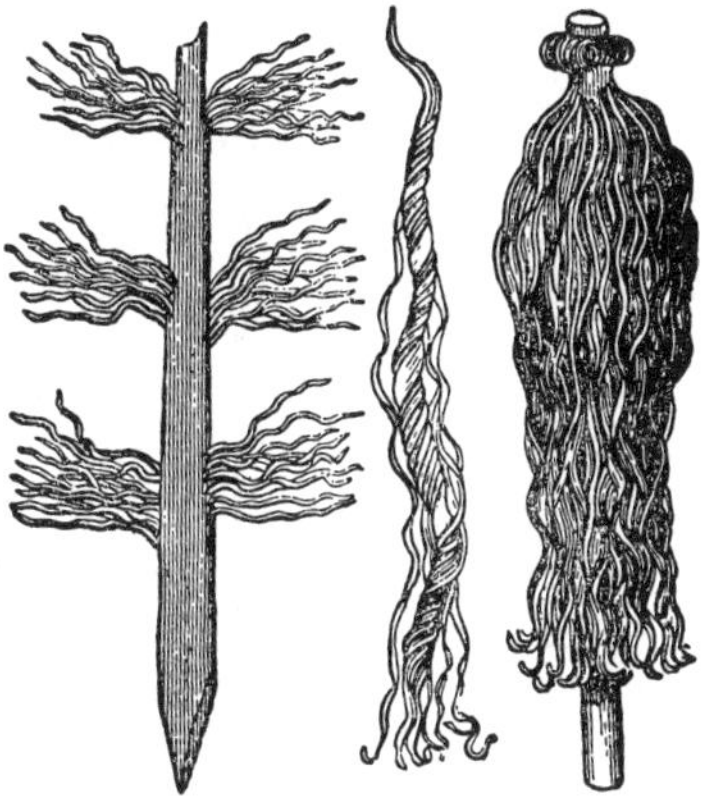
●アイヌの神像

して支払うときや、娘の持参金として遣《や》るときにのみ手放すのである。

お客が来たときに一枚の蓆しか敷けないような貧乏な家の場合は別として、ふつうの家では、囲炉裏の四方に敷いてある粗末な蓆の上にりっぱな莫蓙蓆を敷く。これらの蓆と樹皮の織布が真に彼らの唯一の製作品である。蓆は細い葦草で作られ、暗赤色や褐色の模様がついている。長さは一四フィート、幅は三フィート六インチである。女性がそれを作るのに八日かかる。どの家にも移動できる台座が一つか二つある。縦横が六フィートと四フィートで、高さが一四インチあり、囲炉裏の頭部に置かれる。その上に熊の皮やりっぱな莫蓙蓆を敷いて、客が坐ったり寝たりする。多くの家では数インチの高さの幅広い座席があり、その上に老人たちがあぐらをかいて坐る。あぐらは彼らの習慣であり、日本人のように膝を折って坐ることはない。水桶は常に出入口の傍の台の上に置く。干魚や鹿肉、熊肉は日常の食糧として数枚の毛皮とともに垂木から吊り下げてある。これらの他に絶対に必要な品物がいくつかある。すなわち、食物や酒のための漆器や木製の椀、まな板や粗末な包丁、樺皮を燃やすときに用いる割木箸がある。また三つ割りの棒はお皿をのせるもので、ときたまそれに油を入れ灯芯を燃やす。粗末な機織りの部品、衣服を作る材料の樹皮、蓆を作る材料の葦草――、これで彼らの生活必需品の目録はほぼ完成する。家屋の建築には鉄材を少しも用いない。その代わり非常に強靭な樹皮繊維が用いられる。

私は前に食物の調理法について書いたが、それはふつういろいろ嫌なものを煮こんだシチュー汁である。彼らは塩魚や生魚、干魚、海草類、なめくじ、そのほか村をとり囲んでいる丈の高い雑草の茂る荒野に生える種々の野菜類、草根や苺類、鹿や熊の生肉や干肉を食べる。祝祭のときの食物は、熊の生肉と酒、海草、茸、そのほか毒でなければ実に何でも手に入り次第に食べる。それを皆ごたまぜにして食べるのである。彼らはかき混ぜるのに木製の杓子を用い、箸で食べる。正規の食事としては一日に二度であるが、それを思う存分食べるのである。今述べた食物のほかに、パテのような粘土から作った濃いスープがある。この粘土は一、二カ所の谷間から産出する。これは野生の百合の球根と一緒に煮て、粘土の大部分が底に沈むまで待って、非常に濃い上澄みを汲み出すのである。北海道では、この土を産出する谷間をチエ・トイ・ナイと呼ぶ。文字通りの意味は「食べる土の谷」である。

男たちは鹿や熊の狩猟で秋、冬、春を過ごす。彼らの貢ぎ物や税金の一部は毛皮で支払われ、彼らはその干肉を食べて生きている。最近までアイヌ人は、これらの獣を獲るときには、毒矢、仕掛け矢、落とし穴を使って来たが、日本政府は毒矢や仕掛け矢の使用を禁止した。野生の動物たちは銃声を聞くと山の奥深く逃げてしまうので狩猟はきわめて難しくなってきた、とこれらの人々は言っている。しかし彼らは意味ありげに次の言葉をつけ加えている。「日本政府の眼はどこまでも光っているわけではありませんからね！」。

彼らの弓は長さがたった三フィートで、樹皮をつけたままの丈夫な若木でできている。弓の両端を削って格好よくしようとか、あるいは軽快なものにしようという試みは少しもない。その木質はふしぎなほど弾力性がない。私は矢を幾本か手に入れたが、矢は非常に特殊なもので、三つの部品に分けて作られる。鏃《やじり》は鋭い骨片で、毒を入れるために片側に細長い空洞がある。この鏃は樹皮の紐を使って約四インチ長さの紡錘状の骨片に非常に軽く縛りつけておく。こんどはこの骨片を約一四インチ長さの矢柄に縛りつける。矢の他の端には三重の矢羽根をつけることもあり、つけないこともある。

毒は鏃の細長い空洞に非常に軟らかい状態で塗りこめられるが、後で固くなる。鏃には、たっぷり茶匙半分も毒を塗りこめる場合がある。鏃を矢柄に非常に軽く縛ってあるから離れやすく、矢が獲物に当たれば、少しの傷口にでも、鏃が突き刺さったままで、矢柄の方は離れて落ちる。

ピピチャリは私に少量の毒糊をくれた。毒は草の根から作るのだが、彼はまたその草を見るために私を連れて行ってくれた。この草は日本とりかぶとで、その丈の高い茎が青い花を咲かせて、藪の中であたり一面に輝いていた。この根をつき砕いてどろどろにし、鉄鉱石を砕いて粉にしたような赤みがかった土と混ぜる。さらに獣脂と混ぜてから矢に塗りこむのである。この毒は土の中に埋めておいて、いつでも使えるようにしておくといわれるが、これは無用のことだ、とベンリは言っている。ただ一カ所の傷を受けただけで、熊は十分間で死んでしまうといわれる。しかしその肉は食べるのに差し支えはないが、念のために傷の周囲を多量に切りとってしまうということである。前に函館にいたエルドリッジ博士は、この毒を少量手に入れ、それについていくつかの実験をした後に、次の結論に達した。ジャワや南アフリカの原住民、アマゾン川やオリノコ川のある種族は同じような目的で毒を使用するが、それらと比較すると毒性が弱い。アイヌ人が語るには、もし人間が間違って毒矢に刺されたときには、その部分をすぐに切り取る他に手当て法がない、と言う。

日本政府が仕掛け矢を禁止したのは無理もないことだと思う。これがあるため旅行は安全でなかったし、さらに少し北方へ行けば、ここよりも狩猟者たちに対する監視の眼が届いていないから、今でも旅行は危ない。この仕掛け矢は、大きな弓に毒矢をつけておき、弓につけた綱の上を熊が歩けば直ちに熊に矢が突き刺さるように仕掛けてある。私は一軒の家に五十本も仕掛け矢があるのを見ている。音もなく殺してしまうこの簡単な装置は、実に巧妙なものである。

前にも言ったように、女たちは一日中仕事をしている。彼女たちは快活に見え、微笑するときには楽しそうである。年よりも早く老けてしまう日本の女性とは似ていない。その理由の一つは、彼女たちの家は換気がよく、木炭の使用が知られていないことだと思われる。たいていの未開人の女性は、休みのない労役に従事させられるのが運命となっている。アイヌの女性は熱心に働くけれども、そのように苛酷な仕事をさせられているとは思えない。しかし男たちは、女が見知らぬ人たちと話を交わすことを好まず、女のつとめは働くことと子どもを育てることだという。彼女たちは男と同じ食物を食べ、男たちの前で男たちと同時に笑ったり話したりする。老人になれば、男と同じように養われ、尊敬を受ける。彼女たちは蓆や樹皮製織布を、部分としてか、できれば完成品として売る。しかし彼女たちの夫はその儲けを奪いとるようなことはしない。アイヌの女性はすべて樹皮で布を織ることを知っている。男たちは樹皮を五フィートの長さに細長く切り、外皮を取り去って家に持って来る。この内側の樹皮は剝けば簡単に数枚の薄い層となる。この薄皮を年長の女たちが非常に細長く裂き、実にきれいに結んで繫ぎ、これを巻いて約一ポンドの重さの糸玉にする。これを織るときには、樹皮にもこの糸にも少しも加工する必要がない。しかし私は、女たちのあるものが、樹皮を煎じて褐色の染料を作り、その汁に浸して淡黄色を濃くしているのを見ている。

織機はとても簡単なもので、説明をしたらかえって複雑にしてしまうのではないかと思うほどである。丈夫な鉤を床に固定し、それに織糸の端を結びつけ、織り手の腰に織機の端を綱で結びつける。織り手は織糸を必要に応じて巧みに強く張る。櫛のような枠を足首の上にのせ、その中に糸を通す。中空の滑車があって、糸を上下に離しておく。彫刻した木で作ったへら形の梭《ひ》があり、織った布を巻いてゆく巻き取り機がある。織布の長さは一五フィートで、布幅は一五インチである。非常に整然と織られ、糸の結び目は下側に出るように注意を払ってある。*

*原注——織糸の原料となる樹皮の木の名前が何であるか、どの植物学者からも聞き出すことはできなかったが、私の想像では、しなのき科に属するものではないかと思う。

織る仕事は実にのろのろとして疲れる作業であって、女一人で一日にせいぜい一フィートしか織ることはできない。織り手は道具類を全部腰につけ、織機《といえるほどのものではないが》を足首にのせて床の上に坐っている。背骨を硬直させて適当に糸を強く張っておけるようになるまでには長い習練が必要である。作業が進むにつれて、彼女はほとんど気がつかないうちに鉤の方に引き寄せられてゆく。この家でも、他の大きな家でも、二人か三人の女が朝に自分の織布を持って来て、鉤を固定し、一日中織っている。またあるものは、同じような便宜がないので、地面に鉤を挿しこみ、日向で織っている。織布と織機は二分間で畳んでしまうこと

●機織のへら

ができる。そして長椅子用の編み毛布のように簡単に運び去ることができる。これは、手織機の最も単純で、おそらく最も原始的な形態のものであろう。櫛も梭も、巻き取り棒も、すべて簡単にふつうの小刀で作られる。

第三十七信（続き）

アイヌの宗教的観念ほど、漠然として、まとまりのないものはないであろう。丘の上の神社は日本風の建築で、義経を祀ったものであるが、これを除けば彼らには神社もないし僧侶もなければ犠牲を捧げることもなく礼拝することもない。明らかに彼らの宗教的儀式は、大昔から伝統的に最も素朴で最も原始的な形態の自然崇拝である。漠然と樹木や川や岩や山を神聖なものと考え、海や森や火や日月に対して、漠然と善や悪をもたらす力であると考えてきている。彼らが祖先を神格化する痕跡をもっているのかどうか、私には分からないが、この素朴な自然崇拝は、日本の神道《シントー》の原始的形態であったかもしれない。彼らは生物界あるいは無生物界のものを崇拝するが、その唯一の例外は義経崇拝のように思われる。彼らは、義経に非常な恩恵を受けている、と信じている。今でも、義経は自分たちのために一肌ぬいでくれる、と信じているものがいる。*

*原注――義経《ヨシツネ》は日本の歴史の中で最も人気のある英雄で、少年たちの間に特に人気がある。彼は

頼朝《ヨリトモ》の弟であった。兄の頼朝は、その武功により一一九二年に帝《ミカド》から征夷大将軍に任ぜられ、多くの将軍家の最初の将軍となった。この将軍家を私たちヨーロッパ人は誤解して、日本の「現世の皇帝」とし、京都《ミヤコ》の「精神的皇帝」と区別した。実は義経が武功の栄誉を受くべきであったのだが、兄の嫉みと憎しみの的となり、国から国へと追われ、一般に信ぜられているところによれば、妻子を殺してから切腹《ハラキリ》した。彼の首は酒に漬けて鎌倉の兄のところへ送られた。しかしながら、彼がどのようにして死んだか、いつ死んだか、どこで死んだか、については、学者の意見はまちまちである。彼は蝦夷《エゾ》に逃れてアイヌ人と長年暮らし十二世紀の末に死んだ、と信ずる人も多い。アイヌ人ほどこのことを固く信じているものはない。義経は彼らの祖先に文字や数字とともに文明の諸学芸を教え正しい法律を与えた、と主張している。義経は多くのアイヌ人から「法律の大家」という意味の名前のもとに崇拝されている。私が平取《ピラトリ》、有珠《ウス》、礼文華《レブンゲ》の老人たちから聞いたところでは、後に来てアイヌを征服した日本人が、学芸を記した本をみな持って行ってしまい、そのときからアイヌの学芸は亡びてしまって現在のような状態になったのだという。なぜアイヌ人が、小刀や槍はもちろん容器までも鉄や粘土で作らないでいるのか、と尋ねると、いつも返事は「日本人が本を持って行った」と言う。

彼らの神々は――すなわち彼らの宗教の具体的な象徴は、神道の御幣《ゴヘイ》に甚だ類似したものであるが――皮を剝いた白木の杖や柱で、頂部近くまで削ってあり、そこから削りかけが白い捲毛のように垂れ下がっている。これらの神柱は、ときには二十本も、家の中に立てておくばかりでなく、崖の上や川の土手や峠にも立てる。船頭が急流や危険なところを下るときには、これらの神杖を川の中に投ずる。私が佐瑠太《サルフト》から来る道で私の駄馬が上り坂から落ちて以来、四本も神杖が立てられた。何も宗教思想のない民族の宗教思想のことや、単に大人になった子どもにすぎないような人々の信仰について書くことは無意味であろう。もしアイヌの信条について纏めようとする旅行家があるとすれば、その人は勝手に自分の心の中で想像して書くより他はあるまい。彼らの宗教観念はいかなるものか、私は彼ら自身から聞き出そうと非常な努力を払ってみた。知っていることはみんな話してしまいました、とシノンデは私に言う。そのすべてを総計すれば、いくつかの漠然とした恐怖や希望であり、自分たちの外の大自然の中に自分たちよりも強力なものがいるのではないか、という気持ちである。お酒を捧げれば、そのような力の良い影響を受けることができるし、悪い影響を避けることができる、と考えている。

崇拝という言葉それ自体が人を誤らせる。私がこの言葉をこれら未開人について用いるときは、単に酒を捧げたり、腕をふり両手をふることだけで、哀願や懇願などの精神的な行為が少しも伴わないことを意味する。このような意味でのみ彼らは太陽や月を崇拝し《しかし星を崇拝しない》、森や海を崇拝する。狼、黒い蛇、梟《ふくろう》、その他いくつかの獣や鳥には、その名にカ

らえたときにはまったく小さかったが現在では良く育った若い熊が入っている。捕らえた後に熊の子は、ふつうは酋長か副酋長の住家に入れられ、そこで女が乳を飲ませ子どもたちがその熊の子と一緒に遊ぶが、やがて大きくなって荒々しくなり家の中で飼えなくなると、丈夫な檻の中に入れて飼育される。私の聞いたところでは、翌年の秋までで、そのときまでには強くなり良く成育しているので、熊祭りが行なわれる。この祭りの習慣は、山のアイヌと海岸のアイヌとではかなり相違があるし、熊を殺す方法も違っている。しかしどこでも人々が広く集まって来る。これは大きな祭りで、このときには大いに酒を飲み、奇妙な踊りがある。これには男だけが参加する。

熊を興奮させるために、叫び声をあげたり大声でどなったりする。熊がだいぶ興奮してくると、酋長は熊に一本の矢を射る。これで軽い傷を負うと熊は怒り出す。そのとき檻の横木を上げると熊はたいそう怒り狂って外に跳び出す。この段階でアイヌ人たちはいろいろな武器を持って熊に襲いかかる。熊に血を流させるのは幸運を齎《もたら》すので、いずれも一傷を負わせようとする。熊が力尽きて倒れると、すぐその頭を切り取り、熊を傷つけた武器は熊に捧げられる。そしてその武器に対して熊が復讐するように祈願する。その後に死骸は、狂乱した騒ぎの中で人人に分配される。祝宴と大騒ぎの中に熊の頭を柱の上に安置して、それに礼拝すなわち酒を捧げる。人々はみな酩酊して祭りは終わる。ある村では、その熊の養い母は、熊が人々の手にかかって殺されようとするとき金切り声をあげて泣き、殺されてから後に殺した人々を木の枝で打つのが習慣になっているところがある。《後になって、噴火湾の有珠《ウス》で老人たちから聞いたところによれば、彼らの祭りでは熊を違った方法で殺すという。熊を檻から放して、二人の男がその耳を摑まえ、他の人々が長くて丈夫な棒で熊の首筋を押さえ、その上に数人のアイヌが馬乗りになる。熊は長い間もがき暴れてから頸が折れる。熊の最期が近づくと見ると、人々は一斉に叫ぶ。「私たちはお前を殺すが、熊よ、アイヌ人になって早く戻って来い」》。熊を罠にかけたり、矢で倒したりすると、猟師たちは熊に弁明のような、慰撫のような儀式を行なう。彼らはある素朴な輪廻《りんね》の思想を持っているように見える。これは有珠《ウス》の人たちが熊に祈る言葉からも、またある素朴な伝説からも証明できる。しかし、この思想が土着のものであるか、あるいは後期になって仏教と接触するようになって発生したものか、それは分からない。

未来はどうなるか、ということについて、彼らは何もはっきりした考えを持っていない。この話題が彼らを喜ばせるものでないことは明らかである。このような一般的概念はほとんど存在せず、しかも混乱している。自分の友だちの霊魂は、狼や蛇に入ってゆくと思う人もあれば、森の中をさまようのだと思っている人もある。しかも彼らは幽霊を非常に恐ろしがる。自分のした行ないに従って「良いところか、あるいは悪いところ」へ行くのだと思うのが少数いる。しかし、シノンデが言った言葉は無限の哀愁が籠っていた。「どうして私たちに分かるでしょうか。帰って来て私たちに話してくれた人が誰もいないんですから」。悪い行ないとはどんなものか、と尋ねたら、彼は答えた。「親に対して悪い子であること、盗みをすること、嘘をつくこと」。しかしながら、未来ということは、彼らの考えには少しも入っていない。幽霊を恐れるということから、彼らが肉体と精神の区別を認めていることは分かるが、彼らが霊魂の不滅を信じているとはとても言うことができない。

彼らの社会的慣習は非常に簡単である。女子は十七歳まで、男子は二十一歳まで決して結婚しない。男子が結婚したいと思うときには、ある特定の女子を思い定めて酋長のところへ行き、彼女を貰ってもよいか、と尋ねる。もし許可が与えられたら、仲人によるかあるいは自分で、彼女の父親に、彼女を貰いたい、と頼む。もし同意を得たら、新郎は彼女の父に贈り物をする。ふつう日本の骨董品である。これで婚約は成立し、引き続いて結婚式が行なわれ、大酒盛りをして大いに酒を飲み、これを祝う。花嫁は新郎から贈り物として耳飾りと高度に装飾を施した着物《キモノ》を貰う。妻を迎える家を夫が用意することは絶対に必要である。どの夫婦も別々に住み、長男でさえも、自分の新婦を父の家へ連れて行くことはしない。一夫多妻は二つの場合にのみ許される。酋長は三人の妻を持ってもよいが、それぞれ別の家を持たなければならない。ベンリは二人の妻を持っているが、彼が二番目を貰ったのは、一番目に子がなかったためと思われる《有珠《ウス》のアイヌ人の語るところでは、噴火湾のアイヌ部族は酋長でも一夫多妻は行なっていないとのことである》。それはまた子のない妻の場合にも許される。しかし平取にはそのような例はない。二人の妻を持つと彼女たちが喧嘩をするから、一人の方がいい、と男たちは言っている。

未亡人は酋長の同意を得て再婚することができる。しかしこれら山のアイヌ人の間では、女は亡くなった夫の家に六カ月から十二カ月にわたって閉じ籠っていなければならず、ときどき出入口に行って酒を右や左へふりかけるだけである。男は三十日間引き籠る《慣習は非常に違いがあり、噴火湾周辺では未亡人が閉じ籠る期間は三十日間だけで、男は二十五日間である。しかし父が死ぬと、三十日間引き籠ってからその住んでいた家を焼き払い、その未亡人と子どもたちは三年間友人の家へ行き、その後に元の場所に家が再建される》。

もし男が妻を嫌うようになったら、酋長の同意を得て離婚することができる。しかし、りっぱな衣服をたくさん持たせて親元へ送り返さなければならない。これに対して、子どもたちがいるときには離婚できないし、またためったに行なわれることはない。貞節はアイヌ婦人の美徳である。しかし慣習によれば、不実があった場合、被害者の夫は、もし情夫が未婚の男のときにはその男に妻を与えてもよいことになっている。その場合に酋長は情夫の支払うべき損害額を定める。これらはふつう貴重な日本の骨董品である。

老人や盲人はまったくその子どもたちから養われる。そして死ぬまで敬われ、孝養をつくされる。

もし他人の物を盗んだら、取ったものを返し、さらに被害者に贈り物をしなければならない。その額は酋長が定める。

私がアイヌ人と共に暮らし、今もそのもてなしを受けているので、彼らの生活様式はすでにお分かりのことと思う。慣習によって彼らはどのアイヌ人に対してもよくもてなすことになっている。彼らは私をもてなしたと同様に、あらゆる外来者に対してねんごろにもてなし、できるだけのことをしてやり、最上席に坐らせ、贈り物をし、そして別れるときには黍を煮て作った菓子を持たせてやる。

ある祝祭を除けば、彼らの娯楽はほとんど少ししかない。ちょうど今、彼らは私のために踊りをしてくれたが、その踊りはゆっくりとしていて悲しげである。彼らの歌は聖歌であるか、あるいは吟誦風のものである。彼らには楽器があるが、ギターに似たもので、三本か四本あるいは六本の弦がついていて、それは海辺に打ち上げられた鯨の腱で作る。もう一つの楽器は彼ら特有のものと思われるが、薄い木片でできており、長さ約五インチ、幅二インチ半で、鋭く尖った木製の舌がついている。幅が二ライン（一ラインは十二分ノ一インチ）で長さが一六ラインン。これが木片の真ん中についており、三方に溝が彫ってある。この木片を口に当てると、歌っているときに呼吸の振動によってその木舌が動く。その音は、それほど遠くへ通らぬが、ユダヤ人の竪琴の音にやや似た不協和音である。男たちの中の一人は歌の伴奏にその楽器を使った。しかし彼らは、木舌を作るために細かく裂くことが必要だが、それに耐えるような木片がめったに見つからないからと言って、この楽器を私に譲ろうとはしない。

彼らはお互いに対して非常に礼儀正しい人々である。挨拶は、しばしばなされる——家の中に入るとき、家から出るとき、道で会ったとき、他人の手から何か受け取るとき、親切な言葉や賞め言葉を貰ったとき。しかしながら女性に対してこのような挨拶は行なわれない。ふつうの挨拶は両手を伸ばして、それを内側に一度以上振り、髭を撫でる。形式ばった挨拶は、両手を頭の高さまで内側に曲線を描いて上げること二回か三回、それから両手を下げ、手を擦り合わせ、最後に髭を数回撫でて終わる。この後者の形式ばった挨拶は、酋長に対して行なわれ、また若い人から老人に対してなされる。女性には格別何も「礼儀作法」というものがない。

ここにはインディアンのいわゆる呪《まじない》師といったものはいない。彼らは薬草の存在を知ってはいるが、その特別の効能も、その使用方法も知らない。熊の肝を干したり粉に碾《ひ》いたものが彼らの特効薬であって、腹痛やその他の痛みのときにこれを重用する。彼らは健康な民族である。三百人が住んでいるこの村に慢性病で苦しんでいる人はいない。ただ一人の気管支炎患者と、子どもたちの間に皮膚病があることだけである。この村にも、また私が訪れた他の五つの大きな村にも、身体の不自由な子どもはいない。例外として、片方の脚がちょっと短い少女がただ一人いるだけである。

彼らはある木の根から、また彼らの作った黍や日本産の米から、ある種の酒を醸造する。しかし日本の酒が彼らの唯一の好物である。彼らは儲けを全部はたいて日本酒を買い、それをものすごく多量に飲む。泥酔こそは、これら哀れなる未開人の望む最高の幸福であり、「神々のために飲む」と信じこんでいるために、泥酔状態は彼らにとって神聖なものとなる。男も女も同じようにこの悪徳に耽っている。しかしながら、ピピチャリのように少数の人々は禁酒を実行しており、両手に酒椀をとって神々に捧げるけれども、それを次の人に手渡すのである。私はピピチャリに、なぜ酒を飲まないのか、と尋ねた。すると彼は真実に満ちた簡潔な言葉で答えた。「酒は人間を犬のようにするから」。

酋長は二頭の馬を持っているが、これを除けば彼らは家畜を持っていない。ただ非常に大きくて黄色い犬がいるが、これは狩猟のときに用いられ、家の中には決して入れない。

この人々の習慣は、上品さと礼節が少しも欠けているわけではないが、清潔ではない。女性は一日に一回手を洗う。しかし他の洗い方は知られていない。彼らは決して着物を洗わず、同じものを夜昼着ている。私は彼らの豊かな黒髪がどういう状態になっているかと考えると心配である。彼らは非常に汚いといってもよいだろう。故国のわが英国の一般大衆とまったく同じく汚い。彼らの家屋には蚤がいっぱいいるけれども、この点では日本の宿屋ほどひどくはない。

しかし山間の村々はきわめて清潔な外観をしている。塵を散らかしたり山にしたりしていることもなく、水溜まりもなく、あらゆる種類の乱雑さが見られない。家の中も外も、嫌な臭いが少しもない。家の中は空気の流通がよく、煙でよく燻されていて、塩漬けの魚や肉は倉の中にしまってあるからである。老人たちの髪や髭は、当然雪のように白くなる筈なのだが、煙と不潔のために黄色くなっている。

彼らは時間を計算する方法をもっていない。だから自分の年齢も知らない。彼らにとって過去は死んだものである。それでもやはり、他の征服され軽蔑されている民族と同じく、いつか遠い昔において彼らは偉大な国民であったという考えにしがみついている。彼らには、互いに殺し合う激しい争乱の伝統がない。戦争の技術は遠い昔になくなってしまったように思われる。私はこの問題についてベンリに尋ねてみた。すると彼は、昔アイヌ人は弓矢はもちろんのこと槍やナイフで戦ったが、彼らの英雄神である義経《ヨシツネ》が戦争を永久に禁止したので、それ以来は、九フィートの長さの柄のついた両刃の槍はただ熊狩りに使われるだけになった、と言っている。

もちろん日本政府は、自分の他の臣民と同じようにアイヌ民族に対しても権限をふるっているが、アイヌの内政問題や部族間の問題に対しては干渉したがらない。この外部的な制約の中で酋長は絶対的な権限を与えられている。アイヌ人は部落共同体の中に生活し、各共同体はその最高君主である首長をもつ。この酋長の職は父系関係の拡張されたものにすぎない、と私は思う。村の中の家族はすべて一つの単位として支配されるようである。私はベンリの家に泊まっているが、彼は平取《ピラトリ》の酋長であり、すべてのものから非常にうやうやしい態度で取り扱われている。この職は名目的には終身のものであるが、もし酋長が盲目であったり、病身で出歩くことができないときには、彼は後継者を指名する。もし自分に利口な息子がいて、人々の尊敬を得られるだろうと思われるならば、彼を任命する。もしいなければ、村の中で最も適当な男を選ぶ。人々はこの選択を認めるように求められる。しかし否認されることはない。この職はどこでも世襲制ではない。

ベンリは非常に厳しい父親のように権限をふるっているように見える。あらゆる男たちに対する彼の態度は、主人の奴隷に対する態度に似ている。彼らは、彼に話しかけるときには頭を下げる。彼の同意がなければ誰も結婚できない。誰かが家を建てるときには、彼がその場所を選ぶ。彼は民事訴訟や刑事事件において絶対的な司法権をもつ。ただし《これは非常に稀なのだが》刑事事件で帝国政府の役人に報告しなければならないほど重大な場合には別である。彼は盗まれた財産を返却させたり、すべての場合において犯罪者が支払うべき罰金の額を定める。彼はまた狩猟の手配や祭礼を定める。若い人々は彼の留守中に彼の怒りを招くことのないよう、非常に心配しているのがはっきり分かった。

長男は、日本人の場合にそうであるように特権をもつ人のようには見えない。彼は、必ずしも家や骨董品を受け継ぐとは限らない。骨董品は分配されることなく、父が最も利口だと思う息子に家と一緒に渡される。養子制度が行なわれていて、ピピチャリは養子であり、ベンリの実子を差し置いてその財産を受け継ぐであろう。私には「利口な《スマート》」という言葉がよくつかめないが、「全般的に能力のある」という意味だろうと思う。すでに述べたように、山のアイヌ人では酋長は三人の妻をもつことが許されるが、その他の特権としては、酋長としての権限をふるうことだけのようである。

アイヌ人はふしぎに蛇を恐がる。彼らの中で最も勇ましい男でも、蛇を見ると逃げる。咬まれたときの治療法を知らないからだ、と言う人もあるが、それ以上のものがあるにちがいない。無害と分かっている蛇を見ても逃げ出すからである。

彼らは死者に対しても同じような恐怖心をもっている。彼らにとって死は、特に「人の怖れる影」のように思われている。アイヌ人は老齢になって気管支炎にかかって死ぬのがふつうであるが、人が死ぬと、死体は晴れ着で包まれ、一日から三日の間棚の上に横たえられる。女の場合は、彼女の装飾品もともに埋められる。男の場合は、彼のナイフと酒箸が一緒に埋められる。もし喫煙者ならば煙草道具をともに埋める。死体はこれらの品物と一緒に蓆に巻いて棒に吊るして淋しい墓場に運び、横にした姿勢でそこに埋葬する。どんなことがあってもアイヌ人は、一人のときは墓に近づこうとはしない。たとえ貴重な鳥や動物がその近くに倒れても、決して拾いに行こうとはしない。死者に対しては常に漠然とした恐怖が連想される。アイヌ人にとっては、いかなる天国の夢も「地獄の暗闇」を明るく照らすことはない。

ベンリは、アイヌ人としては利口である。二年前に函館在留のデニング氏がここにやって来て、私たちすべてを造った神はただ一人であられる、と話したところ、それに対して、この賢い老人は応えて言った。「もしあなたを造った神が私たちをも造ったのであるならば、どうして、あなたはそんなに違っているのですか。どうして、あなたはそんなに金持ちで、私たちはこんなに貧乏なのですか」。彼の骨董品棚を飾っているすばらしい漆器や象眼細工の品物について尋ねたところ、それらは彼の父のものであり、祖父のものであり、少なくとも曾祖父のものである、と語った。それらは蝦夷《エゾ》が征服されてまもなく松前《マツマエ》の大名《ダイミョー》から貰った贈り物である、と彼は思っている。彼は酒のために顔は荒んでいるが、堂々たる風采の男である。家の中は広いので、今朝私は彼に頼んで槍の使い方を見せてもらった。彼は実に壮大な野生人に見えた。槍を抱えて充分後ろに退り、やがて攻撃のために前に跳びかかった。彼の身体は興奮で震えていた。その大きな筋肉は隆々として盛り上がり、彼の腕や脚は鉄と化し、彼の濃い髪はふさふさと額から垂れ下がり、眼は獲物を追うときのように火の如く輝いていた。私のボーイの伊藤がこの仮想攻撃の目標となっているので、私は震えた。情熱的な槍術の演技はすばらしいものであった。

私が今このように書いているとき、囲炉裏の傍に七人の老人たちが坐っている。その白髪はさざ波のように腰のところまでふさふさと垂れている。老齢のため頭が少し禿げているので、奇妙に荘厳な感じを与えるばかりでなく、その高い額の美しさを増している。私はその中で最もりっぱな顔をした老人の粗描をして、その絵を彼に見せて、それを貰わないか、と言ったら、面白がったり喜んだりするどころか、恐怖の症状をあらわし、それを焼いてくれ、と私に言った。その絵は彼に悪運をもたらし、彼は死んでしまうだろうから、と言う。しかし伊藤が彼を宥めて、幸運を意味すると思われる漢字をそれに書いてやったら、やっと彼は受け取った。しかし他の連中はみな私に、自分の姿を絵に描かないでくれ、と言った。ただしピピチャリだけは別で、彼は私の足許で大きな鹿猟犬のように横になっている。

黒髪が豊富なこと、彼らの眼が奇妙に強烈なことが、毛深い手足と奇妙に雄々しい体格とあいまって、彼らは恐るべき野蛮人の様相を呈している。しかし彼らの微笑は「優美と明知」を湛えていて、眼も口もそれに一役かっている。その低くて音楽的な声は、私が今まで聞いたいかなるものよりも優しく美しく、ときには彼らが未開人であることをまったく忘れさせる。これらの老人たちの神々しい顔は、その態度振舞いの奇妙なほどの威厳と礼儀正しさとよく調和している。しかしそのすばらしく大きい頭を見ていて、アイヌ人が少しも能力を発揮したことがなく、単に子どもがそのまま大人になったものにすぎないことを考えると、彼らは頭脳の中に知恵ではなくて水を溜めているのではないかと思わせるほどである。私は彼らの顔の表情がヨーロッパ的であると、ますます信ずるようになった。その表情は誠実にあふれ、率直で男らしいが、表情も声の調子も深く哀感を漂わせている。

これら老人たちの前でベンリは、彼の不在中に少しでも迷惑に思ったことはないか、と厳しい口調で私に尋ねた。若い男や女たちが不作法に私のまわりに集まって来ないかと心配していた、と言う。私はその返事として、アイヌ人の振舞いを賞めた。すると人々はすべて私に敬意を表して両手をふり、神々しい髭を撫でた。

もちろんこれらのアイヌ人は、文明化していない諸民族の中では高い地位にある。しかし彼らは最も未開の遊牧民族と同じようにまったくどうにもならぬ民族である。文明と接触するようなところでは、ただ彼らを堕落させるだけである。数人の若いアイヌ人が東京《トーキョー》へ送られて各方面の教育を受けたが、北海道《エゾ》に帰って来るとすぐまた未開の生活状態に沈澱してしまった。そしてただ日本語の知識だけが残っている。彼らは多くの点で魅力的である。しかしまた彼らの愚鈍さ、無関心、希望を持たないことが人を悲しませる。彼らの人数がふたたび増加しつつあるように見えるので、なおさら悲しませるのである。彼らの体格はとても立派だから、現在のところこの民族が死滅するとは思われない。

彼らは家庭生活に近いものをもっているから、多くの原住民と比較して確かに優れている。

彼らは家屋《ハウス》に相当する単語と、家庭《ホーム》に相当する単語をもっている。夫《ハズバンド》に相当する単語は英語のハウスバンド（家を管理する者）の意味に非常によく似ている。

訳者注――神成利男氏（『日本の知られざる辺境』八五ページ）によれば、家に相当する言葉はチセであるが、家庭に相当する言葉はなく、強いて言えば、やはりチセである。ただし家族に相当する言葉は沙留《サル》方言でチセ・ウン・ウタリである。夫に相当する言葉で家長に近い言葉というのは、おそらくチセ・コロ・クルのことであろうが、これは厳密にいえば夫という意味ではなく、家の主人または家長という意味である。

彼らから見れば、真実こそ価値のあるものである。この点だけからしても、彼らはありふれた民族に優っている。幼児殺しは決して行なわれることがなく、年老いた親は子どもから、尊敬と親切な行ないと養いを受ける。また彼らの社会的あるいは家族的な関係は賞賛に値するものが多い。

私はこの手紙を急にここで終わらなければならない。馬が待っているし、今にもやって来そうな嵐が暴れ出さないうちに、できるなら川を渡らなければならないから。

第三十八信

佐瑠太にて　八月二十七日

私は昨日アイヌ人たちに別れを告げたが、実に心残りがした。しかし自分の衣服をつけたままで寝たり、入浴が一度もできないことで、私もたいそう疲労した、と告白しなければならない。ベンリの二人の妻は、早朝から一生懸命に黍をひいて粗粉にし、彼らの習慣に従って、私が出発する前に黍餅を作った。粉を柔らかく練り、きたない指で丸めて、格好よい団子にして、洗ったことのない鍋《あの「嫌なもの」をごたごた煮てシチュー汁を作った鍋》でそれを茹でた。そしてそれを漆器のお盆にのせて、私にくれた。彼らは、私が彼らの食物を食べないので困っていた。そこで少し離れた村に女を遣《や》って、珍味だ、と言って私にいくらかの鹿肉を持って来た。私と何度も会ったことのある人々は、私のところに来て別れを告げた。彼らがあまり多くの贈り物《その中にはりっぱな熊の皮もあった》を持って来たので、もし私がその半分だけでも受け取ることにしたら、もう一頭の馬で運ばなければならなかったであろう。

私は一二マイルを馬に乗って森林を通り門別《モンベツ》に来た。ここで私は日曜日を過ごす筈であったが、私の乗った馬は今まで私が乗ったことのないようなひどい馬で、五時間もかかった。この日は空がどんよりと曇り今にも嵐が来そうであった。私たちが森林を出て、樫の藪でおおわれた砂丘に出ると、ひどく烈しい風に出会った。私が今まで見た多くの景色の中で、それはいつまでも忘れえぬ光景であろう。眼下には白茶けた裸の砂丘が横たわり、その蔭に細々と縮こまっている数軒の灰色の家がある。灰色の砂がうず高くなっている海辺には、灰褐色の波が音を轟かせて砕け、白くざらざらした長い線を描いていた。その遠くには、寄せくる波やうねる波が霧と雑然とまじり、吹き寄せてくる褐色の雲は海と空と融けあっていた。その間のすべてが砂の吹き飛ぶ中にちらちら見えるだけである。

雑木林の一軒の家で数人の男が酒を飲んで大騒ぎをしていた。やがて堂々たる顔立ちのアイヌ人が出て来て数ヤード歩いたかと思うと、草の中に後ろざまに倒れてしまった。まことに堕落そのものの姿であった。私は前に書くのを忘れたが、平取を出発する前に、大勢集まったアイヌ人の前で、飲酒の習慣とその結果がいかにひどいものであるか、を痛烈に非難した。すると次のような返事が返ってきた。「私たちは神様のために飲むのです。さもなければ私たちは死んでしまうのです」。しかしピピチャリは言った。「あなたは善いことを言われる。私たちは神に酒を捧げても、飲まないようにしようではないか」。この大胆な言葉に対して、ベンリは厳しく彼を叱りつけた。

門別《モンベツ》は嵐のよく吹く場所にあって、二十七軒の崩れかかった家のまことに哀れな集落である。アイヌ人の家もあれば、日本人の家もある。今ここでは、短い期間だが魚油と海草を採る仕事が盛んに行なわれていて、多くのアイヌ人や日本人の外来者が雇われている。波が荒くて船を出せないので、酔っぱらって遊んでいる。この部落はどこも酒の臭いがした。酔っぱらいは、よろよろと歩いていたり、後ろにのけぞって大の字に倒れたりしていた。眼が醒めるまで犬のようにそこに寝ているのである。アイヌの女たちは酔っぱらった亭主を家へ連れ戻そうと空しい努力をしていた。日本人もアイヌ人も、同じく獣の状態に落ちこんでいた。私は宿屋へ行って、そこで日曜を過ごそうと思ったが、そこはとても汚くて物淋しく、さらにそこはまさに酒商売の中心であったのだった。その広間には酔っぱらって騒ぐもの、阿呆のようになっているもの、あらゆる段階の酔っぱらいがいた。それは悲しい光景であったが、これと同じような光景はわがスコットランドにおいても、毎週土曜日の午後となれば多くの場所で見られるのである。ここの戸長《コーチョー》の話によれば、アイヌ人は日本人の四倍も五倍も飲んでも酔わないという。そうとすれば、ここでは酒は一杯八ペンスであるのだから、酔っぱらっているアイヌ人は一人当たり六シリングか七シリングを使ったことになる。

私は台所で少しばかりお茶を飲み、卵を食べた。私は計画を全面的に変更することにした。というのは、私がこれ以上、計画通りに東海岸を回って進めば、もし雨が降ってきたときに、数多くの「ひどい川」を渡ることができずに数日足止めをくう危険を冒すことになるし、そうなれば、定めた日にマリーズ氏に伊藤を手渡すという約束を破るという危険があることが分かったからである。しかし私は、それに代わるものがなければ、この計画を捨てるつもりはない。実は、その代わりに人のほとんど通らぬ噴火湾沿いの道を進み、私の旅行距離を百マイル増し、非常に原始的な地方に住む海岸アイヌ人を訪れたいと思っている。伊藤はこの計画に大反対である。彼は平取《ピラトリ》で辛い生活をして、犠牲はもうたくさんだと思っており、悪い川がたくさんあって渡れないとか、道がひどくなって通れないとか、そんな話をしきりに押しつける。宿屋が一軒もないとか、役所へ行っても米も卵も手に入らないだろう、とか言う。馬が手に入らなくて戻って来たという老人が、そういう噂を播いた張本人である。この策略はたいそう面白い。実は伊藤は室蘭《モロラン》の宿の娘にぞっこん惚れて、持ち物を少しばかり彼女のところに預かってもらっており、彼が他のコースをとることに反対するのも、心の底では彼女にまた会いたいからである。

月曜日――私は門別から先へ馬に乗って行くことがどうしてもできないので、荷物を先に送り、樫の木の林を通って散歩した。私は、アイヌ人が酒に縛られた生活を送っていることを悲しく思いながらも、林の静かな孤独を楽しんだ。昨日私は古い宿舎で静かに過ごした。外には風と雨がひどく吹き荒れていた。ピピチャリが正午にやって来た。例の病気の女が回復に向かっているという知らせを持って来ること、彼のほとんど治った脚をまた包帯してもらうことが表面上の理由で、実は彼が私のために彫ったナイフの鞘を持って来てくれたのであった。彼は午後の大部分を私の部屋の片隅で畳に横になっていた。そこで私は、彼からさらに非常に多くの語彙を教えてもらった。宿の主人は佐瑠太《サルフト》の戸長《コーチョー》であるが、私のところに来て、丁寧な挨拶をした。夕方になると人をよこして、彼は身体具合が非常に悪く熱が出そうだから、何か薬を貰えたらありがたい、と言う。彼は、ひどい風邪をひき、喉を痛めており、手足がひどく痛み、あわれなほど悲しんでいた。たいへん同情して看ている彼の妻を宥めるために、私は彼に少しばかり「帆立貝印《コックル》の丸薬」を与え、一摘みの唐辛子をお湯一パイント（約三合）で飲むという猟師の治療法を教えてやった。彼は唸りながら蒲団にくるまっていた。ほとんど密室のような部屋に閉じ籠り、火鉢《ヒバチ》の炭火が空気を汚していた。今朝私が彼のところへ行き礼儀正しく心配そうな口調で見舞うと、彼の妻はたいそう喜んで、彼はすっかりよくなって外へ出かけた、と答えた。そして私が与えた薬をもっと貰いたい、と二十五銭置いて行ったという。そこで私は、勿体ぶって、ダンカン・フロックハート印のとても辛い唐辛子を取り出し、どれほどの分量を用いたらよいか教えてやった。しかし彼女はそれだけで満足せず「帆立貝印《コックル》」を少し貰いたい、という。この丸薬たった一箱だけで、六人もの人を「奇蹟的に」治してやった。その結果は、売薬業者をにんまりと喜ばせ、その財布を重くさせるのである。

第三十九信

旧室蘭《噴火湾》にて　九月二日

嵐の日曜日が過ぎると、月曜日は曇り空の静かな日となった。森林の茂った連山は深い藍色に包まれていた。私はたいへん荒っぽい馬に乗って、一七マイルほど、石竹色のばらの花の間をゆっくり駆けて行き、湧別《ユーベツ》に着いた。この村のなんともいえない淋しさが私の心を捕らえて、またも一晩ここで夜を過ごし、烈しい風と雨の音を聞いた。翌朝また七マイルゆっくり駆けて苫小牧《トマコマイ》に来た。ここで私はふたたび人力車に乗ることができた。だいぶ待たされて、ようやく三人のアイヌ人が車を白老《シラオイ》まで走らせてくれた。ここは「台風一過」のよい天気で、山々はレモン色の空に映えて、きわめて美しかった。しかし太平洋は罪をもつ者の心のように落ち着かず、波は烈しく砕けていた。私はひどい寒気のために疲労し、翌日は旅を続けなかった。そして嬉しいことには、シーボルト氏とディスバッハ伯爵が慌ただしく訪問して来て、私に鶏を一羽くれた。

私は白老《シラオイ》がたいへん好きである。もし私がもっと丈夫だったら、きっと内陸部を探検する基地とするであろう。内陸部には探検家の努力に報いるものが多い筈である。明らかに北海道のこの地方の地形変化は比較的最近のものである。それらの変化をもたらした原動力は今なお死滅していない。この地方の海岸全般にわたって陸地が海から二、三マイル盛り上がっている。もとの浜辺は入江や岬の姿を留めて、この地方の景色の目立った特色をなしている。この新しく形成された陸地は軽石の広大な床となっているようで、植物質の土の薄い層でおおわれており、五十年以上は経ている筈がない。この軽石は、白老から非常に近い樽前《タルマイ》火山が爆発したときに降ったもので、また海から打ち上げられたものの他に、大量のものが内陸の山々や谷間から数多くの川によって運び出されて来たものである。最後の爆発のとき、この地方に軽石は平均三フィート半の深さまで積もった。ほとんどあらゆる川で、この地層形成の良い断面図が見られる。深い割れ目のある土手には広くて明るい色の軽石層が、上部は数インチの肥沃な黒い植物質の土壌で、下部が数フィートの黒い海砂となっている。私が白老《シラオイ》に泊まった最初の晩に増水があった。この大水で、内陸部の山々から軽石が一五マイルも押し流されてきた。たった一本の川なのに、この軽石の沈澱物は、九インチの厚さまでも地面をおおってしまった。

内陸の方を眺めると、右手には樽前火山が聳え、灰色の裸の頂上と山腹の枯れた森林を見せている。内陸の左手には、山また山が続き、万岳重畳として絵のようであり、森林に深くおおわれ、すばらしい峡谷が裂け目をつくり、あちらこちらで狭い谷間に開いている。内陸部全体が密林地帯で、浅くて流れの急な川に沿って、あるいはアイヌ人が獲物を求めて通る、草でほとんどおおわれた山道を数マイル先まで進めるだけである。山々の間には、だいぶ崩れている峰がある。これがはたして古い時代にできた石灰華の円錐山の連続したものであるかどうか、この地方の全般的地勢から考えて、何とかして調査したいものだと思った。そこで良い馬を一頭と騎乗のアイヌ人案内者を求め、伊藤を休養のため残して出発した。私はすばらしい一日の大半を過ごして、調査したり、あるいは火山の裏側に回って内陸側から登ろうとした。見るべきもの、知るべきものがそこに多かった。ああ、私にもっと元気があったらいいのだが! それは何時間もの退屈な、しかもくたびれはててしまう仕事であった。ようやくある地点まで来たが、そこには大きな割れ目が数カ所あって、煙と蒸気を噴出し、ときどき地下から爆発音を立てていた。この爆発音は、ひどく煙を出している小さな側面の割れ目のそばから出ていた。どこにも軽石があったが、最近にできたような溶岩は少しもなかった。ある一つの割れ目に沿ってすばらしい針状の硫黄結晶がびっしり並んでいたが、手を触れると崩れてしまった。下方には二つの温泉が湧き出ており、その縁には硫黄の沈澱物が溜まっており、ガスの泡が吹いていたが、その強くて、にんにくのような臭いから察すると、硫化水素ではないかと思う。その方向をさらに進むことは、開拓者のような腕力がなければ不可能である。私はいくつかの深い割れ目に腕を下ろしてみた。そこはわずか五〇〇フィートの高度にすぎなかったが、あまり熱くて、すぐ手を引っこめなければならなかった。その割れ目の中には美しい熱帯性羊歯が生えていた。同じ高度のところで私はある温泉を見つけた。熱くて私の寒暖計を一つ壊すほどであった――それは華氏の沸騰点より高く目盛りをつけてあったのだが――。そこで卵を一つハンカチに包んで、棒でお湯の中に吊るしてみたら、八分半で固く茹で上がった。お湯はハンカチに沈澱物を少しも残さずに蒸発した。温泉のまわりの縁には少しも湯垢がなく、煮えたぎって、非常な勢いで泡を出していた。

さらに三時間、くたびれはてながら進んだ。馬はほとんど倒れんばかりだった。ようやく例の峰がはっきり見えるところに来た。私はそれが石灰華の円錐山の横に並んだものであることを発見して喜んだ。それは高さが二〇〇から三五〇、あるいは四〇〇フィートもあると推定される。それらは豊かな土壌でおおわれ、かなりの樹齢の林が深く生い茂っている。しかしその円錐形の姿は今もすばらしくはっきりしている。それから一時間、またきびしい前進であった。案内のアイヌ人が、精力的にナイフを使って、草木が絡みあっている大きな叢林地帯を切り開きながら、ようやくこれらの石灰華の山の一つの頂上に辿りついた。私の努力は充分に報いられた。眼前には深くてくっきりした形の噴火口状の空洞があった。非常な深さで、側面には豊かに草木が茂り、カウアイ島(ハワイ諸島の中の一島)にある古い円錐山によく似ていた。この円錐山の一部の周囲を一本の川が取り巻いて流れていて、ある個所では赤色と黒色の火山灰の土手を削って通っている。火山地帯にふつう見られる現象は、すべて白老の北部で見ることができるであろう。いつか将来において、これらが充分な調査研究の対象となることを期待している。

私は疲労のため絶望的となり、もう駄目かと思うときもあったが、この「探検旅行」ほど面白かったものは今まであまりない。日本人は、話し相手がいないと調子はずれのぞっとするような歌を独りで口ずさむものであるが、伊藤を後に残しアイヌ人と一緒に出かけて来たので安心であった。アイヌ人はおしゃべりをせず、信頼がおけるし、忠実である。二つの明るい川が赤い小石の川床の上を泡波を立てながら、奥地から白老へ流れ下っている。私の指図はアイヌの案内者に通訳してあったが、これらの川の一つを遡って私の指さす方向の山へ入り、私が「シラオイ（白老岳）」と言うまで進み続けて行くことであった。この日はすばらしく天気のよい朝であった。スコットランドの高地地方で雨の来る前にときどき見られるような朝の景色であった。山はあくまでも澄みわたり、空気は青く、空は雲もなく、山々は青く聳えている。露がしっとりと草を濡らし、日光がまぶしく照っている。このような状態で見るとき、美しい景色はますます美しさを増し、私の心をうっとりとさせた。

蔓草はとても頑固なもので、私たちはいつも馬の頭の上に身体を屈めていなければならなかった。枝を後ろへ押しやったり、枝に引っ掻かれたり叩かれたりしないように、顔を守ったりしたために、私の厚い犬皮製の手袋も、文字通り摺り切れてしまった。おまけに私の手や顔の皮膚もあちらこちらやられて、私が帰るまでには、手も顔も血が出て腫れ上がっていた。つぎの出来事が起こったのは、幸運にも帰り道のときであった。一本の大きな葛《かずら》を避けようと身体をかがめたとき、別の葛が私の鼻を掠った。私が荒馬をすぐ止めることができなかったので、その輪のようになっている葛は私の喉にひっかかり、危うく私を絞め殺さんばかりであった。あっと言う間もなく、私は鞍から後ろに引き摺られ、地面に投げ出されて、一本の木と馬の後脚の間に挟まれていた。見ると馬は静かに草を食べていた。案内のアイヌも顔にひどくかすり傷を受けていたが、私のいないのに気がつくと戻って来た。そして一言も言わずに私を助け起こし、木の葉に水を汲んで持って来たり、私の帽子を持って来たりした。私たちはふたたび馬に乗って進んだ。私は落馬しても何ということはなかったが、鏡を借りてみると、顔中がかすり傷だらけであるばかりでなく、私の喉のまわりには青黒く痕が残っていて、あたかも私が首吊りをしたかのようであった。このアイヌ人は、そのふさふさとした髪の毛をあちらこちらの枝にひっかけて毟りとられていた。この毛深くて不敵な面魂の未開人が先導して、私が森林の中を進んでいる姿を見たら、あなたはどんなに面白がったことでしょう。彼は毛皮の上着を毛を外にして着用し、鹿の皮で包まれた荷鞍の上に腰を下ろしていた。彼の毛深い脚は馬の頸の上にあぐらをかいているが、これはアイヌ人のやり方であり、どんな馬のときでも、どんな地面の上を乗って行くときでも、この格好で実に落ち着いたものである。

美しさという点では、すばらしい地方であった。私は、川床から石灰華の円錐山の壮大な集落を初めて近くに見たときほどの美しい景色を、日本で見たことはない。その円錐山は、年を経た草木でおおわれ、背後には火山でできた高山の峰が続いていた。そのぎざぎざの峰には赤い灰が青空を背景にして真っ赤に燃えていた。前面には明るい谷川の水が原始林の中をきらきら光って流れていた。これらの川の土手は大雨のために深く抉られているので、ときには私たちは森から三フィートも四フィートも下の川に跳び下り、またそれだけの高さを登らなければならなかった。このようにして白老《シラオイ》川を渡ること二十回以上であったが、思わぬ深みのある川底や激しく流れる水の中をようやく進むことが多かった。川を渡らなければならなかったのは、森林の中に倒れている樹木が大きすぎて通行が不可能だったからである。馬は、人間が川に跳びこむのを見ると後退りをし、傍へそれようとする。しかし、やがて心をきめて、急に川に跳びこみ、あるいは川から跳び上がるのである。やがて山道が跡形もなく消えてしまうと、私はなおも前進するようにアイヌに合図した。それから先の私たちの「探検」は、すべて一時間に約一マイルの割合で進められた。林間の草は固く強くて、八フィートも高く生長していて、その柔らかに赤らんだ羽毛がそよ風に揺れていた。まずアイヌが、叢の中を無理に馬を通して道を作ってくれるが、もちろん道はまた塞がってしまう。そこでいつも彼がすぐ前にいるときは、彼の馬の鈴がちりんちりんと鳴ることでようやく彼がすぐ前にいることを知った。というのは、私には彼の姿も見えず、私自身の馬でさえ鞍の先端だけしか見えないほどだったからである。私たちはよく穴の中に転がり落ちたが、簡単に這い上がった。しかし一度は二人とも古い熊の落とし穴だったに違いないと思われる穴の中に、思いもよらぬ格好をして落ち込んだ。二人とも馬の頭から投げ出されたのである。馬も私たちも、草の羽毛が飛び散っている狭いところから脱出しようと踠いた。私は案内人と話が通ぜず、このおかしな状況に置かれた二人のことを考えると、堪えきれなくなって、災難の最中なのにも拘わらず、少なからず怪我はしていたが、へとへとになるほど笑いこけてしまった。この落とし穴から脱け出ることは非常に難しかった。こんな穴には二度と入りたくないと思う。北海道の馬が蹄鉄をつけていないことを有難いと思ったのは、これが初めてではなかった。私たちはこの長い草の藪を通って、ようやく石灰華の円錐山に辿りついた。その山は青空の中に赤いぎざぎざの峰を見せていた。

景色はすばらしかった。遠くまで来てしまったので、川の水源地を探検したいと思ったが、いろんな困難な目にも遭うであろうし、また一日もだいぶ過ぎていた。私は身体も弱ってきて、これ以上元気を出してこの計画を続行することもできなかった。それでも私は探検というものの情熱と魅力が直感的に分かるような気がした。また探検家たちが生涯をかけて探検に取り組むのも理解できた。私は石灰華の円錐山とその輝いているぎざぎざの峰から悲しい思いで立ち去って、疲れた馬に乗り、苦労しながら帰途を急いだ。馬はまったく疲れ切ってしまったので、私は歩かなければならなかった。歩くというよりも、最後の一時間は川を歩いて渡らねばならなかった。帰ったときはもう夕暮れであった。伊藤はすでに私の持ち物を全部荷物にまとめ、幌別《ホロベツ》に向かって出発するため、正午からずうっと私を待っていたのであった。だから、荷物を解くと聞いてたいそう不平顔であった。さらに私が、たいそう疲れてあちこち傷だらけになったから明日は残って休息しなければならない、と彼に告げたら、彼はまったくうんざりした顔をした。「あなたが開拓使の車に乗ったとき、まさか道路からそれて、あんな森林地帯に行こうとは思いませんでした」と怒って言った。森林では鹿の姿も見たし、雉もたくさんいた。うまい具合に猟師がりっぱな牡鹿を一頭仕止めて持って来たので、私は夕食に鹿肉のステーキを食べ、たいそう楽しい気持ちになった。しかし伊藤が噴火湾コースがとても実行できないという話をうまく作り上げて語るので、料理の味は少しまずくされた。

白老《シラオイ》には大きくて古い本陣《ホンジン》すなわち宿屋《ヤドヤ》がある。ここは昔大名《ダイミヨー》とその一行が宿泊したところである。それから約十一軒の日本人の家があるが、たいていは酒屋である。五十二軒のアイヌ村が貧困なのも、それが原因となっている。アイヌ村は遠慮して少し離れた海辺にある。この沿岸地方の漁村ではどこも同じであるが、ここにも耕作地はない。しかし魚油や魚肥が大量に生産される。ここは今その季節ではないが、「腐っている魚のような臭い」（シェイクスピア『嵐』

二幕二場）があたり一面に漂っている。

ここのアイヌの住居は平取《ピラトリ》のものと比較すると、ずっと小さく、みすぼらしくて汚い。私はその何軒かの家に入って彼らと話をしてみた。彼らの多くは日本語が分かる。野獣の住みかのようであった。雨が降っていたので、夫も妻も、五、六人の裸の子どもも、みなひどく汚くもじゃもじゃの乱れ髪のなりで、囲炉裏のまわりに蹲っていた。それでも、いかに見たところがひどく、臭いが悪くても、炉辺は家庭団欒の場であり、神聖にして冒すべからざるものである。いかに煙で煤け塵で汚れた人々でも、この集まりが一つの家族をなしている。この人たちの社会生活は、例えば米国のソールト・レーク市（一夫多妻のモルモン教の中心地）よりも一段と進歩したものである。屋根は山のアイヌ人のものよりもずっと平たい。倉がほとんどないので、大量の魚や、生の獣皮、あるいは鹿肉が垂木から下がっている。これらの臭いや煙が眼に痛くて、とてもつらかった。客座のある家はほとんどなかったが、どんなに貧乏な家でも、私が雨宿りを頼むと、一番良い蓆《むしろ》を地面に敷いて、泥靴のままの私に、どうか上を歩いてくれ、と勧め、「アイヌの習慣ですから」と言われるのは、たいへん困ってしまった。そのようなむさくるしい家でも、いつも広い棚があり、日本の骨董品を並べてあった。私は前に、酋長が病気になったら後継者を指名するのが習慣だと書いた。私はちょうどそういう場合に出会った。方向を間違えて、私たちは前酋長の家へ行った。その家の出入口には大きな空の熊の檻があった。

酋長として彼に挨拶をすると、彼は言った。「私は老人で目が見えないのです。私は外へ出かけられません。私はもはや役に立たないのです」。そして彼は後継者の家を教えてくれた。全般的にいって、この村の多くの確かな事実から考えれば、アイヌ人が日本人と接触することは有害であり、日本文明との接触によって、益するところはなく、ただ多くの損を得るばかりであったことは明らかである。

その晩私は、日本人が北海道でやっている馬の調教の一例を見た。一人の日本人が村の通りに一頭のりっぱな元気のよい馬を連れて来た。それは背の低い旧式の日本の鞍をつけ、非常に残酷な責め轡《くつわ》をはめてあった。その男はとても残酷な拍車をつけ、長さ二フィート、幅六インチの丈夫な板切れを持っていた。その馬は今まで人が乗ったことはなく、びっくりしていた。しかし少しも癖の悪いところはなかった。彼は拍車をかけて早駆けさせ、全速力で街路を行ったり来たりした。力いっぱい方向を変えたり、あるいは尻餅をつかせたり、拍車で責めつけたり、板切れで耳や眼を無慈悲に打ち叩き、馬を威したりした。ついに馬は血が流れて眼がかすんでしまった。馬が疲れはてて立ち止まろうとすると、彼は、なおも拍車をかけ、急にぐいと引いたり、鞭打ったりしたので、ついに馬は汗をかき泡を吹き血だらけとなった。血は口から流れ出して道路にはね返り、馬はふらふらとよろめいて倒れた。そこで乗り手は手際よく馬から跳び下りた。馬が立てるようになると、よろよろと馬小屋に連れて行かれた。馬は朝まで食

梶棒のバランスをとって走るだけであった。これは優れたやり方である。

幌別《ホロベツ》は古くてさびれた感じの漁業地である。十八軒の日本人の家と四十七軒のアイヌの家がある。ここのアイヌの家は白老のものよりもずっと大きく、その非常に急な屋根は美しく建造されている。ひどい天気の日で、深い霧が山の姿を隠し、海上に重くたちこめていた。しかし誰も雨が降るとは思わなかったので、私は人力車を室蘭《モロラン》に送り返し、馬を手に入れた。原則として私は自分で馬の囲い場に出かけ、できるならば背中を痛めていない馬を選ぶ。しかし実際には、まだ調教を受けていない馬か、あるいは背中に私の手が入るような大きな穴があるものや、まったく背骨が丸出しになっている馬を選ばなければならぬことが多い。このように馬を傷める日本の調教のやり方は、決してすぐ良結果を生ずるものではない。外国ではそのような残酷なやり方は非難されるのだということを日本人に示してやれば、やがては改善されてくるかもしれない。幌別には約二十頭の馬がいるが、私が乗りたいようなものは一頭もない。可哀そうで、早く全部射殺してしまった方がよいと思うほどである。馬は安価で豊富にいるが、少しも役に立たない。彼らはさらに何頭かを山から駆り出して来たので、私はこれまで日本で見たこともないような大きくてりっぱな馬を選んだ。これはかなり元気があり活発であったが、まもなく足を痛めていることに気がついた。やがて私たちは、街道を離れて、土砂降りの中を人の通らぬ小道にそれて行った。とてもひどい沼地を通り、だいぶ増水して激しく流れる川を渡り、山の中に入った。そこで私たちは、古ぼけた道を八マイル進んだ。文字通りの悪天候であった。あたりは暗く静かで、茶色の霧がたちこめていた。やがて雨が激しく降り出し、油紙の防水衣も役に立たなくなったので棄ててしまった。もちろん私の衣服はずぶ濡れとなり、私の証文《ショーモン》と紙幣が濡れてどろどろにならないようにするのが精一杯であった。北海道のように遠い北の地方には、台風は来ないが、この大雨は台風を伴わない「台風の雨」と呼ばれるものであった。あっという間に川は激流となって、ほとんど歩いて渡ることが不可能となり、道を寸断してしまった。その道といっても、せいぜいよくて単なる水路にすぎない。奔流はかなりの大きさの石を転がし流し、道を崩してしまった。馬はこれらの大石に二回か三回ぶつけられると、激流に向かわせようとするのはとても骨が折れた。水はいつも狭くて険しい道を流れるので、やがて両側の急傾斜の土手の間に数フィートも深く道を掘ってしまった。唯一の歩ける場所は石の割れ目だけで、馬が両足を並べて歩くほどの幅もなかった。水や石は後ろからどんどん流れてくるし、頭上にはあらゆる蔓草が縺れあっており、首をひっかけないようにしたり、足の弱い馬をちゃんと歩かせるようにしながら馬に乗って進むのは、非常に苦労なことであった。可哀そうに馬は、石を踏み外して五回も倒れた。あるときなどは、私の左手首をひどく捩ってしまった。ふと私は、私の日本旅行を多くの人々が羨んでいることを思い起こした。こんな馬上の姿を見たら、はたして羨しく思うであろうか！

このようにして四時間も続くと、道は突然山腹の下りとなり、旧室蘭《モロラン》におりて来た。この村には三十軒のアイヌと九軒の日本人の家がある。ここは美しい入江の縁にあるすばらしい場所だが、きわめて見こみのなさそうな村である。アイヌの家は小さくて貧弱で、異常に多くの熊の頭が柱に掲げられていた。この村は主たるものが二軒の荒れ果てた長い建物で、その中で数人の人々が網を修理していた。この村は、卑しい低級な生活を送っている衰微しつつあるところに見えた。しかし商人の家に大きくて気持ちのよい部屋があった。両側は障子になっていて、片側は村に面し、片側は短く急な傾斜の向こうの海まで見通しがきいていた。その傾斜地に奇妙な小庭があり、鉢に入れた松の盆栽や、鳳仙花が数本あり、赤いキャベツが観葉植物として誇らしげに栽培されていた。

もう真夜中近くであるが、私の寝台も寝具もぐしょ濡れなので、私はなおも起きていて、それらを乾かしている。火鉢の上に木の枠をのせて、その上で退屈になるほどゆっくり一枚また一枚と干している。火鉢は部屋の空気を乾燥させ暖めてくれた。人が何時間もずぶ濡れの衣服を着た後で、実際に何も乾いたものを着ることができないときには、火鉢はまことに重宝である。伊藤は私の夕食用に一羽の鶏を買って来た。ところが一時間後にそれを絞め殺そうとしたとき、元の所有者がたいへん悲しげな顔をしてお金を返しに来た。彼女はその鶏を育ててきたので、殺されるのを見るに忍びない、というのである。こんな遠い片田舎の未開の土地で、こういうことがあろうとは。私は直感的に、ここは人情の美しいところであると感じた。今のところ荒海は大きなうねりを立てながら、浜辺に打ち寄せては大きな音を立てている。雨はまだ激しく降っている。

第四十信

礼文華《噴火湾》にて　九月六日

岸辺に寄する波風は
疲れ果てしか、絶えだえに
うめくが如く泣くばかり
平穏の日ぞ、ついに来れり

平穏以上の日であった。天国の朝かと思う日であった。紺色の空はあくまでも雲一つなく、青い海はダイヤモンドのように輝き、美しい小さな湾の黄金色の砂浜は多くの輝く微笑を浮かべているかのようにきらきらしていた。四〇マイル離れた向こう側には、噴火湾の南西端を示す駒ガ《コモノ》岳《タキ》の桃色の頂上が柔らかい青霞の中に聳え立っていた。すがすがしいそよ風が吹き、山は黄褐色に色づき、森は黄金色にきらめき、あちらこちらに真っ赤な色が散っていて、深まりゆく秋の紅葉の先駆となっていた。一日が美しく幕を開けたように、美しく日は閉じた。私は刻一刻と過ぎゆく時間をどんなに引き止めたいと思ったことだろう。私は自然の美しさを満喫した。私はかなり多数の室蘭アイヌ人を訪れ、檻に入っている彼らのよく成長した熊を見た。そして正午にふりきるようにしてやっと別れて、険しい丘を越え、樫の叢林を通り、海辺に近い琥珀色の砂浜を走っている道を進んだ。いくつかの小さな川を渡り、淋しい稀布《マリプ》のアイヌ村を過ぎた。左手はいつも海原で、右手には森林におおわれた山脈があり、前面には有珠岳《ウスタキ》火山が聳えて行く手を遮っているように見える。この火山は堂々たる山で、青空に切り立って聳えているが、三〇〇〇フィート近く高さがあるのではないかと思う。

日本の本土の場合と同じように、北海道でも、これから旅行しようと思うコースについて人から聞くことはほとんどできない。ふつう質問をすると、日本人はぼんやりとした顔をして、くすくす笑ったり、帯に親指を突っ込んだり、羽織を引き寄せたりして、自分は全く知らない、と言ったり、あるいは人から聞いた漠然たる情報を告げるだけである。しかし実際には、当人はその土地に一度ならず出かけていて、隅々まで歩いているということも、まったくありうるのである。尋ねる人の動機に疑いをもっているのか、それとも下手な返事をして恥をかかされるとでも思っているのか、私にはその心底が分からない。しかし、これは旅行者にとって実に腹の立つことである。私は函館《ハコダテ》で、北海道の海岸を全部歩いてまわったというブラッキストン大尉（英国軍人・動物学者）に会うことができなかったので、この沿岸コースについて私の知りえた知識は、沿岸には少数のアイヌ人しか住んでいないこと、政庁所有の馬があって借用できること、その馬が手に入るところには宿舎もあること、食物としては米と塩魚だけであること、ひどい川が多く、道路はひどい山を越さねばならないこと、その方面に来る人は一年に二度来る政府の役人だけであり、一日に四マイル以上は進めないこと、峠を越える道路は大きな石だらけの道であること、などだけであった。そんなわけで、この有珠岳《ウスタキ》を見て私はまったくびっくりし、しばらくの間はこの地方の地理について私が頭の中で注意深く組み立てていた概念は混乱してしまった。この湾にある火山は森《モリ》の近くの駒ガ岳《コモノタキ》だけであると私は先に聞いていたし、そこまではまだ八〇マイル離れていると信じていたから、二マイルの眼の前に、このぎざぎざに割れて朱色の山頂をもつ壮大な火山があろうとは知らなかった。それはいわゆる火山というものよりも、はるかに気高い姿をしていた。前面には連山を張り出していて、山腹は深く切り刻まれて峡谷深淵となり、真昼の太陽も光がとどかぬ紫色の暗闇となっていた。一つの峰は深い噴火口から黒い煙を噴出し、別の峰は噴水口の壁のいろいろな割れ目から蒸気や白い煙を出していた。朱色の峰、噴煙、水蒸気——これらすべてが明るい青空に立っている。空気が澄みきっていたので、私は火山の様子をすべてはっきりと眺めることができた。特に私が火山前方の連山よりも高い地点に到達したときに、よく観察ができた。私がこの火山の地理的位置を正確に摑むのには二日もかからなかったが、駒ガ岳でないことだけはすぐに分かった。この山の火山活動は活発である。私は昨夜三〇マイルも離れたところで、この火山から火焔の上がるのを見た。アイヌ人はこれを「神」であると言ったが、その名前を知らなかった。その火山の麓で暮らしている日本人も知らなかった。その火山からかなり離れた内陸部には、大きな円屋根のような形をした後方羊蹄山《シリベツアン》が聳えている。この山の全景は雄大である。

紋別《モンベツ》の少し先に長流川《オシャル》が流れている。これは北海道の大河の一つである。前日の雨でだいぶ増水していたが、渡し舟が流されてしまっているので、私たちは川を泳いで渡らなければならなかった。ずいぶん長く泳いだ気がした。もちろん私たちは、身体も荷物もずぶ濡れとなった。この広くて渦を巻いている川を、歩いて渡るのではなくて泳いで渡るのだということを、少しも私たちに警告せずに、アイヌの案内人が冷静に私たちをこの川まで連れて来たというのは、たいへん面白かった。

長流川《オシャルガワ》を越えて険しい坂路を登ると、頂上から非常に美しい湖らしきものが眺められる。小さな岬がいくつかあり、森のこんもりしたのもあれば、岩だらけのものもある。その奥に小さな湾がひかえている。小さな高台には黄色い屋根のアイヌの家が集まっている。坂の上から道は急に下り坂となり、下りて行くと湖のそばに出るのではなくて、有珠《ウス》湾に出る。これは太平洋に臨む一つの入江であって、さらに多くの入江に分かれている。非常に狭い入口であるから、数カ所からそれが見えるだけである。ちょうど道が湾に接するところに道路標柱があって、中に後生車が入っている。岸辺には梵字《サンスクリット》を刻んだ非常に大きな石柱が真っ直ぐに立ってい て、近くに石段があり、大きな石垣の中に門が立っている。これはこの地方の荒涼たる景色の中でひどくそぐわないように思えた。森が茂っている入江に岩だらけの突端があって、そこに一軒の大きな家が立っている。だいぶ修繕をしていないので、崩れそうな家である。そこには一人の日本人とその息子が住んでいて、政庁の権益を守るために駐在させられている。彼はいわば故郷から遠く流されて、五百人のアイヌ人の間で暮らしている。この家にはたくさんの部屋があって、かつてはりっぱであったが、今では鼠が出没し、部屋はごたごたと並んでいる。その中から庭に面した一部屋を選んだ。庭にはひねくれ曲がった櫟《いちい》の木が数本あった。ところが大きな門と雨戸《アマド》には閂《かんぬき》がなく、誰でも悪い気を起こしたら中に入って品物を好きなように盗めるほどである。しかしこのアイヌ人の間に十年間も生活してその言葉も自由な宿の主人と息子の言うところでは、今まで品物を盗まれたことはなく、アイヌ人は正直で、決して悪いことをしない、という。この言葉で保証されなかったら、門のあたりで子どもを腕に抱いて坐っていたり、あるいは立っているアイヌの髭を生やした男たちは別として、いかにも未開人らしく放心したようにぼんやりとぶらついている口の大きな若者たちを疑わしく思ったことであろう。

有珠《ウス》は美と平和の夢の国である。この沿岸では満潮と干潮の高低の差があまりないから、もしも海から一フィートばかり高いところの岩に美しいヒバマタ属の海藻が金色に染まっていなかったならば、この湖のように見える幻想が完璧なものとなったであろう。私が夜を過ごした入江では、樹木や蔓草は水面に頭を垂れ、その緑色の濃い影を映していた。それは湾の他の部分が夕日を浴びて金色や桃色に輝くのと鋭い対照をなしていた。丸木舟は、高くするために船縁に板を組み合わせてあったが、金色に輝く小さな浜辺に引き上げてあった。深い蔭になっている入江には、深く刻んで作られた古ぼけた帆掛船が木に繋がれていて、幽霊船が浮かんでいるようであった。森の茂っている丘、岩肌を見せている丘にはアイヌの小屋が見え、有珠岳《ウスタキ》の朱色の火山口は落日の光を浴びてさらに赤色に染まっていた。数人のアイヌは網を修理しており、さらに食用の海藻（昆布）を干すために広げているものもいた。一隻の丸木舟は黄金の鏡のような入江の水面を音もなく辷っていた。いく人かのアイヌ人が海岸をぶらぶら歩いていたが、その温和な眼と憂いを湛えた顔、もの静かな動作は、静かな夕暮れの景色によく似合っていた。寺から響いてくる鐘の音のこの世のものとも思えぬ美しさ――景色はこれだけであったが、それでも私が日本で見た中で最も美しい絵のような景色であった。

特別においしい夕食が駄目になってしまいますよ、という伊藤の忠告や抗議にも拘わらず、私は外に出た。鼠の出没する部屋、金箔が変色した危なっかしい襖《フスマ》から脱け出して、桃色とレモン色の夕焼空の最後のすばらしい眺めを見たいと思ったのである。石垣の間の段を上ると、広い石を敷きつめた並木道となり、大きなお寺に出る。寺の扉が開いていたので、中に入って腰を下ろし、しばらくの間ただ一人で、あたりのすばらしい静寂を楽しんだ。この土地の熊信仰のアイヌ住民の中にあって、仏教を信じ夕の祈りを捧げる人々のために鳴り響く美しくはかない鈴の音も、すでに絶えていた。このお寺は私が函館を出てから初めて見る寺で、アイヌの地にあって日本の宗教を示す存在である。信者たちはこの木蔭の深い苔むす境内からとうの昔に立ち去っている。それでもお寺は厳然として立ち、偉大なインドの教えを広めようとしている。アイヌの信者たちの世代は次々とこの世を去っていくが、それでもその青銅の鐘は鳴り、祭壇の灯明が灯され、永遠に仏陀の前に香が焚かれる。この寺の大鐘に刻まれている文字は、よくお寺の鐘に刻まれるものと同じ文句で、二千四百年間の荘重さを湛えた言葉だといわれる。

諸行無常　　万物はすべてはかなく
生者必滅　　生ある者は必ず死す
寂滅為楽　　死して涅槃《ねはん》の楽しみあり

このお寺は非常に壮麗で、天蓋はすばらしく、祭壇の青銅や真鍮の仏具は特に立派である。日光が大きく射しこんで、畳の上を照らし、金色の厨子の中の釈迦像に降り注いでいる。ちょうどそのとき、頭を剃った僧侶が、色褪せた緑色の錦の衣服をつけ射しこむ日光を浴びながら静かに歩いて来て、祭壇の蠟燭に火を灯した。新たに香が寺の中に立ち籠めて、その香気は人の眠気を誘う。まことに感銘深い光景であった。明らかに彼は私に好奇心を抱き、祈禱を早く切り上げてこちらへやって来て、どこから来たのか、これからどこへ行くのか、と尋ねた。もちろん私はそれに対してりっぱな日本語で答えたが、話はそこでぴたりと止まってしまった。

石を敷きつめた並木道に沿って行くと、ふつう手洗水鉢の傍に、片側には非常にりっぱな浮き彫りの千手観音があり、反対側に仏陀の像がある。仏像は永遠なる蓮の花の上に坐し、片手には錫杖に似た鉄の杖をもち、顔には永遠にもの静かな表情を湛えている。その表情は、いやしくも将来に希望をもつ者に対して最高の希望を与えてくれるものである。私は森の中を通って行った。その山腹には淋しい墓が並んでいた。お寺からは青銅の大鐘の美しい音と、大きな太鼓を叩く音が聞こえてきた。やがてかすかに鈴や木魚の音が聞こえてきた。その音に合わせて僧侶は、遠い国の死語の文句（梵語のお経）を絶えず繰り返すのである。華麗ながらも一人も信者ができそうにもないこの物淋しい寺には、無限の哀愁が漂っている。大勢のアイヌ住民は、民間仏教を形成している多くの迷信よりも、もっと深い迷信の中に沈滞している。私は湾の傍の岩の上に腰を下ろし、有珠岳《ウスタキ》から最後の桃色の夕映えが消えてゆき、静かな水面からレモン色のきらめきが去ってゆくまで、じっと坐っていた。美しい新月は森林におおわれた山の上にかかっていたが、これも沈んでしまった。そして夜空に星が輝き始めた。

空には万の星光り
海にも万の星映る
波は靨《えくぼ》を湛えつつ
跳びはね星を胸に抱く
震えて光る星の影

有珠《ウス》湾の淋しさはまた格別である。どの部屋も崩れ落ちそうな一軒の大きな家に二人だけしか住んでいない。五百人の未開人の中で一軒だけの日本人の家であるが、それでも私が今まで泊まった家で雨戸《アマド》にも玄関にも閂をかけなかったのはこの家だけである。夜中に雨戸が磨り減った溝から大きな音を立てて外れ、障子を倒し、私の寝ているところに倒れてきた。私は伊藤を呼び起こすと、彼は寝呆け顔で私の部屋に駆けこんで来た。残忍なアイヌ人が襲って来たのかと、漠然と考えたらしい。愚かにも私はそのときまで知らなかったのだが、これらの雨戸には小さな出口がついていて、一度に一人が這って出られるのである。これは「地震戸《ジシンド》」と呼ばれる。地震のときに雨戸が溝にくっついて動かない場合とか、閂の動きがとれない場合の出口となるのである。このような小さな出口は、すべての日本の家屋に備えつけられているものと思われる。

翌朝は前日の夕方のように美しく晴れていたが、金色と桃色の景色は、ばら色と金色に変わっていた。太陽が充分にのぼらぬうちに、私は数軒のアイヌの家を訪れ、熊を見た。酋長は他のすべてのアイヌと同様に一夫一婦主義者であった。朝食後に私の頼みに応じて、数人のアイヌの老人たちがやって来て、彼らの知っていることをすべて私に教えてくれた。これらの気高い姿の長老たちは、縁側にあぐらをかき、宿の主人の息子はそのそばで日本式に膝をついて坐り、親切にも通訳をしてくれた。約三十人のアイヌは、たいてい女であったが、子どもたちと一緒に後ろに坐っていた。私は平取《ビラトリ》のときと同じ問題について約二時間にわたり調査した。それからまた語彙のことも調べて、同意語や新しい単語をさらに採集した。この辺のアイヌ人は、語頭のチュ音が始まる前のツという舌打ち音が著しく目立っている。彼らの風俗習慣には、山のアイヌ人と少し違う点がある。特に死後の服喪期間や、酋長の一夫多妻が許されていないこと、例年の祭りで熊を殺すときの方法などである。彼らの輪廻《りんね》思想は、さらに明確になっており、これは仏教に近接し影響を受けたためだと思われる。彼らは熊を主神とし、次に太陽と火を神としている。もはや狼を拝まないという。彼らは、火山やその他多くのものをカモイ《神》と呼ぶが、それらを拝まない。彼らにとって拝むとは、単に酒を捧げて神のために酒を飲むことを意味し、祈願その他の口で言ったり心に念じたりする動作を伴わないものであることがはっきりとした。

これらのアイヌ人は、南スペインの人々のように色は浅黒く、また非常に毛深い。彼らの表情は真面目で哀愁を湛えている。彼らが微笑すると《私のアイヌ語の発音がうまくできないときに彼らは微笑したが》、彼らの顔はまったく美しい。人の心を打つような優美さが漂う。これはヨーロッパ的であって、アジア的ではない。彼ら自身の感じでは、人口が長年にわたって減少してきたのが、今や増加しつつあるようだという。私は秋の昼の美しい自然に囲まれて眠っている有珠《ウス》を名残惜しく去った。これほど私を魅惑したところを見たことがない。

第四十信（続き）

次の駅まで馬を用意してもらったが、ひどい山路だというので、一里につき三銭の割増賃銀を払うことになった。何マイルも続くひどい馬道で、私はこんな悪路を見たことがなかった。賃銀を倍にしてくれといわれても、私は不平を言わなかったであろう。その必然的な結果として、私はすばらしい絵のような景色のコースを進むことになった。しかし、初めのうちは海岸に沿ってしばらく平穏な道であった。大きな青い海は波頭を立てて岸辺に打ち寄せ、岩に砕けて打ち興じているようであった。道はいくつかのアイヌの部落を過ぎる。虻田《アブタ》というアイヌ村は、六十戸もあり、かなり裕福そうなところであった。耕作はかなり丁寧に行なわれており、人々は多くの馬を持っていた。数軒の家のまわりには、熊の頭が高い柱の二股の頂部に挟まれて歯がむき出しになっていた。檻の中には一頭のよく育った熊が、神に祀られる最後の日を待っていた。ほとんどどの家でも、女の人が樹皮の布を織っていた。織糸をおさえる鉤は、家屋から数フィート外の地面にしっかりと留めてあった。貫気別《ノブコベツ》と呼ばれる川が海近くの山から流れ出てきていたが、この川は深いので、アイヌ人の肩に摑まって渡った。彼は身体中が深い毛でおおわれ、肩のところは猟犬のように毛がふさふさとして波打ち、身体の保温のためにもまた身体をおおうためにも、衣服はまったく不要と思われた。彼らの黒い髭は、毛深い胸から腰近くまで垂れ下がり、その黒い頭髪はふさふさと肩におおい被さっていた。もし特別に美しい彼の微笑と眼許を見なかったら、彼はまったくの野蛮人に見えたであろう。噴火湾沿いのアイヌ人は、山のアイヌ人よりもはるかに毛が深い。しかし、逞しいヨーロッパ人よりも毛深くない男たちを見るのがきわめてふつうであるから、毛深いのがこの民族の目立った特徴だとする考えは、肌のすべすべした日本人などによってだいぶ誇張されているように思われる。

私たちの四頭の馬が喧嘩を始めたので、危なく渡し舟は転覆しそうになった。初めのうち一頭の馬が他の馬の肩を嚙む。すると、やられた馬は短く鋭い悲鳴をあげて、前脚で蹴って仕返しをする。それから先は蹴ったり嚙んだりの大乱闘となり、いくつか醜い傷痕が残る。私はこのような喧嘩の大規模なものを馬の囲い場で毎日見て来ている。北海道の馬のみじめな状態は、北海道旅行の大きな欠陥となっている。馬は残酷にこき使われ、粗末で腹帯もつけない荷鞍と重い荷物を背中にごろごろさせながら、のろのろ足をせき立てられて進むので、背中じゅうがひどい傷だらけとなっている。しかも重い棒で眼や耳を冷酷に打たれるのである。伊藤は、北海道へ来てから、この優しいが大切にされることのほとんどない馬たちに対して野蛮な行為をしてきた。彼は、他のいかなることよりも、このことによって私を困らせてきた。彼は、日本の本土にいたときには、馬が恐かったのか、その持ち主に遠慮したのか、鞭を持とうともしなかったのだから、なおさら私は癪にさわるのである。今日も彼が駄馬を残酷に打っていたので、私は馬を戻し、強い言葉でそれを止めた。「お前は弱い者苛めだ。弱い者苛めは、みな卑怯者《カワード》だ」。やがて私たちは初めて休息したが、そのとき伊藤は例のごとく手帖を取り出して来て私に「ブリー」と「カワード」という語の意味は何か、と静かに尋ねた。このときの私の憤激は、ご想像いただきたい。それをうまく説明することはとても不可能であった。そこで私は、ブリーとは彼に対する最もひどい悪口であり、カワードとは最も卑劣な人間のことだ、と言った。するとこの癪にさわる少年は、「ブリーという語はデヴィル（悪魔）よりもひどい言葉ですか」と尋ねる。「そうだ、ずっとひどい言葉だ」と言うと、彼はそれを聞いて、すっかりしょげてしまったらしく、それからというものは、少なくとも私の見ているところでは馬を打たなくなった。

馬の調教のやり方は、私が白老《シラオイ》で見たように、一時間も二時間も言語道断の残酷な仕打ちによって馬の心を単に打ち砕くだけである。調教が終わるとき、馬は口や鼻から血を出し、身体は口の泡と血でおおわれて、へとへとになって倒れる。このように虐待されるから、馬もあらゆる種類のずるいことをする。浅瀬を渡るときに、寝転んだり真っ逆さまに倒れて荷物や乗っている人を放り投げたりする。一列縦隊以外のやり方で進ませようとすると、跳ね上がったりして抵抗する。馬の轡《くつわ》として、銜《はみ》ではなく口の両端に木の棒をつけ、縄で鼻と顎のまわりにしっかり結びつけてある。銜をつけて調教された馬が早駆けをすると、鼻の高さが耳と同じところになるまで頭をもち上げて走る。そのとき馬を思うように進ませることも、また押さえようとしても無駄である。馬たちは山腹や海岸にいる馬の大群を見ると、いつもその中に入りたがる。そのような仲間の中から、必要なときに引っぱり出してきただけだからである。北海道ではどの村でも、夜が明けるとまず最初に聞く物音は、四十頭か五十頭の馬が早駆けする音である。これはアイヌ人が山から追い出してくるのである。一頭の馬は二八シリング以上の値段がする。馬は脚を痛めていないときは非常にしっかりした脚をしていて、一枚のぐらぐらする板の上を歩いて川や深い割れ目を越す。あるいは恐れることなく川や峡谷の上方の狭い岩棚を歩いて行く。馬の脚には何もつけていないが、蹄は非常に堅い。おかげで私は、本土でよく馬の世話をやき、絶えず藁沓の紐を結んでやったり新しい沓と取り替えてやったりしていたことから解放されて、ほっとしている。一人の男が乗って馬たちを引率する。一人の馬子と三頭の馬で、料金は二マイル半につきただの六ペンスである。私は今伊藤を私の前の馬に乗らせている。彼が馬を打ったりその他虐待したりすることが絶対にできないようにさせるためである。

貫気別《ノブコベツ》川を渡ってから、馬が喧嘩をして私にだいぶ余計な手間をとらせたが、真っ直ぐにひどい山道にかかった。そして礼文華《レブンゲ》の険しい峠を三つ越えた。人々が、この人の通らぬ馬道はとても通れないと言っていたが、それだけは誇張で、他の点ではその困難さは決して言いすぎではなかった。最初の峠で一頭の馬は駄目になってしまい、もう一頭の馬を取りにアイヌ人を遣ったので、私たちは長時間遅れた。恐らくこの険しい峠も高さ一五〇〇フィートを越えるまいと思うが、道は深い森林の中をものすごく急な坂道となって登り、急に下ったかと思うとまた上り坂となり、ときには水でほとんど跡形もなく流されたジグザグ道であり、ときには真っ直ぐに梯子を登るような急峻な坂道で、深く溝がついており、溝の底には大小の石の破片が詰まっていた。あるいは岩棚では、頭上を絡みあった大きな蔓草や木枝がおおっていて、馬に乗って通る者は頭を馬の頭上に伏せなければならない。その間馬は地割れの中の石にまごついたり、躓いたり、転んだりする。あるいは胸の高さほどあるごつごつした岩畳を危なっかしく駆け上がる。こんな具合にぎこちなく、這い登るようにして、一時間に一マイルもかかって進んで行った。

あるひどい難所で、私のちょうど前にいたアイヌ人の馬が、胸ほど高くだいぶ崩れている岩棚を這い上がろうとして後ろざまに倒れ、私の馬を引っくり返しそうになった。そのときその馬の荷の一部であった寝台の支柱が私の足首をひどく打ったので、それから数分の間、骨が砕けたかと思うほどであった。足首はひどく切れて傷がつき、かなり出血し、私は鞍から叩き落とされた。伊藤の馬は三度倒れたが、最後には四頭とも縄で繫いで進んだ。北海道旅行には、こんなことが一種の余興となっているのである。

ああ、しかしなんとすばらしかったことか！　まことに壮大な景色であった。これこそ本当に天国である。ここにはあらゆるものがある——すばらしい森林におおわれた巨大な岬、小さくて深い入江には大きな緑色の波が雄大にうねっている。大きな灰色の断崖は真っ直ぐにそそり立ち、いかなる蔓草も足場を見つけて這い上がることができないほどである。切り立つ絶壁から離れた岩石の小島には杉の木立ちが聳えている。明るく青い大洋がちらちら見える。日光を浴びながらさざ波を立て、泡を吹き上げては蔓草や羊歯の花輪となっている。森林に包まれた奥地の山脈は、間に大峡谷を挟み、至るところ樹木の海である。そこには狼や熊、鹿が人をほとんど寄せつけない住みかを作っている。遠くには灰色の岩山が胸壁のように峰を連ねている。その曲がりくねった尾根は鋭く尖って幅六フィートもあるまい。杉の森林は深い影を落とし、真っ赤な楓の枝葉や、真紅の葡萄蔓の花綱が、暗闇を明るく照らしている。内陸の景色は無限を暗示していた。森林におおわれた山々には果てしがなく、光を通さぬ峡谷には底知れぬものがあるように思えた。この草木の豊かさは、熱帯地方の草木が華麗に繁茂しているのに等しく、樵夫の斧に一度も切り入れられたことのない原始林である。ものすごく高くて太い樹木——特に美しい銀杏の木は、小さな扇形の葉をつけ、一面に蔓草が絡んでおり、低くて黒い葉をつけた竹藪から突き抜けて聳えている。竹は低いといっても高さ七フィートに達する。すべてが暗く、荘厳で音もない。野獣が出没し、きらびやかな色をした蝶々や蜻蛉が飛び交うだけである。日光は照っているが暑くはない。木の葉や川の流れはきらきら光っているが、本土にいるときのように噎せ返るような緑の自然の中で感ずるあの息のつまるような気持ちは少しもない。というのは、はるか下方にある太平洋が日の光を浴びて明るく輝き、ときどき私たちが思いもかけず小さな入江に出ると、険しい岬や岩の小島に杉の木立ちが聳えている。重々しい大波が打ち寄せ、その深く轟く音だけがこの沈黙の大地の静寂を破っている。

ものすごい下り坂があって、私は馬から降りて歩いたが、歩いて下るのも楽でないほどの険しい坂道であった。これは細長い凹みになっており、間が狭すぎて、私は馬のそばを行くことができず、ずるずると馬の尻尾と鞍の間に上がり込み、馬のお尻に這いつくばって坂を下りたのであるから、いかにこの坂が急であったか、あなたにも想像できるでしょう。

道を下って岬の突端に出たとき、太陽はすでに沈み、露はしっとりと濡れていた。道は水路のように濡れ、険しくて凸凹坂であったから、私は両手を使って這うようにして下りて行った。ようやく道は、非常に美しいが物淋しい小さな湾に行き着いた。ここは通れそうもない岬が左右に壁のように立っており、同じように通れそうもない密林の谷間の入口となっている。谷間の奥は密林の山岳地帯に続いていた。海岸には狭い浜辺があり、巨大な鯨の骸骨が白骨となっていた。二、三隻の大きな丸木舟が、船縁に丈夫な綱で板を縛りつけて浜に引き上げられてあり、流木が浜辺に白茶けて横たわっていた。前面には一軒の淋しい灰色の家があり、傾きかけた軒端がだらだら続いていたが、ここも他と同じように白茶けていた。ここには、三人の日本人と、アイヌの老人が召使いとして住んでいて、政庁の権益《それがどんなものか分からぬが》を保護している。そして役人が来るときのために、部屋と馬を管理している。このことは、私のように旅に行き暮れたものにとっては実に有難いことである。今年になって礼文華《レブンゲ》を通った人は、二人の役人と一人の警官の他にただ一人だけである。

海面にはまだ赤い夕映えが残っており、新月の先端が岬の森の上に現われた。しかし、寂寞と孤独感がひしひしと迫ってきており、永遠に寄せてくる波の音を聞きながら、この地にいつまでも留めて置かれたら、誰でも気が狂ってしまうであろう。波音は高くて、大声をあげなければ人に聞こえないほどである。海から半マイル離れた森の中には、三十戸のアイヌ村があり、いく人かのアイヌ人が黄昏の中で浜辺を音もなく辷るように歩いていた。その姿があたりの景色のうす気味悪さと物淋しさをいっそう深くしていた。私が着いたときには、すでに荷物は馬から下ろしてあった。数人のアイヌ人が丁寧に私を部屋に案内した。部屋は重い扉のついている小さな中庭に面していた。部屋は黴臭くて、めったに人が使わないので、くもの巣が張り巡らされていた。魚油のお皿にのせた灯芯に火を灯すと、暗かった部屋も見通しがきくようになり、縁側に並んでいるアイヌ人たちの暗く哀愁をおびた顔をかすかに照らした。私が、お休みなさい、と言うと、彼らは優美な挨拶をして音もなく引き下がって行った。食物を期待することは無理と思われたが、彼らは米、馬鈴薯、それから海水と糖蜜を等分にして煮た黒豆をもって来てくれた。これはたいそうおいしかった。昨日受けた切り傷や打ち傷が早朝の寒さのためにひどく痛むので、私はここに滞留しなければならなかった。

第四十一信

函館にて　九月十二日

礼文華《レブンゲ》はひどく淋しい孤立したところにあるが、とても魅力的なところである。宿の主人は人に親切な男で、アイヌ人に対して非常に愛着を感じている。アイヌのことを委されている他の役人たちが、有珠《ウス》や礼文華《レブンゲ》の役人たちのようにアイヌ人たちを兄弟のように取り扱うならば、嘆かわしいこともあまりなくなるのだが。役人をしているこの男はまた、アイヌ人を、正直で悪意のない人間だ、と言ってたいそう賞めた。そして私に、私が出発しないうちにアイヌ人たちが会いに来てよいか、ときいた。二十人のアイヌの男たちが、たいていは非常にきれいな子どもたちを抱いて、馬と一緒に中庭に入って来た。彼らは、それまで外国人を見たことはなかったのだが、無関心なのか礼儀正しいためか、日本人の場合とは違って、人をじろじろ見たりどっと押しかけて来るようなことはせず、いつも丁寧に挨拶するのである。私の鞍の熊の皮の覆いが、たいそう彼らの気に入った。黒く染めていない私の半長靴を見て、彼らが冬の猟のときに履く鹿の皮の靴と似ているという。彼らの声は、私が今まで聞いたこともないような非常な低音で、音楽的であった。このように毛深くて強そうな男たちが発する声音としては、似合わないほどである。彼らが自分の子どもたちに対する愛情の深さは、特に目立っていた。彼らは子どもを優しく抱き、自慢げに高く差し上げて見せたりした。私がその褐色の肌の黒い眼をした愛くるしい子どもたちを賞めている、と宿の主人が彼らに告げると、彼らは顔を輝かして喜び、何度も私にお辞儀をくり返した。他のアイヌ人と同じようにこれらのアイヌ人も、不愉快なことがあると短い金切り声を発する。そのとき初めて野蛮人であることを知るのである。

これら礼文華《レブンゲ》アイヌ人たちは、東部の部落に住む山のアイヌ人とはかなり違っている。私はここでも、彼らの多くの語頭の発音が明瞭であって、ツが舌打ち音であることに気がつく。彼らの皮膚はアラビヤのベドウィン族のように浅黒く、額は比較的に低く、眼はずっと深く落ち込み、身長は低く、髪はもっと豊富で、物思いに沈んでいるような憂鬱な顔つきはさらに目立っている。二人のアイヌが、裸になって一生懸命に丸木舟を作っていたが、ほとんど全身が短く黒い毛でおおわれている。特に肩のところと背中が濃い毛におおわれ、皮膚を完全に包んでいるから、衣服をつけていなくともおかしくないほどである。私は彼らの胸の幅がものすごく広いこと、腕と脚の筋肉が非常に発達していることに気がついた。これらのアイヌ人は、みな額の上方二インチほど髪を剃り落とし、一インチの長さになるまでは構わない。庭にいる服装のりっぱなアイヌ人たちの中に、一人の日本人がいた。顔も皮膚もすべすべして、胸部が凹み手脚が細長く、黄色い皮膚をしていた。彼は装飾を施した樹皮製の前掛けの他は衣服をつけていなかった。前掛けは、アイヌ人が上着と脚絆をつけた上に着用するものである。これらの優しい親切な未開人に伴われて、私は彼らの住居を訪ねた。家は非常に小さく貧弱で、あらゆる点で山のアイヌ人のものに劣っていた。女たちは背が低くずんぐりしていて、たいそう醜い。

いよいよ彼らの村を出発したが、これは私の旅行の中で最も長い道程であり、評判では最もひどい道程だという。一七マイルにわたり、その中で最初の一〇マイルは山越えである。この道は人の通らぬ淋しい道で、四日間の旅で一人も人間に会わなかった。礼文華《レブンゲ》の谷間は深い森林におおわれ、あちらこちらに歩いて渡る川や危ない凹みのある地面があった。ここで私は、一本の大きな銀杏の木を見た。高さは地面から三フィートで、八本の高い幹に分かれ、どれも直径が二フィート五インチ以上であった。この木は早く生長しわが英国の気候によく適応しているのだから、ロンドンのキュー植物園で誰もが見られるようにどうして大規模にとり入れられないのか、ふしぎである。この他に球形の葉が対になっている木があり、非常に大きく生長している。

この谷間から石だらけの荒れ果てた馬道が礼文華峠《レブンゲトウゲ》の西側を登っている。この道は深い森林と蔓草の間を約二〇〇〇フィートの高さまで登って行く。そこまで登ると、道もくたびれて一休みする。それからは上り下りが少しあるだけで、海に面した狭い尾根伝いに道は続く。両側には深い竹藪が壁のように高く茂っていた。この日の旅行では、山や谷間でも、ごつごつした峰の道や凸凹の峡谷の道でも、いたるところに竹藪があった。景色は前日と同じようにすばらしかった。道はあるところに行くとすっかり消えてしまうことがあるので、案内人は絶対に必要であった。しばらくの間は道に迷って、馬は川に沿って進まなければならなかった。明るく走る激流は渦を巻き、両岸には竹藪が深く茂り、いたるところ深い穴があって、川には樹木が横倒しになっているので、川を渡るのが困難であった。ここで伊藤の馬は他の馬について行くことができず、彼は私たちから離れて見えなくなった。というより、彼は道に迷ってしまい、このため二時間も遅れてしまった。私はこの二日間の騎馬旅行のときほど雄大な森林を見たことがない。

とうとう道を見つけたが、やっと通れるばかりで、険しい崖の上に下りて行き、やがて海近くまで下って行く。海はかなり遠くに下って見える。それから道は六マイルの間平坦な砂の狭い浜辺を通る。海の近くでは、約五インチの高さの低い笹藪におおわれており、陸地の方には赤いばらや青い釣鐘草が一面に生えていた。

その断崖の麓には一軒の荒れはてた日本家屋があり、その中にアイヌの一家が住んでいて、峠を越す人には誰にでも宿と休息の場所を与えることになっている。私は赤塗りの弁当箱《ベントーバコ》を開けてみると、中には冷たくて青白い馬鈴薯が入っていた。これを食べてお茶を少し飲んだ。それから、案内人が伊藤を探しに行ったので、彼が到着するのを、あきあきしながら待っていた。この家屋と住人は、一見の価値がある。天井は落ちてしまって、とても使えそうにも思われないいろんな物が、黒く煤けた垂木からぶら下がっていた。あらゆるものが毀れて朽ち果てており、驚くほどたくさんのごみがあった。一人のきわめて醜いアイヌの女が樹木の皮を裂いていたが、その醜さはとても人間とは思えなかった。日本式の囲炉裏《イロリ》がいくつかあり、その一つの囲炉裏に一人の堂々たる顔をした老人が、湯を沸かしている茶釜を無表情な顔つきでじっと見ながら坐っていた。年とって廃屋の中に坐っている彼は、生存していても歴史がなく、消え去っても少しも記念物を残さない民族の運命を象徴しているかのようであった。もう一つの囲炉裏の傍に坐ってというよりもむしろ蹲っていたのが「猿人《ミッシング・リンク》」であった。私は初めてこれを見たときびっくりしてしまった。これは人間と呼ぶべきか？　あの醜い女と「つがい《メイト》」であった。これを「夫」とは私はとても書けない。このアイヌの年の頃は五十くらいで、その高い額は、上の頭を三インチ剃っているので、ますます高く見えた。その髪は乱れ髪というよりも蛇のようにくねくねと束になって垂れ下がり、もじゃもじゃした灰色の髭の間に入りまじっていた。眼は黒かったがぼんやりしていて、その顔には檻に入れられた野獣がときどき顔に浮かべるあの冷ややかで憂鬱そうな表情しかなかった。腕と脚は不自然なほどに長くて瘦せていた。この老人は、膝を脇の下に抱えて坐っていた。手脚と胴体は、両側の一部分を除いて、一インチ以上もある細い黒毛で薄くおおわれていたが、肩のところは微かに縮れていた。彼は私にお茶を出すためにお湯を沸かしてくれるぐらいで、他に知性のしるしは見られなかった。伊藤は到着すると、この男を見て、軽蔑して言った。「アイヌはただの犬です。先祖は犬だったのです」。これは彼らの先祖が犬から出たというアイヌ自身の伝説を指している。

山を下りてからの平坦地は楽しかった。馬はふつう駆け足で気持ちよく進み、やがて長万部《オシャマンベ》に着いた。ここで森《モリ》から札幌《サッポロ》へ通ずる古い道に出た。私は背骨がたいそう痛むので、ここで一日休息することにした。ここは酒にすさんで荒れはてているところで、陽光を浴びていても陰鬱に見える。大勢の人々が何もしないでぶらぶらしており、大酒飲みの眼によく見られるようなどんよりした眼つきをしている。日光は焼けつくように熱かったので、一軒の宿屋に休むことができたのが嬉しかった。崩れそうな宿屋は、人が混んでいて、食物の黒豆もなく、卵などは、ここの食物になっている形跡すらなかった。私の部屋は障子だけで仕切ってあり、いつも誰かが勝手に指で障子に穴をあけ、そこに眼を当てて覗きこむのである。誰も覗きこまぬときは一日に五分となかった。夜中に障子が一枚倒れたので、見ると、六人の日本人が一列に木枕をして寝ていた。

山の峠を越えるとともに、道中のすばらしい景色も終わった。しかし明るい日光を浴びながらの長万部《オシャマンベ》から森までの二日間の騎馬旅行は、実に楽しく、景色も美しかった。はじめのうち

が多く散在していた。まわりには野菜や花が驚くほど多く栽培されていた。これは開拓使政庁によって七飯《ナナイ》農事試験場から豊富に支給される種子から育てられたものである。森《モリ》へ行くまでの相当な距離にわたって、旅行するものはかなり多くいるのに、道路らしいものがまったくない。旅行者は、柔らかい砂浜や、海近くの荒い小石の上を疲れきって歩かなければならない。ときにはまったく海水の中を歩くこともあり、固い粘土や黄色の礫岩の崖の下を通る。多くの小さな川を歩いて渡るが、川のいくつかは、黒い火山灰の地層を深く抉りとって流れている。私は北海道の沿岸で約百の川や流れを渡って来た。すべて大きな川には非常に目立った特徴がある。すなわち、海に近づくと川は南に向かうということ、しばらくの間は海と平行して流れるが、やがて川の進行を妨げる浜辺の砂や小石の土手を突き抜けて、ようやく海へ出て行く。

途中で私は、二人のアイヌが丸木舟に乗って打ち寄せる波の間をくぐって岸に上陸するのを見た。彼らは約百マイルも舟を漕いで来たのである。川で用いる丸木舟は一本の丸太から作られ、二人で一隻作るのに五日かかる。ところが、この舟を調べてみると、長さは二五フィート、二本の舟材を合わせたもので、全長にわたって非常に丈夫な樹皮の縄で縛ってあり、高い船縁も縄で縛ってあった。二つの部分を組み合わせて作ると、荒い波に対していっそう堅固である、と彼らは考えている。この樹皮製の縄は美しく作られてあり、細い撚り糸から九インチの太さの大綱まで、いろいろな大きさのものに編むことができる。

青い海は美しかったが、私はもう海に飽きてきた。というのは、馬が波の泡をかぶって泡だらけになりながら歩いたり、崖と海との間に固まって歩くので、大波が寄せてきては私の足許にぶつかり、あるいは私の顔に失敬にもしぶきをかけるのである。寄せてくる波は絶え間なく、またやかましくて、ものすごい音を立てて岸辺にぶつかったかと思うと、また同じようにものすごい音を立てながら小石を流して退いて行く。実に生意気でやかましい。ただ自分の力を見せたがっているようだ。無茶で乱暴で、わがままで思いやりのない海である。このように何の目的もなく力を誇示し、このように無駄に力を浪費する、しかも騒々しい音を立てて自己主張するのは、俗悪趣味に類するものだ。

夕方近く私たちは橋のない川の最後のものを渡って、森《モリ》に泊まった。ここは私が三週間前に出発したところである。私は、失望することなく、災難に遭うこともなく、ひどく不愉快な思いをすることもなく、目的を達成できたことを深く感謝している。もし私が伊藤を定めた日までにその主人に返すと約束していなかったならば、私は北海道の原野でさらに六週間も過ごそうと思うであろう。気候は良いし、景色もよく、興味あるものがたくさんあるからである。

またすばらしい天気に恵まれて、私は森から峠下《トゲノシタ》まで騎馬旅行をした。夜はそこで泊まった。両日とも珍しく良い馬に乗ることができたが、伊藤の馬は速い「のろのろ足」で歩いているとき、蠅を追い払おうとして三度も倒れて転げ回った。森《モリ》と蓴菜沼《ジンサイノマ》との間の森林は、私が前に見たときは、陰鬱な暗い日だったので、とても美しいとは思わなかったが、今回は太陽は輝き、光と影が豊富に模様を作り、紅葉した樹木や真紅の蔓草が多く、谷間には燃えるような紅葉があり、色彩の音楽で私を楽しませてくれた。峠の頂上から眺めると湖の向こうには、裸の火山の壮大な全景が見える。溶岩の床と軽石の野原があり、その麓の森林の間に大沼《オオヌマ》、小沼《コヌマ》、蓴菜沼《ジンサイノマ》が横たわっている。もう一つの山の頂上からは、風の強い函館《ハコダテ》の驚くべき景色が眺められる。その町の岬はジブラルタルのように見える。この山の斜面は、アイヌが毒矢を作る原料の日本とりかぶと草でおおわれている。

峠下《トゲノシタ》の宿屋は非常に楽しく親切な宿屋であった。昨日の朝に伊藤が私を起こして、「いよいよ最後の朝になって残念に思いませんか。私は残念に思っています」と言ったとき、私たちは同じことを考えていると思った。私の楽しい北海道旅行がこれで終わるかと思うと、非常に残念であった。また今までよりもよく働いて役にも立ち重宝であったこの少年と別れるのは、心残りすることであった。函館《ハコダテ》を前に見ながら一二マイルも行くのは、まことに退屈であった。この湾の向こう側のすぐそこに見えるのに、長く平坦な石だらけの道を行くのは遠かった。この道は町のある岬と本土を繋ぐもので、三マイルほどの間は砕石を敷いた道路であるが、裸足の馬がこの道にさしかかると、不自然な歩き方になってしまう。馬は尻込みし、躓き、脚を引き摺り、片側に寄って歩き、道に石のない個所があるたびに駆け込もうとする。それで私は、果てしなく続く大通りに入ったとき、伊藤に手紙を持たせて領事館にやり、私は馬から降りた。雨が降っているので外国人には誰も出会わなければよいと思っていたが、しかし運が悪いことに、最初にデニング氏に出会った。次に領事とヘボン氏が道をやって来るのを見かけた。彼らは明らかに旗艦で行なわれる晩餐会に招かれているらしく、きれいさっぱりと正装していたので、私は彼らを避けようと横道にそれた。しかし彼らは私の姿を見つけ、私が隠れようとしたことを不審には思わなかった。というのは、私の古い別当《ベットー》（馬丁）の帽子、私の摺り切れた緑色の油紙の雨外衣、そして私の乗馬ズボンと半長靴には泥しぶきどころか泥がべったり固くついており、「荒野から来たばかり」の人間の姿ありさまをしていたからである。

北海道旅程表

函館から	戸数			
	日本人	アイヌ人	里	町
蓴菜沼《ジンサイノマ》	四		七	一八
森《モリ》	一〇五		四	
室蘭《モロラン》	五七		一一	
幌別《ホロベツ》	一八	四七	五	一
白老《シラオイ》	一一	五一	六	三二

苫小牧《トマコマイ》	三八		五	二一
湧別《ユーベツ》	七	三	三	五五
佐瑠太《サルフト》	六三		七	五
平取《ピラトリ》		五三	五	
門別《モンベツ》	二七		五	一
幌別から				
旧室蘭《モロラン》	九	三〇	四	二八
有珠《ウス》	三	九九	六	二
礼文華《レブンゲ》	一	二七	五	二三
長万部《オシャマンベ》	五六	三八	六	三四
山越内《ヤマクシナイ》	四〇		四	一八
落部《オトシベ》	四〇		二	三
森《モリ》	一〇五		三	二九
峠下《トゲノシタ》	五五		六	七
函館《ハコダテ》	三七、〇〇〇人		三	二九

（約三五八マイル）

第四十二信

函館にて　一八七八年九月十四日

今日は、私の北海道における最後の日である。太陽は風の強い灰色の都の上に明るく照り、駒ガ岳《コモノタキ》の桃色の山頂をいっそう深紅色に染めている。太陽はまた私の最後の印象をも明るく照らしている。北海道へ初めて来たときの印象も楽しかったが、去ろうとしている今の、最後の印象も楽しい。紺色の湾は紫色の影を点在させ、約六十隻の平底帆船が錨を下ろして浮かんでいる。外国船もいく隻かいるが、うす青い帆船が静かに浮かび、あるいは大きな白帆を上げて港にすべるように入ってくるのが、私を魅了する。ちょうど私が初めて江戸湾（東京湾）で見たときと同じである。日本の帆船は古風で、絵のように美しい。しかし嵐の海と戦うよりも、興味のある絵として見るのにふさわしい。

湾内にある帆船の大部分は積載量約一二〇トンで、長さは一〇〇フィート、船尾の船幅は二五フィートである。船首は長くて、古代ローマのガレー船のように船首の先が曲がって高く延びている。先端は口嘴状となり、マストの支索をしっかりとめている。この先端には二つの大きなぎょろぎょろした目玉を飾りにつけてある。マストは高さ五〇フィートの重い円材で、松材を木釘で締めたり、膠で貼ったり、箍《たが》をかけたりして組み立てたものである。船の中央部には、重い帆桁が下がっている。帆は長方形の丈夫な白い綿布で、芸術的に襞を取ってあるが、一緒に縫い合わせているわけではなく、垂直に紐で編んであって、二枚の帆布の間に六インチ幅をあけて装飾的な紐をつけてある。強い風のときには、帆を縮めないで、一枚の帆布の紐を解き、帆布を水平にではなく垂直に戻しておく。帆は二つの青い天球の図で飾るのがふつうである。船尾には帆柱がうまく取り付けてあり、船の針路を変えるときには帆を逆にするだけでよい。順風のときには長い船首が前帆の役目をする。高く四角で山のような船尾には古風な彫刻があり、船側は格子細工で、とても美しい。舵は特別に大きく、突き出ている。その舵柄も長い。錨は四つ爪形で、大きな船は船首に六個から八個の錨をつけており、日本の沿岸には良い停泊地がないのではないかと思わせる。これらの船は中国の「小さい足」(纏足)のための女靴の形に実によく似ている。非常に扱いにくそうである。船は白木造りでペンキを塗っていないので、冬のように寒々として青白く、うす気味悪い感じがする。*

*原注――和船が支払う課税は二五トン毎に四シリングで、外国式帆船は一〇〇トン毎に二ポンド、汽船は一〇〇トン毎に三ポンドである。

とうとう今日は伊藤と別れたが、たいへん残念であった。彼は私に忠実に仕えてくれた。彼を通して私は、たいていの話題なら、他のいかなる外国人よりもずっと多くの情報を得ることができた。彼は、いつものように私の荷物をつめる、と言ってどうしてもきかず、私の身のまわりの品物をすべてきちんと片づけてくれたのだが、彼がいないと、もうすでに私は困ってしまっている。彼の利口さは驚くべきものがある。彼は男らしいりっぱな主人のところに行く。あの人ならきっと彼に良き模範を示し、彼をりっぱな人間にするのに役立つであろう。それは私にとっても満足なことである。伊藤は去る前に、私に代わって室蘭の長官宛に一通の手紙を書いてくれた。人力車の使用その他の私に親切にしてくれたことに対する礼状である。

第四十三信

東京　英国公使館にて　九月二十一日

だいぶ荒れた海も、風が静まり微風となり、平穏な海となっていた。晴雨計も高く安定し、横浜まで五十時間で航海できそうであった。ヘボン博士夫妻と私は十四日の月明かりの晩に函館を去ったが、私たちだけが兵庫丸《ヒオゴマル》の船客であった。ムーア船長は親切で快活な人で、私たちに向かって、これから速くて楽しい航海ができてよろしいですね、と言ってくれた。私たちはこれから楽しい交際やら仕事などの多くの計画を考えながら、真夜中にお休みを言って別れた。しかしこんなみじめな航海を私は今まで経験したことがなかった。私たちは十七日になって初めて、ようやく船室から這い出して、お互いに話を交わすことができた。船が沖へ出て二日目に、むんむんとしてむし暑くなり、気温は八五度に上がった。私たちは北緯三十八度〇分、東径百四十一度三十分のところで台風に出会った。この熱帯性低気圧はシナ海方面ではタイフーン、インド洋方面ではサイクローン、メキシコ湾方面では回転性のハリケーンと呼ばれるものである。この台風は二十五時間続き、船荷を投棄するほどであった。ムーア船長はたいそう興味ある台風図を見せてくれて、船が予定通り進めば台風の渦巻の中に捲き込まれるので、それを避けようと努力したこと、できるだけその圏外に出ようとしたことを説明してくれた。台風が過ぎると、こんどは濃霧が襲ってきた。それで五十時間が予定の航海は七十二時間の航海となって、私たちが横浜に上陸したのは十七日の真夜中近くであった。上陸すると、大きな災害の跡が見られ、低い土地はすべて浸水しており、横浜と首都の間の鉄道は交通不能となっていた。米作に対する大きな心配があり、不安な噂が広まっていた。私が五月に着いたときにはほぼ額面高であった紙幣は、今や、一三パーセント割引きとなっていた！ 今年《一八八〇年》の早期には四二パーセントに達した。

午後おそく鉄道が再開した。私はウィルキンソン氏とともにここにやって来た。この親切な家の屋根の下に落ちついていて、休息と安楽の時間を持てることを喜んだ。午後は明るく日が照っていて、東京はすばらしく見えた。長く続いている大名屋敷《ヤシキ》は美しく見え、城の濠には大きな葉をつけた蓮がいっぱい浮かび、水が見えないほどであった。先の方の濠の土手の草は緑色に輝き、土手の上の松の木は澄みきった空にくっきりと聳えていた。公使館の建っている丘は、空気がからりとして気持ちがよさそうなところに見えた。なによりも私にとって嬉しかったのは、公使館の人々から暖かい歓迎を受け、この建物を異国における私のしばしの家としてくれたことである。

東京は静穏である。騒がしいのは、米作に対する心配と、札《サツ》の下落の不安である。陸軍の反乱者たちは裁判を受けた。一般の噂では、拷問を受けたという。五十二名が銃殺になった（八月の竹橋騒動は、十月に判決があり、死刑四十九人など）。

この夏はここ数年のうちで最も不順な季節であった。今や晴天のない暑さであり、湿気の多い暑さであり、ほとんどやむことなく雨が降り続いている。人々は夏向きの家屋の中で雨に閉じこめられている。「きっと間もなく天気はよくなりますよ」と人々は言う。同じことを三カ月も前から言っているのである。

第四十四信

英国公使館にて　十二月十八日

私は日本における最後の十日間をここで過ごしている。天候は落ちついて来て好天気となっている。気候が例年通りであったならば、二カ月も前からこのような天候になっていたであろう。遠出をしたり、買い物をしたり、小さな晩餐会を選んで出席したり、別れの挨拶に出かけたりして時間がどんどん過ぎてしまった。チェンバレン氏とともに池上《イケガミ》にある有名な寺院（本門寺）とその森を訪れた。ここで座主と僧侶たちが客間で接待してくれた。それから江の島と鎌倉へ行った。ここは大衆的な行楽地で、上方に富士山が聳えて見える限り、何ものもこれを俗悪化することはできない。

ここで私は一つの「名所」だけ述べてみたい。そこはふつうの人の出かけるところからだいぶ遠く離れているので、いろいろ尋ねてようやくその場所を探し当てることができた。仏教徒、特に門徒《モント》宗の間では火葬が広く行なわれていたが、五年前に禁止された。これは、想像がつくように、ヨーロッパの悪い先入観に従ったものである。しかし三年前にこの禁止が解かれ、それからの短い期間に火葬にした人数は毎年約九千に達する。その五つの火葬場のうちの一つである桐ガ谷《キリガヤ》を訪れたいという私のために、サー・ハリー・パークスは許可願を出してくれた。そして少し遅れて森（有礼）氏の要請によって東京府知事から許可された。それで私は公使館の通訳を伴って東京府のりっぱな屋敷《ヤシキ》（府庁）に出頭した。ところが思いがけなく、知事が面会するというのであった。楠本《クスモト》氏は育ちのよい紳士で、彼の顔を見ると、なみなみならぬ精力と手腕のあることが窺われるが、彼は実績でそれを証明している。彼はよく似合う洋服を着ており、その態度振舞いは堅苦しくなく、しかも堂々としている。彼は私に北国旅行やアイヌ人についていろいろと尋ねてから、忌憚のない意見を聞きたい、と言った。しかしこの言葉は、東洋では文字通りに受け取るべきではないから、私はただ道路が他の方面の進歩に較べて遅れていることを進言した。それを聞いて彼は説明をしてくれたが、もちろんこの説明は、この国の過去の道路の歴史にあてはまるものであろう。彼は火葬について話し、大都会ではそれが絶対に必要なことだ、と言った。彼は政府の通訳官の一人を私につけ、彼自身の馬車で私を目黒まで送らせるようにするから、私の通訳と人力車は返してくれるように、と言って会見を終わった。そして、英国公使のお客さんに敬意を払うことができて嬉しい、公使の人格と日本に対する彼の偉大な貢献は高く評価されている、と丁寧につけ加えて言った。

別当《ベットー》（馬丁）が特別に大きな声をあげながら、馬車は一時間ほど走ると、小さな丘や谷間の

●東海道の村から見た富士山

ある郊外に来た。赤い椿や、羽毛のような葉をつけた竹藪が、杉林を背景としている風景は、英国の冬の単調な灰色と好対照をなしている。馬車が通れないほど凸凹の畑中の道で私たちは馬車から降りた。畑や生垣の間を通って行くと、ある建物のところに来た。火葬のように厳粛な行事に使用するには少しばかりつまらない姿をしている。何かぞっとするような気味悪さを期待してはいけない。それは長っ細い建物で、粗末な土壁造りで、北国の農家によく似ている。屋根は高く、煙突は英国ケント州のホップ乾燥所の煙突に似ている。田園に囲まれているこの建物を見ると、火葬場というよりもむしろ農家の印象を与える。その中に、どんなぞっとするものがあるかは、各人の想像にまかせられている。

道路に近い一端が小さな寺になっていて、仏像がたくさん並べてあり、小さく赤色の素焼の壺や火箸が置いてあって、亡くなった人々の親戚に売るようになっている。この向こうに四部屋があり、土間と土壁がついている。それらには何も目立った点はない。ただ屋根が高く尖っており、壁の色が黒ずんでいるだけである。一番大きな部屋のまん中には、花崗岩の支柱が数組ほど同間隔に並べてある。一番小さい部屋にはただの一組しかない。これが文字通り眼に映ったすべてである。大きな部屋では数個の死体が同時に焼かれる。料金はただの一円すなわち約三シリング八ペンスである。一つの部屋でただ一つの火葬をするときは五円である。燃やすのには薪束が用いられ、ふつう一シリング分あれば人体を灰にするのに充分である。家で葬式が行なわれた後に、死体は火葬場に運ばれる。そして、そこの付き添い係の男にまかせられる。彼は憂鬱そうで煙で煤けた顔をしている。これももっともなことであろう。金持ちの人は、火葬の間僧侶がそばについていてくれるようにお金を出すことがある。しかしこれはふつうではない。大きな部屋には五つの「早桶」があり、松材でできていて竹の箍がはめてあった。これには人夫の遺骸が入っていた。小さな部屋には長方形の松材の棺がいくつかあった。これらには中流階級の人々の遺骸が入っていた。午後八時になると、どの棺も石台の上に置かれて、その下の薪束に火がつけられ、夜中じゅう火をつぎたし、朝の六時までには、人間であったものが小さな一塊の灰となる。これを身寄りの者が壺の中に入れて丁寧に埋葬する。場合によっては僧侶がこの最後の悲しい仕事のとき親族たちのお伴をする。私が訪問した前の晩に十三体が火葬にされたが、建物の内外には少しも臭いが残っていなかった。通訳の語るところでは、煙突が非常に高いので、近所の人々は、火葬の行なわれているときでさえも少しも迷惑を感じていない、とのことである。この処理法の簡素さは、非常に優れたものである。この方法は、他のいかなる複雑な装置とくらべても、それと同じほどうまく《それ以上でないとしても》死骸を完全にそして無害に破壊するという目的に適うものであることは、少しも疑う余地がない。しかもそれは安価であるから、ふつうの葬儀費用によって非常に重い負担のかかる階級にとっては、容易に利用できるものとなっている。* 今朝知事は、秘書を私のところによこして、火葬の慣習とその日本伝来についての興味ある話を翻訳したものを、私にくれた。

*原注——私のこの遠出について、次のような非常に不正確であるが面白い話が『読売新聞《ヨミウリシンブン》』に出た。この日刊紙は、東京で最大の部数を発行しているが、最も貴族的というわけではなく、召使いや商人が購読する新聞である。次はチェンバレン氏による逐語訳である。「昨日「バードという英国臣民」と本誌が報じた人は、英国の一地方スコットランド出身の婦人である。この婦人は、旅行することを常とし、今年アメリカ両大陸を去り、サンドイッチ諸島（ハワイ諸島）に寄って、五月初め日本に上陸した。彼女は全国を旅行し、北海道に五カ月も滞在し、その地方の慣習や産物について調査した。彼女は昨日桐ガ谷

の火葬場を視察したが、この死体処理法が優れていることを知り、同じ方法を英国にも広めたいという希望を強めたと信ぜられる。この婦人は多数の本を出版しているほどの学問のある人なので、知事閣下は昨日喜んで彼女と会見し、彼女を丁重にもてなし、自分の馬車を使わせて彼女を桐ガ谷まで送った。このように敬意を表されて、婦人はたいそう喜んだということである」。

汽船ヴォルガ号にて、一八七八年クリスマス・イヴ。――雪を戴いた円い富士山頂は、朝日に赤く輝いていた。私たちは十九日に横浜港を出て、ミシシッピー湾（根岸湾）の紫色の森林地帯のはるか上方に富士山が聳え立つのを見たのである。三日後に私は日本の最後の姿を見た――冬の荒涼とした海が烈しく打ち寄せる起伏の多い海岸であった。

●日本の飛脚

解説

高梨健吉

一　『日本奥地紀行』

この本が出版されてから十年にもなるが、本書は英語で書かれた最善の日本旅行記であることに変わりはないと思われる。アイヌ人の叙述は特に興味深い。

（チェンバレン『日本事物誌』明治二十三年）

一八七八年（明治十一年）の春、身体はずんぐりしているが知的な眼を輝かせた英国女性が、汽船から降りて横浜埠頭に立った。彼女は、名をイザベラ・バードという。サンフランシスコで乗船し、太平洋を渡って日本に初めて来たのであった。ときに四十七歳。彼女の生涯の中で真の活躍の時代はここに始まった。

イザベラは、英国ヨークシアの牧師の長女として生まれた。幼いときから病弱で、脊椎の病気のため、牧師館のソファに横になって青春の大半を過ごさなければならなかった。彼女は、父母を愛していたが、妹のヘニーを特にかわいがった。彼女が健康のために外国旅行を志し、故郷を出発したのが一八五四年で、二十三歳のときである。彼女はまずカナダと米国を訪れた。しかしこれは彼女の大旅行のほんの足ならしにすぎなかった。旅行らしい旅行が始まったのは、中年に近くなってからである。彼女はオーストラリア、ニュージーランド、ハワイを旅行し、米国へ帰った。ここで彼女は、騎乗によるロッキー山脈越えを敢行した。

彼女の生活態度には二つの面があった。淑やかな婦人であるとともに、因習にとらわれない自由闊達な女性でもあった。日本における彼女は、この第二の面の女性であった。日本の土地と住民に飽くなき好奇心を示し、持病の発作による肉体的苦痛によっても勇気を挫かれることがなかった。彼女は、自己の忍耐力の限界を試そうというマゾヒステックな衝動に駆られていたのではないか、と思われるほどである。そうすることによって、都会生活の秩序整然たる文明生活から逃避しようとしたのであろうか。彼女にとって文明社会は、居心地が悪いものではなかったが、いつまでも安住していられるところではなかった。

彼女のように心から旅行の好きな者は、とうてい都会に長く我慢できるものではない。彼女は妹への手紙の中で、横浜は雑然とした町で、美しさが欠けており、退屈なところだ、「ほんとうの日本に逃れて行きたい」と書いている。しかし、いかに大胆不敵な彼女でも、日本の奥地をそう簡単に探れるわけはない。外国人はまだ国内を自由に旅行できなかった。彼女は、この国でもっとも外国人に知られていない地方を探ろうと思い、北国を旅行しようと決心した。それにはまず、日本人案内者で通訳を兼ねる者が必要である。この人選が難事であった。英語がよく話せて、頑健で、気のきく青年でなければならぬ。困難で、しかも味気のない長期旅行に耐えうるだけの気力がなければならぬ。いろいろ応募者が来たが不満足であった。

最後に現われたのが、伊藤であった。ずんぐりした十八歳の青年で、まことに不器量な顔をしており、愚鈍な態度だが、何かずるそうな目つきをしており、推薦状を一通も持っていなかった。しかしこの男には何かの因縁があったのであろう。彼女は即座に彼を雇うことにした。この男はやがて、彼女にとって信用できる精力的な道連れとなり、従者兼通訳となり、料理番兼洗濯屋ともなるのである。この男がいなかったら、数カ月にわたるこの大旅行から彼女は無事に戻れなかったかもしれない。

彼女は横浜でヘボン博士の家に滞在していた。ヘボンは新しい日本の開拓者といわれる宣教師である。出発に当たっては、在留外人がいろいろと彼女に旅の注意を与えてくれた。

かくして一行二人は出発した。先頭の馬にバード、次の馬に伊藤が乗った。後の駄馬にはゴム製の浴槽や雑用品のほかに、旅行用寝台、折り畳み椅子、空気枕、大冊の『アジア協会誌』、サトウの『英和辞典』などを積みこんでいた。

一行は東京を出て粕壁を経て日光に至る。東照宮の描写はくわしい。ここから鬼怒川ルート（会津街道）を北に進み、いよいよ日本奥地の旅行が始まる。この道筋は、かつて英人ダラスが米沢へ行くときに利用したもので、その記録である「置賜県雑録」が『アジア協会誌』（明治八年）に出ているので、彼女はそれを参考にしたと思われる。彼女は山峡の美しさを嘆賞しながらも、村人たちの外人に対する異常な好奇心に閉口する。彼女が宿屋に入れば、村人たちは中庭まで人垣をつくる。宿を出れば村はずれまでぞろぞろ追いかけてくる。

彼女にとって何よりも辛かったのは、村人の好奇心よりも、宿場ごとに借りた日本の馬の手に負えないことであった。馬方は実に協力的であったが、馬はいうことをきかなかった。人を見れば噛みつこうとし、虻がとまれば脚で蹴ろうとする。バードにとって、この旅行は、馬との戦いの連続のようなものであった。

一行は会津盆地を経て新潟に行く。東京から百一里。それから小国を経て置賜《オキタマ》盆地に入る。ここはダラスの「置賜県雑録」によって知っているところであろう。そのためか、米沢の平野を激賞している。穀物や果物が豊富で、地上の楽園のごとく、人々は自由な生活を楽しみ、東洋の平和郷というべきだ、と書いている。米沢盆地を郷里として育った訳者には面映い文章である。日本史をひもとけば、維新の動乱によって農民の困窮化は全国的にはげしく、明治十年までは毎年の農民一揆の数が平均約四十件もあり、幕末のときを上回っているという（ダラスの論文は松野良寅著『東北の長崎――米沢の洋学』に全訳がある)。

彼女が東北地方を旅行した前年には最後の叛乱である西南戦争があり、明治十年を下から読んで「年じゅう治まるめい」と駄洒落に言われたほどであった。このような、農民にとって暗黒時代ともいうべきときに、新政府の施策の浸透していない東北の山村に平和郷が存在していたということは、愉快な発見である。このような事実は、概論的な歴史の本の中では見出すことはできまい。美しい自然の中にひそむ貧しい農村をつぶさに観察したバードの旅行記は、このような発見に満ちている。

彼女はさらに山形、新庄、横手、久保田(秋田)を経て青森に至る。新潟から百五十三里。彼女は津軽海峡を渡ってエゾ(北海道)の旅を続ける。函館から室蘭を経て白老《シラオイ》や平取《ビラトリ》のアイヌ部落を訪れ、アイヌの民俗を詳しく記述している。これは、アイヌ研究文献としても貴重なものであろう。アイヌ民俗の研究で名高いジョン・バチェラーが来日したのが明治十年であるが、本書には言及がない。彼の有名な『日本のアイヌ』(一八九二年)は、本書の出版より十二年後のことである。

彼女は帰路につき、噴火湾(内浦湾)沿いに南下して函館に帰った。函館から兵庫丸に乗船し、横浜に帰着したのが九月十七日で、六月十日に東京を出てから三カ月にわたる大旅行であった。

彼女は、十月に船で神戸に向かい、京都や伊勢神宮を訪れ、十二月に東京に帰っているが、この間の記述は、普及版では省略されている。彼女は十二月十九日に横浜から船で日本を発った。

バードの『日本奥地紀行』は、初版が一八八〇年（明治十三年）に二巻本として出版された。評判がよくて、翌年までに四版が出ている。一八八五年に一巻本として普及版が出た。これは関西旅行の部分などを省略したものであるが、彼女の旅行記の本領は奥地旅行にあるのだから、その真価をうかがうのはこの一巻本で充分であろうと思われる。この一巻本は、さらに一九〇五年に廉価版として出版され、版を重ねた。最近タトル社からこの一巻本のリプリント版が出ているので、原文に接するのが容易である。これには、テレンス・バロー氏の簡潔で要を得た序文がある。その中で氏はこう言っている。「こんにちの日本はバード女史の描いた日本ではない、ということを忘れてはならない。彼女が、山路を辿り、村落に休んで村人たちの親切なもてなしを受けたときから、すでに百年近く経ている。彼女の描いている日本は、過渡期の日本である。こうした理由で、本書は日本の近代の変化を知るのに役立つ貴重な本である」。

彼女は、文明開化から遠く離れた農村の姿を、生彩ある筆致で描いている。東北の農村で育った訳者には、それがあまりにも生なましい。彼女の描いている日本は、百年の歳月を経た今もなお脈々と波うっているような気がしてならない。

バードは、一八九四年から一八九六年までに、五回ほど日本を訪れている。そして東京、京都、大阪、熊本、長崎などの都会のほかに奥地の山村を旅行し、最初の旅行から二十年を経た日本の進歩を眼のあたりに見た。日本は「大日本」となった。彼女がかつて悩まされた悪路は改善され、鉄道は発達した。経済は伸び、教育は拡張され、外交的地位も高まり、治外法権も撤廃された。しかし農村の姿はほとんど変わっていなかった。彼女は一九〇〇年に新版を出したが、奥地紀行の部分を少しも改訂していないのは、このためである。彼女は、その序文で次のように言っている。「農村では、人々の生活はほとんど変わっていないので、私は紀行文を少しも書きかえずに、そのまま再び公刊する。本書は日本の奥地の姿を正しく示していると信ずるからである」。

二　略年譜

一八三一年　十月十五日、イザベラ・ルーシー誕生。ところは英国ヨークシアのバラブリッジ。父エドワードはケンブリッジ大学を卒業してインドで弁護士をやり、妻を失って帰国し、牧師となり、ドーラと再婚、イザベラはその長女。

一八三四年（三歳）　父が病弱のためチェシアのタッテンホールに住む。移ってまもなく妹のヘンリエッタ

（愛称ヘニー）誕生。姉妹は美しい田園の中で幼年時代を送る。病弱のため戸外に親しみ、馬に乗ることを覚える。

一八四二年（十一歳）一家はバーミンガムに移る。イザベラは父を手伝い、幼いながらも日曜学校で教える。

一八四八年（十七歳）一家はハンチンドンシアのワイトンに移る。

一八五〇年（十九歳）病気が重くなり手術を受ける。転地療養のため、これから毎年夏スコットランドに遊ぶ。

一八五四年（二十三歳）医者に航海をすすめられてアメリカとカナダを訪れる。

一八五六年（二十五歳）最初の旅行記『英国女性の見たアメリカ』をマレー書店から出版。

一八五七年（二十六歳）医者にすすめられて再びアメリカに行き、翌春帰国、まもなく父病死。

一八五九年（二十八歳）エディバラに住み、宗教的社会活動に従事。翌年スコットランド西海岸やヘブリデーズ諸島を訪れる。

一八六六年（三十五歳）母病死。

一八七二年（四十一歳）健康のため航海をすすめられて七月にエディンバラを出発しオーストラリアに向かう。十月、メルボルン着。二カ月間オーストラリアに滞在し、十一月、ニュージーランドに向かう。

一八七三年（四十二歳）一月、ハワイ諸島に向かう。七カ月滞在して各地を見る。この間の消息は詳しく妹に手紙で知らせた。次にアメリカに渡り、ロッキー山脈の療養所で数カ月を過ごす。ニューヨークを経てエディンバラに帰る。
一八七五年（四十四歳）　妹への手紙を整理して『ハワイ諸島の六カ月間』をマレー書店から出版。この旅行記は広く歓迎された。
一八七八年（四十七歳）　日本に向かって出発。まずアメリカを経由して五月に上海着、横浜に向かう。横浜でオリエンタル・ホテルに二日間泊まって、汽車で東京に行き、英国公使館に滞在。六月中旬、日光を訪れ奥地旅行に入る。東北、北海道の旅を終えて九月に東京に帰る。十二月、香港に向かう。
一八七九年（四十八歳）　一月、マレー半島を五週間旅して、二月、カイロに向かう。五月、英国へ帰る。『一婦人のロッキー山中生活』（邦題『ロッキー山脈踏破行』）出版。たちまち三版を重ねる。
一八八〇年（四十九歳）　六月、最愛の妹ヘニー病死。八月、スイスで静養。十月、『日本奥地紀行』（原題『日本の未踏の土地』二巻）出版。一カ月で三版を重ね、各紙で絶賛される。十二月、ビショップ博士と婚約。翌年三月に結婚。
一八八三年（五十二歳）　『マレー半島紀行』出版。
一八八六年（五十五歳）　三月、夫ビショップ博士病死。
一八八九年（五十八歳）　二月、チベットとペルシャを旅行するため英国を出発。三月、インドのカラチに到着。ラホールを経てカシミールに入り、四月、スリナガル着。医療伝道のため亡き夫を記念して病院を建設。カシミールから西チベットに入り、三カ月滞在。十月、山を下ってシムラに行く。医療伝道のためアムリッツァに妹を記念してヘンリエッタ病院を建設。十二月、ラホールに戻り、カラチへ汽車で行く。汽船でペルシャ湾に入り、バグダードに行く。

一八九〇年（五十九歳）一月、キャラバン隊を組織してペルシャに入る。二月、テヘラン到着。さらに長期にわたる困難なペルシャ旅行をして十二月に黒海に出る。行程二五〇〇マイル。船でコンスタンチノープルに向かい、年末に英国に帰着。

一八九一年（六十歳）ＲＳＧＳ（スコットランド地理学会）特別会員に推される。十二月、『ペルシャ・クルジスタン旅行記』出版。

一八九三年（六十二歳）五月、ヴィクトリア女王に謁見。ＲＧＳ（英国地理学会）特別会員に選ばれる。

一八九四年（六十三歳）一月、極東への旅に発つ。カナダを経由して二月に横浜着。神戸に寄港し朝鮮に向かう。朝鮮旅行を終えて六月に満州に入る。奉天を経て天津、北京に行く。ときに明治二十七年、日清戦争で、戦乱を避けるため船でウラジオストックへ向かい、十一月に着く。十二月、長崎、大阪、京都へ行く。

一八九五年（六十四歳）一月、再び朝鮮を訪れる。二月、上海、香港に行く。夏を日本で過ごす。七月、伊香保温泉に滞在。十二月、再び朝鮮を訪れ、さらに上海に向かう。

一八九六年（六十五歳）一月、揚子江を船で遡り、五カ月間にわたり中国西部を旅行する。六月、上海に帰る。夏は日本で静養。日光湯元温泉に滞在。十月、また朝鮮を訪れる。三月、英国へ帰る。

一八九八年（六十七歳）一月、『朝鮮とその隣国』出版。

一八九九年（六十八歳）十一月、『揚子江とその奥地』出版。

一九〇一年（七十歳）　六カ月にわたりモロッコを旅行。

一九〇四年　十月七日、病没。享年七十二。

三　イザベラ・バード主要文献

Anna M. Stoddart: *The Life of Isabella Bird* (*Mrs. Bishop*). London (John Murray), 1906.

Pat Barr: *The Deer Cry Pavilion*. London (Macmillan), 1968.

バードの日本における活躍が要領よく描かれている。邦訳『鹿鳴館』あり。

「イザベラ・L・バード関係書目」（『栃木史心会報』第四号）一九七二年二月。

大英博物館のカタログから抄録したもの。

The Englishwoman in America, 1856.

The Aspects of Religion in the United States of America, 1859.

The Hawaiian Archipelago: Six Months among the Palm Groves, Coral Reefs and Volcanoes of the Sandwich Islands, 1875.

A Lady's Life in the Rocky Mountains, 1879.

Unbeaten Tracks in Japan. An Account of Travels in the Interior, Including Visits to the Aborigines of Yezo, and the Shrines of Nikko and Ise. 2 Vols., 1880.

普及版（一八八五年）、新版（一九〇〇年）がある。タトル社版（一九七三年）は普及版のリプリントで、Terence Barrow の序文がある。日本語のタイトルが『未踏の大地——東京より蝦夷地』となっている。神成利男訳『日本の知られざる辺境——北海道篇』（札幌市・郷土研究社、昭和四十四年）は普及版の北海道の部分を訳したもの。

The Golden Chersonese, and the Way Thither, 1883.

Journeys in Persia and Kurdistan: Including a Summer in the Upper Karum Region and a Visit to the Nestorian Rayahs. 2 Vols., 1891.

Among the Tibetans, 1894.

Korea and Her Neighbours. A Narrative of Travel, with an Account of the Recent Vicissitudes and Present Position of the Country. 2 Vols., 1898.

The Yangtze Valley and Beyond. An Account of Journeys in China, chiefly in the Province of Sze Chuan and among the Man-Tze of the Somo Territory, 1899.

Chinese Pictures. Notes on Photographs Made in China, 1900.

〈附記〉パット・バー著『イザベラ・バード伝』が最近出版された。

Pat Barr: *A Curious Life for a Lady* (Macmillan, 1970). 復刻版（ペンギンブックス）あり。

平凡社ライブラリー　329

日本奥地紀行《にほんおくちきこう》

発行日…………2000年2月15日　初版第1刷
2025年2月25日　初版第31刷

著者……………イザベラ・バード

訳注者…………高梨健吉

発行者…………下中順平

発行所…………株式会社平凡社
〒101-0051　東京都千代田区神田神保町3-29
電話　東京(03)3230-6579[編集]
東京(03)3230-6573[営業]
振替　00180-0-29639

印刷・製本………株式会社東京印書館

装幀……………中垣信夫

ISBN978-4-582-76329-4
NDC分類番号291
B6変型判(16.0cm)　総ページ532

平凡社ホームページ https://www.heibonsha.co.jp/

宮本常一著
イザベラ・バードの『日本奥地紀行』を読む

洋の東西を代表する二人の大旅行家が指し示す現代日本を見る視座は今日ますます得難く貴い。講演をまとめた本書は宮本民俗学の格好の入門書でもある。

解説＝佐野眞一

イザベラ・バード著／小野崎晶裕訳
ロッキー山脈踏破行

時は一八七三年、アメリカはロッキー山脈を歩いたイギリス女性が妹に書き送った一大旅行記。古きよき時代のアメリカの雄大な自然と開拓者たちの魂を活写。全女性必読の名著。

イザベラ・バード著／金坂清則訳
中国奥地紀行 1・2

19世紀末、小柄な老女が揚子江を遡り、陸路、漢族の世界さえ超えた地域を踏破、「蛮子」の素晴らしい世界を描き出す。当時最高の旅行作家の最後の旅行記を、バード研究第一人者の翻訳で。(全2巻)

イザベラ・バード著／近藤純夫訳
イザベラ・バードのハワイ紀行

『日本奥地紀行』で知られるバードの出世作。鬱蒼とした密林を進んで火山や渓谷を探検したり、人との出会いに心を和ませたり――150年前のハワイを生き生きと描く。

渡辺京二著
逝《ゆ》きし世の面影

近代化の代償としてことごとく失われた日本人の美点を刻明に検証。幕末から明治に日本を訪れた、異邦人による訪日記を渉猟。日本近代が失ったものの意味を根本から問い直した超大作。

解説＝平川祐弘

渡辺京二著
幻影の明治
名もなき人びとの肖像

時代の底辺で変革期を生き抜いた人びとの挫折と夢の物語から、現代を逆照射する日本の転換点を描き出す。『逝きし世の面影』の著者による、明治150年のいま必読の評論集。

解説＝井波律子

今泉みね著／金子光晴解説
名ごりの夢
蘭医桂川家に生れて

年中行事や芝居見物、福沢諭吉ら洋学者の思い出から、御維新の衝撃とその後の「おちぶれのひいさま」としての労苦まで、徳川家御典医の家に生まれた娘が語る逝きし世の面影。

HL版解説＝村田喜代子

増田小夜著
芸者
苦闘の半生涯

幼くして芸者に売られた著者が、戦中から戦後に及ぶ自らの数奇な半生を、素朴な、しかし迫力にみちた筆致で綴る自伝。歴史の裏面に埋もれた生がいま再び甦る。

解説＝小田三月

鈴木彰訳
現代語訳 賤《しず》のおだまき
薩摩の若衆平田三五郎の物語

明治期硬派男子の座右の書とされ、森鷗外らの著作にも登場する伝説の若衆物語。著者とされる「薩摩の婦女」を鍵に当時の女性の教育や職業、執筆の可能性に迫る解説を付す。

解説＝笠間千浪

萱野茂著
アイヌの昔話
ひとつぶのサッチポロ

ススペチッチッ、ススペランラン、柳の林から声が聞こえてきて、食意地の張った大鳥フリはカムイの罰をうける。人間と自然と神と魂が躍動する、アイヌ文化の基底、昔話20篇。

解説＝千本英史

山本多助著
カムイ・ユーカラ
アイヌ・ラッ・クル伝

アイヌの人々に伝わる天地創造譚「アイヌ・ラッ・クル伝」をはじめ、ミソサザイ、クマ、カワウソ……の神たちがアイヌ文化の精髄を謡う物語世界。

解説＝藤村久和

中川裕著
改訂版 アイヌの物語世界

アイヌ＝「人間」とカムイ＝「人間にない力を持つものすべて」が織りなすさまざまな物語——『ゴールデンカムイ』の監修者がひもとく、豊かなアイヌの世界観と口承文芸の魅力。

ルース・ベネディクト著／越智敏之・越智道雄訳
菊と刀
日本文化の型

西洋との比較の枠組みを与え日本文化への反省と自負の言説を巻き起こしつづけた日本論の祖。事実誤認をも丁寧に注釈しながら、強固な説得力をもつこの書を精確かつ読みやすく新訳。

【HLオリジナル版】

ジョン・W・ダワー著／斎藤元一訳／猿谷要監修
容赦なき戦争
太平洋戦争における人種差別

日米ともに人種に対する偏見と差別をつのらせて戦われた太平洋戦争。その実態と歴史的背景を克明に追った大著。「01年9月11日」以後についての緊急寄稿を付す。

解説＝猿谷要

E・W・サイード著／板垣雄三・杉田英明監修／今沢紀子訳
オリエンタリズム 上・下

ヨーロッパのオリエントに対するものの見方・考え方に連綿と受け継がれてきた思考様式——その構造と機能を分析するとともに、厳しく批判した問題提起の書。

解説＝杉田英明

ジョージ・サルマナザール著／原田範行訳
フォルモサ 台湾と日本の地理歴史
自称台湾人の詐欺師による詳細な台湾・日本紹介。すべて架空の創作ながら知識層に広く読まれ、18世紀欧州の極東認識やあの『ガリヴァー旅行記』にも影響を与えた世紀の奇書。
【HLオリジナル版】

エメ・セゼール著／砂野幸稔訳
帰郷ノート／植民地主義論
ファノンやグリッサンの師であり、クレオール世代の偉大な父であるセゼール。ブルトンが熱讃した真の黒人詩人がたたきつける、反植民地主義の熱い叫び。ネグリチュードの聖典。
解説＝真島一郎

ジョーン・W・スコット著／荻野美穂訳
30周年版 ジェンダーと歴史学
「ジェンダー」を歴史学の批判的分析概念として初めて提起し、周辺化されていた女性の歴史に光をあて、歴史記述に革命的転回を起こした記念碑的名著。30周年改訂新版。

ヴァージニア・ウルフ著／片山亜紀訳
自分ひとりの部屋
「女性が小説を書こうと思うなら、お金と自分ひとりの部屋を持たねばならない」——ものを書きたかった／書こうとした女性たちの歴史を紡ぐ名随想、新訳で登場。
【HLオリジナル版】

J・ジョイス＋W・B・イエイツほか著／下楠昌哉編訳
妖精・幽霊短編小説集
『ダブリナーズ』と異界の住人たち
ジョイス『ダブリナーズ』の短編を同時期に書かれた妖精・幽霊短編作品と併読するアンソロジー。19世紀末から20世紀初頭、人々が肌で感じていた超自然的世界が立ち現れる！
【HLオリジナル版】

折口信夫・稲垣足穂ほか著／高原英理編

少年愛文学選

当時僕は……昼となく夜となく、ただもう彼のことばかり思いつめていた——江戸川乱歩、堀辰雄、川端康成、中井英夫ら男性作家による少年が少年を愛する物語。

ラシルド＋森茉莉ほか著／笠間千浪編

古典BL小説集

兄弟、友人、年の差カップル——「やおい」文化勃興前の19世紀末から20世紀半ば、フランス、ドイツ、イギリスなどの女性作家たちによりすでに綴られていた男同士の物語。【HLオリジナル版】

J・＝H・ファーブル著／日高敏隆・林瑞枝訳

ファーブル植物記　上

ファーブルは『昆虫記』のほかにも沢山の科学の入門書を残した。様々な比喩をもって優しく語りかけるスタイルは、19世紀博物学の時代の、古典の面白さに溢れる。

J・＝H・ファーブル著／日高敏隆・林瑞枝訳

ファーブル植物記　下

下巻はファーブルらしさがより濃厚に現われ、「植物の生き方」の話が満載。様々な比喩をもって優しく語りかけるスタイルは、19世紀博物学の時代の古典の面白さに溢れる。

ヤロスラフ・オルシャ・jr.編／平野清美編訳

チェコSF短編小説集

激動のチェコで育まれてきたSF。ハクスリー、オーウェル以前に私家版で出版されたディストピア小説から、バラードやブラッドベリにインスパイアされた作品まで、本邦初訳の傑作11編。【HLオリジナル版】解題＝イヴァン・アダモヴィッチ